Taschenbücher aus dem

Gesamtwerk von Rudolf Steiner

ZU DIESER AUSGABE

Dieses Buch erschien 1914 zum erstenmal in der vorliegenden Fassung in zwei Bänden als erweiterte Neuausgabe der bereits um die Jahrhundertwende geschriebenen «Welt- und Lebensanschauungen im 19. Jahrhundert», die für eine Schriftenreihe: «Am Ende des Jahrhunderts, Rückschau auf hundert Jahre geistiger Entwicklung» (Bd. XIV u. XIX, Verlag S. Cronbach, Berlin 1900) verfaßt worden waren. Durch seine 1914 erfolgte Erweiterung auf die gesamte Geschichte der Philosophie und sein abschließendes Kapitel «Skizzenhaft dargestellter Ausblick auf eine Anthroposophie» bildet es eine Brücke von Rudolf Steiners frühen philosophischen Schriften – «Grundlinien einer Erkenntnistheorie der Goetheschen Weltanschauung», «Wahrheit und Wissenschaft», «Die Philosophie der Freiheit», «Friedrich Nietzsche, ein Kämpfer gegen seine Zeit», «Die Mystik im Aufgange des neuzeitlichen Geisteslebens und ihr Verhältnis zur modernen Weltanschauung», um nur die hauptsächlichsten zu nennen – zu seinem anthroposophischen Werk nach der Jahrhundertwende. Ergänzungen und Fortführungen des hier Dargestellten finden sich im geschriebenen Werk Rudolf Steiners u. a. in «Vom Menschenrätsel» (1916), «Von Seelenrätseln» (1917) sowie in dem Band gesammelter Aufsätze unter dem Titel «Philosophie und Anthroposophie».

Rudolf Steiner

Die Rätsel der Philosophie

in ihrer Geschichte als Umriß dargestellt

Zweiter Band

Rudolf Steiner Verlag
Dornach / Schweiz

Herausgegeben von der Rudolf Steiner-Nachlaßverwaltung

Ungekürzte Ausgabe in zwei Bänden nach dem gleichnamigen Band
in der Rudolf Steiner Gesamtausgabe
(Bibliographie-Nr. 18, ISBN 3-7274-0180-X)

Taschenbuchausgabe
1.–10. Tsd. Dornach 1974

Bestell-Nr. 611

Printed in Switzerland by Zbinden Druck und Verlag AG, Basel
ISBN 3-7274-6110-1

INHALT DES ZWEITEN BANDES

EINLEITENDE BEMERKUNGEN ZUR NEUAUFLAGE 1914

Die Schilderung des philosophischen Geisteslebens von der Mitte des neunzehnten Jahrhunderts bis zur Gegenwart, welche in diesem zweiten Bande der «Rätsel der Philosophie» versucht worden ist, kann nicht das gleiche Gepräge tragen wie die Überschau über die vorangehenden Denkerarbeiten, die man im ersten Bande findet. – Diese Überschau hat sich im engsten Kreise der philosophischen Fragen gehalten. Die letzten sechzig Jahre sind das Zeitalter, in dem die naturwissenschaftliche Vorstellungsart, von verschiedenen Gesichtspunkten aus, den Boden zu erschüttern beabsichtigt, auf dem vorher die Philosophie stand. Die Anschauung trat in dieser Zeit hervor, daß über das Wesen des Menschen, über sein Verhältnis zur Welt und über andere Daseinsrätsel die Ergebnisse des naturwissenschaftlichen Forschens das Licht verbreiten, das früher durch die philosophische Geistesarbeit gesucht worden ist. Viele Denker, welche der Philosophie jetzt dienen wollten, bemühten sich, die Art ihres Forschens der Naturwissenschaft nachzubilden; andere gestalteten Grundlegendes für ihre Weltanschauung nicht nach Art der alten philosophischen Denkungsart, sondern entnahmen es aus den Anschauungen der Naturforschung, der Biologie, Physiologie. Und diejenigen, welche der Philosophie ihre Selbständigkeit wahren wollten, glaubten das Richtige zu tun, indem sie die Ergebnisse der Naturwissenschaft einer gründlichen Betrachtung unterwarfen, um ihr Eindringen in die Philosophie zu verhindern. Man hat deshalb für die Darstellung des philosophischen Lebens in diesem Zeitalter nötig, die Blicke auf die Ansichten zu richten, die aus der Naturwissenschaft heraus in die Weltanschauungen eingetreten sind. Die Bedeutung dieser Ansichten für die Philosophie tritt nur hervor, wenn man die wissenschaftlichen Unterlagen betrachtet, aus denen sie fließen, und wenn man sich in die Atmosphäre der naturwissenschaftlichen Vorstellungsart versetzt, in der sie zur Entwickelung kommen. Diese Verhältnisse kommen in den Ausführungen dieses

Buches dadurch zum Ausdruck, daß manches in demselben fast so gestaltet ist, als ob eine Darstellung allgemeiner naturwissenschaftlicher Ideen und nicht eine solche der philosophischen Arbeiten beabsichtigt wäre. Es kann die Meinung berechtigt erscheinen, daß durch solche Art der Darstellung zum deutlichen Ausdruck komme, wie einflußreich die Naturwissenschaft für das philosophische Leben der Gegenwart geworden ist.

Wer es mit seiner Denkungsart vereinbar findet, die Entwickelung des philosophischen Lebens so vorzustellen, wie es die orientierende Einleitung über die «Leitlinien der Darstellung» im ersten Bande dieses Buches andeutet und wie es dessen weitere Ausführungen zu begründen versuchen, der wird in dem charakterisierten Verhältnis zwischen Philosophie und Naturerkenntnis im gegenwärtigen Zeitalter ein notwendiges Glied dieser Entwickelung sehen können. Durch die Jahrhunderte hindurch, seit dem Aufkommen der griechischen Philosophie, drängte diese Entwickelung dahin, die Menschenseele zum Erleben ihrer inneren Wesenskräfte zu führen. Mit diesem ihrem inneren Erleben wurde die Seele fremd und fremder in der Welt, welche sich die Erkenntnis der äußeren Natur aufbaute. Es entstand eine Naturanschauung, die so ausschließlich auf die Beobachtung der Außenwelt gerichtet ist, daß sie keinen Trieb fühlt, in ihr Weltbild das aufzunehmen, was die Seele in ihrer inneren Welt erlebt. Dieses Weltbild so zu malen, daß sich in demselben auch diese inneren Erlebnisse der Menschenseele ebenso finden wie die Forschungsergebnisse der Naturwissenschaft, hält diese Anschauung für unberechtigt. Damit ist die Lage gekennzeichnet, in der sich die Philosophie in der zweiten Hälfte des neunzehnten Jahrhunderts befunden hat, und in welcher viele Gedankenrichtungen in der Gegenwart noch stehen. Man braucht das hier Gekennzeichnete nicht künstlich in die Betrachtung der Philosophie dieses Zeitalters hineinzutragen. Man kann es aus den Tatsachen ablesen, welche dieser Betrachtung vorliegen. Im zweiten Band dieses Buches ist dies versucht worden. – Daß ein solcher Versuch unternommen wurde, hat dazu geführt, der zweiten Auflage dieses Buches das Schlußkapitel hinzuzufügen, das eine «skizzenhafte Darstellung des

Ausblickes auf eine Anthroposophie» enthält. Man kann die Meinung haben, daß diese Darstellung ganz aus dem Rahmen des in diesem Buche Dargestellten herausfällt. Doch wurde schon in der Vorrede des ersten Bandes gesagt, daß das Ziel dieser Darstellung «*nicht nur* ist, einen kurzen Abriß der Geschichte der philosophischen Fragen zu geben, sondern über diese Fragen und ihre Lösungsversuche selbst durch ihre geschichtliche Betrachtung zu sprechen». Nun versucht die Betrachtung, die in dem Buche zum Ausdruck kommt, zu erweisen, daß manche Lösungsverhältnisse in der Philosophie der Gegenwart dahin arbeiten, in dem inneren Erleben der Menschenseele etwas zu finden, das in solcher Art sich offenbart, daß ihm im neueren Weltbilde der Platz von der Naturerkenntnis nicht streitig gemacht werden kann. Wenn es des Verfassers dieses Buches philosophische Anschauung ist, daß das in dem Schlußkapitel Dargestellte von Seelenerlebnissen spricht, welche diesem Suchen der neueren Philosophien Erfüllung bringen können, so durfte er wohl dieses Kapitel seiner Darstellung anfügen. Ihm scheint die Beobachtung zu ergeben, daß es zum Grundcharakter dieser Philosophien und zu ihrem geschichtlichen Gepräge gehört, in ihrem Suchen die eigene Richtung nach dem Gesuchten nicht einzuhalten, und daß diese Richtung in die Weltanschauung führen müsse, die am Ende des Buches skizziert ist. Sie will eine wirkliche «*Wissenschaft des Geistes*» sein. Wer dieses richtig findet, dem wird diese Weltanschauung als das sich zeigen, was die *Antwort* gibt auf Fragen, welche die Philosophie der Gegenwart stellt, obwohl sie diese Antwort nicht selbst ausspricht. Und ist dieses richtig, dann fällt durch das im Schlußkapitel Gesagte auch Licht auf die *geschichtliche* Stellung der neueren Philosophie.

Der Verfasser dieses Buches stellt sich nicht vor, daß, wer sich zu dem im Schlußkapitel Gesagten bekennen kann, der Ansicht sein müsse, es sei eine Weltanschauung notwendig, welche die Philosophie ersetzt durch etwas, was diese selbst nicht mehr als Philosophie ansehen kann. Die Ansicht, die in dem Buche sich aussprechen will, ist vielmehr die, daß die Philosophie, wenn sie dazu kommt, sich wirklich selbst zu verstehen, mit ihrem Geistesfahrzeug landen müsse bei einem seelischen Erleben, das wohl die Frucht ihrer Arbeit ist, das aber über diese Arbeit hinauswächst. Philosophie behält damit ihre Bedeutung für jeden Menschen, der eine sichere geistige Grundlage für die Ergebnisse dieses seelischen Erlebens durch seine Denkungsart fordern muß. Wer sich durch das natürliche Wahrheitsgefühl die Überzeugung von diesen Ergebnissen verschaffen kann, der ist berechtigt, sich auf einem sicheren Boden zu fühlen, auch wenn er einer philosophischen Grundlegung dieser Ergebnisse keine Aufmerksamkeit widmet. Wer die *wissenschaftliche* Rechtfertigung der Weltanschauung sucht, von der am Ende dieses Buches gesprochen wird, der muß den Weg durch die philosophische Grundlegung nehmen.

Daß dieser Weg, wenn er zu Ende gegangen wird, zum Erleben in einer geistigen Welt führt, und daß die Seele durch dieses Erleben ihre eigene geistige Wesenheit sich auf eine Art zum Bewußtsein bringen kann, die unabhängig ist von ihrem Erleben und Erkennen durch die Sinneswelt: das ist, was die Darstellung dieses Buches zu erweisen versucht. Der Darsteller wollte diesen Gedanken nicht als eine vorgefaßte Meinung in die Beobachtung des philosophischen Lebens hineintragen. Er wollte unbefangen die Anschauung aufsuchen, welche aus diesem Leben selbst spricht. Wenigstens war er bestrebt, so zu verfahren. Er glaubt, dieser Gedanke könne in der Darstellung dieses Buches dadurch auf einer ihm angemessenen Grundlage stehen, daß die naturwissenschaftliche Vorstellungsart an manchen Stellen des Buches so ausgesprochen sich findet, als ob sie durch einen Bekenner dieser Vorstellungsart selbst zum Ausdrucke käme. Man wird einer Anschauung nur dann völlige Gerechtigkeit widerfahren lassen können, wenn man sich ganz in sie zu versetzen vermag. Und eben dieses Sichhineinversetzen in eine Weltansicht läßt auch am sichersten die Menschenseele dazu gelangen, wieder aus ihr heraus in Vorstellungsarten zu kommen, welche Gebieten entspringen, die von dieser Weltansicht nicht umfaßt werden.

*

Dieser zweite Band der «Rätsel der Philosophie» war bis zur Seite 206* gedruckt vor dem Ausbruch des großen Krieges, den gegenwärtig die Menschheit erlebt. Die Beendigung des Buches fällt in die Zeit dieses Ereignisses. Ich wollte damit nur hindeuten auf dasjenige, was meine Seele von der äußeren Welt her tief bewegt und mich beschäftigt, während die letzten Gedanken vom Inhalte dieses Buches mir durch das Innere ziehen mußten.

Berlin, am 1. September 1914 *Rudolf Steiner*

* In der vorliegenden Ausgabe Seite 204.

Hegel fühlte sich mit seinem Gedankengebäude an dem Ziel, nach dem die Weltanschauungsentwickelung gestrebt hatte, seit sie innerhalb der Gedankenerlebnisse die Rätselfragen des Daseins zu bewältigen suchte. In diesem Gefühle schrieb er am Ende seiner «Enzyklopädie der philosophischen Wissenschaften» die Worte: Der «Begriff der Philosophie ist *die sich denkende* Idee, die wissende Wahrheit ... Die Wissenschaft ist auf diese Weise in ihren Anfang zurückgegangen, und das Logische ihr *Resultat,* als das *Geistige,* welches sich als die an und für sich seiende Wahrheit erwiesen ... hat.»

Sich selbst im Gedanken erleben, soll im Sinne Hegels der Menschenseele das Bewußtsein geben, bei ihrem wahren Urquell zu sein. Und indem sie aus diesem Urquell schöpft und sich aus ihm mit Gedanken erfüllt, lebt sie in ihrem eigenen wahren Wesen und zugleich in dem Wesen der Natur. Denn diese Natur ist ebenso Offenbarung des Gedankens wie die Seele selbst. Durch die Erscheinungen der Natur blickt die Gedankenwelt die Seele an; und diese ergreift in sich die schöpferische Gedankenkraft, so daß sie sich eins weiß mit allem Weltgeschehen. Die Seele sieht ihr enges Selbstbewußtsein dadurch erweitert, daß sich in ihr die Welt selbst wissend anschaut. Die Seele hört dadurch auf, sich bloß als das anzusehen, was in dem vergänglichen Sinnenleibe sich zwischen Geburt und Tod erfaßt; in ihr weiß sich der unvergängliche, an keine Schranken des Sinnenseins gebundene Geist, und sie weiß sich mit diesem Geiste in unzertrennlicher Einheit verbunden.

Man versetze sich in eine Menschenseele, welche mit Hegels Ideenrichtung so weit mitgehen kann, daß sie die Anwesenheit des Gedankens im Bewußtsein so zu erleben vermeint, wie Hegel selbst; und man wird empfinden, wie für eine solche Seele jahrhundertealte Rätselfragen in ein Licht gerückt erscheinen, das den Fragenden in einem hohen Grade befriedigen kann. Eine solche Befriedigung lebt tatsächlich zum Beispiel in den zahlreichen Schriften des Hegelianers *Karl Rosenkranz.* Wer diese Schriften (u. a. System der Wissenschaft 1850; Psychologie 1837; Kritische Erläuterungen des Hegelschen Systems 1840) auf sich wirken läßt, der sieht sich einer Persönlichkeit gegenüber, die in Hegels Ideen gefunden zu haben glaubt, was die Menschenseele in ein für sie befriedigendes Erkenntnisverhältnis zur Welt setzen kann. Rosenkranz darf in dieser Beziehung als bedeutsam genannt werden, weil er im einzelnen keineswegs ein blinder Nachbeter Hegels ist, sondern weil in ihm ein Geist lebt, der das Bewußtsein hat: in Hegels Stellung zur Welt und zum Menschen liegt die Möglichkeit, einer Weltanschauung die gesunde Grundlage zu geben.

Wie konnte ein solcher Geist gegenüber dieser Grundlage empfinden? – Im Laufe der Jahrhunderte, seit der Geburt des Gedankens im alten Griechenland, haben innerhalb des philosophischen Forschens die Rätsel des Daseins, denen sich jede Seele im Grunde gegenübergestellt sieht, sich zu einer Anzahl von Hauptfragen kristallisiert. In der neueren Zeit ist als Grundfrage diejenige nach der *Bedeutung, dem Werte und den Grenzen der Erkenntnis* in den Mittelpunkt des philosophischen Nachdenkens getreten. Wie steht dasjenige, was der Mensch wahrnehmen, vorstellen, denken kann, im Verhältnisse zur wirklichen Welt? Kann dieses Wahrnehmen und Denken ein solches Wissen geben, das den Menschen aufzuklären vermag über dasjenige, worüber er aufgeklärt sein möchte? Für denjenigen, der im Sinne Hegels denkt, beantwortet sich diese Frage durch sein Bewußtsein von der Natur des Gedankens. Er glaubt, wenn er sich des Gedankens bemächtigt, den schaffenden Geist der Welt zu erleben. In diesem Vereintsein mit dem schaffenden Gedanken fühlt er den Wert und die wahre Bedeutung des Erkennens. Er kann nicht fragen: welche Bedeutung hat das Erkennen? Denn, indem er erkennt, erlebt er diese Bedeutung. Damit sieht sich der Hegelianer allem Kantianismus schroff entgegengestellt. Man sehe, was Hegel selbst vorbringt gegen die Kantsche Art, das Erkennen zu untersuchen, bevor man erkennt: «Ein Hauptgesichtspunkt der *kritischen* Philosophie ist, daß, ehe daran gegangen werde, Gott, das Wesen der Dinge usf. zu erkennen, das Erkenntnisvermögen selbst vorher zu untersuchen sei, ob es solches zu leisten fähig sei; man müsse das *Instrument* vorher kennen lernen, ehe man die Arbeit unternehme, die vermittelst desselben zustande kommen soll; wenn es unzureichend sei, würde sonst alle Mühe vergebens verschwendet sein. Dieser Gedanke hat so *plausibel* geschienen, daß er die größte Bewunderung und Zustimmung erweckt, und das Erkennen aus seinem Interesse für die *Gegenstände,* und dem Geschäfte mit denselben, auf sich selbst zurückgeführt hat. Will man sich jedoch nicht mit Worten täuschen, so ist leicht zu sehen, daß wohl andere Instrumente sich auf sonstige Weise etwa untersuchen und beurteilen lassen als durch das Vornehmen der eigentümlichen Arbeit, der sie bestimmt sind. Aber das Erkennen kann nicht anders als *erkennend* untersucht werden; bei diesem sogenannten Werkzeuge heißt dasselbe untersuchen nichts anderes als Erkennen. Erkennen wollen aber, ehe man erkennt, ist ebenso ungereimt als der weise Vorsatz jenes Scholastikus, *schwimmen* zu lernen, *ehe er sich ins Wasser wage.*» Für Hegel handelt es sich darum, daß die Seele sich, mit dem Weltgedanken erfüllt, erlebe. So wächst sie über ihr gewöhnliches Sein hinaus; sie wird gewissermaßen das Gefäß, in dem sich der im Denken lebende Weltgedanke bewußt erfaßt. Aber sie fühlt sich nicht bloß als Gefäß dieses Weltengeistes, sondern sie weiß sich eins mit ihm. Man kann also das Wesen des Erkennens im Sinne Hegels nicht untersuchen; man muß sich zum Erleben dieses Wesens erheben und steht damit unmittelbar im Erkennen darin. Steht man darin, so *hat* man es und braucht es nicht mehr nach seiner Bedeutung zu fragen; steht man noch nicht darinnen, so hat man auch noch nicht die Fähigkeit, es zu untersuchen. Die Kantsche Philosophie ist für die Hegelsche Weltanschauung eine Unmöglichkeit. Denn, um die Frage zu beantworten: Wie ist Erkenntnis möglich –, müßte die Seele erst die Erkenntnis schaffen; dann aber könnte sie sich nicht beifallen lassen, nach deren Möglichkeit erst zu fragen.

Hegels Philosophie läuft in gewissem Sinne darauf hinaus, die Seele über sich emporwachsen zu lassen zu einer Höhe, auf der sie mit der Welt in eins verwächst. Mit der Geburt des Gedankens in der griechischen Philosophie trennte sich die Seele von der Welt. Sie lernte, sich dieser in Einsamkeit gegenüberzufühlen. In dieser Einsamkeit entdeckt sie sich mit dem in ihr waltenden Gedanken. Hegel will dieses Erleben des Gedankens bis zu seiner Höhe führen. Er findet im höchsten Gedankenerlebnis zugleich das schöpferische Weltprinzip. Damit hat die Seele einen Kreislauf beschrieben, indem sie sich erst von der Welt getrennt hat, um den Gedanken zu suchen. Sie fühlt sich so lange von der Welt getrennt, als sie den Gedanken *nur* als Gedanken erkennt. Sie fühlt sich aber mit ihr wieder vereinigt, indem sie im Gedanken den Urquell der Welt entdeckt; und der Kreislauf ist geschlossen. Hegel kann sagen: «Die Wissenschaft ist auf diese Weise in ihren Anfang zurückgegangen.»

Von solchem Gesichtspunkt aus werden die andern Hauptfragen der menschlichen Erkenntnis in ein solches Licht gerückt, daß man glauben kann, das Dasein in einer lückenlosen Weltanschauung zu überblicken. Als eine zweite Hauptfrage kann die *nach dem Göttlichen als Weltengrund angesehen werden.* Für Hegel ist diejenige Erhebung der Seele, durch welche sich der Weltengedanke in ihr lebend erkennt, zugleich ein Einswerden mit dem göttlichen Weltengrunde. Man kann also in seinem Sinne nicht fragen: *was* ist der göttliche Weltengrund, oder: wie verhält sich der Mensch zu ihm? Man kann nur sagen: wenn die Seele wirklich die Wahrheit erkennend erlebt, so versenkt sie sich in diesen Weltengrund.

Eine dritte Hauptfrage in dem angedeuteten Sinne ist die *kosmologische;* das ist die nach dem inneren Wesen der äußeren Welt. Für Hegel kann dieses Wesen nur im Gedanken selbst gesucht werden. Gelangt die Seele dazu, den Gedanken in sich zu erleben, so findet sie in ihrem Selbsterlebnis auch jene Form des Gedankens, die sie wiederzuerkennen vermag, wenn sie in die Vorgänge und Wesenheiten der äußeren Welt blickt. So kann die Seele zum Beispiel in ihren Gedankenerlebnissen etwas finden, wovon sie unmittelbar weiß: Das ist das Wesen des Lichtes. Blickt sie dann mit dem Auge in die Natur, so sieht sie im äußeren Lichte die Offenbarung des Gedankenwesens des Lichtes.

So löst sich für Hegel die ganze Welt in Gedankenwesenheit auf. Die Natur schwimmt in dem Gedankenkosmos gleichsam als ein erstarrter Teil in demselben; und die menschliche Seele ist Gedanke in der Gedankenwelt.

Die vierte Hauptfrage der Philosophie, diejenige nach dem Wesen des Seelischen und nach dessen Schicksalen, scheint sich im Hegelschen Sinne durch den wahren Fortgang des Gedankenerlebens in befriedigender Weise zu beantworten. Die Seele findet sich zunächst mit der Natur verbunden; in dieser Verbindung erkennt sie noch nicht ihre wahre Wesenheit. Sie löst sich aus diesem Natursein, findet sich dann getrennt im Gedanken, sieht aber zuletzt, daß sie im Gedanken mit dem wahren Wesen der Natur auch ihr eigenes wahres Wesen als das des lebendigen Geistes erfaßt hat, in dem sie als ein Glied desselben lebt und webt.

Aller Materialismus scheint damit überwunden. Die Materie selbst erscheint nur als eine *Offenbarung des Geistes.* Die Menschenseele darf sich fühlen als im Geistesall werdend und wesend.

Nun enthüllt sich wohl am deutlichsten an der Seelenfrage das Unbefriedigende der Hegelschen Weltanschauung. Mit dem Blicke auf diese Weltanschauung muß die Menschenseele fragen: Kann ich mich in dem wirklich finden, was Hegel als ein umfassendes Gedanken-Weltengebäude hingestellt hat? Es hat sich gezeigt, wie alle neuere Weltanschauung nach einem solchen Bilde der Welt suchen mußte, in dem die Menschenseele mit ihrer Wesenheit einen entsprechenden Platz hat. Hegel läßt die ganze Welt Gedanke sein; in dem Gedanken hat auch die Seele ihr übersinnliches Gedankensein. Kann sich aber die Seele damit für befriedigt erklären, als Weltengedanke in der allgemeinen Gedankenwelt enthalten zu sein? Diese Frage tauchte bei denjenigen auf, welche sich in der Mitte des neunzehnten Jahrhunderts den Anregungen der Hegelschen Philosophie gegenübersahen.

Welches sind doch die bedrängenden Seelenrätsel? Diejenigen, nach deren Beantwortung die Seele sich sehnen muß, um innere Sicherheit und Halt im Leben zu haben. Es ist zunächst die Frage: Was ist die Menschenseele ihrem innersten Wesen nach? Ist sie eins mit dem körperlichen Dasein und hören ihre Äußerungen mit dem Hingange des Körpers auf, wie die Bewegung der Uhrzeiger aufhört, wenn die Uhr in ihre Glieder zerlegt ist? Oder ist die Seele gegenüber dem Körper ein selbständiges Wesen, das Leben und Bedeutung hat noch in einer anderen Welt als diejenige ist, in welcher der Körper entsteht und vergeht? Damit aber hängt dann die andere Frage zusammen: Wie gelangt der Mensch zur Erkenntnis einer solchen anderen Welt? Erst mit der Beantwortung *dieser* Frage kann dann der Mensch hoffen, auch Licht zu erhalten für die Fragen des Lebens: Warum bin ich diesem oder jenem Schicksal unterworfen? Woher stammt das Leiden? Wo liegt der Ursprung des Sittlichen?

Eine befriedigende Weltanschauung kann nur diejenige sein, welche auf eine Welt hinweist, aus der Antwort kommt auf die angedeuteten Fragen. Und welche zugleich ihr Recht nachweist, solche Antworten geben zu dürfen.

Hegel gab eine Welt der Gedanken. Soll diese Welt der alles erschöpfende Kosmos sein, so sieht sich ihr gegenüber die Seele genötigt, sich in ihrem innersten Wesen als Gedanke anzusehen. Macht man mit diesem Gedankenkosmos Ernst, so verschwimmt ihm gegenüber das individuelle Seelenleben des Menschen. Man muß davon absehen, dieses zu erklären und zu verstehen; man muß sagen: Bedeutungsvoll in der Seele ist *nicht* ihr individuelles Erleben, sondern ihr Enthaltensein in der allgemeinen Gedankenwelt. Und so sagt im Grunde doch die Hegelsche Weltanschauung. Man vergleiche sie, um sie in dieser Beziehung zu erkennen, mit dem, was *Lessing* vorschwebte, als er die Gedanken seiner «Erziehung des Menschengeschlechts» faßte. Er fragte nach einer Bedeutung der *einzelnen* Menschenseele über das Leben hinaus, das zwischen Geburt und Tod eingeschlossen ist. Man kann in der Verfolgung dieses Lessingschen Gedankens davon sprechen, daß die Seele nach dem physischen Tode eine Daseinsform in einer Welt durchmacht, welche außerhalb derjenigen liegt, in welcher der Mensch im Körper lebt, wahrnimmt, denkt, und daß nach entsprechender Zeit solches rein geistiges Erleben übergeht in ein neues Erdenleben. Damit ist in eine

Welt verwiesen, mit welcher die Menschenseele als einzelnes, individuelles Wesen verknüpft ist. Auf *diese* Welt sieht sie sich verwiesen, wenn sie nach ihrem wahren Wesen sucht. Sobald man sich diese Seele herausgehoben denkt aus ihrem Zusammenhange mit dem leiblichen Dasein, hat man sie sich in *dieser* Welt zu denken. Für Hegel dagegen läuft das Leben der Seele, mit Abstreifung alles Individuellen, in den allgemeinen Gedankenprozeß zunächst des geschichtlichen Werdens, dann der allgemeinen geistig-gedanklichen Weltvorgänge ein. Man löst in seinem Sinne das Seelenrätsel, indem man alles Individuelle an der Seele unberücksichtigt läßt. Nicht die einzelne Seele ist wirklich, der geschichtliche Prozeß ist es. Man nehme, was am Ende von Hegels «Philosophie der Geschichte» steht: «Wir haben den Fortgang des Begriffs allein betrachtet und haben dem Reize entsagen müssen, das Glück, die Perioden der Blüte der Völker, die Schönheit und Größe der Individuen, das Interesse ihres Schicksals in Leid und Freud näher zu schildern. Die Philosophie hat es nur mit dem Glanze der Idee zu tun, die sich in der Weltgeschichte spiegelt. Aus dem Überdruß an den Bewegungen der unmittelbaren Leidenschaften in der Wirklichkeit macht sich die Philosophie zur Betrachtung heraus; ihr Interesse ist, den Entwickelungsgang der sich verwirklichenden Idee zu erkennen.»

Man überblicke die Seelenlehre Hegels. Man findet in ihr geschildert, wie sich die Seele innerhalb des Leibes als «natürliche Seele» entwickelt, wie sie das Bewußtsein, das Selbstbewußtsein, die Vernunft entfaltet; wie sie dann in der Außenwelt die Ideen des Rechtes, der Sittlichkeit, des Staates verwirklicht, wie sie in der Weltgeschichte das in einem fortdauernden *Leben* schaut, was sie als Ideen denkt, wie sie diese Ideen als Kunst, als Religion darlebt, um dann in dem Einswerden mit der sich denkenden Wahrheit sich selbst in dem lebendig wirksamen Allgeist zu schauen.

Daß die Welt, in welche sich der Mensch gestellt sieht, ganz Geist ist, daß auch alles materielle Dasein nur Offenbarung des Geistes ist, das muß für jeden Hegelisch Fühlenden feststehen. Sucht ein solcher diesen Geist, so findet er ihn, seinem

Wesen nach, als wirksamen *Gedanken, als lebendig schöpferische Idee.* Davor steht nun die Seele und muß sich fragen: Kann ich wirklich mich als ein Wesen ansehen, das im Gedankensein erschöpft ist? Es kann als das Große, das Unwiderlegliche der Hegelschen Weltanschauung empfunden werden, daß die Seele, wenn sie sich zu dem wahren Gedanken erhebt, sich in das Schöpferische des Daseins entrückt fühlt. So sich in ihrem Verhältnisse zur Welt fühlen zu dürfen, empfanden diejenigen Persönlichkeiten als tief befriedigend, welche mehr oder weniger weit Hegels Gedankenentwickelung folgten.

Wie sich mit dem Gedanken leben läßt? Das war die große Rätselfrage der neueren Weltanschauungsentwickelung. Sie hatte sich ergeben aus dem Fortgange dessen, was in der griechischen Philosophie aufgetreten ist aus dem Aufleben des Gedankens und der damit gegebenen Loslösung der Seele aus dem äußeren Dasein. Hegel hat nun versucht, den ganzen Umfang des Gedankenerlebens vor die Seele hinzustellen, ihr gewissermaßen alles gegenüberzuhalten, was sie aus ihren Tiefen als Gedanke heraufzaubern kann. Diesem Gedankenerleben gegenüber fordert er nun von der Seele: Erkenne dich deiner tiefsten Wesenheit nach in diesem Erlebnis, erfühle dich darinnen als in deinem tiefsten Grunde.

Die Menschenseele ist mit dieser Hegelschen Forderung vor einen entscheidenden Punkt gebracht in der Erkenntnis ihres eigenen Wesens. Wohin soll sie sich wenden, wenn sie beim reinen Gedanken angekommen ist und bei demselben nicht stehenbleiben will? Vom Wahrnehmen, vom Fühlen, vom Wollen kann sie zum Gedanken gehen und fragen: Was ergibt sich, wenn ich über das Wahrnehmen, das Fühlen, das Wollen denke? Vom Denken aus kann sie zunächst nicht weitergehen; sie kann nur immer wieder *denken.* Es kann dem, der die neuere Weltanschauungsentwickelung bis zum Zeitalter Hegels verfolgt, als das Bedeutungsvolle an diesem Philosophen erscheinen, daß derselbe die Impulse dieser Entwickelung bis zu einem Punkte verfolgt, über den sie nicht hinausgebracht werden können, wenn man den Charakter beibehält, mit dem sie sich bis zu ihm gezeigt haben. Wer solches wahrnimmt, der kann zu der Frage kommen: Wenn das Denken zunächst im Sinne des Hegeltums dazu führt, ein Gedankengemälde im Sinne eines Weltbildes vor der Seele auszubreiten: hat damit das Denken *alles* dasjenige wirklich aus sich heraus entwickelt, was lebendig in ihm beschlossen liegt? Es könnte doch sein, daß im Denken noch mehr liege als bloßes Denken. Man betrachte eine Pflanze, welche sich von der Wurzel, durch Stamm und Blätter hindurch, zur Blüte und Frucht entwickelt. Man kann nun das Leben dieser Pflanze damit beendigen, daß man der Frucht die Keime entnimmt und sie zum Beispiel zur menschlichen Nahrung verwendet. Man kann aber auch den Pflanzenkeim in geeignete Verhältnisse bringen, so daß er sich zu einer neuen Pflanze entwickelt.

Wer den Blick auf den Sinn der Hegelschen Philosophie richtet, dem kann diese so erscheinen, daß in ihr das ganze Bild, welches sich der Mensch von der Welt macht, sich gleich einer Pflanze entfaltet; daß diese Entfaltung bis zu dem Keime, dem Gedanken, gebracht wird, dann aber abgeschlossen wird wie das Leben einer Pflanze, deren Keim nicht im Sinne des Pflanzenlebens weiterentwickelt wird, sondern zu etwas verwandt wird, was diesem Leben äußerlich gegenübersteht, wie die menschliche Ernährung. In der Tat: Sobald Hegel zu dem Gedanken gekommen ist, setzt er den Weg nicht fort, der ihn bis zu dem Gedanken geführt hat. Er geht aus von der Wahrnehmung der Sinne und entwickelt nun alles in der menschlichen Seele, was zuletzt zum Gedanken führt. Bei diesem bleibt er stehen und zeigt an ihm, wie er zur Erklärung der Weltvorgänge und Weltwesenheiten führen könne. Dazu kann der Gedanke gewiß dienen, ebenso wie der Pflanzenkeim zur menschlichen Nahrung. Aber sollte aus dem Gedanken nicht Lebendiges sich entwickeln können? Sollte er nicht *seinem eigenen Leben* durch den Gebrauch entzogen werden, welchen Hegel von ihm macht, wie der Pflanzenkeim seinem Leben entzogen wird, wenn er zur menschlichen Nahrung verwendet wird? In welchem Lichte muß die Hegelsche Philosophie erscheinen, wenn es etwa Wahrheit wäre, daß der Gedanke zwar zur Aufhellung, zur Erklärung der Weltvorgänge dienen kann, wie der Pflanzensame zur Nahrung, daß er dies aber nur dadurch kann, daß er seinem fortlaufenden Wachstum entzogen wird? Der Pflanzenkeim wird allerdings nur eine Pflanze gleicher Art aus sich hervorgehen lassen. Der Gedanke als Erkenntniskeim könnte aber, wenn er seiner lebendigen Entwickelung zugeführt wird, etwas völlig Neues gegenüber dem Weltbilde hervorbringen, aus dem er sich entwickelt hat. Wie im Pflanzenleben *Wiederholung* herrscht, so könnte *Steigerung* im Erkenntnisleben stattfinden. Ist es denn undenkbar, daß alle Verwendung des Gedankens zur Erklärung der Welt im Sinne der äußeren Wissenschaft nur gewissermaßen eine Verwendung des Gedankens ist, die einen Nebenweg der Entwickelung verfolgt, wie im Gebrauch des Pflanzensamens zur Nahrung ein Nebenweg gegenüber der fortlaufenden Entwickelung liegt? Es ist ganz selbstverständlich, daß man von solchen Gedankengängen sagen kann, sie seien der bloßen Willkür entsprungen und stellen nur wertlose Möglichkeiten dar. Ebenso selbstverständlich ist es, daß man einwenden kann, wo der Gedanke in dem angedeuteten Sinne weitergeführt wird, da beginne das Reich der willkürlichen Phantasievorstellungen. Dem Betrachter der geschichtlichen Entfaltung des Weltanschauungslebens im neunzehnten Jahrhundert kann die Sache doch anders erscheinen. Die Art, wie Hegel den Gedanken auffaßt, führt in der Tat die Weltanschauungsentwickelung zu einem toten Punkt. Man fühlt, man hat es mit dem Gedanken zu einem Äußersten gebracht; doch will man den Gedanken so, wie man ihn erfaßt hat, in das unmittelbare Leben des Erkennens überführen, so versagt er; und man lechzt nach einem Leben, das aus der Weltanschauung ersprießen möge, zu der man es gebracht hat. *Friedrich Theodor Vischer* beginnt um die Mitte des Jahrhunderts seine «Ästhetik» im Sinne der Hegelschen Philosophie zu schreiben. Er vollendet sie als ein monumentales Werk. Nach der Vollendung wird er selbst der scharfsinnigste Kritiker dieses Werkes. Und sucht man nach dem tieferen Grund dieses sonderbaren Vorganges, so findet man, daß Vischer gewahr wird, er habe sein Werk mit dem Hegelschen Gedanken als mit einem Elemente durchsetzt, das, aus seinen Lebensbedingungen herausgenommen, tot geworden ist, wie der Pflanzenkeim als Totes wirkt, wenn er seiner Entwickelungsströmung entrissen wird. Eine eigenartige Perspektive eröffnet sich, wenn man die Hegelsche Weltanschauung in dieses Licht rückt. Der Gedanke könnte fordern, daß er als lebendiger Keim erfaßt und unter gewissen Bedingungen in der Seele zur Entfaltung gebracht werde, damit er über das Weltbild Hegels hinaus zu einer Weltanschauung führe, in der sich die Seele, ihrem Wesen nach, erst erkennen könne und mit der sie sich erst wahrhaft in die Außenwelt versetzt fühlen könne. Hegel hat die Seele so weit gebracht, daß sie sich mit dem Gedanken erleben kann; der Fortgang über Hegel hinaus würde dazu führen, daß *in der Seele* der Gedanke *über sich hinaus* und *in eine geistige Welt hinein* wächst. Hegel hat begriffen, wie die Seele den Gedanken aus sich hervorzaubert und sich in dem Gedanken erlebt; er hat der Nachwelt die Aufgabe überlassen, mit dem lebendigen Gedanken als in einer wahrhaft geistigen Welt das Wesen der Seele zu finden, das sich im bloßen Gedanken nicht in seiner Ganzheit erleben kann.

Es hat sich in den vorangegangenen Ausführungen gezeigt, wie die neuere Weltanschauungsentwickelung von der *Wahrnehmung* des Gedankens zu einem *Erleben* des Gedankens hinstrebt; in Hegels Weltanschauung scheint die Welt als selbsterzeugtes Gedankenerlebnis vor der Seele zu stehen; doch die Entwickelung scheint auf einen weiteren Fortgang hinzuweisen. Der Gedanke darf nicht als Gedanke verharren; er darf nicht bloß gedacht, nicht nur *denkend erlebt* werden; er muß zu einem noch höheren Leben erwachen.

So willkürlich alles dies erscheinen mag, so notwendig muß es sich einer tiefer dringenden Betrachtung der Weltanschauungsentwickelung im neunzehnten Jahrhundert aufdrängen. Man sieht bei einer solchen Betrachtung, wie die Forderungen eines Zeitalters in den Tiefen der geschichtlichen Entwickelung wirken und wie die Bestrebungen der Menschen *Versuche* sind, mit diesen Forderungen sich abzufinden. Dem naturwissenschaftlichen Weltbilde stand die neuere Zeit gegenüber. Unter Aufrechterhaltung desselben mußten Vorstellungen über das Seelenleben gefunden werden, welche diesem Weltbilde gegenüber bestehen können. Die ganze Entwickelung über Descartes, Spinoza, Leibniz, Locke bis zu Hegel erscheint als ein Ringen um solche Vorstellungen. Hegel bringt das Ringen zu einem gewissen Abschlusse. Wie er die Welt als Gedanke hinstellt, das scheint bei seinen Vorgängern überall veranlagt; er faßt den kühnen Denkerentschluß, alle Weltanschauungsvorstellungen in ein umfassendes Gedankengemälde einlaufen zu lassen. – Mit ihm hat das Zeitalter zunächst die vorwärtsstrebende Kraft der Impulse erschöpft. Was oben ausgesprochen ist – die Forderung, das Leben des Gedankens zu erfühlen: es wird *unbewußt* empfunden; es lastet auf den Gemütern um die Mitte des neunzehnten Jahrhunderts. Man verzweifelt an der Möglichkeit, diese Forderung zu erfüllen; doch man bringt sich dieses Verzweifeln nicht zum Bewußtsein. So tritt ein Nicht-Vorwärts-Können auf dem philosophischen Felde ein. Die Produktivität an philosophischen Ideen hört auf. Sie müßte sich in der angedeuteten Richtung bewegen; doch scheint erst nötig zu sein, daß man sich über das Erlangte besinne. Man sucht an diesen oder jenen Punkt bei philosophischen Vorgängern anzuknüpfen; doch fehlt die Kraft zu fruchtbarer Weiterbildung des Hegelschen Weltbildes. – Man sehe, was Karl Rosenkranz in der Vorrede zu seinem «Leben Hegels» 1844 schreibt: «Nicht ohne Wehmut trenne ich mich von dieser Arbeit, müßte man doch nicht irgendeinmal das Werden auch zum Dasein kommen lassen. Denn scheint es nicht, als seien wir Heutigen nur die Totengräber und Denkmalsetzer für die Philosophen, welche die zweite Hälfte des vorigen (achtzehnten) Jahrhunderts gebar, um in der ersten des jetzigen zu sterben? Kant fing 1804 dies Sterben der deutschen Philosophen an. Ihm folgten Fichte, Jacobi, Solger, Reinhold, Krause, Schleiermacher, W. v. Humboldt, Fr. Schlegel, Herbart, Baader, Wagner, Windischmann, Fries und so viele andere. ... Sehen wir Nachwuchs für jene Ernte des Todes? Sind wir fähig, in die zweite Hälfte unseres Jahrhunderts ebenfalls eine heilige Denkerschar hinüberzusenden? Leben unter unseren Jünglingen die, welchen platonischer Enthusiasmus und aristotelische Arbeitsseligkeit das Gemüt zu unsterblicher Anstrengung für die Spekulation begeistert? ... Seltsam genug scheinen in unseren Tagen gerade die Talente nicht recht aushalten zu können. Schnell nutzen sie sich ab, werden nach einigen versprechenden Blüten unfruchtbar und beginnen sich selbst zu kopieren und zu wiederholen, wo nach Überwindung der unreiferen und unvollkommeneren, einseitigen und stürmischen Jugendversuche die Periode kräftigen und gesammelten Wirkens erst folgen sollte. Manche, schönen Eifers voll, überstürzen sich im Lauf und müssen, wie Constantin Frantz, in jeder nächsten Schrift ihre vorangehende schon wieder teilweise zurücknehmen ...»

Daß man nach der Mitte des neunzehnten Jahrhunderts sich gedrängt fand, bei einer solchen Beurteilung der philosophischen Zeitlage zu verharren, kommt oft zum Ausdrucke. Der ausgezeichnete Denker Franz Brentano sprach in der Antrittsrede für seine Wiener Professur «Über die Gründe der Entmutigung auf philosophischem Gebiete» 1874 die Worte: «In den ersten Dezennien unseres Jahrhunderts waren die Hörsäle der deutschen Philosophen überfüllt: in neuerer Zeit ist der Flut eine tiefe Ebbe gefolgt. Man hört darum oft, wie bejahrtere Männer die jüngere Generation anklagen, als ob ihr der Sinn für die höchsten Zweige des Wissens mangele. – Das wäre eine traurige, aber zugleich auch eine unbegreifliche Tatsache. Woher sollte es kommen, daß das neue Geschlecht in seiner Gesamtheit an geistigem Schwung und Adel so tief hinter dem früheren zurückstände? – In Wahrheit war nicht ein Mangel an Begabung, sondern ... (ein) Mangel an Vertrauen die Ursache, welche die Abnahme des philosophischen Studiums zur Folge hatte. Wäre die Hoffnung auf Erfolg zurückgekehrt, so würde sicher auch jetzt die schönste Palme der Forschung nicht vergeblich winken ...»

Schon in der Zeit, als Hegel noch lebte und kurz nachher, fühlten einzelne Persönlichkeiten, wie sein Weltgemälde eben darin seine Schwäche bekundet, worin seine Größe liegt. Es führt die Weltanschauung zum Gedanken, nötigt dafür aber auch die Seele, ihr Wesen im Gedanken erschöpft zu sehen. Brächte es im oben geschilderten Sinne den Gedanken zu einem ihm eigenen Leben, so könnte dies nur innerhalb des individuellen Seelenlebens geschehen; die Seele würde dadurch als individuelles Wesen ihr Verhältnis zum gesamten Kosmos finden. Dies fühlte zum Beispiel *Troxler;* doch kam es bei ihm über ein dunkles Gefühl davon nicht hinaus. Er spricht sich 1835 in Vorträgen, die er an der Hochschule in Bern gehalten hat, in der folgenden Art aus: «Nicht erst jetzt, sondern schon vor zwanzig Jahren lebten wir der innigsten Überzeugung, und suchten in wissenschaftlicher Schrift und Rede darzutun, daß eine Philosophie und Anthropologie, welche den einen und ganzen Menschen und Gott und Welt umfassen sollte, nur auf die Idee und Wirklichkeit der Individualität und Unsterblichkeit des Menschen begründet werden könnte. Dafür ist die ganze im Jahre 1811 erschienene Schrift: ‹Blicke in das Wesen des Menschen› der unwidersprechlichste Beweis, und der mit dem Titel ‹Die absolute Persönlichkeit› überschriebene letzte Abschnitt unserer, in Heften vielfältig verbreiteten Anthropologie der sicherste Beleg. Wir erlauben uns demnach, aus letzterer die Anfangsstelle des erwähnten Abschnitts anzuführen: Es ist die ganze Natur des Menschen auf *göttliche Mißverhältnisse* in ihrem Innern gebaut, die in der Herrlichkeit einer überirdischen Bestimmung sich auflösen, indem alle treibenden Federn im Geiste, und nur die Gewichte in der Welt liegen. Wir haben nun diese Mißverhältnisse mit ihren Erscheinungen von der dunklen, irdischen Wurzel an verfolgt, und sind den Gewinden des himmlischen Gewächses nachgegangen, die uns nur einen großen, edlen Stamm von allen Seiten und in allen Richtungen zu umranken schienen; bis an den Wipfel sind wir nun gekommen, aber der erhebt sich unerklimmbar und unabsehlich in die obern, lichtern Räume einer andern Welt, deren Licht uns leise dämmert, deren Luft wir wittern mögen ...» – Solche Worte klingen für den gegenwärtigen Menschen sentimental und wenig wissenschaftlich. Man hat jedoch nur nötig, das Ziel zu beachten, auf das Troxler zusteuert. Er will das Wesen des Menschen nicht in eine Ideenwelt aufgelöst wissen, sondern er sucht zu erfassen *«den Menschen im Menschen»,* als die «individuelle und unsterbliche Persönlichkeit». Troxler will die Menschennatur verankert wissen in einer Welt, die nicht bloßer Gedanke ist; daher macht er darauf aufmerksam, daß man von etwas im

Menschen sprechen könne, welches den Menschen an eine über die Sinneswelt hinausliegende Welt bindet, und das *nicht* bloßer Gedanke ist. «Schon früher haben die Philosophen einen feinen, hehren Seelleib unterschieden von dem gröberen Körper, oder in diesem Sinne eine Art von Hülle des Geistes angenommen, eine Seele, die ein Bild des Leibes an sich habe, das sie *Schema* nannten und das ihnen der innere höhere Mensch war.» Troxler selbst hat den Menschen gegliedert in Körper, Leib, Seele und Geist. Damit hat er auf das Wesen der Seele so hingewiesen, daß dieses mit Körper und Leib in die Sinnes-, mit Seele und Geist in eine übersinnliche Welt so hineinragt, daß sie in der letzteren als individuelles Wesen wurzelt, und nicht sich individuell nur in der Sinneswelt betätigt, in der geistigen Welt jedoch in die Allgemeinheit des Gedankens verliert. Nur kommt Troxler nicht dazu, den Gedanken als lebendigen Erkenntniskeim zu erfassen und etwa durch das Lebenlassen dieses Erkenntniskeimes in der Seele die individuellen Seelenwesensglieder Seele und Geist wirklich aus einer Erkenntnis heraus zu rechtfertigen. Er ahnt nicht, daß der Gedanke in seinem Leben sich zu dem gewissermaßen auswachsen könne, was als individuelles Leben der Seele anzusprechen ist; sondern er kann über dieses individuelle Wesen der Seele nur wie aus einer Ahnung heraus sprechen. – Zu etwas anderem als zu einer Ahnung über diese Zusammenhänge konnte Troxler nicht kommen, weil er zu sehr von positiv-dogmatischen religiösen Vorstellungen abhängig war. Da er aber einen weiten Überblick über die Wissenschaft seiner Zeit und einen tiefen Einblick in den Entwickelungsgang des Weltanschauungslebens hatte, so darf seine Ablehnung der Hegelschen Philosophie doch als mehr denn nur als aus persönlicher Antipathie entspringend angesehen werden. Sie kann als ein Ausdruck dessen gelten, was man aus der Stimmung des Hegelschen Zeitalters selbst heraus gegen Hegel vorbringen konnte. So ist zu betrachten, wenn Troxler sagt: «Hegel hat die Spekulation auf die höchste Stufe ihrer Ausbildung geführt und sie eben dadurch vernichtet. Sein System ist das: bis hierher und nicht weiter! in dieser Richtung des Geistes geworden.» – In dieser Form stellt Troxler die Frage, die von der Ahnung zur deutlichen Idee gebracht, wohl heißen müßte: Wie kommt die Weltanschauung über das bloße Erleben des Gedankens im Hegelschen Sinne hinaus zu einer Teilnahme an dem Lebendigwerden des Gedankens?

Für die Stellung der Hegelschen Weltanschauung zur Stimmung der Zeit ist charakteristisch eine Schrift, die 1834 *C. H. Weiße* erscheinen ließ und welche den Titel trägt «Die philosophische Geheimlehre von der Unsterblichkeit des menschlichen Individuums.» In derselben heißt es: «Wer die Hegelsche Philosophie in... ihrem... Zusammenhange studiert hat, dem ist es bekannt, wie sie auf eine Weise, die durchaus folgerecht in ihrer dialektischen Methode begründet ist, den subjektiven Geist des endlichen Individuums erst in dem objektiven Geiste, dem Geiste des Rechtes, des Staates und der Sitte... *aufgehoben* werden, das heißt als untergeordnetes, zugleich bejahtes und verneintes, kurz als unselbständiges Moment in diesen höheren Geist eingehen läßt. Das endliche Individuum wird hierdurch, wie man schon längst sowohl innerhalb als außerhalb der Schule Hegels bemerkt hat, zu einer vorübergehenden Erscheinung... Was für einen Zweck, was für eine Bedeutung könnte... die Fortdauer eines solchen Individuums haben, nachdem durch dasselbe der Weltgeist *hindurchgezogen* ist...» Weiße sucht dieser Bedeutungslosigkeit der individuellen Seele gegenüber auf seine Art deren Unvergänglichkeit darzulegen. Daß auch er über Hegels Darstellung hinaus es zu keinem wirklichen Fortschritt bringen kann, wird aus den von ihm befolgten Gedankengängen, welche ein voriges Kapitel dieses Buches skizziert, begreiflich sein.

Wie man die Ohnmacht des Hegelschen Gedankengemäldes empfinden konnte gegenüber dem individuellen Wesen der Seele, so konnte man sie auch gewahr werden gegenüber der Forderung, wirklich in weitere Tiefen der Natur einzudringen, als diejenigen sind, welche auch der Sinnenwelt offen sind. Daß alles dasjenige, was den Sinnen sich darbietet, in Wahrheit Gedanke und als solcher *Geist* ist, das war für Hegel klar; ob aber mit *diesem* «Geiste der Natur» *aller* Geist in der Natur durchschaut ist, das konnte als eine neue Frage empfunden werden.

Wenn die Seele mit dem Gedanken ihr eigenes Wesen nicht erfaßt, könnte es dann nicht sein, daß sie bei einem andersartigen Erleben ihres eigenen Wesens doch tiefere Kräfte und Wesenheiten in der Natur erlebte? Ob man sich solche Fragen mit aller Deutlichkeit stellt oder nicht, darauf kommt es nicht an; sondern darauf, ob sie gegenüber einer Weltanschauung *gestellt werden können*. Können sie es, dann macht durch diese Möglichkeit die Weltanschauung den Eindruck des Unbefriedigenden. Weil dies bei der Hegelschen Weltanschauung der Fall war, *deshalb* empfand man ihr gegenüber nicht, daß sie das rechte Bild der Welt gebe, auf die sich die höchsten Rätselfragen des Daseins beziehen. Dies muß ins Auge gefaßt werden, wenn das Bild in dem richtigen Lichte gesehen werden soll, in dem sich die Weltanschauungsentwickelung in der Mitte des neunzehnten Jahrhunderts darstellt. In dieser Zeit machte man in bezug auf das Bild von der äußeren Natur weitere Fortschritte. Noch gewaltiger als vorher drückte dieses Bild auf die gesamte menschliche Weltanschauung. Begreiflich muß es erscheinen, daß die philosophischen Vorstellungen in dieser Zeit in einen harten Kampf verwickelt wurden, da sie gewissermaßen in dem geschilderten Sinne an einem kritischen Punkte angelangt waren. – Bedeutsam ist zunächst, wie Hegels Anhänger die Verteidigung von dessen Philosophie versuchten.

Carl Ludwig Michelet, der Herausgeber von Hegels «Naturphilosophie» hat in seiner Vorrede zu derselben 1841 geschrieben: «Wird man es noch länger für eine Schranke der Philosophie halten, nur Gedanken, nicht einmal einen Grashalm schaffen zu können? Das heißt nur das Allgemeine, Bleibende, einzig Wertvolle, nicht das Einzelne, Sinnliche, Vergängliche? Soll aber die Schranke der Philosophie nicht bloß darin bestehen, daß sie nichts Individuelles machen könne, sondern auch darin, daß sie nicht einmal wisse, wie es gemacht werde: so ist zu antworten, daß dies Wie nicht über dem Wissen, sondern vielmehr unter dem Wissen steht, dieses also keine Schranke daran haben kann. Bei dem Wie dieser Wandlung der Idee in die Wirklichkeit geht nämlich das Wissen verloren, eben weil die Natur die bewußtlose Idee ist und der Grashalm ohne irgendein Wissen wächst.

Das wahre Schaffen, das des Allgemeinen, bleibt aber der Philosophie, in ihrer Erkenntnis selber, unverloren ... Und nun behaupten wir: die keuscheste Gedankenentwickelung der Spekulation wird am vollständigsten mit den Resultaten der Erfahrung übereinstimmen, und der große Natursinn in dieser wiederum am unverhohlensten nichts weiter als die verkörperten Ideen erblicken lassen.»

Michelet spricht in derselben Vorrede auch noch eine Hoffnung aus: «So sind *Goethe* und *Hegel* die zwei Genien, welche, meiner Ansicht nach, bestimmt sind, einer spekulativen Physik in der Zukunft die Bahn zu brechen, indem sie die Versöhnung der Spekulation mit der Erfahrung vorbereiteten ... Namentlich möchte es diesen Hegelschen Vorlesungen am ersten gelingen, sich in dieser Hinsicht Anerkennung zu verschaffen; denn da sie von umfassenden empirischen Kenntnissen zeugen, so hat *Hegel* an diesen die sicherste Probe seiner Spekulationen bei der Hand gehabt.»

Die Folgezeit hat eine solche Versöhnung nicht herbeigeführt. Eine gewisse Animosität gegen *Hegel* ergriff immer weitere Kreise. Man sieht, wie diese Stimmung ihm gegenüber sich im Laufe der fünfziger Jahre immer weiter verbreitete an den Worten, die *Friedrich Albert Lange* in seiner «Geschichte des Materialismus» (1866) gebraucht: «Sein (Hegels) ganzes System bewegt sich innerhalb unserer Gedanken und Phantasien über die Dinge, denen hochklingende Namen gegeben werden, ohne daß es zur Besinnung darüber kommt, welche Geltung den Erscheinungen und den aus ihnen abgeleiteten Begriffen überhaupt zukommen kann ... Durch Schelling und Hegel wurde der Pantheismus zur herrschenden Denkweise in der Naturphilosophie, eine Weltanschauung, welche bei einer gewissen mystischen Tiefe zugleich die Gefahr phantastischer Ausschweifungen fast im Prinzip schon in sich schließt. Statt die Erfahrung und die Sinnenwelt vom Idealen streng zu scheiden und dann in der Natur des Menschen die Versöhnung dieser Gebiete zu suchen, vollzieht der Pantheist die Versöhnung von Geist und Natur durch einen Machtspruch der dichtenden Vernunft ohne alle kritische Vermittelung.»

Zwar entspricht diese Anschauung über Hegels Denkweise dessen Weltanschauung so wenig als möglich (vergleiche die Darstellung derselben in dem Kapitel «Die Klassiker der Weltanschauung»); aber sie beherrschte um die Mitte des Jahrhunderts schon zahlreiche Geister, und sie eroberte sich einen immer weiteren Boden. Ein Mann, der von 1833 bis 1872 als Philosophieprofessor in Berlin eine einflußreiche Stellung innerhalb des deutschen Geisteslebens innehatte, *Trendelenburg,* konnte eines großen Beifalles sicher sein, als er über Hegel urteilte: dieser wollte durch seine Methode «lehren, ohne zu lernen», weil er «sich im Besitze des göttlichen Begriffes wähnend, die mühsame Forschung in ihrem sicheren Besitze hemmt». Vergeblich suchte Michelet solches zu berichtigen mit Hegels eigenen Worten, wie diesen: «Der Erfahrung ist die Entwickelung der Philosophie zu verdanken. Die empirischen Wissenschaften bereiten den Inhalt des Besonderen dazu vor, in die Philosophie aufgenommen zu werden. Anderseits enthalten sie damit die Nötigung für das Denken selbst, zu diesen konkreten Bestimmungen fortzugehen.»

Charakteristisch für den Gang der Weltanschauungsentwickelung in den mittleren Jahrzehnten des 19. Jahrhunderts ist der Ausspruch eines bedeutenden, aber leider wenig zur Geltung gekommenen Denkers: *K. Ch. Planck.* Von ihm erschien 1850 eine hervorragende Schrift «Die Weltalter», in deren Vorrede er sagt: «Zugleich die rein natürliche Gesetzmäßigkeit und Bedingtheit alles Seins zum Bewußtsein zu bringen und wiederum die volle selbstbewußte Freiheit des Geistes, das selbständige innere Gesetz seines Wesens herzustellen, diese doppelte Tendenz, welche der unterscheidende Grundzug der neueren Geschichte ist, bildet in ihrer ausgesprochensten und reinsten Gestalt auch die Aufgabe der vorliegenden Schrift. Jene erstere Tendenz liegt seit dem Wiederaufleben der Wissenschaften in der erwachten selbständigen und umfassenden Naturforschung und ihrer Befreiung von der Herrschaft des rein Religiösen, in der durch sie hervorgebrachten Umwandlung der ganzen physischen Weltanschauung und der immer mehr nüchtern-verständig gewordenen Betrachtung der Dinge überhaupt, wie endlich in höchster Form in dem philosophischen Streben, die Naturgesetze nach ihrer inneren Notwendigkeit zu begreifen, nach allen Seiten hin zutage; sie zeigt sich aber auch praktisch in der immer vollständigeren Ausbildung dieses unmittelbar gegenwärtigen Lebens nach seinen natürlichen Bedingungen.» Der wachsende Einfluß der Naturwissenschaften drückt sich in solchen Sätzen aus. Das Vertrauen zu diesen Wissenschaften wurde immer größer. Der Glaube wurde maßgebend, daß sich aus den Mitteln und Ergebnissen der Naturwissenschaften heraus eine Weltanschauung gewinnen lasse, welche das Unbefriedigende der Hegelschen nicht an sich hat.

Eine Vorstellung des Umschwunges, der sich in dieser Richtung vollzog, gibt ein Buch, das im vollsten Sinne des Wortes für diese Zeit als ein repräsentatives angesehen werden kann: *Alexander von Humboldts* «Kosmos, Entwurf einer physischen Weltbeschreibung». Der auf der Höhe der naturwissenschaftlichen Bildung seiner Zeit stehende Mann spricht von seinem Vertrauen in eine naturwissenschaftliche Weltbetrachtung: «Meine Zuversicht gründet sich auf den glänzenden Zustand der Naturwissenschaften selbst: deren Reichtum nicht mehr die Fülle, sondern die Verkettung des Beobachteten ist. Die allgemeinen Resultate, die jedem gebildeten Verstande Interesse einflößen, haben sich seit dem Ende des achtzehnten Jahrhunderts wundervoll vermehrt. Die Tatsachen stehen minder vereinzelt da; die Klüfte zwischen den Wesen werden ausgefüllt. Was in einem engeren Gesichtskreise, in unserer Nähe, dem forschenden Geiste lange unerklärlich blieb, wird durch Beobachtungen aufgehellt, die auf einer Wanderung in die entlegensten Regionen angestellt worden sind. Pflanzen- und Tiergebilde, die lange isoliert erschienen, reihen sich durch neu entdeckte Mittelglieder oder durch Übergangsformen aneinander. Eine allgemeine Verkettung: nicht in einfacher linearer Richtung, sondern in netzartig verschlungenem Gewebe, nach höherer Ausbildung oder Verkümmerung gewisser Organe, nach vielseitigem Schwanken in der relativen Übermacht der Teile, stellt sich allmählich dem forschenden Natursinne dar. . . . Das Studium der allgemeinen Naturkunde weckt gleichsam Organe in uns, die lange geschlummert haben. Wir treten in einen innigeren Verkehr mit der Außenwelt.» Humboldt selbst führt im «Kosmos» die Naturbeschreibung nur bis zu der Pforte, die den Zugang zur Weltanschauung eröffnet. Er sucht nicht danach, die Fülle der Erscheinungen durch allgemeine Naturideen zu verknüpfen; er reiht die Dinge und Tatsachen in naturgemäßer Weise aneinander, wie es «der ganz objektiven Richtung seiner Sinnesart» entspricht.

Bald aber griffen andere Denker in die Geistesentwickelung ein, die kühn im Verknüpfen waren, die vom Boden der Naturwissenschaft aus in das Wesen der Dinge einzudringen suchten. Was sie herbeiführen wollten, war nichts Geringeres als eine durchgreifende Umgestaltung aller bisherigen philosophischen Welt- und Lebensanschauung auf Grund moderner Wissenschaft und Naturerkenntnis. In der kräftigsten Weise hatte ihnen die Naturerkenntnis des neunzehnten Jahrhunderts vorgearbeitet. In radikaler Weise deutet Feuerbach auf das hin, was sie wollten: «Gott früher setzen als die Natur ist ebensoviel, als wenn man die Kirche früher setzen wollte als die Steine, woraus sie gebaut wird, oder die Architektur, die Kunst, welche die Steine zu einem Gebäude zusammengesetzt hat, früher als die Verbindung der chemischen Stoffe zu einem Steine, kurz, als die natürliche Entstehung und Bildung des Steines.» Die erste Jahrhunderthälfte hat zahlreiche naturwissenschaftliche Steine zu der Architektur eines neuen Weltanschauungsgebäudes geschaffen. Nun ist gewiß richtig, daß man ein Gebäude nicht aufführen kann, wenn keine Bausteine dazu vorhanden sind. Aber nicht weniger richtig ist es, daß man mit den Steinen nichts anfangen kann, wenn man nicht *unabhängig von ihnen* ein Bild des aufzuführenden Baues hat. Wie aus dem planlosen Übereinander- und Nebeneinanderlegen und Verkitten der Steine kein Bau entstehen kann, so aus den erkannten Wahrheiten der Naturforschung keine Weltanschauung, wenn nicht *unabhängig von dem, was die Naturforschung geben kann,* in der Menschenseele die Kraft zu dem Bilden der Weltanschauung vorhanden ist. Dieses wurde von den Bekämpfern einer selbständigen Philosophie durchaus unberücksichtigt gelassen.

Wenn man die Persönlichkeiten, die sich in den fünfziger Jahren an der Aufführung eines Weltanschauungsgebäudes beteiligten, betrachtet, so treten die Physiognomien dreier Männer mit besonderer Schärfe hervor: *Ludwig Büchner* (geboren 1824, gestorben 1899, *Carl Vogt* (1817–1895) und *Jacob Moleschott* (1822–1893). – Will man die Grundempfindung, die diese drei Männer beseelt, charakterisieren, so kann man es mit den Worten des letzteren tun: «Hat der Mensch alle Eigenschaften der Stoffe erforscht, die auf seine entwickelten Sinne einen Eindruck zu machen vermögen, dann hat er auch das Wesen der Dinge erfaßt. Damit erreicht er sein, das heißt: der Menschheit absolutes Wissen. Ein anderes Wissen hat für den Menschen keinen Bestand.» Alle bisherige Philosophie hat, nach der Meinung dieser Männer, dem Menschen ein solches bestandloses Wissen überliefert. Die idealistischen Philosophen glauben, nach der Meinung Büchners und seiner Gesinnungsgenossen, aus der Vernunft zu schöpfen; durch ein solches Verfahren könne aber, behauptet Büchner, kein inhaltvolles Vorstellungsgebäude zustande kommen. «Die Wahrheit aber kann nur der Natur und ihrem Walten abgelauscht werden», sagt Moleschott. In ihrer und der folgenden Zeit faßte man die Kämpfer für eine solche der Natur abgelauschte Weltanschauung als Materialisten zusammen. Und man hat betont, daß dieser ihr Materialismus eine uralte Weltanschauung sei, von der hervorragende Geister längst erkannt haben, wie unbefriedigend sie für ein höheres Denken sei. Büchner hat sich gegen eine solche Ansicht gewandt. Er hebt hervor: «Erstens ist der Materialismus oder die ganze Richtung überhaupt nie widerlegt worden, und sie ist nicht nur die älteste philosophische Weltbetrachtung, welche existiert, sondern sie ist auch bei jedem Wiederaufleben der Philosophie in der Geschichte mit erneuten Kräften wieder aufgetaucht; und zweitens ist der Materialismus von heute nicht mehr der ehemalige des Epikur oder der Enzyklopädisten, sondern eine ganz andere, von den Errungenschaften der positiven Wissenschaften getragene Richtung oder Methode, die sich überdem von ihren Vorgängern sehr wesentlich dadurch unterscheidet, daß sie nicht mehr, wie der ehemalige

Materialismus, System, sondern eine einfache realistisch-philosophische Betrachtung des Daseins ist, welche vor allem die einheitlichen Prinzipien in der Welt der Natur und des Geistes aufsucht und überall die Darlegung eines natürlichen und gesetzmäßigen Zusammenhangs der gesamten Erscheinungen jener Welt anstrebt.»

Man kann an dem Verhalten eines Geistes, der im eminentesten Sinne nach einem naturgemäßen Denken strebte, Goethes, zu einem der hervorragendsten Materialisten der Franzosen – der Enzyklopädisten des vorigen Jahrhunderts – zu Holbach, zeigen, wie ein Geist, der naturwissenschaftlichem Vorstellen sein vollstes Recht widerfahren läßt, sich zu dem Materialismus zu stellen vermag. *Paul Heinrich Dietrich von Holbach* (geboren 1723), ließ 1770 das «Système de la nature» erscheinen. Goethe, dem das Buch in Straßburg in die Hände fiel, schildert in «Dichtung und Wahrheit» den abstoßenden Eindruck, den er von ihm erhalten hat: «Eine Materie sollte sein von Ewigkeit, und von Ewigkeit her bewegt, und sollte nun mit dieser Bewegung rechts und links und nach allen Seiten, ohne weiteres, die unendlichen Phänomene des Daseins hervorbringen. Dies alles wären wir sogar zufrieden gewesen, wenn der Verfasser wirklich aus seiner bewegten Materie die Welt vor unseren Augen aufgebaut hätte. Aber er mochte von der Natur so wenig wissen als wir; denn indem er einige allgemeine Begriffe hingepfahlt, verläßt er sie sogleich, um dasjenige, was höher als die Natur, oder was als höhere Natur in der Natur erscheint, zur materiellen, schweren, zwar bewegten, aber doch richtungs- und gestaltlosen Natur zu verwandeln, und glaubt dadurch recht viel gewonnen zu haben.» Goethe war von der Überzeugung durchdrungen: «Die Theorie an und für sich ist nichts nütze, als insofern sie uns an den Zusammenhang der Erscheinungen glauben macht.» (Sprüche in Prosa. Deutsche Nationalliteratur, Goethes Werke, Bd. 36, 2. Abt., S. 357).

Die naturwissenschaftlichen Ergebnisse aus der ersten Hälfte des neunzehnten Jahrhunderts waren nun allerdings als Tatsachenerkenntnisse geeignet, den Materialisten der fünfziger Jahre eine Unterlage für ihre Weltanschauung zu liefern. Denn man war immer tiefer in die Zusammenhänge der materiellen Vorgänge eingedrungen, sofern sich diese der Sinnenbeobachtung und demjenigen Denken ergeben, das sich nur auf diese Sinnesbeobachtung stützen will. Wenn man nun auch bei einem solchen Eindringen vor sich und anderen ableugnen will, daß in der Materie Geist wirkt, so enthüllt man doch unbewußt diesen Geist. In gewissem Sinne ist nämlich durchaus richtig, was Friedrich Theodor Vischer im dritten Heft von «Altes und Neues» sagt: «Daß die sogenannte Materie etwas hervorbringen kann, dessen Funktion Geist ist, das eben ist ja der volle Beweis gegen den Materialismus.» Und in diesem Sinne widerlegt unbewußt Büchner den Materialismus, indem er versucht zu beweisen, daß die geistigen Vorgänge aus den Tiefen der materiellen Tatsachen für die Sinnesbeobachtung hervorgehen.

Ein Beispiel, wie die naturwissenschaftlichen Erkenntnisse solche Formen annahmen, die von tiefgehendem Einflusse auf die Weltanschauung sein konnten, gibt die Entdeckung *Wöhlers* vom Jahre 1828. Diesem gelang es, einen Stoff, der sich im lebendigen Organismus bildet, außerhalb desselben künstlich darzustellen. Dadurch schien der Beweis geliefert, daß der bisher bestandene Glaube unrichtig sei, welcher annahm, gewisse Stoffverbindungen könnten sich nur unter dem Einfluß einer besonderen Lebenskraft, die im Organismus vorhanden sei, bilden. Wenn man außerhalb des lebendigen Körpers ohne Lebenskraft solche Stoffverbindungen herstellen konnte, so durfte gefolgert werden, daß auch der Organismus nur mit den Kräften arbeitet, mit denen es die Chemie zu tun hat. Für die Materialisten lag es nahe, zu sagen, wenn der lebendige Organismus keiner besonderen Lebenskraft bedarf, um das hervorzubringen, was man früher einer solchen zuschrieb: warum sollte er besonderer geistiger Kräfte bedürfen, damit in ihm die Vorgänge zustande kommen, an welche die geistig-seelischen Erlebnisse gebunden sind? Der Stoff mit seinen Eigenschaften wurde nunmehr den Materialisten dasjenige, was aus seinem Mutterschoß alle Dinge und Vorgänge erzeugt. Es war nicht weit von der Tatsache, daß Kohlenstoff, Wasserstoff, Sauerstoff und Stickstoff zu einer organischen Verbindung sich zusammenschließen, zu der Behauptung Büchners: «Die Worte Seele, Geist, Gedanke, Empfindung, Wille, Leben bezeichnen keine Wesenheiten, keine wirklichen Dinge, sondern nur Eigenschaften, Fähigkeiten, Verrichtungen der lebenden Substanz oder Resultate von Wesenheiten, welche in den materiellen Daseinsformen begründet sind.» Nicht mehr ein göttliches Wesen, nicht mehr die menschliche Seele, sondern den Stoff mit seiner Kraft nannte Büchner unsterblich. Und Moleschott kleidet dieselbe Überzeugung in die Worte: «Die Kraft ist kein stoßender Gott, kein von der stofflichen Grundlage getrenntes Wesen der Dinge. Sie ist des Stoffes unzertrennliche, ihm von Ewigkeit innewohnende Eigenschaft. – Kohlensäure, Wasser- und Sauerstoff sind die Mächte, die auch den festesten Felsen zerlegen und in den Fluß bringen, dessen Strömung das Leben erzeugt. – Wechsel von Stoff und Form in den einzelnen Teilen, während die Grundgestalt dieselbe bleibt, ist das Geheimnis des tierischen Lebens.»

Die naturwissenschaftliche Forscherarbeit der ersten Jahrhunderthälfte gab Ludwig Büchner die Möglichkeit, Anschauungen wie diese auszusprechen: «In ähnlicher Weise nun, wie die Dampfmaschine Bewegung hervorbringt, erzeugt die verwickelte organische Komplikation kraftbegabter Stoffe im Tierleibe eine Gesamtsumme Effekte, welche, zu einer Einheit verbunden, von uns Geist, Seele, Gedanke genannt wird.» Und Karl Gustav Reuschle erklärt in seinem Buche «Philosophie und Naturwissenschaft. Zur Erinnerung an David Friedrich Strauß» (1874), daß die naturwissenschaftlichen Ergebnisse selbst ein philosophisches Moment in sich schlössen. Die Verwandtschaften, die man zwischen den Naturkräften entdeckte, betrachtete man als Führer in die Geheimnisse des Daseins.

Eine solche wichtige Verwandtschaft fand 1819 *Oersted* in Kopenhagen. Es zeigte sich ihm, daß die Magnetnadel durch den elektrischen Strom abgelenkt wird. *Faraday* entdeckte 1831 dazu das Gegenstück, daß durch die Annäherung eines Magneten in einem spiralförmig gewundenen Kupferdraht Elektrizität hervorgerufen werden kann. Elektrizität und Magnetismus waren damit als miteinander verwandte Naturphänomene erkannt. Beide Kräfte standen nicht mehr isoliert nebeneinander da; man wurde darauf hingewiesen, daß ihnen im materiellen Dasein etwas Gemeinsames zugrunde liege. Einen tiefen Blick in das Wesen von Stoff und Kraft hat *Julius Robert Mayer* in den vierziger Jahren getan, als ihm klar wurde, daß zwischen mechanischer Arbeitsleistung und Wärme eine ganz bestimmte, durch eine Zahl ausdrückbare Beziehung herrscht. Durch Druck, Stoß, Reibung usw., das heißt aus Arbeit, entsteht Wärme. In der Dampfmaschine wird Wärme wieder in Arbeitsleistung umgewandelt. Die Menge der Wärme, die aus Arbeit entsteht, läßt sich aus der Menge dieser Arbeit berechnen. Wenn man die Wärmemenge, die notwendig ist, um ein Kilogramm Wasser um einen Grad zu erwärmen, in Arbeit umwandelt, so kann man mit dieser Arbeit 424 Kilogramm einen Meter hoch heben. Es ist nicht zu verwundern, daß in solchen Tatsachen ein ungeheurer Fortschritt gesehen wurde gegen Erklärungen über die Materie, wie sie Hegel gegeben hat: «Der Übergang von der Idealität zur Realität, von der Abstraktion zum konkreten Dasein, hier von Raum und Zeit zu der Realität, welche als Materie erscheint, ist für den Verstand unbegreiflich, und macht sich für ihn daher immer äußerlich und als ein Gegebenes.» Solch eine Bemerkung wird nur in ihrer Bedeutung erkannt, wenn man in dem *Gedanken* als solchen etwas Wertvolles sehen kann. Das aber lag den hier genannten Denkern ganz fern.

Zu solchen Entdeckungen über den einheitlichen Charakter der unorganischen Naturkräfte kamen andere, die über die Zusammensetzung der Organismenwelt Aufschluß gaben. 1838 erkannte der Botaniker *Schleiden* die Bedeutung der einfachen Zelle für den Pflanzenkörper. Er zeigte, wie sich alle Gewebe der Pflanze und daher diese selbst aus diesen «Elementarorganismen» aufbauen. Schleiden hatte diesen «Elementarorganismus» als ein Klümpchen flüssigen Pflanzenschleimes, das von einer Hülle (Zellhaut) umgeben ist und einen festeren Zellkern enthält, erkannt. Diese Zellen vermehren sich und lagern sich so aneinander, daß sie pflanzliche Wesen aufbauen. Bald darauf entdeckte *Schwann* das gleiche auch für die Tierwelt. Im Jahre 1827 hat der geniale *Carl Ernst von Baer* das menschliche Ei entdeckt. Er hat auch die Vorgänge der Entwickelung der höheren Tiere und des Menschen aus dem Ei verfolgt.

So war man überall davon abgekommen, die Ideen zu suchen, die den Naturdingen zugrunde liegen. Man hat dafür die Tatsachen beobachtet, die zeigen, wie sich die höheren, komplizierteren Naturprozesse und Naturwesen aus einfachen und niedrigen aufbauen. Die Männer wurden immer seltener, die nach einer idealistischen Deutung der Welterscheinungen suchten. Es war noch der Geist der idealistischen Weltanschauung, der 1837 dem Anthropologen *Burdach* die Ansicht eingab, daß das Leben seinen Grund nicht in der Materie habe, sondern daß es vielmehr durch eine höhere Kraft die Materie umbilde, wie es sie brauchen kann. Moleschott konnte bereits sagen: «Die Lebenskraft, wie das Leben, ist nichts anderes als das Ergebnis der verwickelt zusammenwirkenden und ineinandergreifenden physischen und chemischen Kräfte.»

Das Zeitbewußtsein drängte dazu, das Weltall durch keine anderen Erscheinungen zu erklären, als diejenigen sind, die sich vor den Augen der Menschen abspielen. *Charles Lyells* 1830 veröffentlichtes Werk «Principles of geology» hatte mit diesem Erklärungsgrundsatz die ganze alte Geologie gestürzt. Bis zu Lyells epochemachender Tat glaubte man, daß die Entwickelung der Erde sich sprungweise vollzogen habe. Wiederholt soll alles, was auf der Erde entstanden war, durch totale Katastrophen zerstört worden, und über dem Grabe vergangener Wesen soll eine neue Schöpfung entstanden sein. Man erklärte daraus das Vorhandensein der Pflanzen- und Tierreste in den Erdschichten. *Cuvier* war der Hauptvertreter solcher wiederholter Schöpfungsepochen. Lyell kam zu der Anschauung, daß man keine solche Durchbrechung des stetigen Ganges der Erdentwickelung braucht. Wenn man nur genügend lange Zeiträume voraussetzt, dann könne man sagen, daß die Kräfte, die heute noch auf der Erde tätig sind, diese ganze Entwickelung bewirkt haben. In Deutschland haben sich Goethe und *Karl von Hoff* schon früher zu einer solchen Ansicht bekannt. Der letztere vertrat sie in seiner 1822 erschienenen «Geschichte der durch Überlieferung nachgewiesenen natürlichen Veränderungen der Erdoberfläche».

Mit der ganzen Kühnheit von Enthusiasten des Gedankens gingen Vogt, Büchner und Moleschott an die Erklärung aller Erscheinungen aus materiellen Vorgängen, wie sie sich vor den menschlichen Sinnen abspielen.

Einen bedeutsamen Ausdruck fand der Kampf, den der Materialismus zu führen hatte, als sich der Göttinger Physiologe *Rudolf Wagner* und *Carl Vogt* gegenüberstanden. Wagner trat 1852 in der «Allgemeinen Zeitung» für ein selbständiges Seelenwesen gegen die Anschauung des Materialismus ein. Er sprach davon, «daß die Seele sich teilen könne, da ja das Kind vieles vom Vater und vieles von der Mutter erbe». Vogt antwortete zunächst in seinen «Bildern aus dem Tierleben». Man erkennt Vogts Stellung in dem Streite, wenn man in seiner Antwort folgenden Satz liest: «Die Seele, welche gerade der Inbegriff, das Wesen der Individualität des einzelnen, unteilbaren Wesens ausmachen soll, die Seele soll sich teilen können! Theologen, nehmt Euch diesen Ketzer zur Beute – er war bisher der Euren Einer! Geteilte Seelen! Wenn sich die Seele im Akte der Zeugung, wie Herr R. Wagner meint, teilen kann, so könnte sie sich auch vielleicht im Tode teilen, und die eine mit Sünden beladene Portion ins Fegefeuer gehen, während die andere direkt ins Paradies geht. Herr Wagner verspricht zum Schlusse seiner physiologischen Briefe auch Exkurse in das Gebiet der Physiologie – wir sind sehr begierig auf diese Physiologie der geteilten Seelen.» Heftig wurde der Kampf, als Wagner 1854 auf der Naturforscherversammlung in Göttingen einen Vortrag über «Menschenschöpfung und Seelensubstanz» gegen den Materialismus hielt. Er wollte zweierlei beweisen. Erstens, daß die Ergebnisse der neueren Naturwissenschaft dem biblischen Glauben an die Abstammung des Menschengeschlechtes von einem Paare nicht widersprechen; zweitens, daß diese Ergebnisse nichts über die Seele entscheiden. Vogt schrieb 1855 gegen Wagner eine Streitschrift «Köhlerglaube und Wissenschaft», die ihn einerseits auf der vollen Höhe naturwissenschaftlicher Einsicht seiner Zeit zeigt, anderseits aber auch als scharfen Denker, der rückhaltlos die Schlußfolgerungen des Gegners als Truggebilde enthüllt. Sein Widerspruch gegen Wagners erste Behauptung gipfelt in den Sätzen: «Alle historischen wie naturgeschichtlichen Forschungen liefern den positiven Beweis von dem vielfältigen Ursprung der Menschenarten. Die Lehren der Schrift über Adam und Noah und die zweimalige Abstammung der Menschen von einem Paare sind wissenschaftlich durchaus unhaltbare Märchen.» Und gegen die Wagnersche Seelenlehre wandte Vogt ein: Wir sehen die Seelentätigkeiten des Menschen sich allmählich entwickeln mit der Entwickelung der körperlichen Organe. Wir sehen die geistigen Verrichtungen vom Kindesalter an bis zur Reife des Lebens vollkommener werden; wir sehen, daß mit jeder Einschrumpfung der Sinne und des Gehirnes auch der «Geist» entsprechend einschrumpft. «Eine solche Entwickelung ist unvereinbar mit der Annahme einer unsterblichen Seelensubstanz, die in das Gehirn als Organ hineingepflanzt ist.» Daß die Materialisten bei ihren Gegnern nicht allein Verstandesgründe, sondern auch Empfindungen zu bekämpfen hatten, zeigt gerade der Streit zwischen Vogt und Wagner mit vollkommener Klarheit. Hat doch der letztere in seinem Göttinger Vortrage an das moralische Bedürfnis appelliert, das es nicht verträgt, wenn «mechanische, auf zwei Armen und Beinen herumlaufende Apparate» zuletzt sich in gleichgültige Stoffe auflösen, ohne daß man die Hoffnung haben könnte, daß das Gute, das sie tun, belohnt und ihr Böses bestraft werde. Vogt erwidert darauf: «Die Existenz einer unsterblichen Seele ist Herrn Wagner nicht das Resultat der Forschung oder des Nachdenkens. . . . Er bedarf einer unsterblichen Seele, um sie nach dem Tode des Menschen quälen und strafen zu können.»

Daß es einen Gesichtspunkt gibt, von dem aus auch die moralische Weltordnung der materialistischen Ansicht zustimmen kann, das versuchte *Heinrich Czolbe* (1819–1873) zu zeigen. Er setzt in seiner 1865 erschienenen Schrift «Die Grenzen und der Ursprung der menschlichen Erkenntnis im Gegensatz zu Kant und Hegel» auseinander, daß jede Theologie aus der Unzufriedenheit mit dieser Welt entspringe. «Zur Ausschließung des Übernatürlichen oder alles des Unbegreiflichen, was zur Annahme einer zweiten Welt führt, mit einem Worte, zum Naturalismus, nötigt also keineswegs die Macht naturwissenschaftlicher Tatsachen, zunächst auch nicht die alles begreifen wollende Philosophie: sondern in tiefstem Grunde die Moral, nämlich dasjenige sittliche Verhältnis des Menschen zur Weltordnung, was ich Zufriedenheit mit der natürlichen Welt genannt habe.» Czolbe sieht in dem Begehren einer übernatürlichen Welt geradezu einen Ausfluß der Undankbarkeit gegen die natürliche. Die Fundamente der Jenseitsphilosophie sind ihm moralische Fehler, Sünden wider den Geist der natürlichen Weltordnung. Denn sie führen ab von «dem Streben nach dem möglichsten Glücke jedes einzelnen» und der Pflichterfüllung, die aus solchem Streben folgt «gegen uns selbst und andere ohne Rücksicht auf übernatürlichen Lohn und Strafe». Nach seiner Ansicht soll der Mensch erfüllt sein von «dankbarer Hinnahme des ihm zufallenden, vielleicht geringen irdischen Glücks nebst der in der Zufriedenheit mit der natürlichen Welt liegenden Demütigung unter ihre Schranken, ihr notwendiges Leid». Wir begegnen hier einer Ablehnung der übernatürlichen moralischen Weltordnung – aus moralischen Gründen.

In Czolbes Weltanschauung sieht man auch klar, welche Eigenschaften den Materialismus für das menschliche Denken so annehmbar machen. Denn das ist zweifellos, daß Büchner, Vogt und Moleschott nicht Philosophen genug waren, um die Fundamente ihrer Ansicht logisch klarzulegen. Auf sie wirkte die Macht der naturwissenschaftlichen Tatsachen. Ohne sich bis in die Höhen einer ideengemäßen Denkweise, wie Goethe sich auszudrücken pflegte, zu versteigen, zogen sie mehr als Naturdenker die Folgerungen aus dem, was die Sinne wahrnehmen. Sich aus der Natur des menschlichen Erkennens Rechenschaft zu geben über ihr Verfahren, war nicht ihre Sache. Czolbe tat das. In seiner «Neuen Darstellung des Sensualismus» (1855) finden wir Gründe angegeben, warum er nur eine Erkenntnis auf der Grundlage der sinnlichen Wahrnehmungen für wertvoll hält. Nur eine solche Erkenntnis liefert deutlich vorstellbare und anschauliche Begriffe, Urteile und Schlüsse. Jeder Schluß auf etwas Unvorstellbares, sowie jeder undeutliche Begriff sind abzuweisen. Anschaulich klar ist nun, nach Czolbes Ansicht, nicht das Seelische als solches, sondern das Materielle, an dem das Geistige als Eigenschaft erscheint. Deshalb bemüht er sich in seiner 1856 erschienenen Schrift «Die Entstehung des Selbstbewußtseins, eine Antwort an Herrn Professor Lotze», das Selbstbewußtsein auf materiell-anschauliche Vorgänge zurückzuführen. Er nimmt eine Kreisbewegung der Teile des Gehirns an. Durch eine solche in sich selbst zurückkehrende Bewegung werde ein Eindruck, den ein Ding auf die Sinne mache, zu einer bewußten Empfindung. Merkwürdig ist, daß diese physikalische Erklärung des Bewußtseins für Czolbe zugleich die Veranlassung wurde, seinem Materialismus untreu zu werden. Hier zeigt sich an ihm eine der Schwächen, die dem Materialismus anhaften. Wenn er seinen Grundsätzen treu bliebe, dann würde er mit seinen Erklärungen niemals weiter gehen, als ihm die mit den Sinnen erforschten Tatsachen gestatten. Er würde von keinen anderen Vorgängen im Gehirn sprechen, als solchen, die sich mit naturwissenschaftlichen Mitteln wirklich feststellen lassen. Das, was er sich vorsetzt, ist somit ein unendlich fernes Ziel. Geister wie Czolbe sind nicht zufrieden mit dem, was erforscht ist; sie nehmen hypothetisch Tatsachen an, die noch nicht erforscht sind. Eine solche Tatsache ist die erwähnte Kreisbewegung der Gehirnteile. Eine vollständige Durchforschung des Gehirns wird sicherlich solche Vorgänge innerhalb desselben kennen lehren, die sonst nirgends in der Welt vorkommen. Daraus wird folgen, daß die durch Gehirnvorgänge bedingten seelischen Vorgänge auch nur im Zusammenhange mit einem Gehirne vorkommen. Von seiner hypothetischen Kreisbewegung konnte Czolbe nicht behaupten, daß sie nur auf das Gehirn beschränkt sei. Sie könnte auch außerhalb des tierischen Organismus vorkommen. Dann aber müßte sie seelische Erscheinungen auch in unbelebten Dingen mit sich führen. Der auf anschauliche Klarheit dringende Czolbe hält tatsächlich eine Beseeltheit der ganzen Natur nicht für ausgeschlossen. «Sollte» – sagt er – «meine Ansicht nicht eine Realisierung der schon von *Plato* in seinem Timäus verteidigten Weltseele sein? Sollte hier nicht der Vereinigungspunkt» des Leibnizschen Idealismus, der die ganze Welt aus beseelten Wesen (Monaden) bestehen ließ, mit dem modernen Naturalismus liegen?

In vergrößertem Maße tritt der Fehler, den Czolbe mit seiner Gehirnkreisbewegung gemacht hat, bei dem genialen *Karl Christian Planck* (1819–1880) auf. Die Schriften dieses Mannes sind ganz vergessen worden, trotzdem sie zu dem Interessantesten gehören, was die neuere Philosophie hervorgebracht hat. Ebenso lebhaft wie der Materialismus strebte Planck nach einer Welterklärung aus der wahrnehmbaren Wirklichkeit heraus. Er tadelt an dem deutschen Idealismus Fichtes, Schellings und Hegels, daß dieser einseitig in der Idee das Wesen der Dinge suchte. «Die Dinge wahrhaft unabhängig aus sich selbst erklären, heißt sie in ihrer ursprünglichen Bedingtheit und Endlichkeit erkennen.» (Vgl. Planck, Die Weltalter, S. 103.) «Es ist nur die eine und wahrhafte reine Natur, so daß die bloße Natur im engeren Sinne und der Geist nur Gegensätze innerhalb der einen Natur im höheren und umfassenden Sinne sind» (a. a. O. S. 101). Nun tritt aber bei Planck das Merkwürdige ein, daß er das Reale, das Ausgedehnte für dasjenige erklärt, was die Welterklärung suchen muß, und daß er dennoch nicht an die sinnliche Erfahrung, an die Beobachtung der Tatsachen herantritt, um zu dem Realen, zu dem Ausgedehnten zu gelangen. Denn er glaubt, daß die menschliche Vernunft durch sich selbst bis zu dem Realen vordringen kann. Hegel habe den Fehler gemacht, daß er die Vernunft sich selbst betrachten ließ, so daß sie in allen Dingen auch sich selbst sah; er aber wolle die Vernunft nicht in sich selbst verharren lassen, sondern sie über sich hinausführen zu dem Ausgedehnten, als dem Wahrhaft-Wirklichen. Planck tadelt Hegel, weil dieser die Vernunft ihr eigenes Gespinst aus sich spinnen läßt; er selbst ist verwegen genug, die Vernunft das objektive Dasein spinnen zu lassen. Hegel sagte, der Geist kann das Wesen der Dinge begreifen, weil die Vernunft das Wesen der Dinge ist und die Vernunft im Menschengeiste zum Dasein kommt; Planck erklärt: das Wesen der Dinge ist nicht die Vernunft; dennoch gebraucht er lediglich die Vernunft, um dieses Wesen darzustellen. Eine kühne Weltkonstruktion, geistvoll erdacht, aber erdacht fern von wirklicher Beobachtung, fern von den realen Dingen, und dennoch in dem Glauben entworfen, sie sei ganz durchtränkt mit echtester Wirklichkeit, das ist Plancks

Ideengebäude. Als ein lebendiges Wechselspiel von Ausbreitung und Zusammenziehung sieht er das Weltgeschehen an. Die Schwerkraft ist für ihn das Streben der im Raum ausgebreiteten Körper, sich zusammenzuziehen. Die Wärme und das Licht sind das Streben eines Körpers, seinen zusammengezogenen Stoff in der Entfernung zur Wirksamkeit zu bringen, also das Streben nach Ausbreitung.

Plancks Verhältnis zu seinen Zeitgenossen ist ein höchst interessantes. Feuerbach sagt von sich: «Hegel steht auf einem die Welt konstruierenden, ich auf einem die Welt ... als seiend erkennen wollenden Standpunkt; er steigt herab, ich hinauf. Hegel stellt den Menschen auf den Kopf, ich auf seine auf der Geologie ruhenden Füße.» Damit hätten auch die Materialisten ihr Glaubensbekenntnis charakterisieren können. Planck aber verfährt der Art und Weise nach genau so wie Hegel. Dennoch glaubt er so zu verfahren wie Feuerbach und die Materialisten. Sie aber hätten ihm, wenn sie seine Art in ihrem Sinne gedeutet hätten, sagen müssen: Du stehst auf einem die Welt konstruierenden Standpunkt; dennoch glaubst du, sie als seiend zu erkennen; du steigst herab, und hältst den Abstieg für einen Aufstieg; du stellst die Welt auf den Kopf und bist der Ansicht, der Kopf sei Fuß. Der Drang nach natürlicher, tatsächlicher Wirklichkeit im dritten Viertel des neunzehnten Jahrhunderts konnte wohl nicht schärfer zum Ausdruck gelangen als durch die Weltanschauung eines Mannes, der nicht nur Ideen, sondern Realität aus der Vernunft hervorzaubern wollte. Nicht minder interessant wirkt Plancks Persönlichkeit, wenn man sie mit derjenigen seines Zeitgenossen *Max Stirner* vergleicht. In dieser Beziehung kommt in Betracht, wie Planck über die Motive des menschlichen Handelns und des Gemeinschaftslebens dachte. Wie die Materialisten von den wirklich den Sinnen gegebenen Stoffen und Kräften für die Naturerklärung ausgingen, so Stirner von der wirklichen Einzelpersönlichkeit für die Richtschnur des menschlichen Verhaltens. Die Vernunft ist nur bei dem einzelnen. Was sie als Richtschnur des Handelns bestimmt, kann daher auch nur für den einzelnen gelten. Das Zusammenleben wird sich von selbst ergeben aus der naturgemäßen Wechselwirkung der

Einzelpersönlichkeiten. Wenn jeder seiner Vernunft gemäß handelt, so wird durch freies Zusammenwirken aller der wünschenswerteste Zustand entstehen. Das naturgemäße Zusammenleben entsteht von selbst, wenn jeder in seiner Individualität die Vernunft walten läßt, im Sinne Stirners ebenso, wie nach der Ansicht der Materialisten die naturgemäße Ansicht von den Welterscheinungen entsteht, wenn man die Dinge ihr Wesen selbst aussprechen läßt und die Tätigkeit der Vernunft lediglich darauf beschränkt, die Aussagen der Sinne entsprechend zu verbinden und zu deuten. Wie nun Planck die Welt nicht dadurch erklärt, daß er die Dinge für sich sprechen läßt, sondern durch seine Vernunft entscheidet, was sie angeblich sagen, so läßt er es auch in bezug auf das Gemeinschaftsleben nicht auf eine reale Wechselwirkung der Persönlichkeiten ankommen, sondern er träumt von einem durch die Vernunft geregelten, dem allgemeinen Wohle dienenden Völkerverband mit einer obersten Rechtsgewalt. Er hält es also auch hier für möglich, daß die Vernunft das meistere, was jenseits der Persönlichkeit liegt. «Das ursprüngliche allgemeine Rechtsgesetz fordert notwendig sein äußeres Dasein in einer allgemeinen Rechtsmacht; denn es wäre selbst gar nicht wirklich als allgemeines auf äußere Weise vorhanden, wenn es nur den einzelnen selbst überlassen wäre, es durchzuführen, da die einzelnen für sich ihrer rechtlichen Stellung nach nur Vertreter ihres Rechtes, nicht des allgemeinen als solchen sind.» Planck konstruiert eine allgemeine Rechtsmacht, weil die Rechtsidee nur auf diese Weise sich wirklich machen kann. Fünf Jahre vorher hat Max Stirner geschrieben: «Eigener und Schöpfer meines Rechts, erkenne ich keine andere Rechtsquelle als – mich, weder Gott, noch den Staat, noch die Natur, noch auch den Menschen selbst mit seinen ‹ewigen Menschenrechten›, weder göttliches, noch menschliches Recht.» Er ist der Ansicht, daß das wirkliche Recht des einzelnen innerhalb eines allgemeinen Rechtes nicht bestehen kann. Durst nach Wirklichkeit ist es, was Stirner zur Verneinung eines unwirklichen allgemeinen Rechtes treibt; aber Durst nach Wirklichkeit ist es auch, was Planck zu dem Streben bringt, aus einer Idee einen realen, den Rechtszustand, herauskonstruieren zu wollen.

Wie eine Planck im stärksten Maße beunruhigende Macht liest man aus seinen Schriften das Gefühl heraus, daß der Glaube an zwei ineinanderspielende Weltordnungen, eine naturgemäße und eine rein geistige, nicht naturgemäße, unerträglich ist.

Nun hat es ja schon in früherer Zeit Denker gegeben, die nach einer rein naturwissenschaftlichen Vorstellungsart strebten. Von mehr oder minder klaren Versuchen anderer abgesehen, hat *Lamarck* im Jahre 1809 ein Bild von der Entstehung und Entwickelung der Lebewesen entworfen, das, nach dem Stande der damaligen Kenntnisse, für eine zeitgemäße Weltanschauung viel Anziehendes hätte haben sollen. Er dachte sich die einfachsten Lebewesen durch unorganische Vorgänge unter gewissen Bedingungen entstanden. Ist einmal auf diesem Wege ein Lebewesen gebildet, dann entwickelt es, durch Anpassung an gegebene Verhältnisse der Außenwelt, aus sich neue Gebilde, die seinem Leben dienen. Es treibt neue Organe aus sich heraus, weil es sie für sich nötig hat. Die Wesen können sich also umbilden und in dieser Umbildung auch vervollkommnen. Die Umbildung stellt sich Lamarck zum Beispiel so vor: Es gibt ein Tier, das darauf angewiesen ist, seine Nahrung hohen Bäumen zu entnehmen. Es muß zu diesem Zwecke seinen Hals in die Länge strecken. Im Laufe der Zeit verlängert sich dann der Hals unter dem Einflusse des Bedürfnisses. Aus einem kurzhalsigen Tiere entsteht die Giraffe mit dem langen Hals. Die Lebewesen sind also nicht in der Mannigfaltigkeit entstanden, sondern diese Mannigfaltigkeit hat sich naturgemäß im Laufe der Zeit durch die Verhältnisse erst entwickelt. Lamarck ist der Ansicht, daß der Mensch in diese Entwickelung eingeschlossen ist. Er hat sich im Laufe der Zeit aus ihm ähnlichen affenähnlichen Tieren entwickelt zu Formen, die es ihm gestatten, höhere leibliche und geistige Bedürfnisse zu befriedigen. Bis zum Menschen herauf hatte also Lamarck die ganze Organismenwelt an das Reich des Unorganischen angeschlossen.

Lamarcks Versuch einer Erklärung der Lebensmannigfaltigkeit brachte seine Zeit wenig Beachtung entgegen. Zwei Jahrzehnte später brach in der französischen Akademie ein Streit zwischen *Geoffroy St. Hilaire* und *Cuvier* aus. Geoffroy St.

Hilaire glaubte in der Fülle der tierischen Organismen, trotz ihrer Mannigfaltigkeit, einen gemeinsamen Bauplan zu erkennen. Ein solcher war die Vorbedingung für eine Erklärung ihrer Entwickelung aus einander. Wenn sie sich aus einander entwickelt haben, so muß ihnen trotz ihrer Mannigfaltigkeit etwas Gemeinsames zugrunde liegen. In dem niedersten Tiere muß noch etwas zu erkennen sein, das nur der Vervollkommnung bedarf, um im Laufe der Zeit zu dem Gebilde des höheren Tieres zu werden. Cuvier wandte sich energisch gegen die Konsequenzen dieser Anschauung. Er war der vorsichtige Mann, der darauf hinwies, daß die Tatsachen zu solch weitgehenden Schlüssen keine Veranlassung geben. Goethe betrachtete diesen Streit, sofort als er davon hörte, als das wichtigste Ereignis der Zeit. Für ihn verblaßte gegenüber diesem Kampfe das Interesse an einem gleichzeitigen politischen Ereignisse, wie es die französische Julirevolution war, vollständig. Er sprach das deutlich genug in einem Gespräche mit Soret (im August 1830) aus. Es war ihm klar, daß an dieser Streitfrage die naturgemäße Auffassung der organischen Welt hing. In einem Aufsatz, den er schrieb, trat er intensiv für Geoffroy St. Hilaire ein (vgl. Goethes Naturwissenschaftliche Schriften im 36. Band der Goethe-Ausgabe von Künschners deutscher Nationalliteratur). Zu Johannes Müller sagte er, daß Geoffroy St. Hilaire auf einem Wege wandle, den er selbst vor fünfzig Jahren betreten habe. Daraus ergibt sich klar, was Goethe wollte, als er bald nach seinem Eintritte in Weimar anfing, Studien über das Tier- und Pflanzenwesen zu treiben. Ihm schwebte schon dazumal eine naturgemäße Erklärung der lebendigen Mannigfaltigkeit vor; aber auch er war vorsichtig. Er behauptete nie mehr, als wozu ihn die Tatsachen berechtigten. Und er sagt in seiner Einleitung zur «Metamorphose der Pflanzen», daß die damalige Zeit in bezug auf diese Tatsachen unklar genug war. Man glaubte, so drückt er sich aus, der Affe brauche sich nur aufzurichten und auf den Hinterbeinen zu gehen, dann könne er zum Menschen werden.

Die naturwissenschaftlichen Denker lebten in einer ganz anderen Vorstellungsart als die Hegelianer. Diese konnten innerhalb ihrer ideellen Welt stehen bleiben. Sie konnten ihre Idee des Menschen aus ihrer Idee des Affen heraus entwickeln, ohne sich darum zu kümmern, wie die Natur es fertigbringt, in der wirklichen Welt den Menschen neben dem Affen entstehen zu lassen. Hatte doch noch Michelet gesagt (vgl. oben S. 29), es sei nicht Sache der Idee, sich über das «Wie» der Vorgänge in der wirklichen Welt auszusprechen. Der Bildner einer idealistischen Weltanschauung ist in dieser Beziehung in dem Falle des Mathematikers, der auch nur zu sagen braucht, durch welche Gedankenoperationen ein Kreis in eine Ellipse und diese in eine Parabel oder Hyperbel sich verwandelt. Wer aber eine Erklärung aus Tatsachen anstrebt, müßte die wirklichen Vorgänge aufzeigen, durch die eine solche Umwandlung sich vollziehen könnte. In diesem Falle ist er Bildner einer realistischen Weltanschauung. Er wird sich nicht auf den Standpunkt stellen, den Hegel mit den Worten andeutet: «Es ist eine ungeschickte Vorstellung älterer, auch neuerer Naturphilosophie gewesen, die Fortbildung und den Übergang einer Naturform und Sphäre in eine höhere für eine äußerlich-wirkliche Produktion anzusehen, die man jedoch, um sie deutlicher zu machen, in das Dunkel der Vergangenheit zurückgelegt hat. Der Natur ist gerade die Äußerlichkeit eigentümlich, die Unterschiede auseinanderfallen und sie als gleichgültige Existenzen auftreten zu lassen; der dialektische Begriff, der die Stufen fortleitet, ist das Innere derselben. Solcher nebuloser im Grunde sinnlicher Vorstellungen, wie insbesondere das sogenannte Hervorgehen zum Beispiel der Pflanzen und Tiere aus dem Wasser und dann das Hervorgehen der entwickelteren Tierorganisationen aus den niedrigeren usw. ist, muß sich die denkende Betrachtung entschlagen» (Hegels Werke, 1847, 7. Band, I. Abt., S. 33). Einem solchen Ausspruch eines idealistischen Denkers steht der des realistischen, Lamarcks, gegenüber: «Im ersten Anfang sind nur die allereinfachsten und niedrigsten Tiere und Pflanzen entstanden und erst zuletzt diejenigen von der höchst zusammengesetzten Organisation. Der Entwickelungsgang der Erde und ihrer organischen Bevölkerung war ganz kontinuierlich, nicht durch gewaltsame Revolutionen unterbrochen. . . . Die einfachsten Tiere und die einfachsten Pflanzen, welche auf der tiefsten Stufe der Organisationsleiter stehen, sind entstanden und entstehen noch heute durch Urzeugung (Generatio spontanea).»

Lamarck hatte auch in Deutschland einen Gesinnungsgenossen. Auch *Lorenz Oken* (1779–1851) vertrat eine auf «sinnliche Vorstellungen» gegründete natürliche Entwickelung der Lebewesen. «Alles Organische ist aus Schleim hervorgegangen, ist nichts als verschieden gestalteter Schleim. Dieser Urschleim ist im Meere im Verfolge der Planetenentwickelung aus anorganischer Materie entstanden.»

Trotz solch eingreifender Gedankengänge mußten gerade bei Denkern, die in vorsichtiger Weise niemals den leitenden Faden der Tatsachenerkenntnis verlassen wollten, Zweifel gegenüber einer naturgemäßen Anschauungsart bestehen, solange die Zweckmäßigkeit der belebten Wesen unaufgeklärt war. Selbst einem so bahnbrechenden und richtungweisenden Denker und Forscher wie *Johannes Müller* legte die Betrachtung dieser Zweckmäßigkeit die Idee nahe: «Die organischen Körper unterscheiden sich nicht bloß von den unorganischen durch die Art ihrer Zusammensetzung aus Elementen, sondern die beständige Tätigkeit, welche in der lebenden organischen Materie wirkt, schafft auch in den Gesetzen eines vernünftigen Planes mit Zweckmäßigkeit, indem die Teile zum Zwecke eines Ganzen angeordnet werden, und dies ist gerade, was den Organismus auszeichnet» (J. Müllers Handbuch der Physiologie des Menschen, 3. Aufl., 1838, I, S. 19). Bei einem Manne wie Johannes Müller, der sich streng innerhalb der Grenzen der Naturforschung hielt, und bei dem die Anschauung von der Zweckmäßigkeit als Privatgedanke im Hintergrunde seiner Tatsachenforschung blieb, konnte diese Anschauung allerdings keine besonderen Konsequenzen hervorbringen. Er untersuchte streng sachlich die Gesetze der Organismen trotz ihres zweckmäßigen Zusammenhanges und wurde durch seinen umfassenden Sinn, der sich in uneingeschränktem Maße des physikalischen, chemischen, anatomischen, zoologischen, mikroskopischen und embryologischen Wissens zu bedienen wußte, ein Reformator der modernen Naturlehre. Ihn hinderte seine Ansicht nicht, die Erkenntnis der seelischen Eigenschaften der Wesen auf ihre körperlichen Eigentümlichkeiten zu stützen. Eine seiner Grundanschauungen war, daß man nicht Psychologe sein könne, ohne Physiologe zu sein. Wer aber aus den Grenzen der Naturforschung heraus in das Gebiet der allgemeinen Weltanschauung kam, war nicht in der glücklichen Lage, die Zweckmäßigkeitsidee ohne weiteres in den Hintergrund treten zu lassen. Und so scheint es denn nur zu verständlich, wenn ein so bedeutender Denker wie *Gustav Theodor Fechner* (1801–1887) in seinem 1852 erschienenen Buch «Zend-Avesta oder über die Dinge des Himmels und des Jenseits» den Gedanken ausspricht, daß es in jedem Falle sonderbar sei, zu glauben, es gehöre kein Bewußtsein dazu, bewußte Wesen zu schaffen, wie die Menschen sind, da die unbewußten Maschinen doch nur durch den bewußten Menschen geschaffen werden können. Hat doch auch *Carl Ernst von Baer,* der die Entwickelung des tierischen Wesens bis in ihre Anfangszustände hinauf verfolgt hat, von dem Gedanken nicht lassen können, daß die Vorgänge im lebendigen Körper bestimmten Zielen zustreben, ja, daß für die Gesamtheit der Natur der volle Zweckbegriff anzuwenden sei. (C. E. v. Baer, Studien aus dem Gebiete der Naturwissenschaft, 1876, S. 73 und 82.)

Solche Schwierigkeiten, die sich für gewisse Denker einem Weltbild entgegenstellen, das seine Elemente nur aus der sinnenfällig wahrnehmbaren Natur entnehmen will, bemerkten die materialistisch gesinnten Denker nicht. Sie strebten danach, dem idealistischen Weltbild der ersten Jahrhunderthälfte ein solches gegenüberzustellen, das alles Licht für eine Welterklärung nur aus den Tatsachen der Natur empfängt. Zu den Erkenntnissen, die auf Grund dieser Tatsachen gewonnen sind, hatten sie allein Vertrauen.

Nichts läßt uns besser als dieses Vertrauen in die Herzen der Materialisten schauen. Man hat ihnen vorgeworfen, daß sie den Dingen die Seele nehmen und damit dasjenige, was zum Herzen, zum Gemüte des Menschen spricht. Und scheint es nicht, daß sie alle das Gemüt erhebenden Eigenschaften der Natur dieser rauben und sie zu einem toten Ding herabwürdigen, an dem ihr Verstand nur den Trieb befriedigt, für alles die Ursachen zu suchen, die das menschliche Herz ohne Teilnahme lassen? Scheint es nicht, als ob sie die über die bloßen Naturtriebe sich erhebenden, nach höheren, rein geistigen Motiven ausschauende Moral untergraben und die Fahne der tierischen Triebe entrollen wollten, die sich sagen: Essen und trinken wir, befriedigen wir unsere leiblichen Instinkte, denn morgen sind wir tot? Lotze (1817–1881) sagt geradezu von der Zeit, von der hier die Rede ist, ihre Angehörigen schätzen die Wahrheit der nüchternen Erfahrungserkenntnis nach dem Grade der Feindseligkeit, mit welchem sie alles beleidigte, was das Gemüt für unantastbar erachtet.

Man lernt aber in *Carl Vogt* einen Mann kennen, der ein tiefes Verständnis für die Schönheiten der Natur hatte und diese als Dilettant in der Malerei festzuhalten suchte. Einen Mann, der nicht stumpf war für die Geschöpfe der menschlichen Phantasie, sondern in dem Umgang mit Malern und Dichtern sich wohl fühlte. Nicht zum wenigsten scheint es der ästhetische Genuß an dem wunderbaren Bau der organischen Wesen zu sein, der die Materialisten bei dem Gedanken zur Begeisterung fortriß, daß die herrlichen Phänomene des Körperlichen auch den Seelen ihren Ursprung geben können. Sollten sie sich nicht gesagt haben: Wieviel mehr Anspruch, als Ursache des Geistes zu gelten, hat der großartige Bau des menschlichen Gehirnes, als die abstrakten Begriffswesen, mit denen die Philosophie sich beschäftigt?

Und auch der Vorwurf einer Herabwürdigung des Sittlichen trifft die Materialisten nicht unbedingt. Mit ihrer Naturerkenntnis verbanden sich bei ihnen tiefe ethische Motive. Was Czolbe besonders betont, daß der Naturalismus einen sittlichen Grund hat, empfanden auch andere Materialisten. Sie wollten dem Menschen die Freude an dem natürlichen Dasein einpflanzen; sie wollten in ihm das Gefühl erwecken, daß er auf der Erde Pflichten und Aufgaben zu suchen habe. Sie betrachteten es als eine Erhöhung der menschlichen Würde, wenn in dem Menschen das Bewußtsein wirkt, daß er sich aus untergeordneten Wesen heraufentwickelt habe zu seiner gegenwärtigen Vollkommenheit. Und sie versprachen sich allein von dem die richtige Beurteilung der menschlichen Handlungen, der die naturgemäßen Notwendigkeiten kennt, aus denen heraus die Persönlichkeit wirksam ist. Sie sagten sich, nur der vermag einen Menschen nach seinem Werte zu erkennen, der weiß, daß mit dem Stoffe das Leben durch das Weltall kreist, daß mit dem Leben der Gedanke, mit dem Gedanken der gute oder böse Wille naturnotwendig verbunden sind. Denjenigen, welche die sittliche Freiheit durch den Materialismus gefährdet glauben, antwortet Moleschott, «daß jeder frei ist, der sich der Naturnotwendigkeit seines Daseins, seiner Verhältnisse, seiner Bedürfnisse, Ansprüche und Forderungen, der Schranken und Tragweite seines Wirkungskreises mit Freude bewußt ist. Wer diese Naturnotwendigkeit begriffen hat, der kennt auch sein Recht, Forderungen durchzukämpfen, die dem Bedürfnis der Gattung entspringen. Ja, mehr noch, weil nur die Freiheit, die mit dem echt Menschlichen im Einklang ist, mit Naturnotwendigkeit von der Gattung verfochten wird, darum ist in jedem Freiheitskampf um menschliche Güter der endliche Sieg über die Unterdrücker verbürgt.»

Mit solchen Gefühlen, mit solcher Hingabe an die Wunder der Naturvorgänge, mit solchen sittlichen Empfindungen konnten die Materialisten den Mann erwarten, der nach ihrer Ansicht über kurz oder lang kommen mußte, den Mann, der das große Hindernis zu einer naturgemäßen Weltanschauung überwand. Dieser Mann erschien für sie in *Charles Darwin,* und sein Werk, durch das auch die Zweckmäßigkeitsidee auf den Boden der Naturerkenntnis gestellt wurde, ist 1859 erschienen unter dem Titel: «Die Entstehung der Arten durch natürliche Zuchtwahl oder Erhaltung der bevorzugten Rassen im Kampfe ums Dasein.»

Für die Erkenntnis der Impulse, welche in der philosophischen Weltanschauungsentwickelung tätig sind, sind die als Beispiele erwähnten naturwissenschaftlichen Fortschritte (zu denen noch andere hinzugefügt werden könnten) *nicht als solche* von Bedeutung, sondern die Tatsache, daß Fortschritte *solcher Art* zusammenfielen mit der Entstehung des *Hegelschen Weltbildes.* Es hat die Darstellung des Entwickelungsganges der Philosophie in den vorangegangenen Kapiteln gezeigt, wie das neuere Weltbild seit den Zeiten des *Kopernikus, Galilei* usw. unter dem Einflusse der naturwissenschaftlichen Vorstellungsart stand. Dieser Einfluß konnte aber kein so bedeutsamer sein wie derjenige von seiten der naturwissenschaftlichen Errungenschaften des neunzehnten Jahrhunderts. An der Wende des achtzehnten und neunzehnten Jahrhunderts wurden auch bedeutsame naturwissenschaftliche Fortschritte gemacht. Man denke an die Entdekkung des Sauerstoffes durch *Lavoisier* und an diejenigen auf dem Gebiete der Elektrizität durch *Volta* und an vieles andere. *Trotzdem* konnten Geister wie Fichte, Schelling, Goethe bei voller Anerkennung dieser Fortschritte zu einem Weltbilde kommen, das vom Geiste ausging. Auf sie konnte die naturwissenschaftliche Vorstellungsart noch nicht mit solcher Macht wirken wie auf die materialistisch gesinnten Denker in der Mitte des Jahrhunderts. Man konnte noch auf die *eine* Seite des Weltanschauungsbildes die naturwissenschaftlichen Vorstellungen stellen und hatte für die *andere* Seite gewisse Vorstellungen, die *mehr* enthielten als «bloße Gedanken». Eine solche Vorstellung war zum Beispiel die der «Lebenskraft» oder diejenige des «zweckmäßigen Aufbaues» eines Lebewesens. Solche Vorstellungen machten es möglich, zu sagen: In der Welt wirkt etwas, das nicht unter die gewöhnliche Naturgesetzlichkeit fällt, das geistartig ist. Das ergab eine Vorstellung vom Geiste, die gewissermaßen einen «tatsächlichen Inhalt» hatte. Hegel hatte nun aus dem Geiste alles «Tatsächliche» herausgetrieben. Er hatte ihn bis zum «bloßen Gedanken» verdünnt. Für diejenigen, für welche «bloße Gedanken» nichts sein können als *Bilder* des Tatsächlichen, war damit durch die Philosophie selbst der Geist in seiner Nichtigkeit aufgezeigt. Sie mußten an Stelle der «bloßen Gedankendinge» Hegels etwas setzen, das für sie einen wirklichen Inhalt hat. Deshalb suchten sie für die «geistigen Erscheinungen» den Ursprung in den materiellen Vorgängen, die man «als Tatsachen» sinnlich beobachten kann. Die Weltanschauung wurde durch das, was Hegel aus dem Geiste gemacht hatte, zu dem Gedanken an den materiellen Ursprung des Geistes hingedrängt.

Wer einsieht, daß in dem geschichtlichen Verlauf der Menschheitsentwickelung tiefere Kräfte als die an der Oberfläche erscheinenden mitwirken, der wird etwas für die Weltanschauungsentwickelung Bedeutsames finden in der Art, wie der Materialismus des neunzehnten Jahrhunderts zum Entstehen der Hegelschen Philosophie steht. – In Goethes Gedanken lagen Keime für einen Fortgang der Philosophie, die von Hegel nur mangelhaft aufgegriffen worden sind. Wenn Goethe von der «Urpflanze» eine solche Vorstellung zu gewinnen suchte, daß er mit dieser Vorstellung innerlich leben und aus ihr gedanklich solche speziellen Pflanzengebilde hervorgehen lassen konnte, die lebensmöglich sind, so zeigt er, daß er nach einem Lebendigwerden der Gedanken in der Seele strebt. Er stand vor dem Eintritt des Gedankens in eine lebendige Entwickelung dieses Gedankens, während Hegel bei dem Gedanken stehen blieb. In dem seelischen Zusammensein mit dem lebendig gewordenen Gedanken, wie es Goethe anstrebte, hätte man ein geistiges Erlebnis gehabt, das den Geist auch im Stoffe hätte anerkennen können; in dem «bloßen Gedanken» hatte man ein solches nicht. So war die Weltentwickelung vor eine harte Probe gestellt. Nach den tieferen geschichtlichen Impulsen drängte die neue Zeit dazu, *nicht nur* den Gedanken zu erleben, sondern für das selbstbewußte Ich eine Vorstellung zu finden, durch die man sagen konnte: Dieses Ich steht fest im Weltengefüge darinnen. Dadurch, daß man es als Ergebnis stofflicher Vorgänge dachte, hatte man dies in einer der Zeitbildung verständlichen Art erreicht. Auch in der Verleugnung der geistigen Wesenheit des selbstbewußten Ich durch den Materialismus des neunzehnten Jahrhunderts liegt noch der Impuls des Suchens nach dem Wesen dieses Ich. Deshalb gehört der naturwissenschaftliche Anstoß, der in diesem Zeitalter auf die Weltanschauung ausgeübt wurde, in ganz anderem Sinne in deren Geschichte als die Einflüsse der naturwissenschaftlichen Vorstellungsart auf vorangegangene materialistische Strömungen. Diese waren noch nicht von einer Hegelschen Gedankenphilosophie gedrängt worden, nach einer Sicherheit von den Naturwissenschaften her zu suchen. Dieses Drängen spielt sich nun allerdings nicht so ab, daß es mit voller Klarheit den führenden Persönlichkeiten zum Bewußtsein kommt; allein es wirkt als Zeitimpuls in den unterbewußten Seelengründen.

Sollte der Zweckmäßigkeitsgedanke eine Reform im Sinne einer naturgemäßen Weltanschauung erfahren, so mußten die zweckmäßigen Gebilde der belebten Natur in derselben Art erklärt werden, wie der Physiker, der Chemiker die unbelebten Vorgänge erklären. Wenn ein Magnetstab Eisenspäne an sich zieht, so denkt kein Physiker daran, daß in dem Stab eine auf das Ziel, den Zweck des Anziehens hinarbeitende Kraft wirke. Wenn Wasserstoff und Sauerstoff zu Wasser sich verbinden, so deutet das der Chemiker nicht so, als wenn in den beiden Materien etwas wirkte, dem der Zweck der Wasserbildung vorschwebt. Eine von eben solcher naturgemäßen Sinnesart beherrschte Erklärung der Lebewesen muß sich sagen: Die Organismen werden zweckmäßig, ohne daß etwas in der Natur auf diese Zweckmäßigkeit abzielt. Die Zweckmäßigkeit entsteht, ohne daß sie irgendwo als solche veranlagt wäre. Eine solche Erklärung des Zweckmäßigen hat *Charles Darwin* gegeben. Er stellte sich auf den Standpunkt, anzuerkennen, daß nichts in der Natur das Zweckmäßige will. Es kommt für die Natur gar nicht in Betracht, ob das, was in ihr entsteht, zweckmäßig ist oder nicht. Sie bringt also wahllos das Unzweckmäßige und das Zweckmäßige hervor.

Was ist überhaupt zweckmäßig? Doch das, was so eingerichtet ist, daß seinen Bedürfnissen, seinen Lebensbedingungen die äußeren Verhältnisse des Daseins entsprechen. Unzweckmäßig dagegen ist, bei dem solches nicht der Fall ist. Was wird geschehen, wenn bei der vollständigen Planlosigkeit der Natur von dem Zweckmäßigsten bis zu dem Unzweckmäßigsten alle Grade von mehr oder minder Zweckmäßigem entstehen? Jedes Wesen wird suchen, sein Dasein in Gemäßheit der gegebenen Verhältnisse zu gestalten. Dem Zweckmäßigen gelingt das ohne weiteres, dem mehr oder weniger Zweckmäßigen nur in geringem Grade. Nun kommt eines hinzu: die Natur ist keine sparsame Wirtin in bezug auf die Hervorbringung der Lebewesen. Die Zahl der Keime ist eine ungeheure. Dieser Überfülle in der Produktion der Keime steht nur ein beschränktes Maß der Mittel des Lebens gegenüber. Die Folge wird sein, daß diejenigen Wesen ein leichteres Spiel für ihre Entwickelung haben, die zweckmäßiger für die Aneignung der Lebensmittel gebildet sind. Strebt ein zweckmäßiger eingerichtetes neben einem unzweckmäßiger eingerichteten Wesen nach Erhaltung seines Daseins, so wird das Zweckmäßigere dem Unzweckmäßigeren den Rang ablaufen. Das Letzte muß neben dem Ersten zugrunde gehen. Das Tüchtige, das heißt das Zweckmäßige, erhält sich, das Untüchtige, das heißt das Unzweckmäßige, erhält sich nicht. Das ist der «Kampf ums Dasein». Er bewirkt, daß Zweckmäßiges sich erhält, auch wenn in der Natur wahllos das Unzweckmäßige neben dem Zweckmäßigen entsteht. Durch ein Gesetz, das so objektiv, so weisheitslos ist, wie nur ein mathematisches oder mechanisches Naturgesetz sein kann, erhält der Gang der Naturentwickelung die Tendenz zur Zweckmäßigkeit, ohne daß diese Tendenz irgendwie in die Natur gelegt wäre.

Darwin wurde auf diesen Gedanken durch das Werk des Nationalökonomen *Malthus* geführt «Über die Bedingungen und die Folgen der Volksvermehrung». In diesem ist ausgeführt, daß innerhalb der menschlichen Gesellschaft ein unaufhörlicher Wettkampf stattfindet, weil die Bevölkerung in viel rascherem Maße wächst als die Nahrungsmittelmenge. Dieses hier für die Menschheitsgeschichte aufgestellte Gesetz verallgemeinerte Darwin zu einem umfassenden Gesetz der ganzen Lebewelt.

Darwin wollte nun zeigen, wie dieser Kampf ums Dasein zum Schöpfer der mannigfaltigen Formen lebender Wesen wird, wie durch ihn der alte Linnésche Grundsatz umgestoßen wird, daß wir «Spezies im Tier- und Pflanzenreich so viele zählen, als verschiedene Formen im Prinzip geschaffen sind». Die Zweifel an diesem Grundsatz bildeten sich bei Darwin klar aus, als er sich im Sommer 1835 auf einer Reise nach Südamerika und Australien befand. Er teilt mit, wie diese Zweifel bei ihm sich festsetzten: «Als ich während der Fahrt des Beagle den Galapagosarchipel, der im Stillen Ozean etwa fünfhundert englische Meilen von der südamerikanischen Küste entfernt liegt, besuchte, sah ich mich von eigentümlichen Arten von Vögeln, Reptilien und Schlangen umgeben, die sonst nirgends in der

Welt existieren. Doch trugen sie fast alle amerikanisches Gepräge an sich. Im Gesang der Spottdrossel, in dem scharfen Geschrei des Aasgeiers, in den großen, leuchterähnlichen Opuntien bemerkte ich deutlich die Nachbarschaft mit Amerika; und doch waren diese Inseln durch so viele Meilen vom Festlande entfernt und wichen in ihrer geologischen Konstitution, in ihrem Klima weit von ihm ab. Noch überraschender war die Tatsache, daß die meisten Bewohner jeder einzelnen Insel dieses kleinen Archipels spezifisch verschieden waren, wenn auch untereinander nahe verwandt. Ich habe mich damals oft gefragt, wie diese eigentümlichen Tiere und Menschen entstanden seien. Die einfachste Art schien zu sein, daß die Bewohner der verschiedenen Inseln voneinander abstammen und im Verlauf ihrer Abstammung Modifikationen erlitten hätten, und daß alle Bewohner des Archipels von denen des nächsten Festlandes, nämlich Amerika, von welchem die Kolonisation natürlich herrühren würde, abstammen. Es blieb mir aber lange ein unerklärliches Problem, wie der notwendige Modifikationsgrad erreicht worden sein könne.» In der Antwort auf dieses Wie liegt die naturgemäße Auffassung der Entwickelung des Lebendigen. Wie der Physiker einen Stoff in verschiedene Verhältnisse bringt, um seine Eigenschaften kennen zu lernen, so beobachtete Darwin nach seiner Heimkehr die Erscheinungen, die sich am lebendigen Wesen in verschiedenen Verhältnissen ergeben. Er machte Züchtungsversuche mit Tauben, Hühnern, Hunden, Kaninchen und Kulturgewächsen. Durch sie zeigte sich, wie die lebenden Formen im Verlaufe ihrer Fortpflanzung sich fortwährend verändern. In gewissen Verhältnissen verändern sich gewisse Lebewesen nach wenigen Generationen so, daß man, falls man die neuentstandenen Formen mit ihren Ahnen vergleicht, von zwei ganz verschiedenen Spezies sprechen könnte, von denen jede nach einem eigenen Organisationsplan sich richtet. Solche Veränderlichkeit der Formen benutzt der Züchter, um Kulturorganismen zur Entwickelung zu bringen, die gewissen Absichten entsprechen. Er kann eine Schafsorte mit besonders feiner Wolle züchten, wenn er nur diejenigen Individuen seiner Herde sich fortpflanzen läßt, die die feinste Wolle haben. Innerhalb der

Nachkommenschaft sucht er wieder die Individuen heraus, die mit der feinsten Wolle ausgestattet sind. Die Feinheit der Wolle steigert sich dann im Laufe der Generationen. Man erlangt nach einiger Zeit eine Schafspezies, die in der Bildung der Wolle sich sehr weit von ihren Vorfahren entfernt. Ein Gleiches ist bei anderen Eigenschaften der Lebewesen der Fall. Es folgt zweierlei aus dieser Tatsache. Einmal, daß in der Natur die Tendenz liegt, die Lebewesen zu wandeln; und dann, daß eine Eigenschaft, die nach einer gewissen Richtung sich zu wandeln angefangen hat, sich nach dieser Richtung steigert, wenn bei der Fortpflanzung der Lebewesen diejenigen Individuen ferngehalten werden, welche diese Eigenschaft noch nicht haben. Die organischen Formen nehmen also im Laufe der Zeit andere Eigenschaften an und halten sich in der Richtung ihrer einmal eingeschlagenen Verwandlung. Sie verwandeln sich und vererben gewandelte Eigenschaften auf ihre Nachkommen.

Die natürliche Folgerung aus dieser Beobachtung ist, daß Wandlung und Vererbung zwei in der Entwickelung der Lebewesen treibende Prinzipien sind. Nimmt man nun an, daß in naturgemäßer Weise in der Welt die Wesen sich so wandeln, daß Zweckmäßiges neben Unzweckmäßigem und mehr oder minder Zweckmäßigem entsteht, so muß man auch einen Kampf der mannigfaltigen gewandelten Formen voraussetzen. Dieser Kampf bewirkt planlos, was der Züchter planvoll macht. Wie dieser diejenigen Individuen von der Fortpflanzung ausschließt, die in die Entwickelung dasjenige hineinbringen würden, was er nicht will, so beseitigt der Kampf ums Dasein das Unzweckmäßige. Es bleibt nur das Zweckmäßige für die Entwickelung. In diese wird dadurch, wie ein mechanisches Gesetz, die Tendenz zur steten Vervollkommnung gelegt. Darwin durfte, nachdem er dieses erkannt und damit der naturgemäßen Weltanschauung ein sicheres Fundament gelegt hatte, an das Ende seines eine neue Epoche des Denkens einleitenden Werkes «Die Entstehung der Arten» die enthusiastischen Worte setzen: «Aus dem Kampf der Natur, aus Hunger und Tod geht daher das Höchste, was wir zu erfassen vermögen, die Produktion der höheren Tiere direkt hervor. Es liegt etwas Großartiges in dieser

Ansicht vom Leben, wonach es mit allen seinen verschiedenen Kräften von dem Schöpfer aus wenig Formen, oder vielleicht nur einer, ursprünglich erschaffen wurde; und daß, während dieser Planet gemäß den bestimmten Gesetzen der Schwerkraft im Kreise sich bewegt, aus einem so schlichten Anfang eine endlose Zahl der schönsten und wundervollsten Formen entwickelt wurden und noch entwickelt werden.» Zugleich ist aus diesem Satze zu ersehen, daß Darwin nicht durch irgendwelche antireligiöse Empfindungen, sondern allein aus den Folgerungen heraus, die sich ihm aus den deutlich sprechenden Tatsachen ergeben haben, zu seiner Anschauung gelangt ist. Bei ihm war es gewiß nicht der Fall, daß Feindseligkeit gegen die Bedürfnisse des Gefühls ihn zu einer vernünftigen Naturansicht bestimmte, denn er sagt uns in seinem Buche deutlich, wie die gewonnene Ideenwelt zu seinem Herzen spricht: «Sehr hervorragende Schriftsteller scheinen von der Ansicht, daß jede der Arten unabhängig erschaffen wurde, völlig befriedigt zu sein. Meiner Meinung nach stimmt es besser mit den, soweit wir es wissen, der Materie vom Schöpfer eingeprägten Gesetzen überein, daß das Hervorbringen und Erlöschen der früheren und jetzigen Bewohner der Erde, ebenso wie die Bestimmungen über Geburt und Tod eines Individuums, von sekundären Ursachen abhängig sind. Betrachte ich alle Wesen nicht als Sonderschöpfungen, sondern als lineare Abkömmlinge einiger weniger Wesen, die schon lange, bevor die jüngeren geologischen Schichten abgelagert waren, lebten, so scheinen sie mir dadurch veredelt zu sein... Wir dürfen vertrauensvoll einer Zukunft von großer Länge entgegensehen. Und da die natürliche Zuchtwahl nur durch und für das Gute jedes Wesens wirkt, so werden alle körperlichen und geistigen Begabungen der Vollkommenheit zustreben.»

An einer Fülle von Tatsachen zeigte Darwin, wie die Organismen wachsen und sich fortpflanzen, wie sie im Verlaufe ihrer Fortentwickelung einmal angenommene Eigenschaften vererben, wie neue Organe entstehen und sich durch Gebrauch oder Nichtgebrauch wandeln, wie sich also die Geschöpfe an ihre Daseinsbedingungen anpassen; und endlich wie der Kampf ums

Dasein eine natürliche Auswahl (Zuchtwahl) trifft, wodurch mannigfaltige, immer vollkommenere Formen entstehen.

Damit scheint eine Erklärung zweckmäßiger Wesen gefunden, die es nicht nötig macht, in der organischen Natur anders zu verfahren als in der unorganischen. Solange man eine solche Erklärung nicht geben konnte, mußte man, wenn man folgerichtig sein wollte, zugeben, daß überall da, wo innerhalb der Natur ein Zweckmäßiges entsteht, eine der Natur fremde Macht eingreift. Damit war im Grunde für jeden solchen Fall ein Wunder zugegeben.

Diejenigen, die sich jahrzehntelang vor dem Erscheinen des Darwinschen Werkes um eine naturgemäße Welt- und Lebensansicht bemühten, empfanden nunmehr in der allerlebhaftesten Weise, daß eine neue Richtung des Denkens gegeben war. Eine solche Empfindung hat 1872 *David Friedrich Strauß* in seinem «Alten und neuen Glauben» mit den Worten zum Ausdruck gebracht: «Man sieht, dahin . . . muß es gehen, wo die Fähnlein lustig im Winde flattern. Ja lustig, und zwar im Sinne der reinsten erhabensten Geistesfreude. Wir Philosophen und kritischen Theologen haben gut reden gehabt, wenn wir das Wunder in Abgang dekretierten; unser Machtspruch verhallte ohne Wirkung, weil wir es nicht entbehrlich zu machen, keine Naturkraft nachzuweisen wußten, die es an den Stellen, wo es bisher am meisten für unerläßlich galt, ersetzen konnte. Darwin hat diese Naturkraft, dieses Naturverfahren nachgewiesen, er hat die Tür geöffnet, durch welche eine glücklichere Nachwelt das Wunder auf Nimmerwiederkehr hinauswerfen wird. Jeder, der weiß, was am Wunder hängt, wird ihn dafür als einen der größten Wohltäter des menschlichen Geschlechts preisen.»

Durch Darwins Zweckmäßigkeitsidee ist es möglich, den Begriff der Entwickelung wirklich in naturgesetzlicher Weise zu denken. Der alten Einschachtelungslehre, die annimmt, daß alles, was entsteht, in verborgener Form schon früher vorhanden war (vgl. Seite 227 des ersten Bandes dieses Buches), waren damit ihre letzten Hoffnungen geraubt. Innerhalb eines im Sinne Darwins gedachten Entwickelungsvorgangs ist das Vollkommene in keiner Weise in dem Unvollkommenen schon enthalten. Denn die Vollkommenheit eines höheren Wesens entsteht durch Vorgänge, die mit den Vorfahren dieses Wesens schlechterdings gar nichts zu tun haben. Man denke: eine gewisse Entwickelungsreihe sei bei den Beuteltieren angelangt. In der Form der Beuteltiere liegt nichts, rein gar nichts von einer höheren, vollkommeneren Form. Es liegt in ihr nur die Fähigkeit, sich im weiteren Verlaufe ihrer Fortpflanzung wahllos zu verwandeln. Es treten nun Verhältnisse ein, die von jeder «inneren» Entwickelungsanlage der Beuteltierform unabhängig sind, die aber solche sind, daß sich von allen möglichen Wandelformen aus den Beuteltieren die Halbaffen erhalten. Es war in der Beuteltierform so wenig die Halbaffenform enthalten, wie in der Richtung einer rollenden Billardkugel der Weg enthalten ist, den sie einschlägt, nachdem sie von einer zweiten Kugel gestoßen worden ist.

Denen, die an eine idealistische Denkweise gewöhnt waren, wurde die Auffassung dieses reformierten Entwickelungsbegriffes nicht leicht. Der aus Hegels Schule hervorgegangene, äußerst scharfsinnige und feine Geist *Friedrich Theodor Vischer* schreibt noch 1874 in einem Aufsatze: «Entwickelung ist ein Herauswickeln aus einem Keime, welches von Versuch zu Versuch fortschreitet, bis das Bild, das als Möglichkeit im Keime lag, wirklich geworden ist, dann aber stillstehend die gefundene Form als bleibende festhält. Überhaupt jeder Begriff kommt ins Schwanken, wenn wir die Typen, die nun seit so vielen Jahrtausenden auf unserem Planeten bestehen, und vor allem, wenn wir unseren eigenen Menschentypus für immer noch veränderlich halten sollen. Wir können dann unseren Gedanken, ja unseren Denkgesetzen, unseren Gefühlen, den Idealbildern unserer Phantasie, die doch nichts anderes sind als läuternde Nachbildungen von Formen der uns bekannten Natur: wir können keinem dieser festen Halte unserer Seele mehr trauen. Alles ist in Frage gestellt.» Und an einer anderen Stelle desselben Aufsatzes lesen wir: «Es wird mir zum Beispiel immer noch etwas schwer, zu glauben, daß man das Auge vom Sehen, das Ohr vom Hören bekomme. Das ungemeine Gewicht, das auf die Zuchtwahl gelegt wird, will mir auch nicht einleuchten.»

Wenn Vischer gefragt worden wäre, ob er sich vorstellt, daß im Wasserstoff und Sauerstoff ein Bild des Wassers im Keime liege, damit dieses sich aus ihnen herausentwickeln könne, so würde er ohne Zweifel geantwortet haben: Nein; weder im Sauerstoff noch im Wasserstoff liegt etwas vom Wasser; die Bedingungen zur Entstehung dieses Stoffes sind erst in dem Augenblicke vorhanden, in dem Wasserstoff und Sauerstoff unter gewissen Verhältnissen zusammentreten. Braucht es nun anders zu sein, wenn aus dem Zusammenwirken der Beuteltiere mit den äußeren Daseinsbedingungen die Halbaffen entstehen? Warum sollen die Halbaffen schon als Möglichkeit, als Bild in den Beuteltieren verborgen liegen, damit sie sich aus ihnen herausentwickeln können? Was durch Entwickelung entsteht, entsteht neu, ohne daß es vorher in irgendeiner Form vorhanden gewesen ist.

Besonnene Naturforscher empfanden das Gewicht der neuen Zweckmäßigkeitslehre nicht weniger als Denker wie Strauß. Ohne Zweifel gehört *Hermann Helmholtz* zu denen, die in den fünfziger und sechziger Jahren als Repräsentanten solcher besonnenen Naturforscher gelten konnten. Er betont, wie die wunderbare und vor der wachsenden Wissenschaft immer reicher sich entfaltende Zweckmäßigkeit im Aufbau und in den Verrichtungen der Lebewesen geradezu herausfordert, die Lebensvorgänge mit menschlichen Handlungen zu vergleichen. Denn diese sind die einzige Reihe von Erscheinungen, die einen ähnlichen Charakter wie die organischen Phänomene tragen. Ja, die zweckmäßigen Einrichtungen in der Organismenwelt übersteigen für unser Beurteilungsvermögen zumeist das weit, was menschliche Intelligenz zu schaffen vermag. Es ist also nicht zu verwundern, wenn man darauf verfallen ist, Bau und Tätigkeit der Lebewelt auf eine der menschlichen weit überlegene Intelligenz zurückzuführen. «Man wußte daher» – sagt Helmholtz – «vor Darwin nur zwei Erklärungen der organischen Zweckmäßigkeit zu geben, welche aber beide auf Eingriffe freier Intelligenz in den Ablauf der Naturprozesse zurückführten. Entweder betrachtete man, der vitalistischen Theorie gemäß, die Lebensprozesse als fortdauernd geleitet durch eine Lebensseele;

oder man griff für jede lebende Spezies auf einen Akt übernatürlicher Intelligenz zurück, durch die sie entstanden sein sollte. ... Darwins Theorie enthält einen wesentlich neuen schöpferischen Gedanken. Sie zeigt, wie Zweckmäßigkeit der Bildung in den Organismen auch ohne alle Einmischung von Intelligenz durch das blinde Walten eines Naturgesetzes entstehen kann. Es ist dies das Gesetz der Forterbung der individuellen Eigentümlichkeiten von den Eltern auf die Nachkommen; ein Gesetz, das längst bekannt und anerkannt war und nur eine bestimmte Abgrenzung zu erhalten brauchte.» Helmholtz ist nun der Ansicht, daß durch das Prinzip der natürlichen Zuchtwahl im Kampf ums Dasein eine solche Abgrenzung des Gesetzes gegeben worden sei.

Und ein Forscher, der nicht weniger als Helmholtz zu den vorsichtigsten gehörte, *J. Henle,* führt in einem Vortrag aus: «Sollten die Erfahrungen der künstlichen Züchtung auf die Oken-Lamarcksche Hypothese Anwendung finden, so mußte gezeigt werden, wie die Natur es anfängt, um von sich aus die Veranstaltungen zu treffen, mittels deren der Experimentator sein Ziel erreicht. Dies ist die Aufgabe, welche Darwin sich gestellt und mit bewundernswertem Eifer und Scharfsinn verfolgt hat.»

Die größte Begeisterung unter allen empfanden die Materialisten über *Darwins Tat.* Ihnen war ja längst klar, daß ein solcher Mann über kurz oder lang kommen mußte, der das aufgehäufte, nach einem leitenden Gedanken drängende Tatsachengebiet philosophisch beleuchtete. Nach ihrer Meinung konnte, nach Darwins Entdeckung, der Weltanschauung, für die sie sich eingesetzt hatten, der Sieg nicht ausbleiben.

Darwin ist als Naturforscher an seine Aufgabe herangetreten. Er hat sich zunächst innerhalb der Grenzen eines solchen gehalten. Daß seine Gedanken auf die Grundfragen der Weltanschauung, auf das Verhältnis des Menschen zur Natur, ein helles Licht werfen können, das wird in seinem grundlegenden Buch nur gestreift: «In der Zukunft sehe ich ein offenes Feld für weit wichtigere Forschungen. Die Psychologie wird sich sicherlich auf ... die Grundlage stützen: die Notwendigkeit, jede geistige Kraft und Fähigkeit stufenweise zu erwerben. Viel Licht mag auch noch über den Ursprung des Menschen und seine Geschichte verbreitet werden.» Diese Frage nach dem Ursprung des Menschen wurde den Materialisten, nach Büchners Ausdruck, geradezu zur Herzensangelegenheit. Er sagte in den Vorlesungen, die er in dem Winter 1866/67 in Offenbach hielt: «Muß die Umwandlungstheorie auch auf unser eigenes Geschlecht, auf den Menschen oder auf uns selbst angewendet werden? Müssen wir uns gefallen lassen, daß dieselben Prinzipien oder Regeln, welche die übrigen Organismen in das Leben gerufen haben, auch für unsere eigene Entstehung und Herkunft gelten sollen? Oder machen wir – die Herren der Schöpfung – eine Ausnahme?»

Die Naturwissenschaft lehrte deutlich, daß der Mensch keine Ausnahme machen könne. Auf Grund genauer anatomischer Untersuchungen konnte der englische Naturforscher *Huxley* 1863 in seinen «Zeugnissen für die Stellung des Menschen in der Natur» den Satz aussprechen: «Die kritische Vergleichung aller Organe und ihrer Modifikationen innerhalb der Affenreihe führt uns zu diesem einen und demselben Resultate, daß die anatomischen Verschiedenheiten, welche den Menschen vom Gorilla und Schimpansen trennen, nicht so groß sind, als die Unterschiede, welche diese Menschenaffen von den niedrigeren Affenarten scheiden.» Konnte man solchen Tatsachen gegenüber noch zweifeln, daß die naturgemäße Entwickelung, die durch Wachstum und Fortpflanzung, durch Erblichkeit, Veränderlichkeit der Formen und Kampf ums Dasein die Reihe der organischen Wesen bis zum Affen herauf hat entstehen lassen, zuletzt auf dem ganz gleichen Wege auch den Menschen erzeugt hat?

Die Grundanschauung drang eben im Laufe des Jahrhunderts immer tiefer ein in den Bestand der naturwissenschaftlichen Erkenntnisse, von der Goethe – allerdings auf *seine Art* – durchdrungen war, und wegen welcher er mit aller Energie daran ging, die Meinung seiner Zeitgenossen zu berichtigen, daß dem Menschen in der oberen Kinnlade ein sogenannter Zwischenkieferknochen fehle. Alle Tiere sollen diesen Knochen haben, nur der Mensch nicht, dachte man. Und darin sah man den Beweis, daß der Mensch anatomisch von den Tieren sich unterscheide, daß er, seinem Bauplan nach, anders gedacht sei. Die naturgemäße Denkart Goethes forderte von ihm, daß er zur Hinwegschaffung dieses Irrtums emsige anatomische Studien betrieb. Und als ihm sein Ziel gelungen war, schrieb er im Vollgefühl davon, daß er etwas getan, was der Erkenntnis der Natur im höchsten Maße förderlich sei, an Herder: «Ich verglich ... Menschen- und Tierschädel, kam auf die Spur, und siehe, da ist es! Nun bitt' ich dich, laß dich nichts merken; denn es muß geheim behandelt werden. Es soll dich auch recht herzlich freuen; denn es ist wie der Schlußstein zum Menschen, fehlt nicht, ist auch da! Aber wie!»

Unter dem Einflusse solcher Vorstellungen wurde die große Weltanschauungsfrage nach dem Verhältnis des Menschen zu sich selbst und zur Außenwelt zu der Aufgabe, auf naturwissenschaftlichem Wege zu zeigen, welches die tatsächlichen Vorgänge sind, die im Laufe der Entwickelung zur Bildung des Menschen geführt haben. Damit änderte sich der Gesichtspunkt, von dem aus man die Naturerscheinungen zu erklären suchte. Solange man in jedem Organismus, und damit auch im Menschen, einen zweckmäßigen Bauplan verwirklicht sah, mußte man bei der Erklärung der Wesen diesen Zweck ins Auge fassen. Man mußte eben darauf Bedacht nehmen, daß im Embryo sich der spätere Organismus in der Anlage vorher verkündigt. Aufs ganze Weltall ausgedehnt, bedeutete dies, daß diejenige Naturerklärung ihre Aufgabe am besten erfülle, die zeigt, wie die Natur auf den früheren Stufen ihrer Entwickelung sich darauf vorbereitet, die späteren, und, auf dem Gipfel, den Menschen zu erzeugen.

Die moderne Entwickelungsidee verwarf alle Neigung der Erkenntnis, in dem Früheren bereits das Spätere zu sehen. Für sie war ja in keiner Weise das Späterer im Früheren enthalten. Dagegen bildete sich in ihr immer mehr der Grundsatz aus, in dem Späteren das Frühere zu suchen. Dieser Grundsatz bildete ja ein Bestandstück des Prinzips der Vererbung. Man darf geradezu von einer Umkehrung der Richtung des Erklärungsbedürfnisses sprechen. Wichtig wurde diese Umkehrung für die

Ausbildung der Gedanken über die Entwickelung des einzelnen organischen Individuums vom Ei bis zum reifen Zustande, für die sogenannte Keimesgeschichte (Ontogenie). Statt sich vorzuhalten, daß sich im Embryo die späteren Organe vorbereiten, ging man daran, die Formen, die der Organismus im Laufe seiner individuellen Entwickelung vom Ei bis zur Reife annimmt, mit anderen Organismenformen zu vergleichen. Schon *Lorenz Oken* verfolgte eine solche Spur. Er schrieb im vierten Band seiner «Allgemeinen Naturgeschichte für alle Stände» (S. 468): «Ich bin durch meine physiologischen Untersuchungen schon vor einer Reihe von Jahren auf die Ansicht gekommen, daß die Entwickelungszustände des Küchelchens im Ei Ähnlichkeit haben mit den verschiedenen Tierklassen, so daß es anfangs gleichsam nur die Organe der Infusorien besitze, dann allmählich die der Polypen, Quallen, Muscheln, Schnecken usw. erhalte. Umgekehrt mußte ich dann auch die Tierklassen als Entwickelungsstufen betrachten, welche denen des Küchelchens parallel gingen. Diese Ansicht von der Natur forderte die genaueste Vergleichung derjenigen Organe, welche in einer jeden höheren Tierklasse neu zu den andern hinzukommen, und ebenso derjenigen, welche im Küchelchen sich während des Brütens nacheinander entwickeln. Ein vollkommener Parallelismus ist natürlich nicht so leicht bei einem so schwierigen und noch lange nicht hinlänglich beobachteten Gegenstande herzustellen. Zu beweisen aber, daß er wirklich vorhanden sei, ist in der Tat nicht schwer: dieses zeigt am deutlichsten die Verwandlung der Insekten, welche nichts weiter ist, als eine Entwickelung der Jungen, die außerhalb dem Ei vor unsern Augen vorgeht, und zwar so langsam, daß wir jeden embryonischen Zustand mit Muße betrachten und untersuchen können.» Oken vergleicht die Verwandlungszustände der Insekten mit anderen Tieren und findet, daß die Raupen die größte Ähnlichkeit mit den Würmern haben, die Puppen mit den Krebsen. Aus solchen Ähnlichkeiten schließt der geniale Denker: «Es ist daher kein Zweifel, daß hier eine auffallende Ähnlichkeit besteht, welche die Ideee rechtfertigt, daß die Entwickelungsgeschichte im Ei nichts anderes sei, als eine Wiederholung der Schöpfungsgeschichte der Tierklassen.» Es lag in der Natur dieses geistvollen Mannes, eine große Idee auf Grund eines glücklichen Aperçus zu ahnen. Er brauchte zu einer solchen Ahnung nicht einmal die entsprechend vollrichtigen Tatsachen. Aber es liegt auch in der Natur solcher geahnten Ideen, daß sie auf die Arbeiter im Felde der Wissenschaft keinen großen Eindruck machen. Wie ein Komet blitzt Oken am deutschen Weltanschauungshimmel auf. Eine Fülle von Licht entwickelt er. Aus einem reichen Ideenbesitz heraus gibt er Leitbegriffe für die verschiedensten Tatsachengebiete. Doch hatte die Art, wie er sich Tatsachenzusammenhänge zurechtlegte, zumeist etwas Gewaltsames. Er arbeitete auf die Pointe los. Das war auch bei dem oben genannten Gesetze der Wiederholung gewisser Tierformen in der Keimentwickelung anderer der Fall.

Im Gegensatz zu Oken hielt sich *Carl Ernst von Baer* möglichst an das rein Tatsächliche, als er 1828 in seiner «Entwickelungsgeschichte der Tiere» von dem sprach, was Oken zu seiner Idee geführt hat. «Die Embryonen der Säugetiere, Vögel, Eidechsen und Schlangen, wahrscheinlich auch der Schildkröten, sind in früheren Zuständen einander ungemein ähnlich im Ganzen sowie in der Entwickelung der einzelnen Teile; so ähnlich, daß man oft die Embryonen nur nach der Größe unterscheiden kann. Ich besitze zwei kleine Embryonen in Weingeist, für die ich versäumt habe, die Namen zu notieren; und ich bin jetzt durchaus nicht imstande, die Klasse zu bestimmen, der sie angehören. Es können Eidechsen, kleine Vögel oder ganz junge Säugetiere sein. So übereinstimmend ist Kopf- und Rumpfbildung in diesen Tieren. Die Extremitäten fehlen aber jenen Embryonen noch. Wären sie auch da, auf der ersten Stufe der Ausbildung begriffen, so würden sie doch nichts lehren, da die Füße der Eidechsen und Säugetiere, die Flügel und Füße der Vögel, sowie die Hände und Füße der Menschen sich aus derselben Grundform entwickeln.»

Solche Tatsachen der Keimesgeschichte mußten bei denjenigen Denkern, die zum Darwinismus mit ihren Überzeugungen neigten, das größte Interesse hervorrufen. Darwin hatte die Möglichkeit erwiesen, daß die organischen Formen sich wandeln, und daß auf dem Wege der Umwandlung die heute lebenden Arten von wenigen, vielleicht nur von *einer* ursprünglichen abstammen. Nun zeigen sich die mannigfaltigen Lebewesen auf ihren ersten Entwickelungsstufen so ähnlich, daß man sie kaum oder gar nicht unterscheiden kann. Beides, diese Tatsache der Ähnlichkeit und jene Abstammungsidee, brachte 1864 *Fritz Müller* in einer gedankenvollen Schrift «Für Darwin» in organische Verbindung. Müller ist eine von denjenigen hochsinnigen Persönlichkeiten, deren Seelen eine naturgemäße Weltanschauung zum geistigen Atmen unbedingt brauchen. Er empfand auch an seinem eigenen Handeln allein Befriedigung, wenn er nur den Motiven gegenüber das Gefühl haben konnte, daß sie notwendig wie eine Naturkraft sind. Im Jahre 1852 übersiedelte Müller nach Brasilien. Er bekleidete zwölf Jahre lang eine Gymnasiallehrerstelle in Desterro (auf der Instel Santa Catharina unweit der Küste von Brasilien). 1867 mußte er auch diese Stellung aufgeben. Der Mann der neuen Weltanschauung mußte der Reaktion weichen, die sich unter dem Einflusse der Jesuiten seiner Lehranstalt bemächtigte. Ernst Haeckel hat in der «Jenaischen Zeitschrift für Naturwissenschaft» (XXXI. Band N. F. XXIV, 1897) das Leben und die Wirksamkeit Fritz Müllers beschrieben. Von Darwin wurde dieser als «Fürst der Beobachter» bezeichnet. Und aus einer Fülle von Beobachtungen heraus ist die kleine, aber bedeutungsvolle Schrift «Für Darwin» entstanden. Sie behandelte eine einzelne Gruppe von organischen Formen, die Krebse, in dem Geiste, von dem Fritz Müller glaubte, daß er sich aus der Darwinschen Anschauung ergeben müsse. Er zeigte, daß die in ihren reifen Zuständen voneinander verschiedenen Krebsformen einander vollkommen ähnlich sind in der Zeit, in der sie aus dem Ei schlüpfen. Setzt man voraus, daß im Sinne der Darwinschen Abstammungslehre die Krebsformen aus einer Ur-Krebsform sich entwickelt haben, und nimmt man an, daß die Ähnlichkeit in Jugendzuständen dieser Tiere ein Erbstück von ihrer gemeinsamen Ahnenform her ist, so hat man die Ideen Darwins vereinigt mit denen Okens von der Wiederholung der Schöpfungsgeschichte der Tierklassen in der Entwickelung der einzelnen Tierform. Diese Vereinigung hat Fritz Müller auch vollzogen. Er brachte dadurch die frühen Formen einer Tierklasse in eine bestimmte gesetzmäßige Verbindung mit den späteren, die sich durch Umwandlung aus ihnen gebildet haben. Daß einmal eine Ahnenform eines heute lebenden Wesens so und so ausgesehen hat, das hat bewirkt, daß dieses heute lebende Wesen in einer Zeit seiner Entwickelung so und so aussieht. An den Entwickelungsstadien der Organismen erkennt man ihre Ahnen; und die Beschaffenheit der letzten bewirkt die Charaktere der Keimformen. Stammesgeschichte und Keimesgeschichte (Phylogenie und Ontogenie) sind in Fritz Müllers Buch verbunden wie Ursache und Wirkung. Damit war ein neuer Zug in die Darwinsche Ideenrichtung gekommen. Dieses wird auch dadurch nicht abgeschwächt, daß Müllers Krebsforschungen durch die späteren Untersuchungen *Arnold Langs* modifiziert wurden.

Es waren erst vier Jahre vergangen seit dem Erscheinen von Darwins Buch «Entstehung der Arten», als Müllers Schrift zu seiner Verteidigung und Bestätigung erschien. Er hatte an einer einzelnen Tierklasse gezeigt, wie man im Geiste der neuen Ideen arbeiten soll. Sieben Jahre nach der «Entstehung der Arten», im Jahre 1866, erschien bereits ein Buch, das ganz durchdrungen von diesem neuen Geiste war, das von hoher Warte herab mit den Ideen des Darwinismus den Zusammenhang der Lebenserscheinungen beleuchtete: *Ernst Haeckels* «Generelle Morphologie der Organismen». Jede Seite dieses Buches verrät das große Ziel, von den neuen Gedanken aus eine Umschau über die Gesamtheit der Naturerscheinungen zu halten. Aus dem Darwinismus heraus suchte Haeckel eine Weltanschauung.

Nach zwei Richtungen hin war Haeckel bestrebt, für die neue Weltanschauung das Möglichste zu tun: er bereicherte unablässig das Wissen von den Tatsachen, die Aufschluß geben über den Zusammenhang der Naturwesen und Naturkräfte; und er zog mit eiserner Konsequenz aus diesen Tatsachen die Ideen, die das menschliche Erklärungsbedürfnis befriedigen sollen. Er ist von der unerschütterlichen Überzeugung durchdrungen, daß der Mensch für alle seine Seelenbedürfnisse aus diesen Tatsachen und diesen Ideen volle Befriedigung gewinnen kann. Wie es Goethe auf seine Art klar war, so ist es auch ihm auf die seinige klar, daß die Natur «nach ewigen, notwendigen, dergestalt göttlichen Gesetzen wirkt, daß die Gottheit selbst daran nichts ändern könnte». Und weil ihm dieses klar ist, verehrt er in den ewigen und notwendigen Gesetzen der Natur und in den Stoffen, an denen sich diese Gesetze betätigen, seine Gottheit. Wie die Harmonie der in sich mit Notwendigkeit zusammenhängenden Naturgesetze, nach seiner Anschauung, die Vernunft befriedigt, so bietet sie auch dem fühlenden Herzen, dem ethisch und religiös gestimmten Gemüt, wonach dieses dürstet. In dem Stein, der von der Erde angezogen, zu dieser hinfällt, spricht sich das gleiche Göttliche aus wie in der Pflanzenblüte und in dem menschlichen Geiste, der den «Wilhelm Tell» dramatisch formt.

Wie irrtümlich es ist, zu glauben, daß durch ein vernünftiges Eindringen in das Walten der Natur, durch Erforschung ihrer Gesetze, das Gefühl für die wunderbaren Schönheiten der Natur zerstört wird, das zeigt sich so recht anschaulich an dem Wirken Ernst Haeckels. Man hat der vernunftgemäßen Naturerklärung die Fähigkeit abgesprochen, die Bedürfnisse des Gemütes zu befriedigen. Es darf behauptet werden, daß, wo immer ein Mensch in seiner Gemütswelt durch die Naturerkenntnis beeinträchtigt wird, dies nicht an dieser Erkenntnis, sondern an dem Menschen liegt, dessen Empfindungen sich in einer falschen Richtung bewegen. Wer unbefangen den Forscherwegen eines Naturbetrachters, wie es Haeckel ist, folgt, der wird bei jedem Schritte in der Naturerkenntnis auch sein Herz höher schlagen fühlen. Die anatomische Zergliederung, die mikroskopische Untersuchung wird ihm keine Naturschönheit zerstören, aber unzählige neue enthüllen. Es ist zweifellos, daß in unserer Zeit ein Kampf besteht zwischen Verstand und Phantasie, zwischen Reflexion und Intuition. *Ellen Key,* die geistvolle Essayistin, hat unbedingt recht, wenn sie in diesem Kampfe eine der wichtigsten Erscheinungen in der gegenwärtigen Zeit sieht. (Vgl. Ellen Key: Essays. Berlin, S. Fischers Verlag, 1899.) Wer, wie Ernst Haeckel, tief hinuntergräbt in den Schacht der Tatsachen und kühn hinaufsteigt mit den Gedanken, die uns aus diesen Tatsachen sich ergeben, zu den Gipfeln menschlicher Erkenntnis, der kann nur in der Naturerklärung die versöhnende Macht finden «zwischen den beiden noch gleich starken Rennern, der Reflexion und der Intuition, die sich wechselseitig in die Knie zwingen». (Ellen Key, ebd.) Fast gleichzeitig mit der Veröffentlichung, durch die Haeckel mit rückhaltloser Redlichkeit seine aus der Naturerkenntnis fließende Weltanschauung darlegt, mit dem 1899 erfolgten Erscheinen seiner «Welträtsel», hat er mit der Herausgabe eines Lieferungswerkes begonnen, «Kunstformen der Natur», in dem er Nachbildungen gibt von der unerschöpflichen Fülle der wunderbaren Gestalten, welche die Natur in ihrem Schoße erzeugt, und welche an Schönheit und Mannigfaltigkeit «alle vom Menschen geschaffenen Kunstformen weitaus» übertreffen. Derselbe Mann, der unseren Verstand in die Gesetzmäßigkeit der Natur führt, lenkt unsere Phantasie auf die Schönheit der Natur.

Das Bedürfnis, die großen Weltanschauungsfragen in unmittelbare Berührung zu bringen mit den wissenschaftlichen Einzeluntersuchungen, hat Haeckel zu einer derjenigen Tatsachen geführt, von denen Goethe sagt, daß sie prägnante Punkte bezeichnen, an denen die Natur die Grundideen zu ihrer Erklärung freiwillig hergibt und uns entgegenträgt. Diese Tatsache bot sich für Haeckel dadurch, daß er untersuchte, inwiefern sich der alte Okensche Gedanke, den Fritz Müller auf die Krebstiere anwendete, für das ganze Tierreich fruchtbar machen lasse. Bei allen Tieren, mit Ausnahme der Protisten, die zeitlebens nur aus einer Zelle bestehen, bildet sich aus der Eizelle, mit der das Wesen seine Keimesentwickelung beginnt, ein becherförmiger oder krugförmiger Körper, der sogenannte Becherkeim oder die Gastrula. Dieser Becherkeim ist eine tierische Form, die alle Tiere, von den Schwämmen bis herauf zum Menschen, in ihrem ersten Entwickelungsstadium annehmen. Diese Form hat nur Haut, Mund und Magen. Nun gibt es niedere Pflanzentiere, die während ihres ganzen Lebens nur diese Organe haben, die also dem Becherkeim ähnlich sind. Diese Tatsache deutete Haeckel im Sinne der Entwickelungstheorie. Die Gastrulaform ist ein Erbstück, das die Tiere von ihrer gemeinsamen Ahnenform überkommen haben. Es hat eine wahrscheinlich vor Jahrmillionen ausgestorbene Tierart gegeben, die Gastraea, die ähnlich gebaut war wie die heute noch lebenden niederen Pflanzentiere: die Spongien, Polypen usw. Aus dieser Tierart hat sich alles entwickelt, was heute an mannigfaltigen Formen zwischen den Polypen, Schwämmen und Menschen lebt. Alle diese Tiere wiederholen im Verlaufe ihrer Keimesgeschichte diese ihre Stammform.

Eine Idee von ungeheurer Tragweite war damit gewonnen. Der Weg vom Einfachen zum Zusammengesetzten, zum Vollkommenen in der Organismenwelt war vorgezeichnet. Eine einfache Tierform entwickelt sich unter gewissen Umständen. Eines oder mehrere Individuen dieser Form verwandeln sich nach Maßgabe der Lebensverhältnisse, in die sie kommen, in eine andere Form. Was durch Verwandlung entstanden ist, vererbt sich wieder auf Nachkommen. Es leben bereits zweierlei Formen. Die alte, die auf der ersten Stufe stehen geblieben ist, und eine neue. Beide Formen können sich nach verschiedenen Richtungen und Vollkommenheitsgraden weiterbilden. Nach großen Zeiträumen entsteht durch Vererbung der entstandenen Formen und durch Neubildungen auf dem Wege der Anpassung an die Lebensbedingungen eine Fülle von Arten.

So schließt sich für Haeckel zusammen, was heute in der Organismenwelt geschieht, mit dem, was in Urzeiten geschehen ist. Wollen wir irgendein Organ an einem Tiere unserer Gegenwart erklären, so blicken wir zurück auf die Ahnen, die bei sich dieses Organ unter den Verhältnissen, in denen sie lebten, ausgebildet haben. Was in früheren Zeiten aus natürlichen Ursachen entstanden ist, hat sich bis heute vererbt. Durch die Geschichte des Stammes klärt sich die Entwickelung des Individuums auf. In der Stammesentwickelung (Phylogenesis) liegen somit die Ursachen der Individualentwickelung (Ontogenesis). Haeckel drückt diese Tatsache in seinem biogenetischen Grundgesetze mit den Worten aus: «Die kurze Ontogenese oder die Entwickelung des Individuums ist eine schnelle und zusammengezogene Wiederholung, eine gedrängte Rekapitulation der langen Phylogenese oder Entwickelung der Art.»

Damit ist aus dem Reiche des Organischen alle Erklärung im Sinne besonderer Zwecke, alle Teleologie im alten Sinne, entfernt. Man sucht nicht mehr nach dem Zweck eines Organes, man sucht nach den Ursachen, aus denen es sich entwickelt hat; eine Form weist nicht nach dem Ziel hin, dem sie zustrebt, sondern nach dem Ursprunge, aus dem sie hervorgegangen ist. Die Erklärungsweise des Organischen ist der des Unorganischen gleich geworden. Man sucht das Wasser nicht als Ziel im Sauerstoff und man sucht auch nicht den Menschen als Zweck in der Schöpfung. Man forscht nach dem Ursprunge, nach den tatsächlichen Ursachen der Wesen. Die dualistische Anschauungsweise, die erklärt, daß Unorganisches und Organisches nach zwei verschiedenen Prinzipien erklärt werden müssen, verwandelt sich in eine monistische Vorstellungsart, in den Monismus, der für die ganze Natur nur eine einheitliche Erklärungsweise hat.

Haeckel weist mit bedeutsamen Worten darauf hin, daß durch seine Entdeckung der Weg gefunden ist, auf dem aller Dualismus in dem oben gemeinten Sinne überwunden werden muß. «Die Phylogenesis ist die mechanische Ursache der Ontogenesis. Mit diesem einen Satz ist unsere prinzipielle monistische Auffassung der organischen Entwickelung klar bezeichnet, und von der Wahrheit dieses Grundsatzes hängt in erster Linie die Wahrheit der Gastraeatheorie ab. ... Für und wider diesen Grundsatz wird in Zukunft jeder Naturforscher sich entscheiden müssen, der in der Biogenie sich nicht mit der bloßen Bewunderung merkwürdiger Erscheinungen begnügt, sondern darüber hinaus nach dem Verständnis ihrer Bedeutung strebt. Mit diesem Satz ist zugleich die unausfüllbare Kluft bezeichnet, welche die ältere teleologische und dualistische Morphologie von der neueren mechanischen und monistischen trennt. Wenn die physiologischen Funktionen der Vererbung und Anpassung als die alleinigen Ursachen der organischen Formbildung nachgewiesen sind, so ist damit zugleich jede Art von Teleologie, von dualistischer und metaphysischer Betrachtungsweise aus dem Gebiete der Biogenie entfernt; der scharfe Gegensatz zwischen den leitenden Prinzipien ist damit klar bezeichnet. Entweder existiert ein direkter und kausaler Zusammenhang zwischen Ontogenie und Phylogenie oder er existiert nicht. Entweder ist die Ontogenese ein gedrängter Auszug der Phylogenese oder sie ist dies nicht. Zwischen diesen beiden Annahmen gibt es keine dritte! Entweder Epigenesis und Deszendenz – oder Präformation und Schöpfung.» (Vgl. auch Band I, S. 227 ff. dieses Buches.) Haeckel ist eine philosophische Denkerpersönlichkeit. Deshalb trat er, bald nachdem er die Darwinsche Anschauung in sich aufgenommen hatte, mit aller Energie für die wichtige Schlußfolgerung ein, die sich aus dieser Anschauung für den Ursprung des Menschen ergibt. Er konnte sich nicht damit begnügen, schüchtern wie Darwin auf diese «Frage aller Fragen» hinzudeuten. Der Mensch unterscheidet sich anatomisch und physiologisch nicht von den höheren Tieren, folglich muß ihm auch der gleiche Ursprung wie diesen zugeschrieben werden. Mit großer Kühnheit trat er sogleich für diese Meinung und für alle Folgen ein, die sich in bezug auf die Weltanschauung daraus ergeben. Es war für ihn nicht zweifelhaft, daß fortan die höchsten Lebensäußerungen des Menschen, die Taten seines Geistes, unter einem gleichen Gesichtspunkt zu betrachten sind wie die Verrichtungen der einfachsten Lebewesen. Die Betrachtung der niedersten Tiere, der Urtiere, Infusorien und Rhizopoden, lehrte ihn, daß auch diese Organismen eine Seele haben. In ihren Bewegungen, in den Andeutungen von Empfindungen, die sie erkennen lassen, erkannte er Lebensäußerungen, die nur gesteigerter, vollkommener zu werden brauchen, um zu den komplizierten Vernunft- und Willenshandlungen des Menschen zu werden.

Welche Schritte vollführt die Natur, um von der Gastraea, dem Urdarmtiere, das vor Jahrmillionen gelebt hat, zum Menschen zu gelangen? Das war die umfassende Frage, die sich Haeckel vorlegte. Die Antwort gab er in seiner 1874 erschienenen «Anthropogenie». Sie behandelt in einem ersten Teil die Keimesgeschichte des Menschen, und in einem zweiten die Stammesgeschichte. Von Punkt zu Punkt wurde gezeigt, wie in der letzteren die Ursachen für die erstere liegen. Die Stellung des Menschen in der Natur war damit nach den Grundsätzen der Entwickelungslehre bestimmt. Auf Werke, wie Haeckels «Anthropogenie» eines ist, darf man das Wort anwenden, daß der große Anatom *Karl Gegenbaur* in seiner «Vergleichenden Anatomie» (2. Aufl., 1870) ausgesprochen hat, daß der Darwinismus als Theorie reichlich das von der Wissenschaft zurückempfängt, was er dieser an Methode gegeben hat: Klarheit und Sicherheit. Mit der darwinistischen Methode ist für Haeckel auch die Theorie von der Herkunft des Menschen der Wissenschaft geschenkt.

Was damit getan war, wird man, seinem vollen Umfange nach, nur ermessen, wenn man auf die Opposition blickt, mit der Haeckels umfassende Anwendung der darwinistischen Grundsätze von den Anhängern idealistischer Weltauffassungen aufgenommen worden sind. Man braucht dabei gar nicht auf diejenigen zu sehen, die sich in dem blinden Glauben an eine überlieferte Meinung gegen die «Affentheorie» wandten, oder auf diejenigen, die alle feinere, höhere Sittlichkeit gefährdet glauben, wenn die Menschen nicht mehr der Ansicht sind, daß sie einen «reineren, höheren Ursprung» haben. Man kann sich auch an solche halten, die durchaus geneigt sind, neue Wahrheiten in sich aufzunehmen. Aber auch solchen wurde es schwer, sich in diese neue Wahrheit zu finden. Sie fragten sich: Verleugnen wir nicht unser vernunftgemäßes Denken, wenn wir seinen Ursprung nicht mehr in einer allgemeinen Weltvernunft über uns, sondern in dem tierischen Reiche unter uns suchen? Solche Geister wiesen mit großem Eifer auf die Punkte hin, an denen die Haeckelsche Auffassung durch die Tatsachen noch im Stich gelassen zu werden schien. Und diese Geister haben mächtige Bundesgenossen in einer Anzahl von Naturforschern, die, aus einer merkwürdigen Befangenheit heraus, ihre Tatsachenkenntnis dazu benützen, fortwährend zu betonen, wo die Erfahrung noch nicht ausreiche, um Haeckels Schlußfolgerungen zu ziehen. Der typische Repräsentant und zugleich der eindrucksvollste Vertreter dieses Naturforscherstandpunktes ist *Rudolf Virchow*. Man darf den Gegensatz Haeckels und Virchows etwa so charakterisieren: Haeckel vertraut auf die innere Konsequenz der Natur, von der Goethe meint, daß sie über die Inkonsequenz der Menschen hinwegtröste, und sagt sich: Wenn sich für gewisse Fälle ein Naturprinzip als richtig ergeben hat und uns die Erfahrung fehlt, seine Richtigkeit in andern Fällen nachzuweisen, so ist kein Grund vorhanden, dem Fortgang unserer Erkenntnis Fesseln anzulegen; was uns heute noch die Erfahrung versagt, kann uns morgen gebracht werden. Virchow ist anderer Meinung. Er will ein umfassendes Prinzip so wenig wie möglich Boden gewinnen lassen. Er scheint zu glauben, daß man einem solchen Prinzip das Leben nicht sauer genug machen kann. Scharf spitzte sich der Gegensatz beider Geister auf der fünfzigsten Versammlung deutscher Naturforscher und Ärzte, im September 1877, zu. Haeckel hielt einen Vortrag über «Die heutige Entwickelungslehre im Verhältnisse zur Gesamtwissenschaft.»

Im Jahre 1894 fand sich Virchow genötigt, zu sagen: «Auf dem Wege der Spekulation ist man zu der Affentheorie gekommen; man hätte ebenso gut zu einer Elefanten- oder einer Schaftheorie kommen können.» Virchow fordert unumstößliche Beweise für diese Anschauung. Sobald aber etwas in die Erscheinung tritt, was sich als ein Glied in der Beweiskette ergibt, sucht Virchow seinen Wert auf jede mögliche Art zu entkräften.

Ein solches Glied in der Beweiskette bilden die Knochenreste, die *Eugen Dubois* 1894 in Java gefunden hat. Sie bestehen aus einem Schädeldach, einem Oberschenkel und einigen Zähnen. Über diesen Fund entspann sich auf dem Leydener Zoologenkongreß eine interessante Diskussion. Von zwölf Zoologen waren drei der Meinung, daß die Knochenreste von einem Affen, drei, daß sie von einem Menschen stammen; sechs vertraten aber die Meinung, daß man es mit einer Übergangsform zwischen Mensch und Affen zu tun habe. Dubois hat in einleuchtender Weise gezeigt, in welchem Verhältnis das Wesen, dessen Reste man vor sich hatte, einerseits zu den gegenwärtigen Affen, anderseits zu den gegenwärtigen Menschen stehe. Die naturwissenschaftliche Entwickelungslehre muß solche Zwischenformen in besonderem Maße für sich in Anspruch nehmen. Sie füllen die Lücken aus, die zwischen den zahlreichen Formen der Organismen bestehen. Jede solche Zwischenform liefert einen neuen Beweis für die Verwandtschaft alles Lebendigen. Virchow widersetzte sich der Auffassung, daß die Knochenreste von einer solchen Zwischenform herrühren. Zunächst erklärte er, der Schädel stamme von einem Affen, der Oberschenkel von einem Menschen. Sachkundige Paläontologen sprachen sich aber nach dem gewissenhaften Fundberichte mit Entschiedenheit für die Zusammengehörigkeit der Reste aus. Virchow suchte seine Ansicht, daß der Oberschenkel nur von einem Menschen herrühren könne, durch die Behauptung zu stützen, eine Knochenwucherung an demselben beweise, daß an ihm eine Krankheit vorhanden gewesen sei, die nur durch sorgfältige menschliche Pflege geheilt worden sein könne. Dagegen sprach sich der Paläontologe *Marsch* dahin aus, daß ähnliche Knochenwucherungen auch bei wilden Affen vorkommen. Einer weiteren Behauptung Virchows, daß die tiefe Einschnürung zwischen dem Oberrand der Augenhöhlen und dem niederen Schädeldach des vermeintlichen Zwischenwesens für dessen Affennatur spreche, widersprach eine Bemerkung des Naturforschers *Nehring,* daß sich dieselbe Bildung an einem Menschenschädel von Santos in Brasilien finde. Diese Einwände Virchows kamen aus derselben Gesinnung, die ihn auch in den berühmten Schädeln von Neandertal, von Spy usw. krankhafte, abnorme Bildungen sehen läßt, während sie Haeckels Gesinnungsgenossen für Zwischenformen zwischen Affe und Mensch halten.

Haeckel ließ sich durch keine Einwände das Vertrauen in seine Vorstellungsart rauben. Er behandelt unablässig die Wissenschaft von den gewonnenen Gesichtspunkten aus, und er wirkt durch populäre Darstellung seiner Naturauffassung auf das öffentliche Bewußtsein. In seiner «Systematischen Phylogenie, Entwurf eines natürlichen Systems der Organismen auf Grund der Stammesgeschichte» (1894–1896) suchte er die natürlichen Verwandtschaften der Organismen in streng wissenschaftlicher Weise darzustellen. In seiner «Natürlichen Schöpfungsgeschichte», die von 1868 bis 1908 elf Auflagen erlebt hat, gab er eine allgemeinverständliche Auseinandersetzung seiner Anschauungen. In seinen gemeinverständlichen Studien zur monistischen Philosophie «Welträtsel» lieferte er 1899 einen Überblick über seine naturphilosophischen Ideen, der rückhaltlos nach allen Seiten hin die Folgerungen seiner Grundgedanken darlegt. Zwischen allen diesen Arbeiten veröffentlichte er Studien über die mannigfaltigsten Spezialforschungen, überall den philosophischen Prinzipien und dem wissenschaftlichen Detailwissen in gleicher Weise in seiner Art Rechnung tragend.

Das Licht, das von der monistischen Weltanschauung ausgeht, ist, nach Haeckels Überzeugung, dasjenige, das «die schweren Wolken der Unwissenheit und des Aberglaubens zerstreut, welche bisher undurchdringliches Dunkel über das wichtigste aller Erkenntnisprobleme verbreiteten, über die Frage nach dem Ursprung des Menschen, von seinem wahren Wesen und von seiner Stellung in der Natur». So hat er sich in der Rede ausgesprochen, die er am 26. August 1898 auf dem vierten internationalen Zoologenkongreß in Cambridge «Über unsere gegenwärtige Kenntnis vom Ursprung des Menschen» gehalten hat. Inwiefern seine Weltanschauung ein Band knüpft zwischen Religion und Wissenschaft, hat Haeckel auf eindringliche Weise dargelegt in seiner 1892 erschienenen Schrift «Der Monismus als Band zwischen Religion und Wissenschaft. Glaubensbekenntnis eines Naturforschers».

Wenn man Haeckel mit Hegel vergleicht, so ergibt sich in scharfen Zügen der Unterschied der Weltanschauungsinteressen in den beiden Hälften des neunzehnten Jahrhunderts. Hegel lebt ganz in der Idee und nimmt aus der naturwissenschaftlichen Tatsachenwelt nur so viel auf, als er zur Illustration seines idealen Weltbildes braucht. Haeckel wurzelt mit allen Fasern seines Seins in der Tatsachenwelt und zieht aus dieser nur die Summe von Ideen, zu denen diese notwendig drängt. Hegel ist immer bestrebt, zu zeigen, wie alle Wesen darauf hinarbeiten, zuletzt im menschlichen Geiste den Gipfel ihres Werdens zu erreichen; Haeckel ist stets bemüht, zu erweisen, wie die kompliziertesten menschlichen Verrichtungen zurückweisen auf die einfachsten Ursprünge des Daseins. Hegel erklärt die Natur aus dem Geist; Haeckel leitet den Geist aus der Natur ab. Es darf deshalb von einer Umkehrung der Denkrichtung im Laufe des

Jahrhunderts gesprochen werden. Innerhalb des deutschen Geisteslebens haben Strauß, Feuerbach und andere diese Umkehrung eingeleitet; in dem Materialismus hat die neue Richtung einen vorläufigen, extremen, in der Gedankenwelt Haeckels einen streng methodisch-wissenschaftlichen Ausdruck gefunden. Denn das ist das Bedeutsame bei Haeckel, daß seine ganze Forschertätigkeit von einem philosophischen Geiste durchdrungen ist. Er arbeitet durchaus nicht nach Resultaten hin, die aus irgendwelchen Motiven als Ziele der Weltanschauung oder des philosophischen Denkens aufgestellt sind; aber sein Verfahren ist philosophisch. Die Wissenschaft tritt bei ihm unmittelbar mit dem Charakter der Weltanschauung auf. Die ganze Art seines Anschauens der Dinge hat ihn zum Bekenner des entschiedensten Monismus bestimmt. Er sieht Geist und Natur mit gleicher Liebe an. Deshalb konnte er den Geist in den einfachsten Lebewesen noch finden. Ja, er geht noch weiter. Er forscht nach den Spuren des Geistes in den unorganischen Massenteilchen. «Jedes Atom» – sagt er – «besitzt eine inhärente Summe von Kraft und ist in diesem Sinne ‹beseelt›. Ohne die Annahme einer ‹Atomseele› sind die gewöhnlichsten und allgemeinsten Erscheinungen der Chemie unerklärlich. Lust und Unlust, Begierde und Abneigung, Anziehung und Abstoßung müssen allen Massenatomen gemeinsam sein; denn die Bewegungen der Atome, die bei Bildung und Auflösung einer jeden chemischen Verbindung stattfinden müssen, sind nur erklärbar, wenn wir ihnen Empfindung und Willen beilegen, und nur hierauf allein beruht im Grunde die allgemein angenommene chemische Lehre von der Wahlverwandtschaft.» Und wie er den Geist bis ins Atom hinein verfolgt, so das rein materiell-mechanische Geschehen bis in die erhabensten Geistesleistungen herauf. «‹Geist› und ‹Seele› des Menschen sind auch nichts anderes, als Kräfte, die an das materielle Substrat unseres Körpers untrennbar gebunden sind. Wie die Bewegungskraft unseres Fleisches an die Formelemente der Muskeln, so ist die Denkkraft unseres Geistes an die Formelemente des Gehirns gebunden. Unsere Geisteskräfte sind ebenso Funktionen dieser Körperteile, wie jede ‹Kraft› die Funktion eines materiellen Körpers ist.»

Man darf aber diese Vorstellungsweise nicht verwechseln mit derjenigen, die in unklar-mystischer Art in die Naturwesen Seelen hineinträumt und diese der menschlichen mehr oder weniger ähnlich sein läßt. Haeckel ist ein scharfer Gegner der Weltanschauung, die Eigenschaften und Tätigkeiten des Menschen in die Außenwelt verlegt. Seine Verurteilung der Vermenschlichung der Natur, des Anthropomorphismus, hat er wiederholt mit nicht mißzuverstehender Deutlichkeit ausgesprochen. Wenn er der unorganischen Masse oder den einfachsten Organismen eine Beseeltheit zuschreibt, so meint er damit nichts weiter, als die Summe der Kraftäußerungen, die wir an ihnen beobachten. Er hält sich streng an die Tatsachen. Empfindung und Wille des Atoms sind ihm keine mystischen Seelenkräfte, sondern sie erschöpfen sich in dem, was wir als Anziehung und Abstoßung wahrnehmen. Er will nicht sagen: Anziehung und Abstoßung sind eigentlich Empfindung und Wille, sondern Anziehung und Abstoßung sind auf niedrigster Stufe das, was Empfindung und Wille auf höherer Stufe sind. Die Entwickelung ist ja nicht ein bloßes Herausentwickeln der höheren Stufen des Geistigen aus dem Niedrigen, in denen sie schon verborgen liegen, sondern ein wirkliches Aufsteigen zu neuen Bildungen (vgl. oben S. 73ff.), eine Steigerung von Anziehung und Abstoßung zu Empfindung und Wille. Diese Grundanschauung Haeckels stimmt in gewissem Sinne mit der Goethes überein, der sich darüber mit den Worten ausspricht: Die Erfüllung seiner Naturanschauung sei ihm durch die Erkenntnis der «zwei großen Triebräder aller Natur» geworden, der Polarität und der Steigerung, jene «der Materie, insofern wir sie materiell, diese ihr dagegen, insofern wir sie geistig denken, angehörig; jene ist in immerwährendem Anziehen und Abstoßen, diese in immerstrebendem Aufsteigen. Weil aber die Materie nie ohne Geist, der Geist nie ohne Materie existiert und wirksam sein kann, so vermag auch die Materie sich zu steigern, so wie sich's der Geist nicht nehmen läßt anzuziehen und abzustoßen.»

Der Bekenner einer solchen Weltanschauung läßt sich daran genügen, die tatsächlich in der Welt vorhandenen Dinge und Vorgänge auseinander abzuleiten. Die idealistischen Weltanschauungen bedürfen zu der Ableitung eines Dinges oder Vorganges Wesenheiten, die nicht innerhalb des Bereiches des Tatsächlichen gefunden werden. Haeckel leitet die Form des Becherkeimes, die im Laufe der tierischen Entwickelung auftritt, aus einem tatsächlich einmal vorhandenen Organismus ab. Ein Idealist sucht nach ideellen Kräften, unter deren Einfluß der sich entwickelnde Keim zur Gastrula wird. Der Monismus Haeckels zieht alles, was er zur Erklärung der wirklichen Welt braucht, auch aus dieser wirklichen Welt heraus. Er hält im Reiche des Wirklichen Umschau, um zu erkennen, wie die Dinge und Vorgänge einander erklären. Seine Theorien sind ihm nicht wie die des Idealisten dazu da, zu dem Tatsächlichen ein Höheres zu suchen, einen ideellen Inhalt, der das Wirkliche erklärt, sondern dazu, daß sie ihm den Zusammenhang des Tatsächlichen selbst begreiflich machen. Fichte, der Idealist, hat nach der Bestimmung des Menschen gefragt. Er meinte damit etwas, was sich nicht in den Formen des Wirklichen, des Tatsächlichen erschöpft; er meinte etwas, was die Vernunft zu dem tatsächlich gegebenen Dasein hinzufindet; etwas, was mit einem höheren Lichte die reale Existenz des Menschen durchleuchtet. Haeckel, der monistische Weltbetrachter, fragt nach dem Ursprunge des Menschen, und er meint damit den realen Ursprung, die niederen Wesenheiten, aus denen sich der Mensch durch tatsächliche Vorgänge entwickelt hat.

Es ist bezeichnend, wie Haeckel die Beseelung der niederen Lebewesen begründet. Ein Idealist würde sich dabei auf Vernunftschlüsse berufen. Er würde mit Denknotwendigkeiten kommen. Haeckel beruft sich darauf, was er gesehen hat. «Jeder Naturforscher, der gleich mir lange Jahre hindurch die Lebenstätigkeit der einzelligen Protisten beobachtet hat, ist positiv überzeugt, daß auch sie eine Seele besitzen; auch diese Zellseele besteht aus einer Summe von Empfindungen, Vorstellungen und Willenstätigkeiten; das Empfinden, Denken und Wollen unserer menschlichen Seelen ist nur stufenweise davon verschieden.» Der Idealist spricht der Materie den Geist zu, weil er sich nicht denken kann, daß aus geistloser Materie Geist entstehen kann. Er glaubt, man müsse den Geist leugnen, wenn man ihn nicht da sein läßt, bevor er da ist, das heißt in all den Daseinsformen, wo noch kein Organ, kein Gehirn für ihn da ist. Für den Monisten gibt es einen solchen Ideengang gar nicht. Er spricht nicht von einem Dasein, das sich als solches nicht auch äußerlich darstellt. Er teilt nicht den Dingen zweierlei Eigenschaften zu: solche, die an ihnen wirklich sind, und sich an ihnen äußern, und solche, die insgeheim in ihnen sind, um sich erst auf einer höheren Stufe, zu der sich die Dinge entwickeln, zu äußern. Für ihn ist da, was er beobachtet, weiter nichts. Und wenn sich das Beobachtete weiter entwickelt, und sich im Laufe seiner Entwickelung steigert, so sind die späteren Formen erst in dem Augenblicke vorhanden, in dem sie sich wirklich zeigen.

Wie leicht der Haeckelsche Monismus nach dieser Richtung hin mißverstanden werden kann, das zeigen die Einwände, die der geistvolle *Bartholomäus von Carneri* gemacht hat, der auf der andern Seite für den Aufbau einer Ethik dieser Weltanschauung Unvergängliches geleistet hat. In seiner Schrift «Empfindung und Bewußtsein. Monistische Bedenken» (1893) meint er, der Satz: «Kein Geist ohne Materie, aber auch keine Materie ohne Geist – würde uns berechtigen, die Frage auf die Pflanze, ja auf den nächsten besten Felsblock auszudehnen», und auch diesen Geist zuzuschreiben. Es sei aber doch zweifellos, daß dadurch eine Verwirrung geschaffen werde. Es sei doch nicht zu übersehen, daß nur durch die Tätigkeit der Zellen der grauen Hirnrinde Bewußtsein entstehe. «Die Überzeugung, daß es keinen Geist ohne Materie gebe, das heißt, daß alle geistige Tätigkeit an eine materielle Tätigkeit gebunden sei, mit deren Ende auch sie ihr Ende erreicht, fußt auf Erfahrung, während nichts in der Erfahrung dafür spricht, daß mit der Materie überhaupt Geist verbunden sei.» Wer die Materie, die keinen Geist verrät, beseele, gliche dem, der nicht dem Mechanismus der Uhr, sondern schon dem Metalle, aus dem sie verfertigt ist, die Fähigkeit zuschriebe, Zeitangaben zu machen.

Haeckels Auffassung wird, richtig verstanden, von den Bedenken Carneris nicht getroffen. Davor wird sie dadurch geschützt, daß sie sich streng an die Beobachtung hält. In seinen

«Welträtseln» sagt Haeckel: «Ich selbst habe die Hypothese des Atombewußtseins niemals vertreten. . . . Ich habe vielmehr ausdrücklich betont, daß ich mir die elementaren psychischen Tätigkeiten der Empfindung und des Willens, die man den Atomen zuschreiben kann, unbewußt vorstelle.» Was Haeckel will, ist nichts anderes, als daß man in der Erklärung der Naturerscheinungen keinen Sprung eintreten lasse, daß man die komplizierte Art, wie durch das Gehirn Geist erscheint, zurückverfolge bis zu der einfachsten Art, wie die Masse sich anzieht und abstößt. Haeckel sieht als eine der wichtigsten Erkenntnisse der modernen Wissenschaft die Entdeckung der Denkorgane durch *Paul Flechsig* an. Dieser hat betont, daß in der grauen Rindenzone des Hirnmantels vier Gebiete für die zentralen Sinnesorgane liegen, vier «innere Empfindungssphären», die Körperfühlsphäre, die Riechsphäre, die Sehsphäre und die Hörsphäre. Zwischen diesen vier Sinnesherden liegen die Denkherde, die «realen Organe des Geisteslebens»; sie «sind die höchsten Werkzeuge der Seelentätigkeit, welche das Denken und das Bewußtsein vermitteln . . . Diese vier Denkherde, durch eigentümliche und höchst verwickelte Nervenstruktur vor den zwischenliegenden Sinnesherden ausgezeichnet, sind die wahren Denkorgane, die einzigen Organe unseres Bewußtseins. In neuester Zeit hat Flechsig nachgewiesen, daß in einem Teile derselben sich beim Menschen noch ganz besonders verwickelte Strukturen finden, welche den übrigen Säugetieren fehlen, und welche die Überlegenheit des menschlichen Bewußtseins erklären.»

Solche Ausführungen zeigen deutlich genug, daß es Haeckel nicht wie den idealistischen Welterklärern darauf ankommt, in die niederen Stufen des materiellen Daseins den Geist schon hineinzulegen, um ihn auf den höheren wiederzufinden, sondern darauf, an der Hand der Beobachtung die einfachen Erscheinungen bis zu den komplizierten zu verfolgen, um zu zeigen, wie die Tätigkeit der Materie, die sich auf primitivem Gebiete als Anziehung und Abstoßung äußert, sich zu den höheren geistigen Verrichtungen steigert.

Haeckel sucht nicht ein allgemeines geistiges Prinzip, weil er mit der allgemeinen Gesetzmäßigkeit der Natur- und Geisteserscheinungen nicht ausreicht, sondern er reicht für sein Bedürfnis völlig mit dieser allgemeinen Gesetzmäßigkeit aus. Die Gesetzmäßigkeit, die sich in den geistigen Verrichtungen ausspricht, ist ihm von gleicher Art mit derjenigen, die im Anziehen und Abstoßen der Massenteilchen zum Vorschein kommt. Wenn er die Atome beseelt nennt, so hat das eine ganz andere Bedeutung, als wenn dies ein Bekenner einer idealistischen Weltanschauung tut. Der letztere geht vom Geiste aus, und nimmt die Vorstellungen, die er an der Betrachtung des Geistes gewonnen hat, mit hinunter in die einfachen Verrichtungen der Atome, wenn er diese beseelt denkt. Er erklärt also die Naturerscheinungen aus den Wesenheiten, die er erst selbst in sie hineingelegt hat. Haeckel geht von der Betrachtung der einfachsten Naturerscheinungen aus und verfolgt diese bis in die geistigen Verrichtungen herauf. Er erklärt also die Geisteserscheinungen aus Gesetzen, die er an den einfachsten Naturerscheinungen beobachtet hat.

Haeckels Weltbild kann in einer Seele entstehen, deren Beobachtung sich nur auf Naturvorgänge und Naturwesen erstreckt. Eine solche Seele wird den Zusammenhang innerhalb dieser Vorgänge und Wesen *verstehen* wollen. Ihr Ideal kann werden, zu durchschauen, was die Vorgänge und Wesenheiten über ihr Werden und Zusammenwirken *selbst* sagen und alles streng abzulehnen, was zu einer Erklärung des Geschehens und Wirkens von außen hinzugedacht wird. Ein solches Ideal verfährt mit der ganzen Natur so, wie man etwa bei Erklärung des Mechanismus einer Uhr verfährt. Man braucht nichts zu wissen über den Uhrmacher, über dessen Geschicklichkeiten und über die Gedanken, welche er sich bei dem Verfertigen der Uhr gemacht hat. Man versteht den Gang der Uhr, wenn man die mechanischen Gesetze des Zusammenwirkens der Teile durchschauen kann. Innerhalb gewisser Grenzen hat man mit einem solchen Durchschauen alles getan, was zur Erklärung des Ganges der Uhr zulässig ist. Ja, man muß sich klar darüber sein, daß die Uhr selbst – als solche – *nicht* erklärt werden kann, wenn man eine andere Erklärungsweise zuläßt. Wenn man zum Beispiel außer den mechanischen Kräften und Gesetzen noch besondere geistige Kräfte ersinnen würde, welche die Zeiger der

Uhr in Gemäßheit des Ganges der Sonne vorwärts rückten. Als *solche* zu den Naturvorgängen *hinzuersonnene* Kräfte erscheint Haeckel alles, was einer besonderen Lebenskraft ähnlich ist, oder eine Macht, die auf eine «Zweckmäßigkeit» in den Wesen hinarbeitet. Er will über die Naturvorgänge nichts anderes *denken,* als was diese selbst für die Beobachtung aussprechen. *Sein* Gedankengebäude soll das der Natur abgelauschte sein. Für die Betrachtung der Weltanschauungsentwickelung stellt sich dieses Gedankengebäude gewissermaßen als Gegengabe von seiten der Naturwissenschaft an die Hegelsche Weltanschauung dar, die in ihrem Gedankengemälde *nichts* aus der Natur, sondern *alles* aus der Seele geschöpft haben will. Wenn Hegels Weltanschauung sagte: Das selbstbewußte Ich findet sich, indem es das reine Gedankenerlebnis in sich hat, – so könnte die Haeckelsche Naturanschauung erwidern: Dieses Gedankenerlebnis ist ein Ergebnis der Naturvorgänge, ist deren höchstes Erzeugnis. Und wenn sich die Hegelsche Weltanschauung von solcher Erwiderung nicht befriedigt fühlte, so könnte die Haeckelsche Naturanschauung fordern: Zeige mir *solche* innere Gedankenerlebnisse, die *nicht* wie ein Spiegel dessen erscheinen, was *außer* den Gedanken geschieht. Darauf müßte eine Philosophie zeigen, wie der Gedanke in der Seele lebendig werden und wirklich eine Welt zeugen kann, die nicht bloß der gedankliche Widerschein der Außenwelt ist. Der Gedanke, der bloß gedacht ist, kann der Haeckelschen Naturanschauung nichts entgegenstellen. Diese kann zum Vergleich behaupten: Man kann doch auch in der Uhr nichts finden, was auf die Person usw. des Uhrmachers schließen läßt. Haeckels Naturanschauung ist auf dem Wege, zu zeigen, wie man, solange man bloß der Natur gegenübersteht, über diese nichts aussagen kann, als was diese selbst aussagt. Insofern tritt diese Naturanschauung in dem Gange der Weltanschauungsentwickelung bedeutsam auf. Sie beweist, daß Philosophie sich ein Feld *schaffen* muß, das, über die an der Natur gewonnenen Gedanken hinaus, in dem selbstschöpferischen Gebiete des Gedankenlebens liegt. Sie muß den in einem vorigen Abschnitt angedeuteten über Hegel hinausgehenden Schritt machen. Sie kann *nicht* bestehen in einem bloßen Verfahren, das auf demselben Felde stehenbleibt, auf dem die Naturwissenschaft steht. Haeckel hat wohl nicht das mindeste Bedürfnis, auf einen solchen Schritt der Philosophie auch nur im geringsten die Aufmerksamkeit zu wenden. Seine Weltanschauung läßt die Gedanken in der Seele lebendig werden, doch dies nur insoweit, als deren Leben durch die Beobachtung der Naturvorgänge angeregt ist. Was der Gedanke als Weltbild schaffen kann, wenn er ohne diese Anregung in der Seele lebendig wird, das müßte nun eine höhere Weltanschauung zu dem Haeckelschen Naturbilde hinzufügen. Man muß ja auch über dasjenige hinausgehen, was die Uhr selbst sagt, wenn man zum Beispiel die Gesichtsform des Uhrmachers kennenlernen will. Man hat deshalb kein Recht, zu behaupten, daß die Haeckelsche Naturanschauung über die Natur selbst anders sprechen sollte, als Haeckel da spricht, wo er vorbringt, was er positiv über Naturvorgänge und Naturwesen beobachtet hat.

DIE WELT ALS ILLUSION

Neben der Weltanschauungsströmung, die durch den Entwickelungsgedanken eine volle Einheit in die Auffassung von Natur- und Geisteserscheinungen bringen will, läuft eine andere, die diesen Gegensatz in der denkbar schärfsten Form wieder zur Geltung bringt. Auch sie ist aus der Naturwissenschaft heraus geboren. Ihre Bekenner fragen sich: Worauf stützen wir uns denn, die wir aus der Beobachtung durch Denken eine Weltanschauung aufbauen? Wir hören, sehen und tasten die Körperwelt durch unsere Sinne. Wir denken dann über dasjenige nach, was uns die Sinne über die Welt sagen. Wir machen uns also unsere Gedanken über die Welt auf das Zeugnis der Sinne hin. Aber sind denn die Aussagen unserer Sinne untrüglich? Fragen wir die Beobachtung. Das Auge bringt uns die Lichterscheinungen. Wir sagen, ein Körper sende uns rotes Licht, wenn das Auge rot empfindet. Aber das Auge überliefert uns eine Lichtempfindung auch in anderen Fällen. Wenn es gestoßen oder gedrückt wird, wenn ein elektrischer Strom den Kopf durchfließt, so hat das Auge auch eine Lichtempfindung. Es könnte somit auch in den Fällen, in denen wir einen Körper als leuchtend empfinden, in dem Körper etwas vorgehen, was gar keine Ähnlichkeit hat mit unserer Empfindung des Lichtes: das Auge würde uns doch Licht übermitteln. Der Physiologe *Johannes Müller* (1801–1858) hat aus diesen Tatsachen gefolgert, daß es nicht von den äußeren Vorgängen abhängt, was der Mensch empfinde, sondern von dessen Organisation. Unsere Nerven vermitteln uns die Empfindungen. So wie wir nicht das Messer empfinden, das uns schneidet, sondern einen Zustand unserer Nerven, der uns schmerzhaft erscheint; so empfinden wir auch nicht einen Vorgang der Außenwelt, wenn uns Licht erscheint, sondern einen Zustand unserer Sehnerven. Draußen mag vorgehen, was will: der Sehnerv übersetzt diesen außer uns liegenden Vorgang in Lichtempfindung. «Die Empfindung ist nicht die Leitung einer Qualität oder eines Zustandes der äußeren Körper zum Bewußtsein, sondern die Leitung einer Qualität, eines Zustandes unserer Nerven zum Bewußtsein, veranlaßt durch eine äußere Ursache.» Dies Gesetz hat Johannes Müller das der spezifischen Sinnesenergien genannt. Ist es richtig, so haben wir in unseren Beobachtungen nichts von der Außenwelt gegeben, sondern nur die Summe unserer eigenen Zustände. Was wir wahrnehmen, hat mit der Außenwelt nichts zu tun; es ist ein Erzeugnis unserer eigenen Organisation. Wir nehmen im Grunde nur wahr, was in uns ist.

Bedeutende Naturforscher sehen in diesen Gedanken eine unwiderlegliche Grundlage ihrer Weltauffassung. *Hermann Helmholtz* (1821–1894) fand in ihr den Kantschen Gedanken, daß sich alle unsere Erkenntnisse nicht auf Dinge außer uns beziehen, sondern auf Vorgänge in uns (vgl. I. Band dieser Weltanschauungsgeschichte) ins Naturwissenschaftliche übersetzt. Er ist der Ansicht, daß unsere Empfindungswelt uns nur Zeichen gibt von den Vorgängen in den Körpern draußen in der Welt. «Ich habe die Beziehung zwischen der Empfindung und ihrem Objekte so formulieren zu müssen geglaubt, daß ich die Empfindung nur für ein Zeichen von der Einwirkung des Objekts erklärte. Zum Wesen eines Zeichens gehört nur, daß für das gleiche Objekt immer dasselbe Zeichen gegeben werde. Übrigens ist gar keine Art von Ähnlichkeit zwischen ihm und seinem Objekt nötig, ebensowenig wie zwischen dem gesprochenen Worte und dem Gegenstand, den wir dadurch bezeichnen. – Wir können unsere Sinneseindrücke nicht einmal Bilder nennen; denn das Bild bildet Gleiches durch Gleiches ab. In einer Statue geben wir Körperform durch Körperform, in einer Zeichnung den perspektivischen Anblick des Objekts durch den gleichen des Bildes, in einem Gemälde Farbe durch Farbe wieder.» Verschiedener als Bilder von dem Abgebildeten müssen somit unsere Empfindungen von dem sein, was draußen in der Welt vorgeht. Wir haben es in unserem sinnlichen Weltbild nicht mit etwas Objektivem, sondern mit einem ganz und gar Subjektiven zu tun, das wir selbst aus uns aufbauen auf Grund der Wirkungen einer nie in uns dringenden Außenwelt.

Dieser Vorstellungsweise kommt die physikalische Betrachtung der Sinneserscheinungen von einer anderen Seite entgegen.

Ein Schall, den wir hören, weist uns auf einen Körper in der Außenwelt, dessen Teile sich in einem bestimmten Bewegungszustande befinden. Eine gespannte Saite schwingt, und wir hören einen Ton. Die Saite versetzt die Luft in Schwingungen. Diese breiten sich aus, gelangen bis zu unserem Ohre: uns teilt sich eine Tonempfindung mit. Der Physiker untersucht die Gesetze, nach denen draußen die Körperteile sich bewegen, während wir diese oder jene Töne hören. Man sagt, die subjektive Tonempfindung beruht auf der objektiven Bewegung der Körperteilchen. Ähnliche Verhältnisse sieht der Physiker in bezug auf die Lichtempfindungen. Auch das Licht beruht auf Bewegung. Nur wird diese Bewegung nicht durch die schwingenden Luftteilchen uns überbracht, sondern durch die Schwingungen des Äthers, dieses feinsten Stoffes, der alle Räume des Weltalls durchflutet. Durch jeden selbstleuchtenden Körper wird der Äther in wellenförmige Schwingungen versetzt, die bis zur Netzhaut unseres Auges sich ausbreiten und den Sehnerv erregen, der dann die Empfindung des Lichtes in uns hervorruft. Was in unserem Weltbilde sich als Licht und Farbe darstellt, das ist draußen im Raume Bewegung. *Schleiden* drückt diese Ansicht mit den Worten aus: «Das Licht außer uns in der Natur ist Bewegung des Äthers, eine Bewegung kann langsam und schnell sein, diese oder jene Richtung haben, aber es hat offenbar keinen Sinn, von einer hellen oder dunklen, von einer grünen oder roten Bewegung zu sprechen; kurz: außer uns, den empfindenden Wesen, gibt es kein Hell und Dunkel, keine Farben.»

Der Physiker drängt also die Farben und das Licht aus der Außenwelt heraus, weil er in ihr nur Bewegung findet; der Physiologe sieht sich genötigt, sie in die Seele hereinzunehmen, weil er der Ansicht ist, daß der Nerv nur seinen eigenen Zustand anzeigt, mag er von was immer erregt sein. Scharf spricht die dadurch gegebene Anschauung *H. Taine* in seinem Buche «Der Verstand» (Deutsche Ausgabe, Bonn 1880) aus. Die äußere Wahrnehmung ist, seiner Meinung nach, eine Halluzination. Der Halluzinär, der drei Schritte weit von sich entfernt einen Totenkopf sieht, macht genau die gleiche Wahrnehmung wie derjenige, der die Lichtstrahlen empfängt, die ihm ein wirklicher Totenkopf zusendet. Es ist in uns dasselbe innere Phantom vorhanden, gleichgültig, ob wir einen wirklichen Totenkopf vor uns haben oder ob wir eine Halluzination haben. Der einzige Unterschied zwischen der einen und der anderen Wahrnehmung ist der, daß in dem einen Fall die ausgestreckte Hand ins Leere tappt, in dem anderen auf einen festen Widerstand stößt. Der Tastsinn unterstützt also den Gesichtssinn. Aber ist die Unterstützung wirklich so, daß durch sie ein untrügliches Zeugnis überliefert wird? Was für den einen Sinn gilt, gilt natürlich auch für den anderen. Auch die Tastempfindungen erweisen sich als Halluzinationen. Der Anatom *Henle* bringt dieselbe Anschauung in seinen «Anthropologischen Vorträgen» (1876) auf den Ausdruck: «Alles, wodurch wir von einer Außenwelt unterrichtet zu sein glauben, sind Formen des Bewußtseins, zu welchen die Außenwelt sich nur als anregende Ursache, als Reiz im Sinne der Physiologen verhält. Die Außenwelt hat nicht Farben, nicht Töne, nicht Geschmäcke; was sie wirklich hat, erfahren wir nur auf Umwegen oder gar nicht; was das sei, wodurch sie einen Sinn affiziert, erschließen wir nur aus ihrem Verhalten gegen die anderen, wie wir beispielsweise den Ton, d. h. die Schwingungen der Stimmgabel mit dem Auge sehen und mit den Fingern fühlen; das Wesen mancher Reize, die nur einem Sinne sich offenbaren, zum Beispiel der Reize des Geruchsinns, ist uns noch heute unzugänglich. Die Zahl der Eigenschaften der Materie richtet sich nach der Zahl und der Schärfe der Sinne; wem ein Sinn gebricht, dem ist eine Gruppe von Eigenschaften unersetzlich verloren; wer einen Sinn mehr hätte, besäße ein Organ zum Erfassen von Qualitäten, die wir so wenig ahnen, wie der Blinde die Farbe.»

Eine Umschau auf dem Gebiete der physiologischen Literatur aus der zweiten Hälfte des neunzehnten Jahrhunderts zeigt, daß diese Anschauung von der subjektiven Natur des Wahrnehmungsbildes weite Kreise gezogen hat. Man wird da immer wieder auf Variationen des Gedankens stoßen, den *J. Rosenthal* in seiner «Allgemeinen Physiologie der Muskeln und Nerven» (1877) ausgesprochen hat: «Die Empfindungen, welche wir durch äußere Eindrücke erhalten, sind nicht abhängig von der

Natur dieser Eindrücke, sondern von der Natur unserer Nervenzellen. Wir empfinden nicht, was auf unseren Körper einwirkt, sondern nur, was in unserem Gehirn vorgeht.»

Inwiefern unser subjektives Weltbild uns Zeichen von der objektiven Außenwelt gibt, davon gibt Helmholtz in seiner «Physiologischen Optik» eine Vorstellung: «Die Frage zu stellen, ob der Zinnober wirklich rot sei, wie wir ihn sehen, oder ob dies nur eine sinnliche Täuschung sei, ist sinnlos. Die Empfindung von Rot ist die normale Reaktion normal gebildeter Augen für das von Zinnober reflektierte Licht. Ein Rotblinder wird den Zinnober schwarz oder dunkelgraugelb sehen; auch dies ist die richtige Reaktion für sein besonders geartetes Auge. Er muß nur wissen, daß sein Auge eben anders geartet ist, als das anderer Menschen. An sich ist die eine Empfindung nicht richtiger und nicht falscher als die andere, wenn auch die Rotsehenden eine große Majorität für sich haben. Überhaupt existiert die rote Farbe des Zinnobers nur, insofern es Augen gibt, die denen der Majorität der Menschen ähnlich beschaffen sind. Genau mit demselben Rechte ist es eine Eigenschaft des Zinnobers, schwarz zu sein, nämlich für die Rotblinden. Überhaupt ist das vom Zinnober zurückgeworfene Licht an sich durchaus nicht rot zu nennen, es ist nur für bestimmte Arten von Augen rot. – Etwas anderes ist es, wenn wir behaupten, daß die Wellenlängen des vom Zinnober zurückgeworfenen Lichtes eine gewisse Länge haben. Das ist eine Aussage, die wir unabhängig von der besonderen Natur unseres Auges machen können, bei der es sich dann aber auch nur um Beziehungen zwischen der Substanz und den verschiedenen Ätherwellensystemen handelt.»

Es ist klar, daß für eine solche Anschauung die gesamte Summe der Welterscheinungen in eine Zweiheit auseinanderfällt, in eine Welt der Bewegungszustände, die unabhängig von der besonderen Natur unseres Wahrnehmungsvermögens ist, und in eine Welt subjektiver Zustände, die nur innerhalb der wahrnehmenden Wesen sind. Scharf pointiert hat diese Anschauung der Physiologe *Du Bois-Reymond* in seinem Vortrag «Über die Grenzen des Naturerkennens» auf der fünfundvierzigsten Versammlung deutscher Naturforscher und Ärzte in Leipzig am

14. August 1872 zur Darstellung gebracht. Naturerkennen ist Zurückführen der von uns wahrgenommenen Vorgänge in der Welt auf Bewegungen der kleinsten Körperteile, «oder Auflösung der Naturvorgänge in Mechanik der Atome». Denn es ist «eine psychologische Erfahrungstatsache, daß, wo solche Auflösung gelingt», unser Erklärungsbedürfnis vorläufig befriedigt ist. Nun sind unser Nervensystem und unser Gehirn auch körperlicher Natur. Die Vorgänge, die sich in ihnen abspielen, können auch nur Bewegungsvorgänge sein. Wenn sich Ton- oder Lichtschwingungen bis zu meinen Sinnesorganen, und von da bis in mein Gehirn fortpflanzen, so können sie hier auch nichts sein als Bewegungen. Ich kann nur sagen: in meinem Gehirn findet ein bestimmter Bewegungsvorgang statt; und dabei empfinde ich «rot». Denn wenn es sinnlos ist, vom Zinnober zu sagen: er sei rot, so ist es nicht minder sinnlos, von einer Bewegung der Gehirnteile zu sagen, sie sei hell oder dunkel, grün oder rot. «Stumm und finster an sich, das heißt eigenschaftslos» ist die Welt für die durch naturwissenschaftliche Betrachtung gewonnene Anschauung, welche «statt Schalles und Lichtes nur Schwingungen eines eigenschaftlosen, dort zur wägbaren, hier zur unwägbaren Materie gewordenen Urstoffes kennt. ... Das mosaische: Es ward Licht, ist physiologisch falsch. Licht ward erst, als der erste rote Augenpunkt eines Infusoriums zum ersten Mal Hell und Dunkel unterschied. Ohne Seh- und ohne Gehörsinnsubstanz wäre diese farbenglühende, tönende Welt um uns her finster und stumm.» (Grenzen des Naturerkennens, S. 6f.) Durch die Vorgänge in unserer Seh- und Gehörsinnsubstanz wird also aus der stummen und finsteren Welt – dieser Ansicht gemäß – eine tönende und in Farben leuchtende hervorgezaubert. Die finstere und stumme Welt ist körperlich; die tönende und farbige Welt ist seelisch. Wodurch erhebt sich die letztere aus der ersteren; wodurch wird aus Bewegung Empfindung? Hier zeigt sich uns, meint Du Bois-Reymond, eine «Grenze des Naturerkennens». In unserem Gehirn und in der Außenwelt gibt es nur Bewegungen; in unserer Seele erscheinen Empfindungen. Nie werden wir begreifen können, wie das eine aus dem anderen entsteht. «Es scheint zwar bei oberflächlicher Betrachtung, als

könnten durch die Kenntnis der materiellen Vorgänge im Gehirne gewisse geistige Vorgänge und Anlagen uns verständlich werden. Ich rechne dahin das Gedächtnis, den Fluß und die Assoziation der Vorstellungen, die Folgen der Übung, die spezifischen Talente und dergleichen mehr. Das geringste Nachdenken lehrt, daß dies Täuschung ist. Nur über gewisse innere Bedingungen des Geisteslebens, welche mit den äußeren durch die Sinneseindrücke gesetzten etwa gleichbedeutend sind, würden wir unterrichtet sein, nicht über das Zustandekommen des Geisteslebens durch diese Bedingungen. – Welche denkbare Verbindung besteht zwischen bestimmten Bewegungen bestimmter Atome in meinem Gehirn einerseits, anderseits in den für mich ursprünglichen, nicht weiter definierbaren, nicht wegzuleugnenden Tatsachen: Ich fühle Schmerz, fühle Lust, ich schmecke süß, rieche Rosenduft, höre Orgelton, sehe Rot, und der ebenso unmittelbar daraus fließenden Gewißheit: Also bin ich? Es ist eben durchaus und für immer unbegreiflich, daß es einer Anzahl von Kohlenstoff-, Wasserstoff-, Stickstoff-, Sauerstoff- usw. Atomen nicht sollte gleichgültig sein, wie sie liegen und sich bewegen, wie sie lagen und sich bewegten, wie sie liegen und sich bewegen werden.» Es gibt für die Erkenntnis keine Brücke von der Bewegung zur Empfindung: das ist Du Bois-Reymonds Glaubensbekenntnis. Wir kommen aus der Bewegung in der materiellen Welt nicht herein in die seelische Welt der Empfindungen. Wir wissen, daß durch bewegte Materie Empfindung entsteht; jedoch wissen wir nicht, wie das möglich ist. Aber wir kommen in der Welt der Bewegung auch nicht über die Bewegung hinaus. Wir können für unsere subjektiven Wahrnehmungen gewisse Bewegungsformen angeben, weil wir aus dem Verlauf der Wahrnehmungen auf den Verlauf der Bewegungen schließen können. Doch haben wir keine Vorstellung, was sich draußen im Raume bewegt. Wir sagen: die Materie bewegt sich. Wir verfolgen ihre Bewegungen an den Aussagen unserer seelischen Zustände. Da wir aber das Bewegte selbst nicht wahrnehmen, sondern nur ein subjektives Zeichen davon, können wir auch nie wissen, was Materie ist. Vielleicht würden wir, meint Du Bois-Reymond, auch das Rätsel der Empfindung lösen können, wenn erst das der Materie offen vor uns läge. Wüßten wir, was Materie ist, so wüßten wir vermutlich auch, wie sie empfindet. Beides sei unserer Erkenntnis unzugänglich. Die über diese Grenze hinwegkommen wollen, die sollen Du Bois-Reymonds Worte treffen: «Mögen sie es doch mit dem einzigen anderen Ausweg versuchen, dem des Supranaturalismus. Nur daß, wo Supranaturalismus anfängt, Wissenschaft aufhört.»

In zwei scharfen Gegensätzen lebt sich die neuere Naturwissenschaft aus. Die eine, die monistische Strömung, scheint auf dem Wege zu sein, aus dem Gebiete der Naturerkenntnis heraus zu den wichtigsten Weltanschauungsfragen vorzudringen; die andere erklärt sich außerstande, mit naturwissenschaftlichen Mitteln weiter zu kommen als bis zu der Erkenntnis: diesem oder jenem subjektiven Zustand entspricht dieser oder jener Bewegungsvorgang. Und scharf stehen sich die Vertreter beider Strömungen gegenüber. Du Bois-Reymond hat Haeckels «Schöpfungsgeschichte» als einen Roman abgetan. (Vgl. Du Bois-Reymonds Rede «Darwin versus Galiani».) Die Stammbäume, die Haeckel auf Grund der vergleichenden Anatomie, der Keimungsgeschichte und der Paläontologie entwirft, sind ihm «etwa so viel wert, wie in den Augen der historischen Kritik die Stammbäume homerischer Helden». Haeckel aber sieht in Du Bois-Reymonds Anschauung einen unwissenschaftlichen Dualismus, der naturgemäß den rückschrittlichen Weltbetrachtungen eine Stütze liefern muß. «Der Jubel der Spiritualisten» über Du Bois-Reymonds ‹Grenzrede› «war um so heller und berechtigter, als E. Du Bois-Reymond bis dahin als bedeutender prinzipieller Vertreter des wissenschaftlichen Materialismus gegolten hat.»

Was viele für die Zweiteilung der Welt in äußere Vorgänge der Bewegungen und in innere (subjektive) der Empfindung und Vorstellung gefangen nimmt, das ist die Anwendbarkeit der Mathematik auf die erste Art von Vorgängen. Wenn man materielle Teile (Atome) mit Kräften annimmt, so kann man berechnen, wie sich diese Atome unter dem Einfluß dieser Kräfte bewegen müssen. Man hat das Anziehende, das die Astronomie mit ihren strengen rechnerischen Methoden hat, in das Kleinste der Körper hineingetragen. Der Astronom berechnet aus den Gesetzen der Himmelsmechanik die Art, wie sich die Weltkörper bewegen. In der Entdeckung des Neptun hat man einen Triumph dieser Himmelsmechanik erlebt. Auf solche Gesetze, wie die Bewegungen der Himmelskörper, kann man nun auch die Bewegungen bringen, welche in der äußeren Welt vor sich gehen, wenn wir einen Ton hören, eine Farbe sehen; man wird vielleicht einmal die Bewegungen, die sich in unserem Gehirn abspielen, berechnen können, während wir das Urteil fällen: zweimal zwei ist vier. In dem Augenblicke, wo man alles berechnen kann, was sich auf Rechnungsformeln bringen läßt, ist die Welt mathematisch erklärt. *Laplace* hat in seinem «Essai philosophique sur les Probabilités» (1814) eine bestrickende Schilderung des Ideals einer solchen Welterklärung gegeben: «Ein Geist, der für einen gegebenen Augenblick alle Kräfte kennt, welche die Natur beleben, und die gegenseitige Lage der Wesen, aus denen sie besteht, wenn sonst er umfassend genug wäre, um diese Angaben der Analyse zu unterwerfen, würde in derselben Formel die Bewegungen der größten Weltkörper und des leichtesten Atoms begreifen: nichts wäre ungewiß für ihn, und Zukunft wie Vergangenheit wäre seinem Blicke gegenwärtig. Der menschliche Verstand bietet in der Vollendung, die er der Astronomie zu geben gewußt hat, ein schwaches Abbild eines solchen Geistes dar.» Und Du Bois-Reymond sagt anschließend an diese Worte: «Wie der Astronom den Tag vorhersagt, an dem nach Jahren ein Komet aus den Tiefen des Weltraumes am Himmelsgewölbe wieder auftaucht, so läse jener Geist in seinen Gleichungen den Tag, da das griechische Kreuz von der Sophienmoschee blitzen oder da England seine letzte Steinkohle verbrennen wird.»

Es kann nicht bezweifelt werden, daß ich auch durch die vollkommenste mathematische Kenntnis eines Bewegungsvorgangs nichts gewinne, was mich darüber aufklärt, warum dieser Bewegungsvorgang als rote Farbe auftritt. Wenn eine Kugel an eine andere stößt, so können wir – so scheint es – die Richtung der zweiten Kugel erklären. Wir können mathematisch angeben, was für eine Bewegung aus einer anderen entsteht. Wir können aber nicht in dieser Weise angeben, wie aus einer bestimmten Bewegung die rote Farbe hervorgeht. Wir können nur sagen: Wenn diese oder jene Bewegung vorhanden ist, ist diese oder jene Farbe vorhanden. Wir können in diesem Falle nur eine Tatsache beschreiben. Während wir also das rechnerisch Bestimmbare – scheinbar im Gegensatze zur bloßen Beschreibung – erklären können, kommen wir allem gegenüber, was sich der Rechnung entzieht, nur zu einer Beschreibung.

Ein bedeutungsvolles wissenschaftliches Bekenntnis hat *Kirchhoff* getan, als er 1874 die Aufgabe der Mechanik in die Worte faßte, sie solle «die in der Natur vor sich gehenden Bewegungen vollständig und auf die einfachste Weise beschreiben.» Die Mechanik bringt die Mathematik zur Anwendung. Kirchhoff bekennt, daß mit Hilfe der Mathematik nichts erreicht werden kann, als eine vollständige und einfache Beschreibung der Vorgänge in der Natur.

Für diejenigen Persönlichkeiten, die von einer Erklärung etwas wesentlich anderes verlangen als eine Beschreibung nach gewissen Gesichtspunkten, konnte das Kirchhoffsche Bekenntnis als eine Bestätigung ihrer Ansicht dienen, daß es «Grenzen des Naturerkennens» gäbe. Du Bois-Reymond preist die «weise Zurückhaltung des Meisters» (Kirchhoffs), der als Aufgabe der Mechanik hinstellt, die Bewegungen der Körper zu beschreiben, und stellt sie in Gegensatz zu Ernst Haeckel, der von «Atom-Seelen» spreche.

*

Einen bedeutungsvollen Versuch, die Weltanschauung auf die Vorstellung aufzubauen, daß alles, was wir wahrnehmen, nur das Ergebnis unserer eigenen Organisation sei, hat *Friedrich Albert Lange* (1828–1875) mit seiner «Geschichte des Materialismus» (1866) gemacht. Er hatte die Kühnheit und vor nichts haltmachende Konsequenz, diese Grundvorstellung wirklich zu Ende zu denken. Langes Stärke lag in einem scharf und möglichst allseitig sich auslebenden Charakter. Er war eine von den Persönlichkeiten, die vieles ergreifen können und für das Ergriffene mit ihrem Können ausreichen.

Und bedeutend wurde die mit Zuhilfenahme der neueren Naturwissenschaft von ihm besonders wirksam erneuerte Kantsche Vorstellungsart, daß wir die Dinge wahrnehmen, nicht wie sie es verlangen, sondern wie es von unserer Organisation gefordert wird. Lange hat im Grunde keine neuen Vorstellungen produziert; aber er hat in gegebene Gedankenwelten mit einem Licht hineingeleuchtet, das an Helligkeit etwas Seltenes hat. Unsere Organisation, unser Gehirn mit den Sinnen bringt die Welt unserer Empfindungen hervor. Ich sehe «blau», ich fühle «Härte», weil ich so und so organisiert bin. Aber ich verbinde auch die Empfindungen zu Gegenständen. Aus den Empfindungen des «Weißen» und «Weichen» usw. verbinde ich zum Beispiel die Vorstellung des Wachses. Wenn ich meine Empfindungen denkend betrachte, so bewege ich mich in keiner Außenwelt. Mein Verstand bringt Zusammenhang in meine Empfindungswelt, nach meinen Verstandesgesetzen. Wenn ich sage, die Eigenschaften, die ich an einem Körper wahrnehme, setzen eine Materie voraus mit Bewegungsvorgängen, so komme ich auch nicht aus mir heraus. Ich finde mich durch meine Organisation genötigt, zu den Empfindungen, die ich wahrnehme, materielle Bewegungsvorgänge hinzuzudenken. Derselbe Mechanismus, welcher unsere sämtlichen Empfindungen hervorbringt erzeugt auch unsere Vorstellung von der Materie. Die Materie ist ebensogut nur Produkt meiner Organisation wie die Farbe oder der Ton. Auch wenn wir von Dingen an sich sprechen, müssen wir uns klar darüber sein, daß wir damit nicht aus unserem eigenen Bereiche hinauskommen können. Wir sind so eingerichtet, daß wir unmöglich aus uns heraus können. Ja, wir können uns auch das, was jenseits unseres Bereiches liegt, nur durch unsere Vorstellung vergegenwärtigen. Wir spüren eine Grenze unseres Bereiches; wir sagen uns, jenseits der Grenze muß etwas sein, was in uns Empfindungen bewirkt. Aber wir kommen nur bis zur Grenze. Auch diese Grenze setzen wir uns selbst, weil wir nicht weiter können. «Der Fisch im Teiche kann im Wasser schwimmen, nicht in der Erde; aber er kann doch mit dem Kopf gegen Boden und Wände stoßen.» So können wir innerhalb unseres Vorstellungs- und Empfindungswesens leben, nicht aber in äußeren Dingen; aber wir stoßen an eine Grenze, wo wir nicht weiter können, wo wir uns nicht *mehr* sagen dürfen als: Jenseits liegt das Unbekannte. Alle Vorstellungen, die wir uns über dieses Unbekannte machen, sind unberechtigt; denn wir könnten doch nichts tun, als die in uns gewonnenen Vorstellungen auf das Unbekannte übertragen. Wir wären, wenn wir solches tun wollten, genau so klug wie der Fisch, der sich sagt: Hier kann ich nicht weiter, also ist von da ab ein anderes Wasser, in dem ich anders zu schwimmen probieren will. Er kann eben nur im Wasser schwimmen und nirgends anders.

Nun aber kommt eine andere Wendung des Gedankens. Sie gehört zu der ersten. Lange hat sie als Geist von unerbittlichem Folgerichtigkeitsdrang herangezogen. Wie steht es denn mit mir, wenn ich mich selbst betrachte? Bin ich denn dabei nicht ebensogut an die Gesetze meiner eigenen Organisation gebunden, wie wenn ich etwas anderes betrachte? Mein Auge betrachtet den Gegenstand, vielmehr: es erzeugt ihn. Ohne Auge keine Farbe. Ich glaube einen Gegenstand vor mir zu haben und finde, wenn ich genauer zusehe, daß mein Auge, also ich, den Gegenstand erzeuge. Nun aber will ich mein Auge selbst betrachten. Kann ich das anders als wieder mit meinen Organen? Ist also nicht auch die Vorstellung, die ich mir von mir selbst mache, nur meine Vorstellung? Die Sinnenwelt ist Produkt unserer Organisation. Unsere sichtbaren Organe sind gleich allen anderen Teilen der Erscheinungswelt nur Bilder eines unbekannten Gegenstandes. Unsere wirkliche Organisation bleibt uns daher ebenso verborgen wie die wirklichen Außendinge. Wir haben stets nur das Produkt von beiden vor uns. Wir erzeugen auf Grund einer uns unbekannten Welt aus einem uns unbekannten Ich heraus eine Vorstellungswelt, die alles ist, womit wir uns beschäftigen können.

Lange fragt sich: Wohin führt der konsequente Materialismus? Es sei, daß alle unsere Verstandesschlüsse und Sinnesempfindungen durch die Tätigkeit unseres an materielle Bedingungen gebundenen Gehirnes und der ebenfalls materiellen Organe hervorgebracht werden. Dann stehen wir vor der Notwendigkeit, unseren Organismus zu untersuchen, um zu sehen, wie er tätig ist. Das können wir nur wieder mit unseren Organen. Keine Farbe ohne Auge; aber auch kein Auge ohne Auge. «Die konsequent materialistische Betrachtung schlägt dadurch sofort um in eine konsequent idealistische. Es ist keine Kluft in unserem Wesen anzunehmen. Wir haben nicht einzelne Funktionen unseres Wesens einer physischen, andere einer geistigen Natur zuzuschreiben, sondern wir sind in unserem Recht, wenn wir für alles, auch für den Mechanismus des Denkens, physische Bedingungen voraussetzen und nicht rasten, bis wir sie gefunden haben. Wir sind aber nicht minder in unserem Recht, wenn wir nicht nur die uns erscheinende Außenwelt, sondern auch die Organe, mit denen wir diese auffassen, als bloße Bilder des wahrhaft Vorhandenen betrachten. Das Auge, mit dem wir zu sehen glauben, ist selbst nur ein Produkt unserer Vorstellung, und wenn wir finden, daß unsere Gesichtsbilder durch die Einrichtung des Auges hervorgerufen werden, so dürfen wir nie vergessen, daß auch das Auge samt seinen Einrichtungen, der Sehnerv samt dem Hirn und all den Strukturen, die wir dort noch etwa als Ursachen des Denkens entdecken möchten, nur Vorstellungen sind, die zwar eine in sich selbst zusammenhängende Welt bilden, jedoch eine Welt, die über sich selbst hinausweist. ... Die Sinne geben uns, wie Helmholtz sagt, Wirkungen der Dinge, nicht getreue Bilder, oder gar die Dinge selbst. Zu diesen bloßen Wirkungen gehören aber auch die Sinne selbst samt dem Hirn und den in ihm gedachten Molekularbewegungen». (Geschichte des Materialismus, S. 734 f.) Lange nimmt deshalb eine Welt jenseits der unsrigen an, möge diese nun auf Dingen an sich selbst beruhen, oder möge sie in irgend etwas bestehen, was nicht einmal mit dem «Ding an sich» etwas zu tun hat, da ja selbst dieser Begriff, den wir uns an der Grenze unseres Bereiches bilden, nur unserer Vorstellungswelt angehört.

Langes Weltanschauung führt also zu der Meinung, daß wir nur eine Vorstellungswelt haben. Diese aber zwingt uns, ein Etwas jenseits ihrer selbst gelten zu lassen; sie erweist sich aber auch ganz ungeeignet, über dieses Etwas eine irgendwie geartete Aussage zu machen. Dies ist die Weltanschauung des absoluten Nichtwissens, des Agnostizismus.

Daß alles wissenschaftliche Streben unfruchtbar bleiben muß, das sich nicht an die Aussagen der Sinne und an den logischen Verstand hält, der diese Aussagen verknüpft: dies ist Langes Überzeugung. Daß aber Sinne und Verstand zusammen uns nichts liefern als ein Ergebnis unserer eigenen Organisation, ist ihm aus seinen Betrachtungen über den Ursprung der Erkenntnis klar. Die Welt ist ihm also im Grunde eine Dichtung der Sinne und des Verstandes. Diese Meinung bringt ihn dazu, den Ideen gegenüber gar nicht mehr die Frage nach ihrer Wahrheit aufzuwerfen. Eine Wahrheit, die uns über das Wesen der Welt aufklärt, erkennt Lange nicht an. Nun glaubt er gerade dadurch, daß er den Erkenntnissen der Sinne und des Verstandes keine Wahrheit zuzugestehen braucht, auch die Bahn frei zu bekommen für die Ideen und Ideale, die sich der menschliche Geist über das hinaus bildet, was ihm Sinne und Verstand geben. Unbedenklich hält er alles, was über die sinnliche Beobachtung und verstandesmäßige Erkenntnis hinausgeht, für Erdichtung. Was immer ein idealistischer Philosoph erdacht hat über das Wesen der Tatsachen: es ist Dichtung. Notwendig entsteht durch die Wendung, die Lange dem Materialismus gegeben hat, die Frage: Warum sollten die höheren Ideendichtungen nicht gelten, da doch die Sinne selbst dichten? Wodurch unterscheidet sich die eine Dichtungsart von der anderen? Es muß für den, der so denkt, ein ganz anderer Grund vorhanden sein, warum er eine Vorstellung gelten läßt, als für den, der glaubt, sie gelten lassen zu müssen, weil sie wahr ist. Und Lange findet diesen Grund darin, daß eine Vorstellung Wert für das Leben hat. Nicht darauf komme es an, daß eine Vorstellung wahr ist; sondern darauf, daß sie für den Menschen wertvoll ist. Nur eines muß deutlich erkannt werden: daß ich eine Rose rot sehe, daß ich die Wirkung mit der Ursache verknüpfe, habe ich mit allen empfindenden und denkenden Geschöpfen gemein. Meine Sinne und mein Verstand können sich keine Extrawerte schaffen. Gehe ich aber über dasjenige hinaus, was Sinne und Verstand dichten, dann bin ich nicht mehr an die Organisation der ganzen menschlichen Gattung gebunden. Schiller, Hegel, Hinz und Kunz sehen eine Blume auf gleiche Weise; was Schiller über die

Blume dichtet, was Hegel über sie denkt, dichten und denken Hinz und Kunz nicht in der gleichen Weise. So wie aber Hinz und Kunz im Irrtum sind, wenn sie ihre Vorstellung von der Blume für eine außer ihnen befindliche Wesenheit halten: so wären Schiller und Hegel im Irrtum, wenn sie ihre Ideen für etwas anderes ansähen, denn als Dichtungen, die ihrem geistigen Bedürfnisse entsprechen. Was die Sinne und der Verstand dichten, gehört der ganzen menschlichen Gattung an; keiner kann da von dem anderen abweichen. Was über Sinnes- und Verstandesdichtung hinausgeht, ist Sache des einzelnen Individuums. Aber dieser Dichtung des Individuums spricht Lange doch einen Wert auch für die ganze menschliche Gattung zu, wenn der einzelne, welcher «sie erzeugt, reich und normal begabt und in seiner Denkweise typisch, durch seine Geisteskraft zum Führer berufen ist». So vermeint Lange dadurch der idealen Welt ihren Wert zu sichern, daß er auch die sogenannte wirkliche zur Dichtung macht. Er sieht überall, wohin wir blicken können, nur Dichtung, von der untersten Stufe der Sinnesanschauung, auf der «das Individuum noch ganz an die Grundlage der Gattung gebunden erscheint, bis hinauf zu dem schöpferischen Walten in der Poesie». «Man kann die Funktionen der Sinne und des verknüpfenden Verstandes, welche uns die Wirklichkeit erzeugen, im einzelnen niedrig nennen gegenüber dem hohen Fluge des Geistes in der frei schaffenden Kunst. Im ganzen aber und in ihrem Zusammenhange lassen sie sich keiner anderen Geistestätigkeit unterordnen. So wenig unsere Wirklichkeit eine Wirklichkeit nach dem Wunsche unseres Herzens ist, so ist sie doch die feste Grundlage unserer ganzen geistigen Existenz. Das Individuum wächst aus dem Boden der Gattung hervor, und das allgemeine und notwendige Erkennen bildet die einzig sichere Grundlage für die Erhebung des Individuums zu einer ästhetischen Auffassung der Welt.» (Geschichte des Materialismus, 1887, S. 824 f.)

Nicht das sieht Lange als den Irrtum der idealistischen Weltanschauungen an, daß diese mit ihren Ideen über die Sinnes- und Verstandeswelt hinausgegangen sind, sondern ihren Glauben, daß mit diesen Ideen mehr erreicht ist als individuelle

Dichtung. Man soll sich eine ideale Welt aufbauen; aber man soll sich bewußt sein, daß diese Idealwelt nichts weiter ist als Dichtung. Behauptet man, sie sei mehr, so wird immer wieder und wieder der Materialismus auftauchen, der da sagt: Ich habe die Wahrheit; der Idealismus ist Dichtung. Wohlan, sagt Lange, der Idealismus ist Dichtung, aber auch der Materialismus ist Dichtung. Im Idealismus dichtet das Individuum, im Materialismus die Gattung. Sind sich beide ihrer Wesenheit bewußt, so ist alles in Ordnung: die Sinnes- und Verstandeswissenschaft mit ihren strengen, für die ganze Gattung bindenden Beweisen, die Ideendichtung mit ihren vom Individuum erzeugten, aber doch für die Gattung wertvollen höheren Vorstellungswelten. «Eins ist sicher: daß der Mensch einer Ergänzung der Wirklichkeit durch eine von ihm selbst geschaffene Idealwelt bedarf, und daß die höchsten und edelsten Funktionen seines Geistes in solchen Schöpfungen zusammenwirken. Soll aber diese freie Tat des Geistes immer und immer wieder die Truggestalt einer beweisenden Wissenschaft annehmen? Dann wird auch der Materialismus immer wieder hervortreten und die kühneren Spekulationen zerstören, indem er dem Einheitstriebe der Vernunft mit einem Minimum von Erhebung über das Wirkliche und Beweisbare zu entsprechen sucht». (Geschichte des Materialismus, S. 828.)

Ein vollständiger Idealismus geht bei Lange neben einem vollständigen Aufgeben der Wahrheit einher. Die Welt ist ihm Dichtung, aber eine Dichtung, die er als solche nicht geringer schätzt, als wenn er sie für Wirklichkeit erkennen könnte.

Zwei Strömungen mit scharf ausgeprägtem naturwissenschaftlichen Charakter stehen innerhalb der modernen Weltanschauungsentwickelung einander schroff gegenüber. Die monistische, in der sich die Vorstellungsart Haeckels bewegt, und eine dualistische, deren energischster und konsequentester Verteidiger Friedrich Albert Lange ist. Der Monismus sieht in der Welt, die der Mensch beobachten kann, eine wahre Wirklichkeit und zweifelt nicht daran, daß er mit seinem an die Beobachtung sich haltenden Denken auch Erkenntnisse von wesenhafter Bedeutung über diese Wirklichkeit gewinnen kann. Er bildet sich nicht ein, mit einigen kühn erdachten Formeln das Grundwesen der Welt erschöpfen zu können; er schreitet an der Hand von Tatsachen vorwärts und bildet sich Ideen über die Zusammenhänge dieser Tatsachen. Von diesen seinen Ideen ist er aber überzeugt, daß sie ihm ein Wissen von einem wahren Dasein geben. Die dualistische Anschauung Langes teilt die Welt in ein Bekanntes und in ein Unbekanntes. Das erste behandelt sie in ebenderselben Art wie der Monismus, am Leitfaden der Beobachtung und des betrachtenden Denkens. Aber sie hat den Glauben, daß durch diese Beobachtung und durch dieses Denken über den wahren Wesenskern der Welt nicht das Geringste gewußt werden kann. Der Monismus glaubt an die Wahrheit des Wirklichen und sieht die beste Stütze für die menschliche Ideenwelt darin, daß er diese fest auf die Beobachtungswelt gründet. In den Ideen und Idealen, die er aus dem natürlichen Dasein schöpft, sieht er Wesenheiten, die sein Gemüt, sein sittliches Bedürfnis voll befriedigen. In der Natur findet er das höchste Dasein, das er nicht nur denkend erkennen will, sondern an das er eine herzliche Hingabe, seine ganze Liebe verschenkt. Langes Dualismus hält die Natur für ungeeignet, des Geistes höchste Bedürfnisse zu befriedigen. Er muß für diesen Geist eine besondere Welt der höheren Dichtung annehmen, die ihn über das hinausführt, was Beobachtung und Denken offenbaren. Dem Monismus ist in der wahren Erkenntnis ein höchster Geisteswert gegeben, der wegen seiner Wahrheit dem Menschen auch das reinste sittliche und religiöse Pathos verleiht. Dem Dualismus kann die Erkenntnis eine solche Befriedigung nicht gewähren. Er muß den Wert des Lebens an anderen Wesenheiten als an der Wahrheit abmessen. Die Ideen haben nicht Wert, weil sie aus der Wahrheit sind. Sie haben Wert, weil sie dem Leben in seinen höchsten Formen dienen. Das Leben wird nicht an den Ideen gewertet, sondern die Ideen werden an ihrer Fruchtbarkeit für das Leben bewertet. Nicht wahre Erkenntnisse strebt der Mensch an, sondern wertvolle Gedanken.

*

In der Anerkennung der naturwissenschaftlichen Denkweise stimmt Friedrich Albert Lange mit dem Monismus insofern überein, als er jeder anderen Quelle für die Erkenntnis des Wirklichen ihre Berechtigung bestreitet; nur spricht er dieser Denkweise jede Fähigkeit ab, ins Wesenhafte der Dinge zu dringen. Damit er sich auf sicherem Boden bewege, beschneidet er der menschlichen Vorstellungsart die Flügel. Was Lange auf eindringliche Art tut, entspricht einer tief in der Weltanschauungsentwickelung der neueren Zeit wurzelnden Gedankenneigung. Dies zeigt sich mit vollkommener Klarheit auch auf einem anderen Gebiet der Ideenwelt des neunzehnten Jahrhunderts. Durch verschiedene Phasen hindurch entwickelt sich diese Ideenwelt zu Gesichtspunkten, von denen aus *Herbert Spencer* ungefähr um dieselbe Zeit in England wie Lange in Deutschland einen Dualismus begründet, der auf der einen Seite vollständige naturwissenschaftliche Welterkenntnis anstrebt, auf der anderen Seite gegenüber dem Wesen des Daseins sich zum Agnostizismus bekennt. Als Darwin sein Werk von der «Entstehung der Arten» erscheinen ließ und damit dem Monismus eine seiner festen Stützen überlieferte, konnte er die naturwissenschaftliche Denkart Spencers rühmend anerkennen: «In einem seiner Essays (1852) stellt Herbert Spencer die Theorie der Schöpfung und die der organischen Entwickelung in merkwürdig geschickter und wirksamer Weise einander gegenüber. Er schließt aus der Analogie mit den Züchtungsprodukten, aus der Veränderung, der die Embryonen vieler Arten unterliegen, aus der Schwierigkeit, Art von Varietät zu unterscheiden, und aus dem Grundsatz einer allgemeinen Stufenreihe, daß Arten abgeändert worden sind. Diese Abänderungen macht er von den veränderten Verhältnissen abhängig. Der Verfasser hat auch (1855) die Psychologie nach dem Prinzip der notwendig stufenweisen Erwerbung jeder geistigen Kraft und Fähigkeit behandelt.» Wie der Begründer der modernen Ansicht von den Lebensvorgängen, so fühlen sich auch andere naturwissenschaftlich Denkende zu Spencer hingezogen, der die Wirklichkeit von der unorganischen Tatsache bis in die Psychologie herauf in der Richtung zu erklären strebt, die in obigem Ausspruch

Darwins zum Ausdruck kommt. Spencer steht aber auch auf der Seite der Agnostiker, so daß Friedrich Albert Lange sagen darf: «Herbert Spencer huldigt, unserem eignen Standpunkt verwandt, einem Materialismus der Erscheinung, dessen relative Berechtigung in der Naturwissenschaft ihre Schranken findet an dem Gedanken eines unerkennbaren Absoluten.»

Man darf sich vorstellen, daß Spencer von ähnlichen Ausgangspunkten wie Lange zu seinem Standpunkt geführt worden ist. Ihm gingen in der Gedankenentwickelung Englands Geister voran, die von einem doppelten Interesse geleitet waren. Sie wollten bestimmen, was der Mensch an seiner Erkenntnis eigentlich besitzt. Sie wollten aber auch das Wesenhafte der Welt durch keine Zweifel und durch keine Vernunft erschüttern. In mehr oder weniger ausgesprochener Weise waren sie alle von der Empfindung beherrscht, die Kant zum Ausdruck bringt, wenn er sagt: «Ich mußte das Wissen aufheben, um zum Glauben Platz zu bekommen.» (Vgl. Band I. dieser Weltanschauungsgeschichte, S. 115 ff.)

Vor dem Eingange der Weltanschauungsentwickelung des neunzehnten Jahrhunderts steht in England *Thomas Reid* (1710 bis 1796). Es bildet den Grundzug der Überzeugung dieses Mannes, was auch Goethe als seine Anschauung mit den Worten ausspricht: «Es sind am Ende doch nur, wie mich dünkt, die praktischen und sich selbst rektifizierenden Operationen des gemeinen Menschenverstandes, der sich in einer höheren Sphäre zu üben wagt.» (Vgl. Goethes Werke, Band 36, S. 595 in Kürschners Deutscher National-Literatur.) Dieser gemeine Menschenverstand zweifelt nicht daran, daß er es mit wirklichen, wesenhaften Dingen und Vorgängen zu tun habe, wenn er die Tatsachen der Welt betrachtet. Reid sieht nur eine solche Weltanschauung für lebensfähig an, die an dieser Grundansicht des gesunden Menschenverstandes festhält. Wenn man selbst zugäbe, daß uns unsere Beobachtung täuschen könne, und das wahre Wesen der Dinge ein ganz anderes wäre als uns Sinne und Verstand sagen, so brauchten wir uns um eine solche Möglichkeit nicht zu kümmern. Wir kommen im Leben nur zurecht, wenn wir unserer Beobachtung glauben; alles weitere geht uns nichts an. Von diesem Gesichtspunkte aus glaubt Reid zu wirklich befriedigenden Wahrheiten zu kommen. Er sucht nicht durch komplizierte Denkverrichtungen zu einer Anschauung über die Dinge zu kommen, sondern durch Zurückgehen auf die von der Seele instinktiv angenommenen Ansichten. Und instinktiv, unbewußt, besitzt die Seele schon das Richtige, bevor sie es unternimmt, mit der Fackel des Bewußtseins in ihre eigene Wesenheit hineinzuleuchten. Instinktiv weiß sie, was sie von den Eigenschaften und Vorgängen in der Körperwelt zu halten hat; instinktiv ist ihr aber auch die Richtung ihres moralischen Verhaltens, ein Urteil über Gut und Böse eigen. Reid lenkt das Denken, durch seine Berufung auf die dem gesunden Menschenverstand eingeborenen Wahrheiten, auf die Beobachtung der Seele hin. Dieser Zug nach Seelenbeobachtung bleibt fortan der englischen Weltanschauungsentwickelung eigen. Hervorragende Persönlichkeiten, die innerhalb dieser Entwickelung stehen, sind *William Hamilton* (1788–1856), *Henry Mansel* (1820–1871), *William Whewell* (1794–1866), *John Herschel* (1792–1871), *James Mill* (1773–1836), *John Stuart Mill* (1806–1873), *Alexander Bain* (1818–1903), *Herbert Spencer* (1820–1903). Sie alle stellen die Psychologie in den Mittelpunkt ihrer Weltanschauung.

Auch für Hamilton gilt als wahr, was die Seele ursprünglich als wahr anzunehmen sich genötigt findet. Ursprünglichen Wahrheiten gegenüber hört das Beweisen und Begreifen auf; man kann einfach ihr Auftauchen am Horizonte des Bewußtseins feststellen. Sie sind in diesem Sinne unbegreiflich. Aber es gehört zu den ursprünglichen Aussagen des Bewußtseins auch die, daß ein jegliches Ding in dieser Welt von etwas abhängig ist, das wir nicht kennen. Wir finden in der Welt, in der wir leben, nur abhängige Dinge, nirgends ein unbedingt unabhängiges. Ein solches muß es aber doch geben. Wenn Abhängiges angetroffen wird, muß ein Unabhängiges vorausgesetzt werden. Mit unserem Denken kommen wir in das Unabhängige nicht hinein. Das menschliche Wissen ist auf das Abhängige berechnet und verwickelt sich in Widersprüche, wenn es seine Gedanken, die für Abhängiges sehr wohl geeignet sind, auf Unabhängiges anwendet. Das Wissen muß also abtreten, wenn wir an den Eingang zum Unabhängigen kommen. Der religiöse Glaube ist da an seinem Platze. Durch das Bekenntnis, daß er von dem Wesenskern der Welt nichts wissen kann, kann der Mensch erst ein moralisches Wesen sein. Er kann einen Gott annehmen, der in der Welt eine moralische Ordnung bewirkt. Keine Logik kann diesen Glauben an einen unendlichen Gott rauben, sobald erkannt ist, daß alle Logik sich nur auf Abhängiges, nicht auf Unabhängiges richtet. – *Mansel* ist Schüler und Fortsetzer Hamiltons. Er kleidet dessen Ansichten nur in noch extremere Formen. Man geht nicht zu weit, wenn man sagt, Mansel ist ein Advokat des Glaubens, der nicht unparteiisch zwischen Religion und Wissen urteilt, sondern parteiisch für das religiöse Dogma eintritt. Er ist der Ansicht, daß die religiösen Offenbarungswahrheiten unbedingt das Erkennen in Widersprüche verwickeln. Das rühre aber nicht von einem Mangel in den Offenbarungswahrheiten her, sondern davon, daß der menschliche Geist begrenzt sei und niemals in die Regionen kommen könne, über die die Offenbarung Aussagen macht. – *William Whewell* glaubt am besten dadurch eine Ansicht für die Bedeutung, den Ursprung und Wert des menschlichen Wissens zu erlangen, daß er untersucht, wie bahnbrechende Geister der Wissenschaften zu ihren Erkenntnissen gelangt sind. Seine «Geschichte der induktiven Wissenschaften» (1837) und seine «Philosophie der induktiven Wissenschaften» (1840) gehen darauf aus, die Psychologie des wissenschaftlichen Forschens zu durchschauen. An den hervorragenden wissenschaftlichen Entdeckungen sucht er zu erkennen, wieviel von unseren Vorstellungen der Außenwelt und wieviel dem Menschen selbst angehört. Whewell findet, daß die Seele in jeglicher Wissenschaft die Beobachtung aus eigenem ergänzt. Kepler hatte den Begriff der Ellipse, bevor er fand, daß die Planeten sich in Ellipsen bewegen. Die Wissenschaften kommen also nicht durch bloßes Empfangen von außen, sondern durch tätiges Eingreifen des Menschengeistes zustande, der seine Gesetze dem Empfangenen einprägt. Aber die Wissenschaften reichen nicht bis zu den letzten Wesenheiten der Dinge. Sie beschäftigen sich mit den Einzelheiten der Welt. Wie man aber für jedes einzelne Ding zum Beispiel eine Ursache annimmt, muß man eine solche auch für die ganze Welt voraussetzen. Da einer solchen gegenüber das Wissen versagt, muß das religiöse Dogma ergänzend eintreten. Wie Whewell sucht auch *Herschel* eine Ansicht über das Zustandekommen des Wissens im menschlichen Geiste durch Betrachtung zahlreicher Beispiele zu gewinnen. («A Preliminary Discourse on the Study of Natural Philosophy» ist 1831 erschienen.)

John Stuart Mill gehört zum Typus derjenigen Denker, die von der Empfindung durchdrungen sind: man könne nicht vorsichtig genug sein, wenn es sich um Feststellung dessen handelt, was in der menschlichen Erkenntnis gewiß, was ungewiß ist. Daß er schon im Knabenalter in die verschiedensten Zweige des Wissens eingeführt wurde, dürfte seinem Geiste das ihm eigentümliche Gepräge gegeben haben. Er empfing als dreijähriges Kind Unterricht im Griechischen, bald darauf wurde er in der Arithmetik unterwiesen. Die anderen Unterrichtsgebiete traten entsprechend früh an ihn heran. Noch mehr wirkte wohl die Art des Unterrichtes, die sein Vater, der als Denker bedeutende *James Mill* so gestaltete, daß John Stuart die schärfste Logik wie zur Natur wurde. Aus der Selbstbiographie erfahren wir: «Was sich durch Denken ausfindig machen ließ, das sagte mein Vater mir nie, bevor ich meine Kräfte erschöpft hatte, um auf alles selbst zu kommen.» Bei einem solchen Menschen müssen die Dinge, die sein Denken beschäftigen, im eigentlichsten Sinne des Wortes das Schicksal seines Lebens werden. «Ich bin nie Kind gewesen, habe nie Kricket gespielt; es ist doch besser, die Natur ihre eigenen Bahnen wandeln zu lassen», sagt John Stuart Mill, nicht ohne Beziehung auf die Erfahrungen, die jemand macht, dessen Schicksal so einzig das Denken ist. Mit aller Stärke mußten auf ihm, der diese Entwickelung durchgemacht hat, die Fragen nach der Bedeutung des Wissens lasten. Inwiefern kann die Erkenntnis, die ihm das Leben ist, auch zu den Quellen der Welterscheinungen führen? Die Richtung, die Mills Gedankenentwickelung nahm, um über diese Fragen Aufschluß zu gewinnen, ist wohl auch frühzeitig von seinem Vater bestimmt worden. James Mills Denken ging von der psychologischen

Erfahrung aus. Er beobachtete, wie sich im Menschen Vorstellung an Vorstellung angliedert. Durch die Angliederung einer Vorstellung an die andere gewinnt der Mensch sein Wissen von der Welt. Er muß sich also fragen: In welchem Verhältnis steht die Gliederung der Vorstellungen zu der Gliederung der Dinge in der Welt? Durch eine solche Betrachtungsweise wird das Denken mißtrauisch gegen sich selbst. Im Menschen könnten sich die Vorstellungen möglicherweise in einer ganz anderen Weise verknüpfen, als draußen in der Welt die Dinge. Auf dieses Mißtrauen ist John Stuart Mills Logik aufgebaut, die 1843 als sein Hauptwerk, unter dem Titel «System of Logic» erschienen ist.

Man kann sich in Dingen der Weltanschauung kaum einen schärferen Gegensatz denken, als diese Millsche «Logik» und die siebenundzwanzig Jahre früher erschienene «Wissenschaft der Logik» Hegels. Bei Hegel findet man das höchste Vertrauen in das Denken, die volle Sicherheit darüber, daß uns das nicht täuschen kann, was wir in uns selbst erleben. Hegel fühlt sich als Glied der Welt. Was er in sich erlebt, muß also auch zu der Welt gehören. Und da er am unmittelbarsten sich selbst erkennt, so glaubt er an dieses in sich Erkannte und beurteilt danach die ganze übrige Welt. Er sagt sich: Wenn ich ein äußeres Ding wahrnehme, so kann es mir vielleicht nur seine Außenseite zeigen, und sein Wesen bleibt verhüllt. Bei mir selbst ist das unmöglich. Mich durchschaue ich. Ich kann aber dann die Dinge draußen mit meinem eigenen Wesen vergleichen. Wenn sie in ihrer Außenseite etwas von meinem eigenen Wesen verraten, dann darf ich ihnen auch etwas von meinem Wesen zusprechen. Deshalb sucht Hegel vertrauensvoll den Geist, die Gedankenverbindungen, die er in sich findet, auch draußen in der Natur. Mill fühlt sich zunächst nicht als Glied, sondern als Zuschauer der Welt. Die Dinge draußen sind ihm ein Unbekanntes, und den Gedanken, die der Mensch sich über diese Dinge macht, begegnet er mit Mißtrauen. Man nimmt Menschen wahr. Man hat bisher immer die Beobachtung gemacht, daß die Menschen gestorben sind. Deshalb hat man sich das Urteil gebildet: Alle Menschen sind sterblich. «Alle Menschen sind sterblich; der Herzog von Wellington ist ein

Mensch; also ist der Herzog von Wellington sterblich.» So schließen die Menschen. Was gibt ihnen ein Recht dazu? fragt John Stuart Mill. Wenn sich einmal ein einziger Mensch als unsterblich erwiese, so wäre das ganze Urteil umgestoßen. Dürfen wir deshalb, weil bis jetzt alle Menschen gestorben sind, auch voraussetzen, daß sie dies auch in Zukunft tun werden? Alles Wissen ist unsicher. Denn wir schließen von Beobachtungen, die wir gemacht haben, auf Dinge, über die wir nichts wissen können, solange wir nicht die betreffenden Beobachtungen auch an ihnen gemacht haben. Was müßte jemand, der im Sinne Hegels denkt, zu einer solchen Anschauung sagen? Man kann sich unschwer darüber eine Vorstellung bilden. Man weiß aus sicheren Begriffen, daß in jedem Kreise alle Halbmesser gleich sind. Trifft man in der Wirklichkeit auf einen Kreis, so behauptet man von diesem wirklichen Kreise auch, daß seine Halbmesser gleich seien. Beobachtet man denselben Kreis nach einer Viertelstunde und findet man seine Halbmesser ungleich, so entschließt man sich nun nicht zu dem Urteile: In einem Kreise können unter Umständen auch die Halbmesser ungleich sein, – sondern man sagt sich: Was ehedem Kreis war, hat sich aus irgendwelchen Gründen zu einer Ellipse verlängert. So etwa stellte sich ein in Hegels Sinn Denkender zu dem Urteile: Alle Menschen sind sterblich. Der Mensch hat sich nicht durch Beobachtung, sondern als inneres Gedankenerlebnis den Begriff des Menschen gebildet, wie er sich den Begriff des Kreises gebildet hat. Zu dem Begriff des Menschen gehört die Sterblichkeit, wie zu dem des Kreises die Gleichheit der Halbmesser. Trifft man in der Wirklichkeit auf ein Wesen, das alle anderen Merkmale des Menschen hat, so muß dieses Wesen auch das der Sterblichkeit haben, wie alle anderen Merkmale des Kreises das der Halbmessergleichheit nach sich ziehen. Hegel könnte, wenn er auf ein Wesen träfe, das nicht stirbt, sich nur sagen: Das ist kein Mensch, – nicht aber: Ein Mensch kann auch unsterblich sein. Er setzt eben voraus, daß sich die Begriffe in uns nicht willkürlich bilden, sondern daß sie im Wesen der Welt wurzeln, wie wir selbst diesem Wesen angehören. Hat sich der Begriff des Menschen in uns einmal gebildet, so stammt er aus dem Wesen der Dinge; und wir haben das volle Recht, ihn auch auf dieses Wesen anzuwenden. Warum ist in uns der Begriff des sterblichen Menschen entstanden? Doch nur, weil er seinen Grund in der Natur der Dinge hat. Wer glaubt, daß der Mensch ganz außerhalb der Dinge stehe und sich als Außenstehender seine Urteile bilde, kann sich sagen: Wir haben bisher die Menschen sterben sehen, also bilden wir den Zuschauerbegriff: sterbliche Menschen. Wer sich bewußt ist, daß er selbst zu den Dingen gehört, und diese sich in seinen Gedanken aussprechen, der sagt sich: bisher sind alle Menschen gestorben; also gehört es zu ihrem Wesen, zu sterben; und wer nicht stirbt, der ist eben kein Mensch, sondern etwas anderes. Hegels Logik ist eine Logik der Dinge geworden; denn Hegel ist die Sprache der Logik eine Wirkung des Wesens der Welt; nicht etwas zu diesem Wesen von dem menschlichen Geiste von außen Hinzugefügtes. Mills Logik ist eine Zuschauerlogik, die zunächst den Faden zerschneidet, der sie mit der Welt verbindet.

Mill weist darauf hin, wie Gedanken, die einem gewissen Zeitalter als unbedingt sichere innere Erlebnisse erscheinen, doch von einem folgenden umgestoßen werden. Zum Beispiel hat man im Mittelalter daran geglaubt, daß es unmöglich Gegenfüßler geben könne, und daß die Sterne herunterfallen müßten, wenn sie nicht an festen Sphären hingen. Der Mensch wird also ein rechtes Verhältnis zu seinem Wissen nur gewinnen können, wenn er sich, trotz des Bewußtseins, daß die Logik der Welt sich in ihm ausspricht, im einzelnen nur durch methodische Prüfung seiner Vorstellungszusammenhänge an der Hand der Beobachtung ein der fortwährenden Korrektur bedürftiges Urteil bildet. Und die Methoden der Beobachtung sind es, die John Stuart Mill in kalt berechnender Weise in seiner Logik festzustellen sucht. Ein Beispiel dafür ist dieses: Man nehme an, eine Erscheinung wäre unter gewissen Bedingungen immer eingetreten. In einem bestimmten Falle treten von diesen Bedingungen eine ganze Reihe wieder ein; nur einzelne fehlen. Die Erscheinung tritt nicht ein. Dann muß man schließen, daß die nicht eingetretenen Bedingungen mit der nicht eingetretenen Erscheinung in einem ursächlichen Zusammenhange stehen.

Wenn zwei Stoffe sich stets zu einer chemischen Verbindung zusammengefügt haben, und sie dies einmal nicht tun, so muß man nachforschen, was diesmal nicht da ist und sonst immer da war. Durch eine solche Methode kommen wir zu Vorstellungen über Tatsachenzusammenhänge, welche mit Berechtigung von uns als solche angesehen werden, die ihren Grund in der Natur der Dinge haben. Den Beobachtungsmethoden will Mill nachgehen. Die Logik, von der Kant gesagt hat, daß sie seit Aristoteles um keinen Schritt weiter gekommen sei, ist ein Orientierungsmittel innerhalb des Denkens selbst. Sie zeigt, wie man von einem richtigen Gedanken auf den anderen kommt. Mills Logik ist ein Orientierungsmittel innerhalb der Welt der Tatsachen. Sie will zeigen, wie man aus Beobachtungen zu gültigen Urteilen über die Dinge gelangt. Mill macht keinen Unterschied zwischen den menschlichen Urteilen. Ihm geht alles aus der Beobachtung hervor, was der Mensch über die Dinge denkt. Nicht einmal bezüglich der Mathematik läßt er eine Ausnahme gelten. Auch sie muß ihre Grunderkenntnisse aus der Beobachtung gewinnen. Wir haben in allen Fällen, die wir bisher beobachtet haben, gesehen, daß zwei gerade Linien, die sich einmal geschnitten haben, auseinanderlaufen (divergieren) und sich nicht ein zweites Mal geschnitten haben. Daraus schließen wir, daß sie sich nicht schneiden können. Aber einen vollkommenen Beweis dafür haben wir nicht. Für John Stuart Mill ist also die Welt ein dem Menschen Fremdes. Der Mensch betrachtet ihre Erscheinungen und ordnet sie nach den Aussagen, die sie ihm in seinem Vorstellungsleben macht. Er nimmt Regelmäßigkeiten in den Erscheinungen wahr und gelangt durch logisch-methodische Untersuchungen dieser Regelmäßigkeiten zu Naturgesetzen. Aber nichts führt in den Grund der Dinge selbst. Man kann deshalb ganz gut sich vorstellen, daß alles in der Welt auch anders sein könnte. Mill ist überzeugt, daß jeder, der an Abstraktion und Analyse gewöhnt ist, und seine Fähigkeiten redlich anwendet, nach genügender Übung seiner Vorstellungskraft keine Schwierigkeit in der Idee findet, es könne in einem anderen Sternsystem als dem unsrigen nichts von den Gesetzen zu finden sein, die im unsrigen gelten.

Es ist nur konsequent, wenn dieser Weltzuschauerstandpunkt von Mill auch auf das eigene Ich des Menschen ausgedehnt wird. Vorstellungen kommen und gehen, verknüpfen sich und trennen sich in seinem Innern; das nimmt der Mensch wahr. Ein Wesen, das sich als «Ich» gleich bleibt in diesem Kommen und Gehen, Trennen und Verbinden der Vorstellungen, nimmt er nicht wahr. Er hat bisher Vorstellungen in sich auftauchen sehen und setzt voraus, daß dies auch weiter der Fall sein werde. Aus dieser Möglichkeit, daß sich um einen Mittelpunkt herum eine Vorstellungswelt gliedert, entsteht die Vorstellung des «Ich». Auch seinem eigenen «Ich» gegenüber ist der Mensch also Zuschauer. Er läßt sich von seinen Vorstellungen sagen, was er über sich wissen kann. Mill betrachtet die Tatsachen der Erinnerung und der Erwartung. Wenn alles, was ich von mir weiß, sich in Vorstellungen erschöpfen soll, so kann ich nicht sagen: Ich erinnere mich an eine früher von mir gehabte Vorstellung, oder ich erwarte den Eintritt eines gewissen Erlebnisses; sondern: eine Vorstellung erinnert sich an sich selbst oder erwartet ihr zukünftiges Auftreten. «Wenn wir» – sagt Mill – «vom Geiste als von einer Reihe von Wahrnehmungen sprechen, dann müssen wir von einer Wahrnehmungsreihe sprechen, die sich selbst als werdend und vergangen bewußt ist. Und nun befinden wir uns in dem Dilemma, entweder zu sagen, das ‹Ich› oder der Geist sei etwas von den Wahrnehmungen Verschiedenes; oder das Paradoxon zu behaupten, eine bloße Vorstellungsreihe könne ein Bewußtsein von ihrer Vergangenheit und Zukunft haben.» Mill kommt über dieses Dilemma nicht hinaus. Für ihn birgt es ein unlösbares Rätsel. Er hat eben das Band zwischen sich, dem Beobachter, und der Welt zerrissen, und ist nicht imstande, es wieder zu knüpfen. Die Welt bleibt ihm das jenseitige Unbekannte, das auf den Menschen Eindrücke macht. Alles, was dieser von dem jenseitigen Unbekannten weiß, ist, daß die Möglichkeit vorhanden ist, es könne in ihm Wahrnehmungen hervorrufen. Statt also von wirklichen Dingen außer sich, kann der Mensch im Grunde nur davon sprechen, daß Wahrnehmungsmöglichkeiten vorhanden sind. Wer von Dingen an sich spricht, ergeht sich in leeren Worten; nur wer von der beständigen Möglichkeit des Eintretens von Empfindungen, Wahrnehmungen, Vorstellungen spricht, bewegt sich auf dem Boden des Tatsächlichen.

John Stuart Mill hat eine heftige Abneigung gegen alle Gedanken, die auf anderem Wege gewonnen sind als durch Vergleichung der Tatsachen, durch Verfolgen des Ähnlichen, Analogen und Zusammengehörigen in den Erscheinungen. Er meint, der menschlichen Lebensführung könne nur der größte Schaden zugefügt werden, wenn man sich in dem Glauben wiege, man könne zu irgendeiner Wahrheit auf eine andere Weise gelangen als durch Beobachtung. Man fühlt in dieser Abneigung Mills die Scheu davor, sich bei allem Erkenntnisstreben anders als rein empfangend (passiv) den Dingen gegenüber zu verhalten. Sie sollen dem Menschen diktieren, was er über sie zu denken hat. Sucht er über das Empfangen hinauszugehen und aus sich selbst heraus etwas über die Dinge zu sagen, so fehlt ihm jede Garantie dafür, daß dieses sein eigenes Erzeugnis auch wirklich etwas mit den Dingen zu tun habe. Zuletzt kommt es bei dieser Anschauung darauf an, daß ihr Bekenner sich nicht entschließen kann, sein eigenes selbsttätiges Denken mit zu der Welt zu rechnen. Gerade, daß er dabei selbsttätig ist, das beirrt ihn. Er möchte sein Selbst am liebsten ganz ausschalten, um nur ja nichts Falsches in das einzumischen, was die Erscheinungen über sich sagen. Er würdigt die Tatsache nicht in richtiger Weise, daß sein Denken ebenso zur Natur gehört wie das Wachsen eines Grashalmes. So klar es nun ist, daß man den Grashalm beobachten muß, wenn man etwas von ihm wissen will, so klar sollte es sein, daß man auch sein eigenes selbsttätiges Denken befragen muß, wenn man über dasselbe etwas erfahren will. Wie soll man, nach dem Goetheschen Worte, sein Verhältnis zu sich selbst und zur Außenwelt kennenlernen, wenn man im Erkenntnisprozesse sich selbst ganz ausschalten will? Wie groß die Verdienste Mills auch sind um die Auffindung der Methoden, durch die der Mensch alles das erkennt, was von ihm nicht abhängt: eine Ansicht darüber, in welchem Verhältnisse der Mensch zu sich selbst und mit seinem Selbst zur Außenwelt steht, kann durch keine solche Methode gewonnen werden. Alle diese Methoden haben ihre Gültigkeit daher für die einzelnen Wissenschaften, nicht aber für eine umfassende Weltanschauung. Was das selbsttätige Denken ist, kann keine Beobachtung lehren; das kann nur das Denken aus sich selbst erfahren. Und da das Denken über sich nur durch sich etwas aussagen kann, so kann es sich auch nur selbst etwas über sein Verhältnis zur Außenwelt sagen. Mills Vorstellungsart schließt also die Gewinnung einer Weltanschauung vollständig aus. Eine solche kann nur durch ein sich in sich versenkendes und dadurch sich und seine Beziehung zur Außenwelt überschauendes Denken gewonnen werden. Daß John Stuart Mill eine Antipathie gegen ein solches auf sich selbst bauendes Denken hegte, ist aus seinem Charakter wohl zu begreifen. *Gladstone* hat in einem Briefe (vgl. Gomperz, John Stuart Mill, Wien 1889) gesagt, daß er Mill in Gesprächen den «Heiligen des Rationalismus» zu nennen pflegte. Ein Mann, der in dieser Weise sich ganz im Denken auslebt, stellt an das Denken große Anforderungen und sucht nach den größtmöglichen Vorsichtsmaßregeln, daß es ihn nicht täuschen könne. Er wird dadurch dem Denken gegenüber mißtrauisch. Er glaubt, leicht ins Unsichere zu kommen, wenn er feste Anhaltspunkte verliert. Und Unsicherheit gegenüber allen Fragen, die über das strenge Beobachtungswissen hinausgehen, ist ein Grundzug in Mills Persönlichkeit. Wer seine Schriften verfolgt, wird überall sehen, wie Mill solche Fragen als offene betrachtet, über die er ein sicheres Urteil nicht wagt.

*

An der Unerkennbarkeit des wahren Wesens der Dinge hält auch *Herbert Spencer* fest. Er fragt sich zunächst: Wodurch komme ich zu dem, was ich Wahrheiten über die Welt nenne? Ich beobachte einzelnes an den Dingen und bilde mir über diese Urteile. Ich beobachte, daß Wasserstoff und Sauerstoff unter gewissen Bedingungen sich zu Wasser verbinden. Ich bilde mir ein Urteil darüber. Das ist eine einzelne Wahrheit, die sich nur über einen kleinen Kreis von Dingen erstreckt. Ich beobachte dann auch, unter welchen Verhältnissen sich andere Stoffe verbinden. Ich vergleiche die einzelnen Beobachtungen und komme dadurch zu umfassenderen, allgemeineren Wahrheiten darüber, wie sich Stoffe überhaupt chemisch verbinden. Alles Erkennen beruht darauf, daß der Mensch von einzelnen Wahrheiten zu immer allgemeineren Wahrheiten übergeht, um zuletzt bei der höchsten Wahrheit zu endigen, die er auf keine andere zurückführen kann; die er also hinnehmen muß, ohne sie weiter begreifen zu können. In diesem Erkenntnisweg haben wir aber kein Mittel, zum absoluten Wesen der Welt vorzudringen. Das Denken kann ja, nach dieser Meinung, nichts tun, als die verschiedenen Dinge miteinander vergleichen und sich über das, was in ihnen Gleichartiges ist, sich allgemeine Wahrheiten bilden. Das unbedingte Weltwesen kann aber, in seiner Einzigartigkeit, mit keinem anderen Ding verglichen werden. Deshalb versagt das Denken ihm gegenüber. Es kommt an dasselbe nicht heran.

Wir hören in solchen Vorstellungsarten immer den Gedanken mitsprechen, der auch auf Grund der Sinnesphysiologie sich ausgebildet hat (vgl. oben S. 89 ff.). Bei vielen Denkern ist dieser Gedanke so mit ihrem geistigen Leben verwachsen, daß sie ihn für das Gewisseste halten, das es geben kann. Sie sagen sich, der Mensch erkennt die Dinge nur dadurch, daß er sich ihrer bewußt wird. Sie verwandeln nun, mehr oder weniger unwillkürlich, diesen Gedanken in den anderen: Man kann nur von dem wissen, was in das Bewußtsein eintritt; es bleibt aber unbekannt, wie die Dinge waren, bevor sie in das Bewußtsein eingetreten sind. Deshalb sieht man auch die Sinnesempfindungen so an, als wären sie im Bewußtsein; denn man meint, sie müssen doch erst in dasselbe eintreten, also Teile desselben (Vorstellungen) werden, wenn man von ihnen etwas wissen will.

Auch Spencer hält daran fest, daß es von uns Menschen abhängt, wie wir erkennen können und daß wir deshalb jenseits dessen, was unsere Sinne und unser Denken uns übermitteln, ein Unerkennbares annehmen müssen. Wir haben ein klares Bewußtsein von allem, was uns unsere Vorstellungen sagen. Aber diesem klaren ist ein unbestimmtes Bewußtsein beigemischt, das besagt, daß allem, was wir beobachten und denken, etwas zugrunde liegt, was wir nicht mehr beobachten und denken können. Wir wissen, daß wir es mit bloßen Erscheinungen, nicht mit vollen für sich bestehenden Realitäten zu tun haben. Aber eben weil wir genau wissen, daß unsere Welt nur Erscheinung ist, so wissen wir auch, daß ihr eine unvorstellbare wirkliche zugrunde liegt. Durch solche Wendungen seines Denkens glaubt Spencer die volle Versöhnung von Religion und Erkenntnis herbeiführen zu können. Es gibt etwas, das keinem Erkennen zugänglich ist; also gibt es auch etwas, was die Religion in Glauben fassen kann; in einen Glauben, den die ohnmächtige Erkenntnis nicht erschüttern kann.

Dasjenige Gebiet nun, das Spencer der Erkenntnis zugänglich hält, macht er völlig zum Felde naturwissenschaftlicher Vorstellungen. Wo er zu erklären unternimmt, tut er das nur in naturwissenschaftlichem Sinne.

Naturwissenschaftlich denkt sich Spencer den Erkenntnisprozeß. Ein jegliches Organ eines Lebewesens ist dadurch entstanden, daß sich dieses Wesen den Bedingungen angepaßt hat, unter denen es lebt. Zu den menschlichen Lebensbedingungen gehört, daß sich der Mensch denkend in der Welt zurechtfindet. Sein Erkenntnisorgan entsteht durch Anpassung seines Vorstellungslebens an die Bedingungen der Außenwelt. Wenn der Mensch über ein Ding oder einen Vorgang etwas aussagt, so bedeutet dies nichts anderes als: er paßt sich der ihn umgebenden Welt an. Alle Wahrheiten sind auf diesem Wege der Anpassung entstanden. Was aber durch Anpassung erworben ist, kann sich auf die Nachkommen vererben. Diejenigen haben nicht recht, die behaupten, dem Menschen komme durch seine Natur ein für allemal eine gewisse Disposition zu allgemeinen Wahrheiten zu. Was als solche Disposition erscheint, war einmal bei den Vorfahren des Menschen nicht da, sondern ist durch Anpassung erworben worden und hat sich auf die Nachkommen vererbt. Wenn gewisse Philosophen von Wahrheiten sprechen, die der Mensch nicht aus seiner eigenen individuellen Erfahrung zu schöpfen braucht, sondern die von vornherein in seiner Organisation liegen, so haben sie in gewisser Beziehung recht. Aber solche Wahrheiten sind doch auch erworben, nur nicht von dem Menschen als Individuum, sondern als Gattung. Der einzelne hat das in früherer Zeit Erworbene fertig ererbt. – Goethe sagt, daß er manchem Gespräch über Kants «Kritik der reinen Vernunft» beigewohnt und dabei gesehen habe, daß die alte Hauptfrage sich erneuere, «wieviel unser Selbst und wieviel die Außenwelt zu unserem geistigen Dasein beitrage?» Und er fährt fort: «Ich hatte beide niemals gesondert, und wenn ich nach meiner Weise über Gegenstände philosophierte, so tat ich es mit unbewußter Naivität und glaubte wirklich, ich sähe meine Meinungen vor Augen.» Spencer rückte diese «alte Hauptfrage» in das Licht der naturwissenschaftlichen Anschauungsart. Er glaubte, zu zeigen, daß der entwickelte Mensch allerdings auch aus seinem Selbst zu seinem geistigen Dasein beizutragen hat; aber dieses Selbst setzt sich doch auch aus den Erbstücken zusammen, die unsere Vorfahren im Kampfe mit der Außenwelt erworben haben. Wenn wir heute unsere Meinungen vor Augen zu sehen glauben, so waren dies nicht immer unsere Meinungen, sondern sie waren einst Beobachtungen, die wirklich mit den Augen an der Außenwelt gemacht worden sind. Spencers Weg ist also wie der Mills ein solcher, der von der Psychologie ausgeht. Aber Mill bleibt bei der Psychologie des Individuums stehen. Spencer steigt von dem Individuum zu dessen Vorfahren auf. Die Individualpsychologie ist in derselben Lage wie die Keimesgeschichte der Zoologie. Gewisse Erscheinungen der Keimung sind nur erklärlich, wenn man sie zurückführt auf Erscheinungen der Stammesgeschichte. Ebenso sind die Tatsachen des individuellen Bewußtseins aus sich selbst nicht verständlich. Man muß aufsteigen zu der Gattung, ja über die Menschengattung noch hinausgehen bis zu den Erkenntniserwerbungen, welche die tierischen Vorfahren des Menschen schon gemacht haben. Spencer wendet seinen großen Scharfsinn an, um diese seine Entwickelungsgeschichte des Erkenntnisprozesses zu stützen. Er zeigt, wie die geistigen Fähigkeiten aus niedrigen Anfängen sich allmählich entwickelt haben durch immer entsprechendere Anpassungen des Geistes an die Außenwelt und durch Vererbung dieser Anpassungen. Alles, was der einzelne Mensch ohne Erfahrung, durch reines Denken über die Dinge gewinnt, hat die Menschheit oder haben deren Voreltern durch Beobachtung, durch Erfahrung gewonnen. Leibniz hat die Übereinstimmung des menschlichen Innern mit der Außenwelt nur dadurch erklären zu können geglaubt, daß er eine vom Schöpfer vorherbestimmte Harmonie angenommen hat. Spencer erklärt diese Übereinstimmung naturwissenschaftlich. Sie ist nicht vorher bestimmt, sondern geworden. Man hat hier die Fortsetzung des naturwissenschaftlichen Denkens bis in die höchsten, dem Menschen gegebenen Tatsachen. Linné erklärt, jede lebendige Wesensform sei vorhanden, weil der Schöpfer sie so geschaffen hat, wie sie ist. Darwin erklärt, sie sei so, wie sie sich durch Anpassung und Vererbung allmählich entwickelt hat. Leibniz erklärt, das Denken stimme mit der Außenwelt überein, weil der Schöpfer die Übereinstimmung geschaffen hat. Spencer erklärt, diese Übereinstimmung sei vorhanden, weil sie sich durch Anpassung und Vererbung der Gedankenwelt entwickelt hat.

Von dem Bedürfnis nach einer naturgemäßen Erklärung der geistigen Erscheinungen ist Spencer ausgegangen. Die Richtung auf eine solche hat ihm Lyells Geologie gegeben (vgl. S. 39). In ihr wird zwar der Gedanke noch bekämpft, daß die organischen Formen sich durch allmähliche Entwickelung auseinander gebildet haben; aber er erfährt doch eine wichtige Stütze dadurch, daß die unorganischen (geologischen) Bildungen der Erdoberfläche durch eine solche allmähliche Entwickelung, nicht durch gewaltsame Katastrophen, erklärt werden. Spencer, der eine naturwissenschaftliche Bildung hatte, sich auch einige Zeit als Zivilingenieur betätigt hatte, erkannte die volle Tragweite des Entwickelungsgedankens sofort und wendete ihn an, trotz der Bekämpfung durch Lyell. Ja, er wendete ihn sogar auf die geistigen Vorgänge an. Schon 1850, in seiner Schrift «Social Statics», beschrieb er die soziale Entwickelung in Analogie mit der organischen. Er machte sich auch mit Harveys und Wolffs (vgl. Bd. I, S. 227 ff.) Studien über Keimesgeschichte der Organismen bekannt und vertiefte sich in die Arbeiten Carl Ernst von Baers (vgl. oben S. 69 f.), die ihm zeigten, wie die Entwickelung darin bestehe, daß aus einem Zustande der Gleichartigkeit, der Einförmigkeit ein solcher der Verschiedenheit, der Mannigfaltigkeit, des Reichtums sich entwickele. In den ersten Keimstadien sehen sich die Organismen ähnlich; später werden sie voneinander verschieden (vgl. oben S. 69ff.). Durch Darwin erfuhr dieser Entwickelungsgedanke dann eine vollkommene Bekräftigung. Aus einigen wenigen Urorganismen hat sich der ganze Reichtum der heutigen mannigfaltigen Formenwelt entwickelt.

Von dem Entwickelungsgedanken aus wollte Spencer aufsteigen zu den allgemeinsten Wahrheiten, die nach seiner Meinung das Ziel des menschlichen Erkenntnisstrebens ausmachen. In den einfachsten Erscheinungen glaubte er den Entwickelungsgedanken schon zu finden. Wenn aus zerstreuten Wasserteilchen sich eine Wolke am Himmel, aus zerstreuten Sandkörpern ein Sandhaufen sich bildet, so hat man es mit einem Entwickelungsprozesse zu tun. Zerstreuter Stoff wird zusammengezogen (konzentriert) zu einem Ganzen. Keinen anderen Prozeß hat man in der Kant-Laplaceschen Weltbildungshypothese vor sich. Zerstreute Teile eines chaotischen Weltnebels haben sich zusammengezogen. Der Organismus entsteht auf eben diese Weise. Zerstreute Elemente werden in Geweben konzentriert. Der Psychologe kann beobachten, wie der Mensch zerstreute Beobachtungen zu allgemeinen Wahrheiten zusammenzieht. Innerhalb des konzentrierten Ganzen gliedert sich dann das Zusammengezogene (es differenziert sich). Die Urmasse gliedert sich zu den einzelnen Himmelskörpern des Sonnensystems; der Organismus differenziert sich zu mannigfaltigen Organen.

Mit der Zusammenziehung wechselt die Auflösung ab. Wenn ein Entwickelungsprozeß einen gewissen Höhepunkt erreicht hat, dann tritt ein Gleichgewicht ein. Der Mensch entwickelt sich zum Beispiel so lange, bis sich eine möglichst große Harmonie seiner inneren Fähigkeiten und der äußeren Natur herausgebildet hat. Ein solcher Gleichgewichtszustand kann aber nicht dauern; äußere Kräfte werden zerstörend an ihn herantreten. Auf die Entwickelung muß der absteigende, der Auflösungsprozeß folgen; das Zusammengezogene dehnt sich wieder aus; das Kosmische wird wieder zum Chaos. Der Prozeß der Entwickelung kann von neuem beginnen. Ein rhythmisches Bewegungsspiel sieht Spencer also im Weltprozeß.

Es ist eine gewiß nicht uninteressante Beobachtung für die vergleichende Entwickelungsgeschichte der Weltanschauungen, daß Spencer hier aus der Betrachtung des Werdens der Welterscheinungen zu einem ähnlichen Gedanken kommt, den auch Goethe auf Grund seiner Ideen über das Werden des Lebens ausgesprochen hat. Dieser beschreibt das Wachstum der Pflanze so: «Es mag die Pflanze sprossen, blühen oder Früchte bringen, so sind es doch nur immer dieselbigen Organe, welche in vielfältigen Bestimmungen und unter oft veränderten Gestalten die Vorschrift der Natur erfüllen. Dasselbe Organ, welches am Stengel als Blatt sich ausgedehnt und eine höchst mannigfaltige Gestalt angenommen hat, zieht sich nun im Kelche zusammen, dehnt sich im Blumenblatte wieder aus, zieht sich in den Geschlechtswerkzeugen zusammen, um sich als Frucht zum letztenmal auszudehnen.» Man denke sich diese Vorstellung auf den ganzen Weltprozeß übertragen, so gelangt man zu Spencers Zusammenziehung und Zerstreuung des Stoffes.

*

Spencer und Mill haben auf die Weltanschauungsentwickelung der letzten Jahrhunderthälfte einen großen Einfluß geübt. Das strenge Betonen der Beobachtung und die einseitige Bearbeitung der Methoden des beobachtenden Erkennens durch Mill; die Anwendung naturwissenschaftlicher Vorstellungen auf den ganzen Umfang des menschlichen Wissens durch Spencer: sie mußten den Empfindungen eines Zeitalters entsprechen, das in den idealistischen Weltanschauungen Fichtes, Schellings, Hegels nur Entartungen des menschlichen Denkens sah und dem die Erfolge der naturwissenschaftlichen Forschung alleinige Schätzung abgewannen, während die Uneinigkeit der idealistischen Denker und die, nach Meinung vieler, völlige Unfruchtbarkeit des in sich selbst sich vertiefenden Denkens ein tiefes Mißtrauen gegenüber dem Idealismus erzeugten. Man darf wohl behaupten, daß eine in den letzten vier Jahrzehnten weit verbreitete Anschauung zum Ausdruck bringt, was Rudolf Virchow 1893 in seiner Rede «Die Gründung der Berliner Universität und der Übergang aus dem philosophischen in das naturwissenschaftliche Zeitalter» sagt: «Seitdem der Glaube an Zauberformeln in die äußersten Kreise des Volkes zurückgedrängt war, fanden auch die Formeln der Naturphilosophen wenig Anklang mehr.» Und einer der bedeutendsten Philosophen von der zweiten Hälfte des Jahrhunderts, Eduard von Hartmann, faßt den Charakter seiner Weltanschauung in dem Motto zusammen, das er an die Spitze seines Buches «Philosophie des Unbewußten» gestellt hat: «Spekulative Resultate nach induktiv-naturwissenschaftlicher Methode.» Ja, er ist der Meinung, man müsse die «Größe des von Mill bewirkten ... Fortschrittes» anerkennen, durch «den alle Versuche eines deduktiven Philosophierens für immer überwunden sind». (Vgl. E. von Hartmann, Geschichte der Metaphysik. 2. Teil, S. 479.)

Auch wirkte die Anerkennung gewisser Grenzen des menschlichen Erkennens, die viele Naturforscher zeigten, auf religiös gestimmte Gemüter sympathisch. Sie sagten sich: Die Naturforscher beobachten die unorganischen und organischen Tatsachen und suchen durch Verknüpfung der einzelnen Erscheinungen allgemeine Gesetze zu finden, mit deren Hilfe sich Vorgänge erklären lassen, ja sogar der regelmäßige Verlauf zukünftiger Erscheinungen vorausbestimmt werden kann. Ebenso soll die zusammenfassende Weltanschauung vorgehen; sie soll sich an die Tatsachen halten, aus ihnen allgemeine Wahrheiten innerhalb bescheidener Grenzen erforschen und keinen Anspruch darauf machen, in das Gebiet des «Unbegreiflichen» zu dringen. Spencer mit seiner vollkommenen Scheidung des «Begreiflichen» und des «Unbegreiflichen» kam solchen religiösen Bedürfnissen im höchsten Maße entgegen. Dagegen betrachteten diese religiös gestimmten Geister die idealistische Vorstellungsart als eine Verstiegenheit. Diese kann eben im Prinzip ein Unbegreifliches nicht anerkennen, weil sie daran festhalten muß, daß durch die Versenkung in das menschliche Innenleben die Erkenntnis nicht nur der Außenseite des Weltdaseins, sondern auch des wirklichen Kernes desselben möglich ist.

Ganz in der Richtung solcher religiös gestimmten Geister bewegt sich auch das Denken einflußreicher Naturforscher, wie das Huxleys, der sich zu einem vollkommenen Agnostizismus gegenüber dem Weltwesen bekennt und einen im Sinne der Darwinschen Erkenntnisse gehaltenen Monismus nur für die dem Menschen gegebene Außenseite der Natur für anwendbar erklärt. Er ist als einer der ersten für die Darwinschen Vorstellungen eingetreten; ist aber zugleich einer der entschiedensten Vertreter der Beschränktheit dieser Vorstellungsart. Zu einer ähnlichen Ansicht bekannte sich der Physiker *John Tyndall* (1820–1893), der in dem Weltprozesse eine dem menschlichen Verstande vollkommen unzugängliche Kraft anerkennt. Denn gerade, wenn man annehme, daß in der Welt alles durch natürliche Entwickelung entstehe, könne man nimmermehr zugeben, daß der Stoff, der doch der Träger der ganzen Entwickelung ist, nichts weiter sei als das, was unser Verstand von ihm begreifen kann.

*

Eine für seine Zeit charakteristische Erscheinung ist die Persönlichkeit des englischen Staatsmannes *James Balfour* (1848 bis 1930), der 1879 (in seinem Buche «A defence of philosophic doubt, being an Essay on the foundations of belief») ein Glaubensbekenntnis ablegte, das demjenigen weiter Kreise zweifellos ähnlich ist. Er stellt sich in bezug auf alles, was der Mensch erklären kann, ganz auf den Boden des naturwissenschaftlichen Denkens. Er läßt im Naturerkennen sich die gesamte Erkenntnis erschöpfen. Aber er behauptet zugleich, daß nur derjenige das naturwissenschaftliche Erkennen recht verstehe, der einsehe, daß die Gemüts- und Vernunftbedürfnisse des Menschen durch dasselbe niemals befriedigt werden können. Man brauche nur einzusehen, daß zuletzt alles auch in der Naturwissenschaft darauf ankomme, die letzten Wahrheiten, die man nicht mehr beweisen kann, zu glauben. Es schadet aber nichts, daß wir in dieser Richtung bloß zu einem Glauben kommen, denn dieser Glaube leitet uns sicher bei unseren Handlungen im täglichen Leben. Wir glauben an die Naturgesetze und beherrschen sie durch diesen Glauben; wir zwingen durch ihn die Natur, uns für unsere Zwecke zu dienen. Der religiöse Glaube soll eine gleiche Übereinstimmung zwischen den Handlungen des Menschen und den höheren, über das Alltägliche hinausgehenden Bedürfnissen herstellen.

Die Weltanschauungen, welche hier zusammengefaßt erscheinen durch die Bezeichnung «Die Welt als Illusion», zeigen, daß ihnen ein Suchen nach dem befriedigenden Verhältnis der Vorstellung vom selbstbewußten Ich zu einem Gesamtweltbilde zugrunde liegt. Sie erscheinen eben dadurch besonders bedeutsam, daß sie dieses Suchen nicht als ihr bewußtes philosophisches Ziel ansehen und ihre Untersuchungen nicht nach diesem Ziele hin ausgesprochen richten, sondern daß sie wie instinktiv ihrer Vorstellungsart das Gepräge geben, welches von diesem Suchen als unbewußtem Impuls bestimmt ist. Und es ist die Art dieses Suchens eine solche, wie sie durch die neueren naturwissenschaftlichen Vorstellungen bedingt werden mußte. – Man kommt dem Grundcharakter dieser Vorstellungen nahe, wenn man sich an den Begriff des «Bewußtseins» hält. Dieser Begriff ist deutlich erst seit Descartes in das neuere Weltanschauungsleben eingeströmt. Vorher hielt man sich an den Begriff der «Seele» als solcher. Daß die Seele nur einen Teil ihres Lebens in ihr bewußten Erscheinungen durchmacht, wurde weniger beachtet. Im Schlafe lebt die Seele doch nicht bewußt. Gegenüber dem bewußten Leben muß ihr Wesen also in tieferen Kräften bestehen, die sie aus dem Grunde dieses Wesens doch nur im Wachen zum Bewußtsein heraufhebt. Je mehr man aber dazu kam, nach der Berechtigung und dem Wert der Erkenntnis auf Grund einleuchtender Vorstellungen zu fragen, um so mehr kam man auch dazu, zu empfinden, daß das Gewisseste aus aller Erkenntnis die Seele dann findet, wenn sie über sich selbst nicht hinaus- und in sich selbst auch nicht tiefer hineingeht, als das Bewußtsein reicht. Man meinte: Möge auch alles andere ungewiß sein; was im Bewußtsein ist, das zum mindesten ist, als solches, gewiß. Mag selbst das Haus, an dem ich vorbeigehe, nicht außer mir existieren; daß das *Bild* dieses Hauses jetzt in meinem Bewußtsein lebt: das darf ich behaupten. Sobald man aber die Aufmerksamkeit auf das Bewußtsein richtet, kann es nicht ausbleiben, daß der Begriff des Ich mit dem des Bewußtseins zusammenwächst. Mag das «Ich» außer dem Bewußtsein was immer für ein Wesen sein: so weit das Bewußtsein geht, so weit darf der Bereich des «Ich» vorgestellt werden. Nun kann doch gar nicht geleugnet werden, daß sich von dem bewußt vor der Seele stehenden sinnlichen Weltbilde sagen läßt, es komme durch den Eindruck zustande, der von der Welt auf den Menschen gemacht wird. Sobald man sich aber an dieser Aussage festklammert, kommt man nicht leicht wieder von ihr los. Denn es unterschiebt sich das Urteil: Die Vorgänge der Welt sind Ursache; das, was im Bewußtsein sich darstellt, ist Wirkung. Da man so im Bewußtsein allein die Wirkung zu haben glaubt, meint man, die Ursache müsse ganz in einer *außer* dem Menschen liegenden Welt als unwahrnehmbares «Ding an sich» vorhanden sein. Die obigen Darstellungen zeigen, wie die neueren physiologischen Erkenntnisse zur Bekräftigung einer solchen Meinung führen. Es ist nun diese Meinung, durch welche sich das «Ich» mit seinen subjektiven Erlebnissen ganz in seiner eigenen Welt eingeschlossen findet. Diese intellektuelle, scharfsinnig erzeugte Illusion kann so lange nicht zerstört werden, wenn sie einmal gebildet ist, als das «Ich» nicht in sich selbst etwas findet, von dem es weiß, daß es, obwohl es im Bewußtsein abgebildet ist, doch außerhalb des subjektiven Bewußtseins sein Wesen hat. Das Ich muß sich außerhalb des sinnlichen Bewußtseins von Wesen berührt fühlen, die ihr Sein durch sich selbst verbürgen. Es muß in *sich* etwas finden, das es *außerhalb seiner selbst* führt. Was von dem Lebendigwerden des Gedankens gesagt worden ist, kann solches bewirken. Hat das Ich den Gedanken nur in sich erlebt, so fühlt es sich mit ihm in sich selbst. Beginnt der Gedanke sein Eigenleben, so entreißt er das Ich seinem subjektiven Leben. Es vollzieht sich ein Vorgang, den das Ich zwar subjektiv erlebt, der jedoch durch seine eigene Natur objektiv ist, und der das «Ich» all dem entreißt, was es nur als subjektiv empfinden kann. Man sieht, daß auch die Vorstellungen, welchen die Welt Illusion wird, nach dem Ziele hindrängen, das in der Weiterführung des Hegelschen Weltbildes zum lebendig gewordenen Gedanken liegt. Diese Vorstellungen gestalten sich so, wie das Weltanschauungsbild werden muß, das von dem in diesem Ziele gelegenen Impuls unbewußt getrieben wird, doch aber nicht die Kraft hat, zu diesem Ziele sich hindurchzuarbeiten. Dieses Ziel waltet in den Untergründen der neueren Weltanschauungsentwickelung. Den Weltanschauungen, welche auftreten, fehlt die Kraft, zu ihm durchzubrechen. Sie erhalten auch in ihrer Unvollkommenheit ihr Gepräge von diesem Ziel; und die Ideen, welche auftreten, sind die äußeren Symptome verborgen bleibender Wirkenskräfte.

NACHKLÄNGE
DER KANTSCHEN VORSTELLUNGSART

Persönlichkeiten, welche durch Sich-Versenken in die Hegelsche Ideenart eine Sicherheit suchten für das Verhältnis einer Vorstellung über das selbstbewußte Ich zu dem allgemeinen Weltbilde, gibt es in der zweiten Hälfte des neunzehnten Jahrhunderts nur wenige. Einer der Besten ist der zu früh verstorbene *Paul Asmus* (1842–1876), der 1873 eine Schrift veröffentlichte «Das Ich und das Ding an sich». Er zeigt, wie in der Art, in der Hegel das Denken und die Ideenwelt ansah, ein Verhältnis des Menschen zum Wesen der Dinge zu gewinnen ist. Er setzt in scharfsinniger Weise auseinander, daß im Denken des Menschen nicht etwas Wirklichkeitsfremdes, sondern etwas Lebensvolles, Urwirkliches gegeben ist, in das man sich nur zu versenken braucht, um zum Wesen des Daseins zu kommen. Er stellte in lichtvoller Weise den Gang dar, den die Weltanschauungsentwickelung genommen hat, um von Kant, der das «Ding an sich» als etwas dem Menschen Fremdes, Unzugängliches angesehen hatte, zu Hegel zu kommen, welcher meinte, daß der Gedanke nicht nur sich selbst als ideelle Wesenheit, sondern auch das «Ding an sich» umspanne. Solche Stimmen fanden aber kaum Gehör. Am schärfsten kam dies in dem Ruf zum Ausdruck, der seit *Eduard Zellers* Heidelberger Universitätsrede «Über Bedeutung und Aufgabe der Erkenntnistheorie» in einer gewissen philosophischen Strömung beliebt wurde: «Zurück zu Kant». Die teils unbewußten, teils bewußten Vorstellungen, die zu diesem Ruf führten, sind etwa diese: Die Naturwissenschaft hat das Vertrauen zu dem selbständigen Denken erschüttert, das von sich aus zu den höchsten Daseinsfragen vordringen will. Wir können uns aber doch bei den bloßen naturwissenschaftlichen Ergebnissen nicht beruhigen. Denn sie führen über die Außenseite der Dinge nicht hinweg. Es muß hinter dieser Außenseite noch verborgene Daseinsgründe geben. Hat ja doch die Naturwissenschaft selbst gezeigt, daß die Welt der Farben, Töne usw., die uns umgibt, nicht eine Wirklichkeit draußen in der objektiven Welt ist, sondern daß sie hervorgebracht ist durch die Einrichtung unserer Sinne und unseres Gehirns. (Vgl. oben S. 89ff.) Man muß also die Fragen stellen: Inwiefern weisen die naturwissenschaftlichen Ergebnisse über sich selbst hinaus zu höheren Aufgaben? Welches ist das Wesen unseres Erkennens? Kann dieses Erkennen zur Lösung dieser höheren Aufgaben führen? Kant hatte in eindringender Weise solche Fragen gestellt. Man wollte sehen, wie er es gemacht hat, um ihnen gegenüber Stellung zu nehmen. Man wollte in aller Schärfe Kants Gedankengänge nachdenken, um durch Fortführung seiner Ideen, durch Vermeidung seiner Irrtümer einen Ausweg aus der Ratlosigkeit zu finden.

Eine Reihe von Denkern mühte sich ab, von Kantschen Ausgangspunkten aus zu irgendeinem Ziele zu kommen. Die bedeutendsten unter ihnen sind *Hermann Cohen* (1842–1918), *Otto Liebmann* (1840–1912), *Wilhelm Windelband* (1848 bis 1915), *Johannes Volkelt* (1848–1930), *Benno Erdmann* (1851 bis 1921). Es ist viel Scharfsinn in den Schriften dieser Männer zu finden. Eine große Arbeit ist daran gewendet worden, die Natur und Tragweite der menschlichen Erkenntnisfähigkeit zu untersuchen. *Johannes Volkelt,* der, insofern er als Erkenntnistheoretiker sich betätigt, ganz in dieser Strömung lebt, auch selbst ein gründliches Werk über Kants «Erkenntnistheorie» (1879) geliefert hat, und der aus dieser Strömung heraus ein Buch über «Erfahrung und Denken» (1886) geschrieben hat, in dem alle diese Vorstellungsart bestimmenden Fragen erörtert werden, hat 1884 beim Antritt seines Lehramtes in Basel eine Rede gehalten, in welcher er ausspricht, daß alles Denken, das über die Ergebnisse der einzelnen Tatsachenwissenschaften hinausgeht, den «unruhigen Charakter des Suchens und Nachspürens, des Probierens, Abwehrens und Zugestehens an sich» haben müsse; «es ist ein Vorwärtsgehen, das doch wieder teilweise zurückweicht; ein Nachgeben, das doch wieder bis zu einem gewissen Grade zugreift». (Volkelt, Über die Möglichkeit der Metaphysik, Hamburg und Leipzig, 1884.) – Scharf nuanciert erscheint die neuere Anknüpfung an Kant bei *Otto Liebmann.* Seine Schriften «Zur Analysis der Wirklichkeit» (1876),

«Gedanken und Tatsachen» (1882), «Die Klimax der Theorien» (1884) sind wahre Musterbeispiele philosophischer Kritik. Ein ätzender Verstand deckt da in genialischer Weise Widersprüche in den Gedankenwelten auf, zeigt Halbheiten in sicher erscheinenden Urteilen und rechnet gründlich den einzelnen Wissenschaften vor, was sie Unbefriedigendes enthalten, wenn ihre Ergebnisse vor ein höchstes Denktribunal gestellt werden. Liebmann rechnet dem Darwinismus seine Widersprüche vor; er zeigt seine nicht ganz begründeten Annahmen und seine Gedankenlücken. Er sagt, daß etwas da sein muß, das über die Widersprüche hinwegführt, das die Lücken ausfüllt, das die Annahmen begründet. Er schließt einmal die Betrachtung, die er der Natur der Lebewesen widmet, mit den Worten: «Der Umstand, daß Pflanzensamen trotz äonenlangen Trockenliegens seine Keimfähigkeit nicht verliert, daß zum Beispiel die in ägyptischen Mumiensärgen aufgefundenen Weizenkörner, nachdem sie Jahrtausende hindurch hermetisch begraben gewesen sind, heute in feuchten Acker gesät aufs vortrefflichste gedeihen; daß ferner Rädertierchen und andere Infusorien, die man ganz vertrocknet aus der Dachrinne aufgesammelt hat, bei Befeuchtung mit Regenwasser neubelebt umherwimmeln; ja daß Frösche und Fische, die im gefrierenden Wasser zu festen Eisklumpen erstarrt sind, bei sorgfältigem Auftauen das verlorene Leben wiedergewinnen; – dieser Umstand läßt ganz entgegengesetzte Deutungen zu. ... Kurz: jedes kategorische Absprechen in dieser Angelegenheit wäre plumper Dogmatismus. Daher brechen wir hier ab.» Dieses «Daher brechen wir hier ab» ist im Grunde, wenn auch nicht dem Worte, doch dem Sinne nach, der Schlußgedanke jeder Liebmannschen Betrachtung. Ja, es ist das Schlußergebnis vieler neuer Anhänger und Bearbeiter des Kantianismus. – Die Bekenner dieser Richtung kommen nicht darüber hinaus, zu betonen, daß sie die Dinge in ihr Bewußtsein aufnehmen, daß also alles, was sie sehen, hören usw. nicht draußen in der Welt, sondern drinnen in ihnen selbst ist, und daß sie folglich über das, was draußen ist, nichts ausmachen können. Vor mir steht ein Tisch, – sagt sich der Neukantianer. Doch nein, das scheint nur so. Nur wer naiv ist in bezug auf

Weltanschauungsfragen, kann sagen: Außer mir ist ein Tisch. Wer die Naivität abgelegt hat, sagt sich: Irgend etwas Unbekanntes macht auf mein Auge einen Eindruck; dieses Auge und mein Gehirn machen aus diesem Eindruck eine braune Empfindung. Und weil ich die braune Empfindung nicht nur in einem einzigen Punkte habe, sondern mein Auge hinschweifen lassen kann über eine Fläche und über vier säulenartige Gebilde, so formt sich mir die Braunheit zu einem Gegenstand, der eben der Tisch ist. Und wenn ich den Tisch berühre, so leistet er mir Widerstand. Er macht einen Eindruck auf meinen Tastsinn, den ich dadurch ausdrücke, daß ich dem vom Auge geschaffenen Gebilde eine Härte zuschreibe. Ich habe also auf Anlaß irgendeines «Dinges an sich», das ich nicht kenne, aus mir heraus den Tisch geschaffen. Der Tisch ist meine Vorstellung. Er ist nur in meinem Bewußtsein. Volkelt stellt diese Ansicht an den Beginn seines Buches über Kants Erkenntnistheorie: «Der erste Fundamentalsatz, den sich der Philosoph zu deutlichem Bewußtsein zu bringen hat, besteht in der Erkenntnis, daß unser Wissen sich zunächst auf nichts weiter als auf unsere Vorstellungen erstreckt. Unsere Vorstellungen sind das Einzige, das wir unmittelbar erfahren, unmittelbar erleben; und eben weil wir sie unmittelbar erfahren, deswegen vermag uns auch der radikalste Zweifel das Wissen von denselben nicht zu entreißen. Dagegen ist das Wissen, das über mein Vorstellen – ich nehme diesen Ausdruck hier überall im weitesten Sinne, so daß alles psychische Geschehen darunter fällt – hinausgeht, vor dem Zweifel nicht geschützt. Daher muß zu Beginn des Philosophierens alles über die Vorstellungen hinausgehende Wissen ausdrücklich als bezweifelbar hingestellt werden.» Otto Liebmann verwendet diesen Gedanken auch dazu, die Behauptung zu verteidigen: Der Mensch könne ebensowenig wissen, ob die von ihm vorgestellten Dinge außerhalb seines Bewußtseins nicht seien, wie er wissen könne, ob sie seien. «Gerade deshalb, weil in der Tat kein vorstellendes Subjekt aus der Sphäre seines subjektiven Vorstellens hinaus kann; gerade deshalb, weil es nie und nimmermehr mit Überspringung des eigenen Bewußtseins, unter Emanzipation von sich selber, dasjenige zu erfassen und zu konstatieren imstande ist, was jenseits und außerhalb seiner Subjektivität existieren oder nicht existieren mag; gerade deshalb ist es ungereimt, behaupten zu wollen, daß das vorgestellte Objekt außerhalb der subjektiven Vorstellung nicht da sei.» (O. Liebmann, Zur Analysis der Wirklichkeit, S. 28.)

Sowohl Volkelt wie Liebmann sind aber doch bemüht, nachzuweisen, daß der Mensch innerhalb seiner Vorstellungswelt etwas vorfindet, das nicht bloß beobachtet, wahrgenommen, sondern zu dem Wahrgenommenen hinzugedacht ist, und das auf das Wesen der Dinge wenigstens hindeutet. Volkelt ist der Ansicht, daß es eine Tatsache innerhalb des Vorstellungslebens selbst gibt, die hinausweist über das bloße Vorstellungsleben, auf etwas, das außerhalb dieses Vorstellungslebens liegt. Diese Tatsache ist die, daß sich gewisse Vorstellungen dem Menschen mit logischer Notwendigkeit aufdrängen. In seiner 1906 erschienenen Schrift «Die Quellen der menschlichen Gewißheit» liest man (S. 3) die Volkeltsche Ansicht: «Fragt man, worauf die Gewißheit unseres Erkennens beruht, so stößt man auf zwei Ursprünge, auf zwei Gewißheitsquellen. Mag auch ein noch so inniges Zusammenwirken beider Gewißheitsweisen nötig sein, wenn Erkenntnis entstehen soll, so ist es doch unmöglich, die eine auf die andere zurückzuführen. Die eine Gewißheitsquelle ist die Selbstgewißheit des Bewußtseins, das Innesein meiner Bewußtseinstatsachen. So wahr ich Bewußtsein bin, so wahr bezeugt mir mein Bewußtsein das Vorhandensein gewisser Verläufe und Zustände, gewisser Inhalte und Formen. Ohne diese Gewißheitsquelle gäbe es überhaupt kein Erkennen; sie gibt uns den Stoff, aus dessen Bearbeitung alle Erkenntnisse allererst hervorgehen. Die andere Gewißheitsquelle ist die Denknotwendigkeit, die Gewißheit des logischen Zwanges, das sachliche Notwendigkeitsbewußtsein. Hiermit ist etwas schlechtweg Neues gegeben, das sich aus der Selbstgewißheit des Bewußtseins unmöglich gewinnen läßt.» Über diese zweite Gewißheitsquelle spricht sich Volkelt in seiner früher genannten Schrift in folgender Art aus: «Die unmittelbare Erfahrung läßt uns in der Tat erleben, daß gewisse Begriffsverknüpfungen eine höchst eigentümliche Nötigung bei sich führen, welche von allen anderen Arten der Nötigung, von denen Vorstellungen begleitet sind, wesentlich unterschieden ist. Diese Nötigung zwingt uns, gewisse Begriffe nicht nur als in dem bewußten Vorstellen notwendig zusammengehörig zu denken, sondern auch eine entsprechende objektive, unabhängig von den bewußten Vorstellungen existierende notwendige Zusammengehörigkeit anzunehmen. Und ferner zwingt uns diese Nötigung nicht etwa in der Weise, daß sie uns sagte, es wäre, falls das von ihr Vorgeschriebene nicht stattfände, um unsere moralische Befriedigung oder um unser inneres Glück, unser Heil usw. geschehen, sondern ihr Zwang enthält dies, daß das objektive Sein sich in sich selbst aufheben, seine Existenzmöglichkeit verlieren müßte, wenn das Gegenteil von dem, was sie vorschreibt, bestehen sollte. Das Ausgezeichnete dieses Zwanges besteht also darin, daß der Gedanke, es soll das Gegenteil der sich uns aufdrängenden Notwendigkeit existieren, sich uns unmittelbar als eine Forderung, daß sich die Realität gegen ihre Existenzbedingungen empören solle, kundtut. Wir bezeichnen bekanntlich diesen eigentümlichen unmittelbar erlebten Zwang als logischen Zwang, als Denknotwendigkeit. Das logisch Notwendige offenbart sich uns unmittelbar als ein Ausspruch der Sache selbst. Und zwar ist es die eigentümliche sinnvolle Bedeutung, die vernunftvolle Durchleuchtung, die alles Logische enthält, wodurch mit unmittelbarer Evidenz für die sachliche, reale Geltung der logischen Begriffsverknüpfungen gezeugt wird.» (Volkelt, Kants Erkenntnistheorie, S. 208 f.) Und Otto Liebmann legt gegen das Ende seiner Schrift «Die Klimax der Theorien» das Bekenntnis ab, daß, seiner Ansicht nach, das ganze Gedankengebäude menschlicher Erkenntnis, vom Erdgeschoß der Beobachtungswissenschaft bis in die luftigsten Regionen höchster Weltanschauungshypothesen, durchzogen ist von Gedanken, die über die Wahrnehmung hinausweisen, und daß die «Wahrnehmungsbruchstücke erst nach Maßgabe bestimmter Verfahrungsarten des Verstandes durch außerordentlich viel Nichtbeobachtetes ergänzt, verbunden, in fester Ordnung aneinandergereiht werden müssen.» Wie kann man aber dem menschlichen Denken die Fähigkeit absprechen, aus sich heraus, durch eigene Tätigkeit etwas zu erkennen, wenn es schon zur Ordnung der beobachteten Wahrnehmungstatsachen diese seine eigene Tätigkeit zu Hilfe rufen muß? Der Neukantianismus ist in einer sonderbaren Lage. Er möchte innerhalb des Bewußtseins, innerhalb des Vorstellungslebens bleiben, muß sich aber gestehen, daß er in diesem «Innerhalb» keinen Schritt machen kann, der ihn nicht links und rechts hinausführte. Otto Liebmann schließt das zweite seiner Hefte «Gedanken und Tatsachen» so: «Wenn einerseits, aus dem Gesichtspunkt der Naturwissenschaft betrachtet, der Mensch nichts weiter wäre als belebter Staub, so ist andererseits, aus dem allein uns unmittelbar zugänglichen, unmittelbar gegebenen Gesichtspunkt betrachtet, die ganze im Raum und in der Zeit erscheinende Natur ein anthropozentrisches Phänomen.»

Trotzdem die Anschauung, daß die Beobachtungswelt nur menschliche Vorstellung ist, sich selbst auslöschen muß, wenn sie richtig verstanden wird, sind ihre Bekenner zahlreich. Sie wird in den verschiedensten Schattierungen im Laufe der letzten Jahrzehnte des Jahrhunderts immer wiederholt. *Ernst Laas* (1837–1885) vertritt energisch den Standpunkt, daß nur positive Wahrnehmungstatsachen innerhalb der Erkenntnis verarbeitet werden dürfen. *Aloys Riehl* (1844–1924) erklärt, weil er von derselben Grundanschauung ausgeht, daß es überhaupt keine allgemeine Weltanschauung geben könne, sondern daß alles, was über die einzelnen Wissenschaften hinausgeht, nichts anderes sein dürfe, als eine Kritik der Erkenntnis. Erkannt wird nur in den einzelnen Wissenschaften; die Philosophie hat die Aufgabe, zu zeigen, wie erkannt wird, und darüber zu wachen, daß das Denken nur ja nichts in das Erkennen einmische, was sich durch die Tatsachen nicht rechtfertigen lasse. Am radikalsten ist *Richard Wahle* in seinem Buche «Das Ganze der Philosophie und ihr Ende» vorgegangen (1894). Er sondert in der denkbar scharfsinnigsten Weise aus der Erkenntnis alles aus, was durch den menschlichen Geist zu den «Vorkommnissen» der Welt hinzugebracht ist. Zuletzt steht dieser Geist da in dem Meere der vorüberflutenden Vorkommnisse, sich selbst in diesem Meere als ein solches Vorkommnis schauend und nirgends einen Anhaltspunkt findend, sich über die Vorkommnisse sinnvoll aufzuklären. Dieser Geist müßte ja seine eigene Kraft anspannen, um von sich aus die Vorkommnisse zu ordnen. Aber dann ist es ja er selbst, der diese Ordnung in die Natur bringt. Wenn er etwas über das Wesen der Vorkommnisse sagt, dann hat er es nicht aus den Dingen, sondern aus sich genommen. Er könnte das nur, wenn er sich zugestünde, daß in seinem eigenen Tun etwas Wesenhaftes sich abspielte, wenn er annehmen dürfte, daß es auch für die Dinge etwas bedeutet, wenn er etwas sagt. Dieses Vertrauen darf im Sinne der Weltanschauung Wahles der Geist nicht haben. Er muß die Hände in den Schoß legen und zusehen, was um ihn und in ihm abflutet; und er prellte sich selbst, wenn er auf eine Anschauung etwas gäbe, die er sich über die Vorkommnisse bildet. «Was könnte der Geist, der, ins Weltgehäuse spähend und in sich die Fragen nach dem Wesen und dem Ziele des Geschehens herumwälzte, endlich als Antwort finden? Es ist ihm widerfahren, daß er, wie er so scheinbar im Gegensatze zur umgebenden Welt dastand, sich auflöste und in einer Flucht von Vorkommnissen mit allen Vorkommnissen zusammenfloß. Er ‹wußte› nicht mehr die Welt; er sagte, ich bin nicht sicher, daß Wissende da sind, sondern Vorkommnisse sind da schlechthin. Sie kommen freilich in solcher Weise, daß der Begriff eines Wissens vorschnell, ungerechtfertigt entstehen konnte. ... Und ‹Begriffe› huschten empor, um Licht in die Vorkommnisse zu bringen, aber es waren Irrlichter, Seelen der Wünsche nach Wissen, erbärmliche, in ihrer Evidenz nichtssagende Postulate einer unausgefüllten Wissensform. Unbekannte Faktoren müssen im Wechsel walten. Über ihre Natur war Dunkel gebreitet, Vorkommnisse sind der Schleier des Wahrhaften. ...» Wahle schließt sein Buch, das die «Vermächtnisse» der Philosophie an die einzelnen Wissenschaften darstellen soll, an Theologie, Physiologie, Ästhetik und Staatspädagogik, mit den Worten: «Möge die Zeit anbrechen, in der man sagen wird, einst war Philosophie.»

Wahles genanntes Buch (wie seine anderen: «Geschichtlicher Überblick über die Entwickelung der Philosophie», 1894, «Über den Mechanismus des geistigen Lebens», 1906) ist eines der bedeutsamsten Symptome der Weltanschauungsentwickelung im neunzehnten Jahrhundert. Die Vertrauenslosigkeit gegenüber dem Erkennen, die von Kant ihren Ausgangspunkt nimmt, endet für eine Gedankenwelt, wie sie bei Wahle auftritt, mit dem vollständigen Unglauben an alle Weltanschauung.

WELTANSCHAUUNGEN DER WISSENSCHAFTLICHEN TATSÄCHLICHKEIT

Ein Versuch, von der bloßen Grundlage der strengen Wissenschaft aus eine Gesamtansicht über die Welt und das Leben zu gewinnen, wurde im Verlaufe des neunzehnten Jahrhunderts in Frankreich durch *Auguste Comte* (1798–1857) unternommen. Dieses Unternehmen, das in Comtes «Cours de philosophie positive» (6 Bände, 1830–1842) ein umfassendes Weltbild gezeigt hat, steht in schroffem Gegensatze zu den idealistischen Ansichten Fichtes, Schellings, Hegels in der ersten Jahrhunderthälfte, wie auch in einem, zwar minder starken, aber doch deutlichen zu allen Gedankengebäuden, die aus den Lamarck-Darwinschen Entwickelungsideen ihre Ergebnisse nehmen. Was bei Hegel im Mittelpunkt aller Weltanschauung steht, die Betrachtung und Erfassung des eigenen Geistes im Menschen: sie lehnt Comte vollständig ab. Er sagt sich: Wollte der menschliche Geist sich selbst betrachten, so müßte er sich ja geradezu in zwei Persönlichkeiten teilen; er müßte aus sich herausschlüpfen, und sich sich selbst gegenüberstellen. Schon die Psychologie, die sich nicht in der physiologischen Betrachtung erschöpft, sondern die geistigen Vorgänge für sich betrachten will, läßt Comte nicht gelten. Alles, was Gegenstand der Erkenntnis werden will, muß sich auf objektive Zusammenhänge der Tatsachen beziehen, muß sich so objektiv darstellen wie die Gesetze der mathematischen Wissenschaften. Und hieraus ergibt sich auch der Gegensatz Comtes zu dem, was Spencer und die auf Lamarck und Darwin bauenden naturwissenschaftlichen Denker mit ihren Weltbildern versucht haben. Für Comte ist die menschliche Art als feststehend und unveränderlich gegeben; er will von der Theorie Lamarcks nichts wissen. Einfache, durchsichtige Naturgesetze, wie sie die Physik bei ihren Erscheinungen anwendet, sind ihm Ideale der Erkenntnis. Solange eine Wissenschaft noch nicht mit solchen einfachen Gesetzen arbeitet, ist sie für Comte als Erkenntnis unbefriedigend. Er ist ein mathematischer Kopf.

Und was sich nicht durchsichtig und einfach wie ein mathematisches Problem behandeln läßt, ist ihm noch unreif für die Wissenschaft. Comte hat keine Empfindung dafür, daß man um so lebensvollere Ideen braucht, je mehr man von den rein mechanischen und physikalischen Vorgängen zu den höheren Naturgebilden und zum Menschen heraufsteigt. Seine Weltanschauung gewinnt dadurch etwas Totes, Starres. Die ganze Welt stellt sich wie das Räderwerk einer Maschine dar. Comte sieht überall am Lebendigen vorbei; er treibt das Leben und den Geist aus den Dingen heraus und erklärt dann lediglich, was an ihnen mechanisch, maschinenmäßig ist. Das inhaltvolle geschichtliche Leben des Menschen nimmt sich in seiner Darstellung aus wie das Begriffsbild, das der Astronom von den Bewegungen der Himmelskörper entwirft. Comte hat eine Stufenleiter der Wissenschaften aufgebaut. Mathematik ist die unterste Stufe; dann folgen Physik, Chemie, dann die Wissenschaft der Lebewesen; den Abschluß bildet die Soziologie, die Erkenntnis der menschlichen Gesellschaft. Sein Bestreben geht dahin, alle diese Wissenschaften so einfach zu machen, wie die Mathematik ist. Die Erscheinungen, mit denen sich die einzelnen Wissenschaften beschäftigen, seien immer andere; die Gesetze seien im Grunde immer dieselben.

*

Die Wellen, die *Holbachs, Condillacs* und anderer Gedanken geschlagen, sind noch deutlich vernehmbar in den Vorlesungen über das «Verhältnis der Seele zum Körper», die *Pierre Jean Georges Cabanis* (1757–1808) 1797 bis 1798 an der vom Konvent errichteten Hochschule zu Paris hielt. Dennoch dürften diese Vorträge als der Anfang der Weltanschauungsentwickelung Frankreichs im neunzehnten Jahrhundert bezeichnet werden. Es spricht sich in ihnen ein deutliches Bewußtsein davon aus, daß die Betrachtungsweise Condillacs für die Erscheinungen des Seelenlebens doch zu stark den Anschauungen nachgebildet sei, die man von dem Zustandekommen rein mechanischer Vorgänge der unorganischen Natur hat. Cabanis untersucht den Einfluß des Lebensalters, des Geschlechts, der Lebensweise, des Temperamentes auf die Denk- und Empfindungsweise des Menschen. Er bildet die Vorstellung aus, daß sich Geistiges und Körperliches nicht wie zwei Wesenheiten gegenüberstehen, die nichts miteinander gemein haben, sondern daß sie ein untrennbares Ganzes ausmachen. Was ihn von seinen Vorgängern unterscheidet, ist nicht die Grundanschauung, sondern die Art, wie er diese ausbaut. Jene tragen die Anschauungen, die in der unorganischen Welt gewonnen sind, einfach in die geistige hinein; Cabanis sagt sich: Betrachten wir zunächst so unbefangen, wie wir das Unorganische ansehen, auch die Geisteswelt; dann wird sie uns sagen, wie sie sich zu den übrigen Naturerscheinungen stellt. – In ähnlicher Weise verfuhr *Destutt de Tracy* (1754–1836). Auch er wollte die geistigen Vorgänge zunächst unbefangen betrachten, wie sie sich darstellen, wenn man ohne philosophisches, aber auch ohne naturwissenschaftliches Vorurteil an sie herantritt. Man gibt sich, nach der Meinung dieses Denkers, einem Irrtum hin, wenn man die Seele sich so automatisch vorstellt, wie das Condillac und seine Anhänger getan haben. Man kann diese Automatenhaftigkeit nicht mehr aufrecht erhalten, wenn man sich aufrichtig selbst betrachtet. Wir finden in uns keinen Automaten, nicht ein Wesen, das bloß von außen her am Gängelbande geführt wird. Wir finden in uns stets Selbsttätigkeit und Eigenwesen. Ja, wir wüßten von Wirkungen der Außenwelt gar nichts, wenn wir nicht in unserem Eigenleben eine Störung durch Zusammenstöße mit der Außenwelt empfänden. Wir erleben uns selbst; wir entwickeln aus uns unsere Tätigkeit; aber indem wir dieses tun, stoßen wir auf Widerstand; wir merken, daß nicht nur wir da sind, sondern auch noch etwas, das sich uns widersetzt, eine Außenwelt.

Obgleich ausgehend von Destutt de Tracy führte die Selbstbeobachtung der Seele auf ganz andere Wege zwei Denker: *Maine de Biran* (1766–1824) und *André-Marie Ampère* (1775 bis 1836). Biran ist ein feinsinniger Beobachter des menschlichen Geistes. Was bei Rousseau wie eine tumultuarisch auftretende, nur von einer willkürlichen Laune hervorgerufene Betrachtungsweise erscheint, das tritt uns bei ihm als klares, inhaltsvolles Denken entgegen. Was in dem Menschen durch die Natur seiner Wesenheit, durch sein Temperament ist, und was er durch sein tätiges Eingreifen aus sich macht, seinen Charakter: diese beiden Faktoren seines Innenlebens macht Biran als tief denkender Psychologe zum Gegenstand seiner Betrachtungen. Er sucht die Verzweigungen und Wandlungen des Innenlebens auf; im Innern des Menschen findet er den Quell der Erkenntnis. Die Kräfte, die wir in unserm Innern kennenlernen, sind die intimen Bekannten unseres Lebens; und eine Außenwelt kennen wir doch nur insofern, als sie sich mehr oder weniger ähnlich und verwandt mit unserer Innenwelt darstellt. Was wüßten wir von Kräften in der Natur draußen, wenn wir nicht in der selbsttätigen Seele eine Kraft wirklich als Erlebnis kennenlernten und mit dieser daher vergleichen könnten, was uns in der Außenwelt Kraft-Ähnliches entgegentritt. Unermüdlich ist Biran daher in dem Aufsuchen der Vorgänge in der eigenen Seele des Menschen. Auf das Unwillkürliche, Unbewußte im Innenleben richtet er sein Augenmerk, auf die geistigen Vorgänge, die in der Seele schon da sind, wenn in ihr das Licht des Bewußtseins auftritt. – Birans Suchen nach Weisheit im Innern der Seele führte ihn in späteren Jahren zu einer eigenartigen Mystik. Wenn wir die tiefste Weisheit aus der Seele schöpfen, so müssen wir auch den Urgründen des Daseins dann am nächsten kommen, wenn wir uns in uns selbst vertiefen. Das Erleben der tiefsten Seelenvorgänge ist also ein Hineinleben in den Urquell des Daseins, in den Gott in uns.

Das Anziehende der Biranschen Weisheit liegt in der intimen Art, mit der er sie vorträgt. Er fand auch keine geeignetere Darstellungsform als die eines «Journal intim», eine tagebuchartige. Die Schriften Birans, die am tiefsten in seine Gedankenwelt führen, sind erst nach seinem Tode durch *E. Naville* herausgegeben worden. (Vgl. dessen «Maine de Biran. Sa vie et ses pensées», 1857, und die von Naville herausgegebenen «Oeuvres inédites de M. de Biran».) Cabanis, Destutt de Tracy gehörten als ältere Männer einem engeren Kreise von Philosophen an, Biran lebte als jüngerer unter ihnen. – Zu denen, die schon bei

Birans Lebzeiten vollständig in dessen Anschauungen eingeweiht waren, gehörte Ampère, der als Naturforscher durch seine Erweiterung der Oerstedschen Beobachtungen über das Verhältnis von Elektrizität und Magnetismus bedeutend ist (vgl. oben S. 37). Birans Betrachtungsweise ist intimer, diejenige Ampères wissenschaftlich-methodischer. Dieser verfolgt einerseits, wie sich Empfindungen und Vorstellungen in der Seele verketten, und anderseits, wie der Geist mit Hilfe seines Denkens zu einer Wissenschaft von den Welterscheinungen gelangt.

Das Bedeutungsvolle dieser Weltanschauungsströmung, die sich zeitlich als eine Fortsetzung der Condillacschen Lehren darstellt, ist darin zu suchen, daß das Eigenleben der Seele entschieden betont wird, daß die Selbsttätigkeit der menschlichen Innenpersönlichkeit in den Vordergrund der Betrachtung rückt, und daß dabei dennoch alle die hier in Betracht kommenden Geister auf Erkenntnisse im streng naturwissenschaftlichen Sinne losarbeiten. Sie untersuchen den Geist naturwissenschaftlich; aber sie wollen seine Erscheinungen nicht von vornherein gleichstellen den anderen Vorgängen in der Natur. Und aus ihren mehr materialistischen Anfängen wird zuletzt ein Streben nach einer ausgesprochen zum Geiste neigenden Weltanschauung.

Victor Cousin (1792–1867) unternahm mehrere Reisen durch Deutschland und lernte durch dieselben die führenden Geister der idealistischen Epoche persönlich kennen. Den tiefsten Eindruck haben auf ihn Hegel und Goethe gemacht. Ihren Idealismus brachte er nach Frankreich. Er konnte für ihn wirken durch seine hinreißende Rednergabe, mit der er tiefen Eindruck machte, erst als Professor an der Ecole Normale (von 1814 ab), dann an der Sorbonne. Daß nicht durch die Betrachtung der Außenwelt, sondern durch diejenige des Menschengeistes ein befriedigender Weltanschauungsstandpunkt zu gewinnen ist, das hatte Cousin aus dem idealistischen Geistesleben herübergenommen. Auf die Selbstbeobachtung der Seele gründete er, was er sagen wollte. Und von Hegel hat er sich angeeignet, daß Geist, Idee, Gedanke nicht nur im Innern des Menschen, sondern auch draußen in der Natur und im Fortgange des geschichtlichen Lebens walten, daß Vernunft in der Wirklichkeit vorhanden ist. Er lehrte, daß in dem Charakter eines Volkes, eines Zeitalters nicht das blinde Ohngefähr, die Willkür einzelner Menschen herrschen, sondern daß sich ein notwendiger Gedanke, eine wirkliche Idee darinnen aussprechen, ja, daß ein großer Mann in der Welt nur als der Sendbote einer großen Idee erscheint, um sie innerhalb des Werdeganges der Geschichte zu verwirklichen. Es mußte auf seine französischen Zuhörer, die weltgeschichtliche Stürme ohnegleichen in den jüngsten Entwickelungsphasen ihres Volkes zu begreifen hatten, einen tiefen Eindruck machen, von einem glanzvollen Redner die Vernünftigkeit des geschichtlichen Werdens auf Grund großer Weltanschauungsgedanken dargelegt zu hören.

Energisch, zielbewußt stellt sich *Comte* in diesen Gang der französischen Weltanschauungsentwickelung hinein mit seinem Grundsatze: Nur in der Wissenschaftlichkeit, die von so strengen mathematischen und beobachteten Wahrheiten ausgeht wie die Physik oder die Chemie kann der Ausgangspunkt für eine Weltanschauung gesucht werden. Er kann nur ein solches menschliches Denken für reif gelten lassen, das sich zu dieser Anschauung durchgerungen hat. Um dahin zu kommen, mußte die Menschheit zwei Epochen der Unreife durchmachen, eine solche, in der sie an Götter glaubte, und eine folgende, in der sie sich abstrakten Ideen hingegeben hat. In dem Aufsteigen von der theologischen durch die idealistische zu der wissenschaftlichen Weltanschauung sieht Comte den notwendigen Entwickelungsgang der Menschheit. Im ersten Stadium dachte sich der Mensch in die Naturvorgänge menschenähnliche Götter hinein, welche diese Vorgänge so willkürlich zustandebringen wie der Mensch seine Verrichtungen. Später setzte er an die Stelle der Götter abstrakte Ideen, wie Lebenskraft, allgemeine Weltvernunft, Weltzweck und so weiter. Auch diese Entwickelungsphase muß einer höheren Platz machen. Es muß eingesehen werden, daß nur in der Beobachtung und in der streng mathematischen und logischen Betrachtung der Tatsachen eine Erklärung der Welterscheinungen gefunden werden kann. Nur was auf diesem Wege die Physik, die Chemie und die Wissenschaft von den Lebewesen (die Biologie) erforschen, hat das Denken zum

Zwecke einer Weltanschauung zu verbinden. Es hat zu dem, was die einzelnen Wissenschaften erforscht haben, nichts hinzuzufügen, wie es die Theologie mit ihren göttlichen Wesenheiten, die idealistische Philosophie mit ihren abstrakten Gedanken tun. Auch die Anschauungen über den Gang der Menschheitsentwickelung, über das Zusammenleben der Menschen im Staate, in der Gesellschaft usw. werden erst dann vollständig klar werden, wenn sie solche Gesetze suchen wie die strengen Naturwissenschaften. Die Ursachen, warum Familien, Verbände, Rechtsanschauungen, Staatseinrichtungen entstehen, müssen ebenso gesucht werden wie diejenigen, warum Körper zur Erde fallen, oder warum die Verdauungswerkzeuge des Tieres ihre Arbeit tun. Die Wissenschaft vom menschlichen Zusammenleben, von der menschlichen Entwickelung, die Soziologie, liegt daher Comte besonders auf der Seele. Ihr sucht er den strengen Charakter zu geben, den andere Wissenschaften allmählich angenommen haben. In dieser Richtung hat er an *Claude-Henri de Saint-Simon* (1760–1825) einen Vorgänger. Dieser schon stellte die Ansicht hin, daß der Mensch nur dann ein vollkommener Lenker seiner eigenen Geschicke sein werde, wenn er sein eigenes Leben im Staate, in der Gesellschaft, im Verlaufe der Geschichte im streng wissenschaftlichen Sinne auffasse und im Sinne eines naturgesetzlichen Werdens einrichte. Comte stand eine Zeitlang in vertraulichem Umgang mit Saint-Simon. Er trennte sich von ihm, als dieser sich mit seinen Ansichten in allerlei bodenlose Träumereien und Utopien zu verlieren schien. In der einmal eingeschlagenen Richtung arbeitete Comte mit seltenem Eifer weiter. Sein «Cours de philosophie positive» ist ein Versuch, im geistfremden Stil die wissenschaftlichen Errungenschaften seiner Zeit durch bloße orientierende Zusammenstellung und durch Ausbau der Soziologie in ihrem Geiste, ohne Zuhilfenahme theologischer oder idealistischer Gedanken zu einer Weltanschauung auszubauen. Dem Philosophen stellte Comte keine andere Aufgabe als die einer solchen orientierenden Zusammenstellung. Zu dem, was die Wissenschaften über den Zusammenhang der Tatsachen festgestellt haben, hat er aus Eigenem nichts hinzuzutun. Damit war in schärfster Art die Meinung zum Ausdruck gekommen, daß allein die Wissenschaften mit ihrer Beobachtung der Wirklichkeit, mit ihren Methoden mitzusprechen haben, wenn es sich um den Ausbau der Weltanschauung handelt.

*

Innerhalb des deutschen Geisteslebens trat als tatkräftiger Verfechter dieses Gedankens von einer Alleinberechtigung des wissenschaftlichen Denkens *Eugen Dühring* (1833–1921) im Jahre 1865 mit seiner «Natürlichen Dialektik» auf. In weiterer Ausführung legte er dann 1875 der Welt seine Ansichten in seinem Buche: «Kursus der Philosophie als streng wissenschaftlicher Weltanschauung und Lebensgestaltung», und in zahlreichen anderen mathematischen, naturwissenschaftlichen, philosophischen, wissenschaftsgeschichtlichen und national-ökonomischen Schriften dar. Dührings ganzes Schaffen geht aus einer im strengsten Sinne mathematischen und mechanistischen Denkweise hervor. In dem Durchdenken alles dessen, was sich in den Welterscheinungen mit mathematischer Gesetzmäßigkeit erreichen läßt, ist Dühring bewundernswert. Wo aber ein solches Denken nicht hinreicht, da verliert er jede Möglichkeit, sich im Leben zurechtzufinden. Aus diesem seinem geistigen Charakter heraus ist die Willkür, die Voreingenommenheit zu erklären, mit der Dühring so vieles beurteilt. Wo man nach höheren Ideen urteilen muß, wie in den komplizierten Verhältnissen des menschlichen Zusammenlebens, da hat er deshalb keinen anderen Anhaltspunkt als seine durch zufällige persönliche Verhältnisse in ihn gepflanzten Sympathien und Antipathien. Er, der mathematisch-objektive Kopf, verfällt in die völlige Willkür, wenn er menschliche Leistungen der geschichtlichen Vergangenheit oder der Gegenwart zu bewerten unternimmt. Seine nüchterne mathematische Vorstellungsart hat ihn dazu gebracht, eine Persönlichkeit, wie Goethe eine ist, als den unwissenschaftlichsten Kopf der neueren Zeit zu verketzern, dessen ganze Bedeutung sich, seiner Meinung nach, in einigen lyrischen Leistungen erschöpft. Man kann in der Unterschätzung alles dessen, was die nüchterne Wirklichkeit überschreitet, nicht weiter gehen, als dies

Dühring in seinem Buche «Die Größen der modernen Literatur» getan hat. Trotz dieser Einseitigkeit ist Dühring eine der anregendsten Gestalten der modernen Weltanschauungsentwickelung. Keiner, der sich in seine gedankenvollen Bücher vertieft hat, kann sich etwas anderes als dieses gestehen, daß er von ihnen tiefe Wirkungen empfangen hat.

Mit den derbsten Ausdrücken belegt Dühring alle Weltanschauungen, die von anderen als streng wissenschaftlichen Gesichtspunkten ausgehen. Alle solche unwissenschaftlichen Denkungsarten «begreifen sich im Stadium der kindischen Unreife oder in fieberhaften Anwandlungen, oder in den Rückbildungen der Greisenhaftigkeit, sie mögen unter diesen Voraussetzungen ganze Epochen und Teile der Menschheit oder gelegentlich einzelne Elemente oder verkommene Schichten der Gesellschaft heimsuchen, aber sie gehören stets in die Gebiete des Unreifen, des Pathologischen oder der bereits von der Fäulnis zersetzten Überreife» (Kursus der Philosophie S. 44). Was Kant, was Fichte, Schelling, Hegel geleistet haben, verurteilt er als Ausfluß charlatanhafter Professorenweisheit; der Idealismus als Weltanschauung ist ihm eine Theorie des Wahnsinns. Er will eine Wirklichkeitsphilosophie schaffen, die allein naturgemäß ist, weil sie «die künstlichen und naturwidrigen Erdichtungen beseitigt und zum erstenmal den Begriff der Wirklichkeit zum Maß aller ideellen Konzeptionen macht»; die Wirklichkeit wird von ihr «in einer Weise gedacht, die jede Anwandlung zu einer traumhaften und subjektivistisch beschränkten Weltvorstellung ausschließt». (Kursus der Philosophie S. 13.)

Man denke wie der richtige Mechaniker, der richtige Physiker denkt, der sich an das hält, was die Sinne wahrnehmen, der Verstand logisch kombinieren und die Rechnung feststellen können. Alles, was darüber hinausgeht, ist müßige Spielerei mit Begriffen. So sagt sich Dühring. Aber diesem Denken will er auch zu seinem vollkommenen Rechte verhelfen. Wer sich ausschließlich an dieses Denken hält, der kann sicher sein, daß es ihm Aufschlüsse über die Wirklichkeit gibt. Alles Nachsinnen darüber, ob wir mit unserem Denken auch tatsächlich in die Geheimnisse des Weltgeschehens dringen können, alle Forschungen, die wie die Kantschen das Erkenntnisvermögen begrenzen wollen, entspringen einer logischen Verkehrtheit. Man soll nicht in die aufopfernde Selbstverleugnung des Verstandes verfallen, die sich nicht wagt, etwas Positives über die Welt auszumachen. Was wir wissen können, ist eine wirkliche ungetrübte Darstellung des Wirklichen. «Das Ganze der Dinge hat eine systematische Gliederung und innere logische Konsequenz. Natur und Geschichte haben eine Verfassung und Entwickelung, deren Wesen zu einem großen Teil den allgemeinen logischen Beziehungen aller Begriffe entspricht. Die allgemeinen Eigenschaften und Verhältnisse der Denkbegriffe, mit denen sich die Logik beschäftigt, müssen auch für den besonders auszuzeichnenden Fall gelten, daß ihr Gegenstand die Gesamtheit des Seins nebst dessen Hauptgestalten ist. Da das allgemeinste Denken in einem weiten Umfange über das entscheidet, was sein und wie es sein kann, so müssen die obersten Grundsätze und Hauptformen der Logik auch für alle Wirklichkeit und deren Formen die maßgebende Bedeutung erhalten» (Kursus der Philosophie S. 11). Die Wirklichkeit hat sich in dem menschlichen Denken ein Organ geschaffen, durch das sie sich gedankenmäßig in einem ideellen Bilde wiedererzeugen, geistig nachschaffen kann. Die Natur ist überall von einer durchgängigen Gesetzmäßigkeit beherrscht, die durch sich selbst im Rechte ist, an der keine Kritik geübt werden kann. Wie sollte es einen Sinn haben, an der Tragweite des Denkens, des Organes der Natur, Kritik zu üben. Es ist eine Torheit, der Natur zuzumuten, daß sie sich ein Organ schafft, durch das sie sich nur unvollkommen oder lückenhaft spiegelte. Die Ordnung und Gesetzmäßigkeit draußen in der Wirklichkeit müssen daher der logischen Ordnung und Gesetzmäßigkeit im menschlichen Denken entsprechen. «Das ideelle System unserer Gedanken ist das Bild des realen Systems der objektiven Wirklichkeit; das vollendete Wissen hat in Form von Gedanken dieselbe Gestalt, welche die Dinge in der Form des wirklichen Daseins haben.» – Trotz dieser allgemeinen Übereinstimmung zwischen Denken und Wirklichkeit gibt es für das erstere doch die Möglichkeit, über die letztere hinauszugehen. Das Denken setzt in der Idee die Verrichtungen fort, die ihm von der Wirklichkeit aufgedrängt werden. In der Wirklichkeit ist jeder Körper teilbar, aber nur bis zu einer gewissen Grenze. Das Denken bleibt bei dieser Grenze nicht stehen, sondern teilt in der Idee noch weiter. Der Gedanke schweift über die Wirklichkeit hinaus; er läßt den Körper ins Unendliche teilbar sein, aus unendlich kleinen Teilen bestehen. In Wirklichkeit besteht dieser Körper nur aus einer ganz bestimmten endlichen Anzahl kleiner, aber nicht unendlich kleiner Teile. – Auf solche Art entstehen alle die Wirklichkeit überschreitenden Unendlichkeitsbegriffe. Man schreitet von jedem Ereignisse fort zu einem anderen, das dessen Ursache ist; von dieser Ursache wieder zu deren Ursache und so fort. Sogleich, wenn das Denken den Boden der Wirklichkeit verläßt, schweift es in eine Unendlichkeit. Es stellt sich vor, daß zu jeder Ursache wieder eine Ursache gesucht werden müsse, daß also die Welt ohne einen Anfang in der Zeit sei. Auch mit der Raumerfüllung verfährt das Denken auf ähnliche Weise. Es findet, wenn es den Himmelsraum durchmißt, außerhalb der fernsten Sterne immer noch andere; es geht über diese wirkliche Tatsache hinaus und stellt sich den Raum unendlich und erfüllt mit einer endlosen Zahl von Weltkörpern vor. Man müsse sich, meint Dühring, klar darüber sein, daß alle solche Unendlichkeitsvorstellungen mit der Wirklichkeit nichts zu tun haben. Sie entstehen nur dadurch, daß das Denken mit den Methoden, die innerhalb der Wirklichkeit dieser völlig entsprechen, diese überfliegt und dadurch ins Uferlose kommt.

Wenn das Denken sich dieses seines Auseinandergehens mit der Wirklichkeit bewußt bleibt, dann braucht es im übrigen, nach Dührings Ansicht, nicht zurückhaltend zu sein in der Übertragung von Begriffen, die dem menschlichen Tun entlehnt sind, auf die Natur. Dühring schreckt, von solchen Gesichtspunkten ausgehend, nicht einmal davor zurück, der Natur ebenso bei ihrem Schaffen Phantasie zuzuerkennen wie dem Menschen bei dem seinigen. «Die Phantasie» reicht in die Natur selbst hinab, sie «wurzelt, wie überhaupt alles Denken, in Regungen, die dem fertigen Bewußtsein vorausgehen, und selbst gar keine Elemente des subjektiv Empfundenen bilden» (Kursus der Philosophie S. 50). Der von Comte verteidigte Gedanke, daß alle Weltanschauung nichts weiter sein dürfe, als eine Zurechtlegung des rein Tatsächlichen, beherrscht Dühring so vollständig, daß er die Phantasie in die Tatsachenwelt verlegt, weil er glaubt, sie einfach ablehnen zu müssen, wenn sie nur im Gebiete des menschlichen Geistes auftrete. Von diesen Vorstellungen ausgehend, gelangt er auch noch zu anderen Übertragungen solcher Begriffe, die dem menschlichen Wirken entnommen sind, auf die Natur. Er denkt zum Beispiel nicht nur, der Mensch könne bei seinem Tun erfolglose Versuche machen, von denen er abläßt, weil sie nicht zum Ziel führen, sondern auch in den Verrichtungen der Natur sähe man Versuche nach dieser oder jener Richtung. «Der Charakter des Versuchsartigen in den Gestaltungen ist der Wirklichkeit nichts weniger als fremd, und man sieht nicht ein, warum man aus Gefälligkeit für eine oberflächliche Philosophie die Parallele der Natur außer dem Menschen und der Natur im Menschen nur zur Hälfte gelten lassen soll. ... Wenn der subjektive Irrtum des Denkens und Imaginierens aus der relativen Getrenntheit und Selbständigkeit dieser Sphäre hervorgeht, warum soll nicht auch ein praktischer Irrtum oder Fehlgriff der objektiven und nicht denkenden Natur die Folge einer verhältnismäßigen Absonderung und gegenseitigen Entfremdung ihrer verschiedenen Teile und Triebkräfte sein können? Eine wahre und nicht vor den gemeinen Vorurteilen zurückschreckende Philosophie wird schließlich den vollständigen Parallelismus und die durchgängige Einheit der Konstitution nach beiden Seiten hin anerkennen» (Kursus der Philosophie S. 51).

Dühring ist also nicht spröde, wenn es sich darum handelt, die Begriffe, die das Denken in sich erzeugt, auf die Wirklichkeit zu übertragen. Weil er aber, seiner ganzen Veranlagung nach, nur Sinn für mathematische Vorstellungen hat, so gewinnt auch das Bild, das er von der Welt entwirft, ein mathematisch-schematisches Gepräge. Der Betrachtungsweise, die sich durch Darwin und Haeckel ausgebildet hat, steht er ablehnend gegenüber. Für die Aufsuchung der Gründe, warum sich ein Wesen aus dem anderen entwickelt, hat er kein Verständnis. Der Mathematiker stellt doch auch die Gebilde: Dreieck, Viereck, Kreis,

Ellipse nebeneinander; warum sollte man sich nicht bei einem ähnlichen schematischen Nebeneinander in der Natur beruhigen? Nicht auf das Werden in der Natur, sondern auf die festen Gestaltungen, welche die Natur herausarbeitet durch Kombination ihrer Kräfte, geht Dühring los, wie der Mathematiker die bestimmten, streng umrissenen Raumgebilde betrachtet. Und Dühring findet es nicht unangemessen, der Natur auch ein zweckvolles Hinarbeiten auf solche feste Gebilde zuzuschreiben. Nicht als bewußtes Wirken, wie es sich beim Menschen ausbildet, stellt sich Dühring dieses zweckvolle Naturstreben vor; aber doch ist es ebenso deutlich in dem Tun der Natur ausgeprägt, wie die übrige Naturgesetzmäßigkeit. – Dührings Ansicht ist also in dieser Beziehung der entgegengesetzte Pol der von Friedrich Albert Lange vertretenen. Dieser erklärt die höheren Begriffe, namentlich alle, an denen die Phantasie einen Anteil hat, für berechtigte Dichtung; Dühring lehnt alle Dichtung in Begriffen ab, schreibt aber dafür gewissen, ihm unentbehrlichen höheren Ideen tatsächliche Wirklichkeit zu. Ganz folgerichtig erscheint es daher, wenn Lange die Grundlage der Moral allen in der Wirklichkeit wurzelnden Ideen entziehen will (vgl. oben S. 98 ff.), und auch, wenn Dühring Ideen, die er im Gebiete der Sittlichkeit für geltend hält, auch auf die Natur ausdehnt. Er ist eben vollkommen davon überzeugt, daß sich das, was im Menschen und durch den Menschen geschieht, ebenso natürlich abspielt wie die leblosen Vorgänge. Was also im Menschenleben richtig ist, kann in der Natur nicht falsch sein. Solche Erwägungen wirkten mit, um Dühring zum energischen Gegner der Darwinschen Lehre vom «Kampf ums Dasein» zu machen. Wenn in der Natur der Kampf aller gegen alle die Bedingung der Vervollkommnung wäre, so müßte er es auch im Menschenleben sein. «Eine solche Vorstellung, die sich obenein den Anstrich der Wissenschaftlichkeit gibt, ist das erdenklich Moralwidrigste von allem. Der Charakter der Natur wird auf diese Weise im antimoralischen Sinne gefaßt. Er gilt nicht bloß als gleichgültig gegen die bessere Menschenmoral, sondern geradezu als übereinstimmend und im Bunde mit derjenigen schlechten Moral, der auch die Gauner huldigen.» – Was der Mensch als moralische Antriebe empfindet, muß, im Sinne der Dühringschen Lebensanschauung, schon in der Natur veranlagt sein. In der Natur muß ein Hinzielen auf das Moralische beobachtet werden. Wie die Natur andere Kräfte schafft, die sich zweckmäßig zu festen Gebilden kombinieren, so legt sie in den Menschen sympathische Instinkte. Durch sie läßt er sich in seinem Zusammenleben mit den Nebenmenschen bestimmen. Im Menschen setzt sich also auf hoher Stufe die Tätigkeit der Natur fort. Den leblosen mechanischen Kräften schreibt Dühring das Vermögen zu, aus sich selbst, maschinenartig, die Empfindung zu erzeugen. «Die mechanische Kausalität der Naturkräfte wird in der Fundamentalempfindung sozusagen subjektiviert. Die Tatsache dieses elementaren Subjektivierungsvorgangs kann offenbar nicht weiter erklärt werden; denn irgendwo und unter irgendwelchen Bedingungen muß die bewußtlose Mechanik der Welt zum Gefühl ihrer selbst gelangen» (Kursus der Philosophie S. 147). Wenn sie aber dazu gelangt, dann beginnt nicht eine neue Gesetzmäßigkeit, ein Reich des Geistes, sondern es setzt sich nur fort, was schon in der bewußtlosen Mechanik vorhanden war. Diese Mechanik ist somit zwar bewußtlos, aber doch weise, denn «die Erde mit allem, was sie hervorbringt, nebst den außerhalb, namentlich in der Sonne liegenden Ursachen der Lebenserhaltung, sowie überhaupt einschließlich aller Einflüsse, die aus der umgebenden Gesamtwelt stammen, diese ganze Anlage und Einrichtung muß als wesentlich für den Menschen hergestellt, das heißt, als mit seinem Wohl in Übereinstimmung gedacht werden».

*

Dühring schreibt der Natur Gedanken zu, ja sogar Ziel und moralische Tendenzen, ohne zuzugeben, daß er sie damit idealisiert. Zur Naturerklärung gehören höhere, über das Wirkliche hinausgehende Ideen; solche darf es aber nach Dühring nicht geben; folglich deutet er sie zu Tatsachen um. Etwas Ähnliches lebte sich in der Weltanschauung *Julius Heinrich v. Kirchmanns* aus, der mit seiner «Philosophie des Wissens» um dieselbe Zeit auftrat (1864) wie Dühring mit seiner «Natürlichen Dialektik».

Nur das ist wirklich, was wahrgenommen wird: davon geht Kirchmann aus. Durch seine Wahrnehmung steht der Mensch mit dem Dasein in Verbindung. Alles, was der Mensch nicht aus der Wahrnehmung gewinnt, muß er aus seiner Erkenntnis des Wirklichen ausscheiden. Dies erreicht er, wenn er alles Widerspruchsvolle ablehnt. «Der Widerspruch ist nicht»; dies ist Kirchmanns zweiter Grundsatz neben dem ersten: «Das Wahrgenommene ist.»

Kirchmann läßt nur die Gefühle und die Begierden als solche Seelenzustände des Menschen gelten, die ein Dasein für sich haben. Das Wissen setzt er in Gegensatz zu diesen seienden Zuständen der Seele. «Das Wissen bildet zu den zwei andern Zuständen, zu dem Fühlen und Begehren, einen Gegensatz ... Es mag dem Wissen irgendein geistiger Vorgang, ja vielleicht ein Ähnliches, wie Druck, Spannung, zugrunde liegen; aber so aufgefaßt ist das Wissen nicht in seinem Wesen gefaßt. Als Wissen, und nur als solches ist es hier zu untersuchen, verbirgt es sein eigenes Sein und macht sich nur zu dem Spiegel eines fremden Seins. Es gibt kein besseres Gleichnis dafür, wie den Spiegel. So wie dieser um so vollkommener ist, je mehr er nicht sich selbst sehen läßt, sondern nur fremdes Sein abspiegelt, so auch das Wissen. Sein Wesen ist dieses reine Spiegeln eines fremden Seins, ohne Beimischung des eigenen seienden Zustandes.» Man kann sich allerdings keinen stärkeren Gegensatz gegen die Vorstellungsweise Hegels denken, als diese Anschauung vom Wissen. Während bei Hegel in dem Gedanken, also in dem, was die Seele durch ihre eigene Tätigkeit zu der Wahrnehmung hinzubringt, das Wesen einer Sache zum Vorschein kommt, stellt Kirchmann ein Ideal vom Wissen hin, in dem dieses ein von allen eigenen Zutaten der Seele befreites Spiegelbild der Wahrnehmungen ist.

Will man Kirchmanns Stellung im Geistesleben richtig beurteilen, so muß man die großen Schwierigkeiten in Betracht ziehen, die zur Zeit seines Auftretens jemand fand, der den Trieb in sich hatte, ein selbständiges Weltanschauungsgebäude aufzurichten. Die naturwissenschaftlichen Ergebnisse, die einen tiefgehenden Einfluß auf die Weltanschauungsentwickelung haben mußten, waren noch jung. Ihr Zustand reichte gerade hin, um den Glauben an die klassische, idealistische Weltanschauung zu erschüttern, die ihr stolzes Gebäude ohne die Hilfe der neueren Naturwissenschaft hatte aufführen müssen. Nicht leicht aber war es, der Fülle der Einzelergebnisse gegenüber in neuer Form zu orientierenden Grundgedanken zu kommen. Man verlor in weiten Kreisen den Faden, der von der wissenschaftlichen Tatsachenkenntnis zu einer befriedigenden Gesamtanschauung der Welt führte. Eine gewisse Ratlosigkeit in Weltanschauungsfragen bemächtigte sich vieler. Das Verständnis für einen Gedankenschwung, wie sich ein solcher in der Anschauung Hegels ausgelebt hatte, war kaum mehr zu finden.

MODERNE IDEALISTISCHE WELTANSCHAUUNGEN

Durch drei Denkerköpfe ist in der zweiten Hälfte des Jahrhunderts die naturwissenschaftliche Vorstellungsart mit den idealistischen Traditionen aus der ersten Jahrhunderthälfte dreimal zu Weltanschauungen verschmolzen worden, die eine scharfe individuelle Physiognomie tragen, durch *Hermann Lotze* (1817 bis 1881), *Gustav Theodor Fechner* (1801–1887) und *Eduard von Hartmann* (1842–1906).

Lotze trat in seiner 1843 veröffentlichten Arbeit über «Leben und Lebenskraft» (in R. Wagners Handwörterbuch der Physiologie) mit Entschiedenheit gegen den Glauben auf, daß in den Lebewesen eine besondere Kraft, die Lebenskraft, vorhanden sei, und verteidigte den Gedanken, daß die Lebenserscheinungen nur durch komplizierte Vorgänge von der Art zu erklären sind, wie sie sich auch in der leblosen Natur abspielen. Er stellte sich in dieser Beziehung also durchaus auf die Seite der neueren naturwissenschaftlichen Vorstellungsart, die den alten Gegensatz zwischen dem Leblosen und dem Lebendigen zu überbrücken suchte. Im Sinne eines solchen Gesichtspunktes sind seine Werke gehalten, die naturwissenschaftliche Dinge behandeln: seine «Allgemeine Pathologie und Therapie als mechanische Naturwissenschaften» (1842) und «Allgemeine Physiologie des körperlichen Lebens» (1851). *Fechner* lieferte in seinen «Elementen der Psychophysik» (1860) und in seiner «Vorschule der Ästhetik» (1876) Werke, die den Geist streng naturwissenschaftlicher Vorstellungsart in sich tragen, und zwar auf Gebieten, die vor ihm fast ausnahmslos im Sinne einer idealistischen Denkweise bearbeitet worden waren. Lotze und Fechner hatten aber das entschiedene Bedürfnis, über die naturwissenschaftliche Betrachtungsart hinaus sich eine idealistische Gedankenwelt zu erbauen. Lotze wurde zu einer solchen durch die Beschaffenheit seines Gemütes gedrängt, das von ihm nicht nur ein denkendes Verfolgen der natürlichen Gesetzmäßigkeit in der Welt forderte, sondern das ihn in allen Dingen und Vorgängen Leben und Innerlichkeit von der Art suchen ließ, wie sie der Mensch selbst in seiner Brust empfindet. Er will «beständig gegen die Vorstellungen streiten, die von der Welt nur die eine und geringere Hälfte kennen wollen, nur das Entfalten von Tatsachen zu neuen Tatsachen, von Formen zu neuen Formen, aber nicht die beständige Wiederverinnerlichung all dieses Äußerlichen zu dem, was in der Welt allein Wert hat und Wahrheit, zu der Seligkeit und Verzweiflung, der Bewunderung und dem Abscheu, der Liebe und dem Haß, zu der fröhlichen Gewißheit und der zweifelnden Sehnsucht, zu all dem namenlosen Hangen und Bangen, in welchem das Leben verläuft, das allein Leben zu heißen verdient». Lotze hat wie so viele das Gefühl, daß das menschliche Bild der Natur kalt und nüchtern wird, wenn wir in dasselbe nicht Vorstellungen hineintragen, die der menschlichen Seele entnommen sind. (Vgl. oben S. 51.) Was bei Lotze eine Folge seiner Gemütsanlage ist, das erscheint bei Fechner als Ergebnis einer reich entwickelten Phantasie, die so wirkt, daß sie von einer logischen Erfassung der Dinge stets zu einer poesievollen Auslegung derselben führt. Er kann nicht als naturwissenschaftlicher Denker bloß die Entstehungsbedingungen des Menschen suchen, und die Gesetze, die diesen nach einer gewissen Zeit wieder sterben lassen. Ihm werden Geburt und Tod zu Ereignissen, die seine Phantasie zu einem Leben vor der Geburt, und zu einem solchen nach dem Tode leiten. «Der Mensch» – so führt Fechner in dem «Büchlein vom Leben nach dem Tode» aus – «lebt auf der Erde nicht einmal, sondern dreimal. Seine erste Lebensstufe ist ein steter Schlaf, die zweite eine Abwechslung zwischen Schlaf und Wachen, die dritte ein ewiges Wachen. – Auf der ersten Stufe lebt der Mensch einsam im Dunkel; auf der zweiten lebt er gesellig, aber gesondert neben und zwischen andern in einem Lichte, das ihm die Oberfläche abspiegelt; auf der dritten verflicht sich sein Leben mit dem von andern Geistern zu einem höhern Leben in dem höchsten Geiste und schaut er in das Wesen der endlichen Dinge. – Auf der ersten Stufe entwickelt sich der Körper aus dem Keime und erschafft sich seine Werkzeuge für die zweite; auf der zweiten entwickelt sich der Geist aus dem Keime und erschafft sich seine Werkzeuge für die dritte; auf der dritten entwickelt sich der göttliche Keim, der in jedes Menschen Geiste liegt und schon hier in ein für uns dunkles, für den Geist der dritten Stufe tageshelles, Jenseits durch Ahnung, Glaube, Gefühl und Instinkt des Genius über den Menschen hinausweist. – Der Übergang von der ersten zur zweiten Lebensstufe heißt Geburt; der Übergang von der zweiten zur dritten heißt Tod.»

Lotze hat eine Auslegung der Welterscheinungen, wie sie den Bedürfnissen seines Gemütes entspricht, in seinem Werke «Mikrokosmos» (1856–1864) und in seinen Schriften «Drei Bücher der Logik» (1874) und «Drei Bücher Metaphysik» (1879) gegeben. Auch sind die Nachschriften der Vorträge erschienen, die er über die verschiedenen Gebiete der Philosophie gehalten hat. Sein Verfahren stellt sich dar als ein Verfolgen der streng natürlichen Gesetzmäßigkeit in der Welt, und ein nachheriges Zurechtlegen dieser Gesetzmäßigkeit im Sinne einer idealen, harmonischen, seelenvollen Ordnung und Wirksamkeit des Weltgrundes. Wir sehen ein Ding auf das andere wirken; aber das erstere könnte das zweite gar nicht zu einer Wirkung vermögen, wenn nicht eine ursprüngliche Verwandtschaft und Einheit zwischen den beiden bestünde. Dem zweiten Dinge müßte es gleichgültig bleiben, was das erste vollbringt, wenn es nicht die Fähigkeit hätte, im Sinne dessen, was das erste will, sein eigenes Tun einzurichten. Eine Kugel kann durch eine andere, von der sie gestoßen wird, nur dann zu einer Bewegung veranlaßt werden, wenn sie gewissermaßen der anderen mit Verständnis entgegenkommt, wenn in ihr dasselbe Verständnis von Bewegung ist wie in der ersten. Die Bewegungsfähigkeit ist etwas, was sowohl in der einen wie in der andern Kugel als ihr Gemeinsames enthalten ist. Alle Dinge und Vorgänge müssen ein solches Gemeinsames haben. Daß wir sie als Dinge und Vorkommnisse wahrnehmen, die voneinander getrennt sind, rührt daher, daß wir bei unserer Beobachtung nur ihre Außenseite kennenlernen; könnten wir in ihr Inneres sehen, so erschiene uns das, was sie nicht trennt, sondern zu einem großen Weltganzen verbindet. Nur ein Wesen gibt es für uns, das wir nicht bloß von außen, sondern von innen kennen, das wir nicht nur anschauen, sondern in das wir hineinschauen können. Das ist unsere eigene Seele, das Ganze unserer geistigen Persönlichkeit. Weil aber alle Dinge in ihrem Innern ein Gemeinsames aufweisen müssen, so muß ihnen allen auch mit unserer Seele das gemeinsam sein, was deren innersten Kern ausmacht. Wir dürfen daher uns das Innere der Dinge ähnlich der Beschaffenheit unserer eigenen Seele vorstellen. Und der Weltgrund, der als das Gemeinsame aller Dinge waltet, kann von uns nicht anders gedacht werden, denn als eine umfassende Persönlichkeit nach dem Bilde unserer eigenen Persönlichkeit. «Der Sehnsucht des Gemütes, das Höchste, was ihm zu ahnen gestattet ist, als Wirklichkeit zu fassen, kann keine andere Gestalt seines Daseins als die der Persönlichkeit genügen oder nur in Frage kommen. So sehr ist sie davon überzeugt, daß lebendige, sich selbst besitzende und genießende Ichheit die unabweisliche Vorbedingung und die einzige mögliche Heimat alles Guten und aller Güter ist, so sehr von stiller Geringschätzung gegen alles anscheinend leblose Dasein erfüllt, daß wir stets die beginnende Religion in ihren mythenbildenden Anfängen beschäftigt finden, die natürliche Wirklichkeit zur geistigen zu verklären, nie hat sie dagegen ein Bedürfnis empfunden, geistige Lebendigkeit auf blinde Realität als festeren Grund zurückzudeuten.» Und seine eigene Empfindung gegenüber den Dingen der Natur kleidet Lotze in die Worte: «Ich kenne sie nicht, die toten Massen, von denen ihr redet; mir ist alles Leben und Regsamkeit und auch die Ruhe und der Tod nur dumpfer vorübergehender Schein rastlosen inneren Webens.» Und wenn die Naturvorgänge, wie sie in der Beobachtung erscheinen, nur solch ein dumpfer vorübergehender Schein sind, so kann auch ihr tiefstes Wesen nicht in dieser der Beobachtung vorliegenden Gesetzmäßigkeit, sondern in dem «rastlosen Weben» der sie alle beseligenden Gesamtpersönlichkeit, in deren Zielen und Zwecken gesucht werden. Lotze stellt sich daher vor, daß sich in allem natürlichen Wirken ein von einer Persönlichkeit gesetzter moralischer Zweck zum Ausdrucke bringt, dem die Welt zustrebt. Die Naturgesetze sind der äußere Ausdruck einer allwaltenden ethischen Gesetzmäßigkeit der Welt. Es steht mit dieser ethischen Auslegung der

Welt vollkommen im Einklang, was Lotze über das Fortleben der menschlichen Seele nach dem Tode vorbringt: «Kein anderer Grundsatz steht uns außer der allgemeinen idealistischen Überzeugung zu Gebote: fortdauern werde jedes Geschaffene, dessen Fortdauer zu dem Sinne der Welt gehört; ... vergehen werde alles, dessen Wirklichkeit nur in einer vorübergehenden Phase des Weltlaufs seine berechtigte Stelle hatte. Daß dieser Grundsatz keine weitere Anwendung in menschlichen Händen gestatte, bedarf kaum der Erwähnung; wir kennen sicher die Verdienste nicht, die dem einen Wesen Anspruch auf ewiges Bestehen erwerben können, noch die Mängel, die ihn anderen versagen.» (Drei Bücher Metaphysik, § 245.) Wo Lotze seine Betrachtungen einmünden läßt in das Gebiet der großen philosophischen Rätselfragen, erhalten seine Gedanken einen unsicheren Charakter. Es ist ihnen anzumerken, daß ihr Träger aus seinen beiden Erkenntnisquellen, der Naturwissenschaft und der seelischen Selbstbeobachtung, keine sichere Vorstellung gewinnen kann über das Verhältnis des Menschen zum Weltverlauf. Die innere Kraft der Selbstbeobachtung dringt nicht durch zu einem Gedanken, welcher dem Ich ein Recht geben könnte, sich als eine bestimmte Wesenheit innerhalb des Weltganzen zu erfühlen. In seinen Vorlesungen über «Religionsphilosophie» steht zu lesen: «Der ‹Glaube an *Unsterblichkeit*› hat kein anderes sicheres Fundament als das *‹religiöse Bedürfnis›*. Es läßt sich daher auch philosophisch über die Art der Fortdauer nichts weiter bestimmen, als was aus einem einfachen metaphysischen Satze fließen könnte. Nämlich: da wir jedes Wesen nur als *Geschöpf Gottes* betrachten, so gibt es durchaus kein ursprünglich gültiges *Recht,* auf welches die einzelne Seele, etwa als ‹Substanz› sich berufen könnte, um ewige individuelle Fortdauer zu fordern. Vielmehr können wir bloß behaupten: jedes Wesen werde *so lange* von Gott *erhalten* werden, als sein Dasein eine wertvolle Bedeutung für das Ganze seines Weltplanes hat ...» In der Unbestimmtheit solcher Sätze drückt sich aus, welche *Tragweite* die Lotzeschen Ideen in das Gebiet der großen philosophischen Rätselfragen hinein entwickeln können.

*

In dem Schriftchen «Vom Leben nach dem Tode» spricht sich *Fechner* über das Verhältnis des Menschen zur Welt aus. «Was sieht der Anatom, wenn er in das Gehirn des Menschen blickt? Ein Gewirr von weißen Fasern, dessen Sinn er nicht enträtseln kann. Und was sieht es in sich selbst? Eine Welt von Licht, Tönen, Gedanken, Erinnerungen, Phantasien, Empfindungen von Liebe und von Haß. So denke dir das Verhältnis dessen, was du, äußerlich der Welt gegenüberstehend, in ihr siehst, und was sie in sich selbst sieht, und verlange nicht, daß beides, das Äußere und Innere, sich im Ganzen der Welt mehr ähnlich sehe als in dir, der nur ihr Teil. Und nur, daß du ein Teil von dieser Welt bist, läßt dich auch einen Teil von dem, was sie in sich sieht, in dir sehen.» Fechner stellt sich vor, daß der Weltgeist zu der Weltmaterie dasselbe Verhältnis habe wie der Menschengeist zum Menschenkörper. Er sagt sich nun: der Mensch spricht von sich, wenn er von seinem Körper spricht; und er spricht auch von sich, wenn er von seinem Geiste redet. Der Anatom, der das Gewirr der Gehirnfasern untersucht, hat das Organ vor sich, dem einst Gedanken und Phantasien entsprungen sind. Als der Mensch noch lebte, dessen Gehirn der Anatom betrachtet, standen vor seiner Seele nicht die Gehirnfasern und ihre körperliche Tätigkeit, sondern eine Welt von Vorstellungen. Was ändert sich nun, wenn statt des Menschen, der in seine Seele blickt, der Anatom in das Gehirn, das körperliche Organ dieser Seele, schaut? Ist es nicht dasselbe Wesen, derselbe Mensch, der in dem einen und in dem andern Falle betrachtet wird? Das Wesen, meint Fechner, sei dasselbe, nur der Standpunkt des Beobachters habe sich geändert. Der Anatom sieht sich von außen an, was der Mensch früher von innen angesehen hat. Es ist, wie wenn man einen Kreis einmal von außen, einmal von innen ansieht. Im ersten Fall erscheint er erhaben, im zweiten hohl. Beide Male ist es derselbe Kreis. So ist es auch mit dem Menschen: sieht er sich selbst von innen an, so ist er Geist; sieht ihn der Naturforscher von außen an, so ist er Körper, Materie. Im Sinne der Fechnerschen Vorstellungsart ist es nicht angebracht, darüber nachzudenken, wie Körper und Geist aufeinander wirken. Denn beides sind gar nicht zwei verschiedene Wesen; sie sind eines und dasselbe. Sie stellen sich nur als verschieden dar, wenn man sie von verschiedenen Standorten aus beobachtet. Im Menschen sieht Fechner einen Körper, der Geist zugleich ist. – Von diesem Gesichtspunkte aus ergibt sich für Fechner die Möglichkeit, sich die ganze Natur geistig, beseelt vorzustellen. Bei sich selbst ist der Mensch in der Lage, das Körperliche von innen anzuschauen, also die Innenseite unmittelbar als Geistiges zu erkennen. Liegt nun nicht der Gedanke nahe, daß alles Körperliche, wenn es von innen angeschaut werden könnte, als Geistiges erschiene? Die Pflanze können wir nur von außen sehen. Ist es nicht aber möglich, daß auch sie, von innen angeschaut, sich als Seele erwiese? Diese Vorstellung wuchs sich in Fechners Phantasie zur Überzeugung aus: Alles Körperliche ist zugleich ein Geistiges. Das kleinste Materielle ist beseelt. Und wenn sich die materiellen Teile zu vollkommeneren materiellen Körpern aufbauen, so ist dieser Vorgang nur ein von außen angesehener; ihm entspricht ein innerer, der sich als Zusammensetzung von Einzelseelen zu vollkommeneren Gesamtseelen darstellen würde, wenn man ihn betrachten könnte. Wäre jemand imstande, das körperliche Getriebe auf unserer Erde mit den auf ihr lebenden Pflanzen, mit den sich darauf tummelnden Tieren und Menschen von innen anzusehen, so stellte sich ihm dieses Ganze als Erdseele dar. Und ebenso wäre es beim ganzen Sonnensystem, ja bei der ganzen Welt. Das Universum ist, von außen gesehen, der körperliche Kosmos; von innen angeschaut, Allgeist, vollkommenste Persönlichkeit, Gott.

Wer zu einer Weltanschauung gelangen will, muß über die Tatsachen, die ohne sein Zutun sich ihm darbieten, hinausgehen. Was durch ein solches Hinausgehen über die Welt der unmittelbaren Wahrnehmung erreicht wird, darüber herrschen die verschiedensten Ansichten. Kirchhoff hat 1874 die seinige (vgl. oben S. 98) dahin ausgesprochen, daß man auch durch die strengste Wissenschaft zu nichts anderem komme als zu einer vollständigen und einfachen Beschreibung der tatsächlichen Vorgänge. Fechner geht von einem anderen Gesichtspunkt aus. Er ist der Meinung, es sei «das die große Kunst des Schlusses vom Diesseits auf das Jenseits, nicht von Gründen, die wir nicht kennen, noch von Voraussetzungen, die wir machen, sondern von Tatsachen, die wir kennen, auf die größeren und höheren Tatsachen des Jenseits zu schließen, und dadurch den praktisch geforderten, an höheren Gesichtspunkten hängenden Glauben von unten her zu festigen, zu stützen, und mit dem Leben in lebendigen Bezug zu setzen». (Das Büchlein vom Leben nach dem Tode, 4. Aufl. S. 69). Im Sinne dieser Meinung sucht Fechner nicht nur den Zusammenhang der körperlichen Erscheinungen, die der Beobachtung gegeben sind, mit den geistigen Erscheinungen der Beobachtung; sondern er fügt zu den beobachteten Seelenerscheinungen andere hinzu, den Erdgeist, den Planetengeist, den Weltgeist.

Fechner läßt sich durch sein auf sicherer Grundlage ruhendes naturwissenschaftliches Wissen nicht abhalten, die Gedanken von der Sinnenwelt aus zu erheben in Regionen, wo ihnen Weltenwesen und Weltenvorgänge vorschweben, die der Sinnenbeobachtung entrückt sein müssen, wenn sie existieren. Er fühlt sich zu solcher Erhebung angeregt durch sein sinniges Betrachten der Sinnenwelt, die seinem Denken mehr sagt, als ihm die bloße Sinneswahrnehmung sagen kann. Dieses «Mehr» fühlt er sich veranlaßt zur Ersinnung außersinnlicher Wesen zu gebrauchen. Auf diese *seine* Art strebt er danach, sich eine Welt auszumalen, in welche der lebendig gewordene Gedanke hineinzuführen verspricht. Solche Überschreitung der Sinnesgrenzen hat Fechner nicht abgehalten, sogar in einem Gebiete, das an das Seelische grenzt, nach strengster naturwissenschaftlicher Methode zu verfahren. Er ist es gewesen, der für dieses Gebiet die wissenschaftlichen Methoden geschaffen hat. Seine «Elemente der Psychophysik» (1860) sind auf diesem Felde das grundlegende Werk. Das Grundgesetz, auf das er die Psychophysik stellte, ist, daß die Empfindungszunahme, die im Menschen durch einen wachsenden Eindruck von außen bewirkt wird, in einem bestimmten Verhältnisse langsamer erfolgt als der Stärkezuwachs des Eindruckes. Die Empfindung wächst um so weniger, je größer die bereits vorhandene Stärke des Reizes war. Von diesem Gedanken ausgehend, ist es möglich, ein Maßverhältnis zwischen dem äußeren Reiz (zum Beispiel der physischen Lichtstärke) und der Empfindung (zum Beispiel der Lichtempfindung) zu gewinnen. Das Beschreiten des von Fechner eingeschlagenen Weges hat zum Ausbau der Psychophysik als einer ganz neuen Wissenschaft von dem Verhältnis der Reize zu den Empfindungen, also des Körperlichen zu dem Seelischen geführt. Wilhelm Wundt, der auf diesem Gebiete in Fechners Geist weitergearbeitet hat, charakterisiert den Begründer der «Psychophysik» in ausgezeichneter Weise: «Vielleicht in keiner seiner sonstigen wissenschaftlichen Leistungen tritt die seltene Vereinigung von Gaben, über die Fechner verfügte, so glänzend hervor, wie in seinen psychophysischen Arbeiten. Zu einem Werke, wie den Elementen der Psychophysik, bedurfte es einer Vertrautheit mit den Prinzipien exakter physikalisch-mathematischer Methodik und zugleich einer Neigung, in die tiefsten Probleme des Seins sich zu vertiefen, wie in dieser Vereinigung nur er sie besaß. Und dazu brauchte er jene Ursprünglichkeit des Denkens, welche die überkommenen Hilfsmittel frei nach eigenen Bedürfnissen umzugestalten wußte und kein Bedenken trug, neue und ungewohnte Wege einzuschlagen. Die um ihrer genialen Einfachheit halber bewundernswerten, aber doch nur beschränkten Beobachtungen *E. H. Webers,* die vereinzelten, oft mehr zufällig als planmäßig gefundenen Versuchsweisen und Ergebnisse anderer Physiologen – sie bildeten das bescheidene Material, aus dem er eine neue Wissenschaft aufbaute.» Wichtige Aufschlüsse über die Wechselwirkungen von Leib und Seele ergaben sich durch die von Fechner angeregte experimentelle Methode auf diesem Gebiete. Wundt charakterisiert die neue Wissenschaft in seinen «Vorlesungen über die Menschen- und Tierseele» (1863): «Ich werde in den nachfolgenden Untersuchungen zeigen, daß das Experiment in der Psychologie das Haupthilfsmittel ist, das uns von den Tatsachen des Bewußtseins auf jene Vorgänge hinleitet, die im dunklen Hintergrunde der Seele das bewußte Leben vorbereiten. Die Selbstbeobachtung liefert uns, wie die Beobachtung überhaupt, nur die zusammengesetzte Erscheinung. In dem Experiment erst entkleiden wir die Erscheinung aller der zufälligen Umstände, an die sie in der Natur gebunden ist. Durch das Experiment erzeugen wir die Erscheinung künstlich aus den Bedingungen heraus, die wir in der Hand halten. Wir verändern diese Bedingungen und verändern dadurch in meßbarer Weise auch die Erscheinung. So leitet uns immer und überall erst das Experiment zu den Naturgesetzen, weil wir nur im Experiment gleichzeitig die Ursachen und die Erfolge zu überschauen vermögen.» Zweifellos ist es nur ein Grenzgebiet der Psychologie, auf dem das Experiment fruchtbar ist, eben das Gebiet, auf dem die bewußten Vorgänge hinüberführen in die nicht mehr bewußten, ins Materielle leitenden Hintergründe des Seelenlebens. Die eigentlichen Seelenerscheinungen sind ja doch nur durch die rein geistige Beobachtung zu gewinnen. Dennoch hat der Satz *E. Kraepelins,* eines Psychophysikers, volle Berechtigung, daß «die junge Wissenschaft . . . dauernd ihren selbständigen Platz neben den übrigen Zweigen der Naturwissenschaft und insonderheit der Physiologie zu behaupten imstande sein wird». (Psychologische Arbeiten, herausgegeben von E. Kraepelin.)

*

Eduard von Hartmann hatte, als er 1869 mit seiner «Philosophie des Unbewußten» auftrat, weniger eine Weltanschauung im Auge, die mit den Ergebnissen der modernen Naturwissenschaft rechnet, als vielmehr eine solche, welche die ihm in vielen Punkten ungenügend erscheinenden Ideen der idealistischen Systeme aus der ersten Jahrhunderthälfte auf eine höhere Stufe hebt, sie von Widersprüchen reinigt und allseitig ausgestaltet. Ihm schienen sowohl in Hegels wie in Schellings und auch in Schopenhauers Gedanken richtige Keime zu stecken, die nur zur Reife gebracht werden müßten. Der Mensch kann sich nicht mit der Beobachtung der Tatsachen begnügen, wenn er die Dinge und Vorgänge der Welt erkennen will. Er muß von den Tatsachen zu Ideen fortschreiten. Diese Ideen können nicht etwas sein, das durch das Denken willkürlich zu den Tatsachen hinzugefügt wird. Es muß ihnen in den Dingen und Vorkommnissen etwas entsprechen. Dieses Entsprechende können nicht bewußte Ideen sein, denn solche kommen nur durch die materiellen Vorgänge des menschlichen Gehirns zustande. Ohne Gehirn gibt es kein Bewußtsein. Man muß sich also vorstellen, daß den bewußten Ideen des menschlichen Geistes ein unbewußtes Ideelles in der Wirklichkeit entspricht. Wie Hegel, betrachtet auch Hartmann die Idee als das Wirkliche in den Dingen, das in ihnen vorhanden ist über das bloß Wahrnehmbare, der sinnlichen Beobachtung zugängliche, hinaus. – Der bloße Ideengehalt der Dinge könnte aber niemals ein wirkliches Geschehen in ihnen hervorbringen. Die Idee einer Kugel kann nicht die Idee einer anderen Kugel stoßen. Die Idee eines Tisches kann auch auf das menschliche Auge keinen Eindruck hervorrufen. Ein wirkliches Geschehen setzt eine wirkliche Kraft voraus. Um über eine solche eine Vorstellung zu gewinnen, lehnt sich Hartmann an Schopenhauer an. Der Mensch findet in der eigenen Seele eine Kraft, durch die er seinen eigenen Gedanken, seinen Entschlüssen Wirklichkeit verleiht, den Willen. So wie der Wille in der menschlichen Seele sich äußert, hat er das Vorhandensein des menschlichen Organismus zur Voraussetzung. Durch den Organismus ist der Wille ein bewußter. Wollen wir uns in den Dingen eine Kraft denken, so können wir sie uns nur ähnlich dem Willen, der einzigen uns unmittelbar bekannten Kraft, vorstellen. Nur muß man wieder vom Bewußtsein absehen. Außer uns herrscht also in den Dingen ein unbewußter Wille, welcher den Ideen die Möglichkeit gibt, sich zu verwirklichen. Der Ideen- und der Willensgehalt der Welt machen in ihrer Vereinigung die unbewußte Grundlage der Welt aus. – Wenn auch die Welt wegen ihres Ideengehaltes eine durchaus logische Struktur aufweist, so verdankt sie ihr wirkliches Dasein doch dem unlogischen, vernunftlosen Willen. Ihr Inhalt ist vernünftig; daß dieser Inhalt eine Wirklichkeit ist, hat seinen Grund in der Unvernunft. Das Walten des Unvernünftigen drückt sich in dem Vorhandensein der Schmerzen aus, die alle Wesen quälen. Der Schmerz überwiegt in der Welt gegenüber der Lust. Diese Tatsache, die philosophisch aus dem unlogischen Willenselemente des Daseins zu erklären ist, sucht Eduard von Hartmann durch sorgfältige Betrachtungen über das Verhältnis von Lust und

Unlust in der Welt zu erhärten. Wer sich keiner Illusion hingibt, sondern objektiv die Übel der Welt betrachtet, kann zu keinem anderen Ergebnis gelangen, als daß die Unlust in weit größerem Maße vorhanden ist als die Lust. Daraus aber folgt, daß das Nichtsein dem Dasein vorzuziehen ist. Das Nichtsein kann aber nur erreicht werden, wenn die logisch-vernünftige Idee den Willen, das Dasein vernichtet. Als eine allmähliche Vernichtung des unvernünftigen Willens durch die vernünftige Ideenwelt sieht daher Hartmann den Weltprozeß an. Es muß die höchste sittliche Aufgabe des Menschen die sein, an der Überwindung des Willens mitzuwirken. Aller Kulturfortschritt muß zuletzt darauf hinauslaufen, diese Überwindung endlich herbeizuführen. Der Mensch ist mithin sittlich gut, wenn er an dem Kulturfortschritt teilnimmt, wenn er nichts für sich verlangt, sondern sich selbstlos dem großen Werke der Befreiung vom Dasein widmet. Er wird das zweifellos tun, wenn er einsieht, daß die Unlust immer größer sein muß als die Lust, ein Glück demnach unmöglich ist. Nur der kann in egoistischer Weise nach dem Glück Verlangen tragen, der es für möglich hält. Die pessimistische Ansicht von dem Überwiegen des Schmerzes über die Lust ist das beste Heilmittel gegen den Egoismus. Nur in dem Aufgehen im Weltprozesse kann der einzelne sein Heil finden. Der wahre Pessimist wird zu einem unegoistischen Handeln geführt. – Was der Mensch bewußt vollbringt, ist aber nur das ins Bewußtsein heraufgehobene Unbewußte. Dem bewußten menschlichen Mitarbeiten an dem Kulturfortschritt entspricht ein unbewußter Gesamtprozeß, der in der fortschreitenden Befreiung des Urwesens der Welt von dem Willen besteht. Diesem Ziel muß auch schon der Weltanfang dienstbar gewesen sein. Das Urwesen mußte die Welt schaffen, um sich allmählich mit Hilfe der Idee vom Willen zu befreien. «Das reale Dasein ist die Inkarnation der Gottheit, der Weltprozeß die Passionsgeschichte des fleischgewordenen Gottes, und zugleich der Weg zur Erlösung des im Fleische Gekreuzigten; die Sittlichkeit aber ist die Mitarbeit an der Abkürzung dieses Leidens- und Erlösungsweges.» (Hartmann, Phänomenologie des sittlichen Bewußtseins, 1879, S. 871.) Hartmann hat in einer Reihe umfassender Werke und in einer großen Zahl von Monographien und Aufsätzen seine Weltanschauung allseitig ausgebaut. Diese Schriften bergen geistige Schätze von hervorragender Bedeutung in sich. Dies ist namentlich deswegen der Fall, weil Hartmann es versteht, bei der Behandlung einzelner Fragen der Wissenschaft und des Lebens sich von seinen Grundgedanken nicht tyrannisieren zu lassen, sondern sich einer unbefangenen Betrachtung der Dinge hinzugeben. In besonders hohem Grade gilt dies von seiner «Phänomenologie des sittlichen Bewußtseins», in der er die verschiedenen Arten menschlicher Sittenlehren in logischer Gliederung vorführt. Er hat damit eine Art «Naturgeschichte» der verschiedenen sittlichen Standpunkte gegeben, von der egoistischen Jagd nach Glück durch viele Zwischenstufen hindurch bis zu der selbstlosen Hingabe an den allgemeinen Weltprozeß, durch den das göttliche Urwesen sich von der Unseligkeit des Daseins befreit.

Da Hartmann den Zweckgedanken in sein Weltbild aufnimmt, so ist es begreiflich, daß ihm die auf dem Darwinismus ruhende naturwissenschaftliche Denkweise als eine einseitige Ideenströmung erscheint. Wie die Idee im Ganzen der Welt nach dem Ziele des Nichtseins hinarbeitet, so ist auch im einzelnen der ideelle Gehalt ein zweckvoller. In der Entwickelung des Organismus sieht Hartmann einen sich verwirklichenden Zweck; und der Kampf ums Dasein mit der natürlichen Zuchtwahl sind nur Handlanger der zweckvoll waltenden Ideen. (Philosophie des Unbewußten, 10. Aufl., Band III, S. 403.)

*

Von verschiedenen Seiten her mündet das Gedankenleben des neunzehnten Jahrhunderts in eine Weltanschauung der Denkunsicherheit und der Trostlosigkeit. *Richard Wahle* erklärt dem Denken mit aller Bestimmtheit, daß es unfähig sei, für die Lösung «überschwänglicher» höchster Fragen etwas zu tun; und Eduard von Hartmann sieht in der ganzen Kulturarbeit nur einen Umweg, um endlich die völlige Erlösung vom Dasein, als letzten Endzweck, herbeizuführen. Gegen solche Ideenströmungen darf ein schönes Wort gehalten werden, das ein deutscher Sprachforscher, *Wilhelm Wackernagel,* 1843 (in seinem Buche «Über den Unterricht in der Muttersprache») niedergeschrieben hat. Er meint, der Zweifel könne keine Grundlage zu einer Weltanschauung abgeben; er sei vielmehr eine «Injurie» gegen die Persönlichkeit, die etwas erkennen will, und ebenso gegen die Dinge, die erkannt werden sollen. «Erkenntnis fängt mit Vertrauen an.»

Solches Vertrauen hat die neuere Zeit allerdings für die Ideen gezeitigt, welche auf den Methoden der naturwissenschaftlichen Forschung ruhen; nicht aber für ein Erkennen, das sich die Kraft der Wahrheit aus dem selbstbewußten Ich holt. Die Impulse, welche in den Tiefen der Entwickelung des geistigen Lebens liegen, fordern eine solche Kraft der Wahrheit. Die forschende Menschenseele fühlt instinktiv, daß sie nur durch eine solche Kraft sich befriedigt finden kann. Es ringt die philosophische Forschung nach einer solchen Kraft. Sie kann sie aber nicht in dem finden, was sie an Gedanken für eine Weltanschauung aus sich herauszutreiben vermag. Die Leistungen des Gedankenlebens bleiben hinter dem zurück, was die Seele fordert. Die naturwissenschaftlichen Vorstellungen empfangen ihre Gewißheit von der Beobachtung der Außenwelt. Im Innern der Seele fühlt man nicht eine Kraft, welche die gleiche Gewißheit verbürgt. Man möchte Wahrheiten über die geistige Welt, über das Schicksal der Seele und deren Zusammenhang mit der Welt, die so gewonnen sind wie die naturwissenschaftlichen Vorstellungen. Der Denker, der ebenso gründlich aus dem philosophischen Denken der Vergangenheit schöpfte, wie er sich in die Art der naturwissenschaftlichen Forschung eingelebt hat, *Franz Brentano,* hat für die Philosophie die Forderung aufgestellt, sie müsse zu ihren Ergebnissen auf die gleiche Art gelangen wie die Naturwissenschaft. Er hoffte, daß zum Beispiel die Seelenwissenschaft (Psychologie) wegen dieser Nachbildung der naturwissenschaftlichen Methoden nicht darauf zu verzichten brauchte, Aufschluß über die wertvollsten Fragen des Seelenlebens zu gewinnen. «Für die Hoffnungen eines Platon und Aristoteles, über das Fortleben unseres besseren Teiles nach der Auflösung des Leibes Sicherheit zu gewinnen, würden dagegen die Gesetze der Assoziation von Vorstellungen, der Entwickelung von Überzeugungen und Meinungen und des Keimens und Treibens von Lust und Liebe alles andere, nur nicht eine wahre Entschädigung sein ... Und wenn wirklich» – die neue naturwissenschaftliche Denkungsart – «den Ausschluß der Frage nach der Unsterblichkeit besagte, so wäre er für die Psychologie ein überaus bedeutender zu nennen.» Solches spricht Brentano in seiner «Psychologie vom empirischen Standpunkt» 1874 (S. 20) aus. Bedeutungsvoll für die geringe Tragfähigkeit der Seelenforschung, die sich völlig der Naturwissenschaft nachbilden will, ist, daß ein solch ernster Wahrheitssucher wie Franz Brentano dem ersten Bande seiner Psychologie, der sich nur mit Fragen beschäftigt, die «alles andere, nur nicht eine wahre Entschädigung» für die höchsten Seelenfragen sein können, keinen weiteren hat nachfolgen lassen, der an die höchsten Fragen wirklich herantrete. Es fehlt den Denkern die Spannkraft, welche den Forderungen der neueren Zeit wirklich entsprechen könnte. Der griechische Gedanke bewältigte das Naturbild und das Bild des Seelenlebens so, daß die beiden sich zu einem Gesamtgemälde vereinigten. In der Folgezeit entfaltete sich in den Tiefen des Seelenlebens das Gedankenleben selbständig, in Absonderung von der Natur; die neuere Naturwissenschaft lieferte ein Bild der Natur. Diesem gegenüber entstand die Notwendigkeit, ein Bild des Seelenlebens – im selbstbewußten Ich – zu finden, das sich stark genug erweist, um mit dem Bilde der Natur zusammen in einem allgemeinen Weltbilde bestehen zu können. Dazu ist notwendig, in der Seele selbst einen Stützpunkt der Gewißheit zu finden, der so sicher trägt wie die Ergebnisse der naturwissenschaftlichen Forschung. Spinoza glaubte ihn gefunden zu haben dadurch, daß er sein Weltbild der mathematischen Art nachbildete; Kant gibt die Erkenntnisse einer an sich bestehenden Welt preis und sucht Ideen zu gewinnen, welche durch ihre moralische Schwerkraft zwar kein Wissen, wohl aber einen sicheren Glauben ergeben sollen. Man sieht das Streben nach einer Verankerung des Seelenlebens in dem Gesamtgebäude der Welt bei den forschenden Philosophen. Doch die Spannkraft will sich nicht einstellen, welche die Vorstellungen über das Seelenleben so gestaltet, daß daraus sich Aussichten für eine Lösung der Seelenfragen ergeben. Unsicherheit entsteht über die wahre Bedeutung dessen, was man als Mensch in der Seele erlebt. Die Naturwissenschaft im Sinne Haeckels verfolgt die durch die Sinne wahrnehmbaren Naturvorgänge und sieht in dem Seelenleben eine höhere Stufe solcher Naturvorgänge. Andere Denker finden, daß in allem, was die Seele so wahrnimmt, nur die Wirkungen unbekannter, nie zu erkennender außermenschlicher Vorgänge gegeben sind. Die Welt wird für diese Denker zur «Illusion», wenn auch zu einer durch die menschliche Organisation naturnotwendig hervorgerufenen Illusion. «Solange das Kunststück, um die Ecke zu schauen, das heißt ohne Vorstellung vorzustellen, nicht erfunden ist, wird es bei der stolzen Selbstbescheidung Kants sein Bewenden haben, daß vom Seienden dessen *Daß*, niemals aber dessen *Was* erkennbar ist.» So spricht ein Philosoph aus der zweiten Hälfte des neunzehnten Jahrhunderts: Robert Zimmermann. – Für eine solche Weltanschauung segelt die Menschenseele, welche von ihrer Wesenheit – ihrem «Was» – nichts wissen kann, in dem Meer der Vorstellungen, ohne sich ihrer Fähigkeit bewußt zu werden, in dem weiten Vorstellungsmeere etwas zu finden, was Ausblicke in das Wesen des Daseins geben könnte. Hegel hatte vermeint, in dem Denken selbst die innere Lebekraft zu vernehmen, welche das Menschen-Ich in das Sein führt. Der folgenden Zeit wurde das «bloße Denken» zu einem leichten Vorstellungsgebilde, das nichts in sich schließt von dem Wesen des wahren Seins. – Wo eine Meinung über einen im Denken liegenden Schwerpunkt des Wahrheitsuchens auftaucht, da klingt Unsicherheit durch die vorgebrachten Gedanken. So, wenn Gideon Spicker sagt: «Daß das Denken an sich richtig sei, können wir nie erfahren, weder empirisch noch logisch mit Sicherheit feststellen . . .» (Lessings Weltanschauung, 1883, S. 5.)

In hinreißender Form hat *Philipp Mainländer* (1841–1876) in seiner «Philosophie der Erlösung» (1876) die Vertrauenslosigkeit gegenüber dem Dasein zum Ausdruck gebracht. Mainländer sieht sich dem Weltbilde gegenüber, zu dem die moderne

Naturwissenschaft drängt. Aber er sucht vergebens nach einer Möglichkeit, das selbstbewußte Ich in einer geistigen Welt zu verankern. Er kann nicht dazu kommen, aus diesem selbstbewußten Ich heraus das zu gewinnen, wozu bei Goethe die Ansätze vorhanden waren: nämlich in der Seele innere lebendige Wesenheit auferstehen zu fühlen, welche sich als geistig-lebendig in einem Geistig-Lebendigen hinter der bloßen äußeren Natur empfindet. So erscheint ihm die Welt ohne Geist. Da er sie aber doch nur so denken kann, als ob sie aus dem Geiste stamme, so wird sie ihm zu dem Überbleibsel eines vergangenen Geisteslebens. Ergreifend wirken Sätze wie der folgende Mainländers: «Jetzt haben wir das Recht, diesem Wesen den bekannten Namen zu geben, der von jeher das bezeichnete, was keine Vorstellungskraft, kein Flug der kühnsten Phantasie, kein abstraktes, noch so tiefes Denken, kein gesammeltes, andachtsvolles Gemüt, kein entzückter, erdentrückter Geist je erreicht hat: *Gott.* Aber diese einfache Einheit *ist gewesen;* sie ist nicht mehr. Sie hat sich, ihr Wesen verändernd, voll und ganz zu einer Welt der Vielheit zersplittert.» (Hingewiesen sei auf Max Seilings Schrift «Mainländer, ein neuer Messias».) Bietet der Anblick des Daseins nur Wertloses, nur den Rest von Wertvollem, so kann nur dessen Vernichtung das Ziel der Welt sein. Der Mensch kann seine Aufgabe nur darin sehen, an der Vernichtung mitzuwirken. (Mainländer endete durch Selbstmord.) Gott hat, nach der Meinung Mainländers, die Welt nur geschaffen, um sich durch sie von der Qual des eigenen Daseins zu befreien. «Die Welt ist das Mittel zum Zwecke des Nichtseins, und zwar ist die Welt das einzig mögliche Mittel zum Zwecke. Gott erkannte, daß er nur durch das Werden einer realen Welt der Vielheit ... aus dem Übersein in das Nichtsein treten könne». (Philosophie der Erlösung, S. 325).

In kraftvoller Weise ist der Dichter *Robert Hamerling* (1830 bis 1889) in seinem Weltanschauungswerk «Atomistik des Willens» (das nach seinem Tode erschienen ist) der Ansicht entgegengetreten, die aus dem Mißtrauen in die Welt entspringt. Er lehnt logische Untersuchungen über den Wert oder Unwert des Daseins ab und nimmt seinen Ausgangspunkt von einem ursprünglichen Erlebnis. «Die Hauptsache ist nicht, ob die Menschen recht haben, daß sie alle, alle mit verschwindend kleinen Ausnahmen, leben wollen, leben um jeden Preis, – gleichviel, ob es ihnen gut ergeht, ob schlecht. Die Hauptsache ist, daß sie es wollen: und dies ist schlechterdings nicht zu leugnen. Und doch rechnen mit dieser entscheidenden Tatsache die doktrinären Pessimisten nicht. Sie wägen immer nur in gelehrten Erörterungen Lust und Unlust, wie es das Leben im besonderen bringt, verständig gegeneinander ab; aber da Lust und Unlust Gefühlssache sind, so ist es das Gefühl, und nicht der Verstand, welcher die Bilanz zwischen Lust und Unlust endgültig und entscheidend zieht. Und diese Bilanz fällt tatsächlich bei der gesamten Menschheit, ja man kann sagen bei allem, was Leben hat, zugunsten der Lust des Daseins aus. Daß alles, was da lebt, leben will, leben unter allen Umständen, leben um jeden Preis, das ist die große Tatsache, und dieser Tatsache gegenüber ist alles doktrinäre Gerede machtlos.» Vor Hamerlings Seele steht somit der Gedanke: In den Tiefen der Seele gibt es etwas, das an einem Dasein hängt und welches *wahrer* das Wesen der Seele ausspricht als die Urteile, die unter der Last neuerer naturwissenschaftlicher Vorstellungsart über den Wert des Lebens sprechen. Man möchte sagen, Hamerling *ahnt* in den Tiefen der Seele einen geistigen Schwerpunkt, welcher das selbstbewußte Ich im Weltenleben befestigt. Er möchte deswegen in diesem Ich etwas sehen, was dessen Dasein mehr verbürgt als die Gedankengebäude der Philosophen der neueren Zeit. Er sieht einen Hauptfehler der neueren Weltanschauungen in der Meinung: «daß in der neuesten Philosophie so viel am Ich herumgenörgelt wird», und er möchte dies erklären «aus der Angst vor einer Seele, einem Seelensein oder gar einem Seelending». Hamerling deutet bedeutungsvoll auf das, worauf es ankommt: «In den Ichgedanken spielen Gefühlsmomente hinein ... Was der Geist nicht erlebt hat, das ist er auch zu denken nicht fähig ...» Es hängt für Hamerling alle höhere Weltanschauung davon ab, das Denken selbst zu fühlen, es zu erleben. Vor die Möglichkeit eines Eindringens in diejenigen Seelentiefen, in denen die lebendigen Vorstellungen zu gewinnen sind, welche zum Erkennen des Seelenwesens – durch die innere Tragkraft des selbstbewußten Ich – führen, lagern sich für Hamerling die aus der neueren Weltanschauungsentwickelung stammenden Begriffe, welche das Weltbild doch zu einem bloßen Meere von Vorstellungen machen. So leitet er denn seine Weltbetrachtungen mit Worten ein wie diese: «Gewisse Reizungen erzeugen den Geruch in unserem Riechorgan. ... Die Rose duftet also nicht, wenn sie niemand riecht. – Gewisse Luftschwingungen erzeugen in unserem Ohr den Klang. Der Klang existiert also nicht ohne ein Ohr. Der Flintenschuß würde also nicht knallen, wenn ihn niemand hörte.» Solche Vorstellungen sind durch die Macht der neueren Weltanschauungsentwickelung zu einem so festen Bestandteil des Denkens geworden, daß Hamerling an die angeführte Auseinandersetzung die Worte fügt: «Leuchtet dir, lieber Leser, das nicht ein und bäumt dein Verstand sich vor dieser Tatsache wie ein scheues Pferd, so lies keine Zeile weiter; laß dies und alle anderen Bücher, die von philosophischen und naturwissenschaftlichen Dingen handeln, ungelesen; denn es fehlt dir die hierzu nötige Fähigkeit, eine Tatsache unbefangen aufzufassen und in Gedanken festzuhalten.» – Hamerling rang sich von der Seele als sein letztes poetisches Werk seinen «Homunculus». Er wollte in demselben eine Kritik der modernen Gesittung geben. In radikaler Weise entwickelt er in poetischer Bilderreihe, wohin eine seelenlos werdende, nur an die Macht der äußerlich-natürlichen Gesetze glaubende Menschheit treibe. Er macht als *Dichter* des «Homunculus» vor nichts halt, was ihm an der modernen Gesittung diesem falschen Glauben entsprungen scheint; als *Denker* streicht aber Hamerling im vollsten Sinne des Wortes doch die Segel ein vor der Vorstellungsart, die in dieser Schrift im Kapitel «Die Welt als Illusion» dargestellt ist. Er schreckt nicht zurück vor Worten wie diesen: «Die ausgedehnte, räumliche Körperwelt existiert also als solche nur, insofern wir sie wahrnehmen. – Wer dies festhält, wird begreifen, welch ein naiver Irrtum es ist, zu glauben, daß neben der von uns ‹Pferd› genannten ... Vorstellung noch ein anderes, und zwar erst das rechte, wirkliche Pferd existiere, von welchem unsere Anschauung eine Art von Abbild ist. Außer mir ist – wiederholt sei es gesagt – nur die Summe jener Bedingungen, welche bewirken, daß sich in meinen Sinnen eine Anschauung erzeugt, die ich Pferd nenne.» – Hamerling fühlt sich dem Seelenleben so gegenüber, als ob in dessen Vorstellungsmeer nichts hineinspielen könnte von dem Eigenwesen der Welt. Er hat aber eine Empfindung von dem, was in den Tiefen der neueren Seelenentwickelung sich abspielt. Er fühlt: Die Erkenntnis der neuzeitlichen Menschen muß mit ihrer eigenen Wahrheitskraft lebendig in dem selbstbewußten Ich aufleuchten, wie sie sich in dem wahrgenommenen Gedanken dem griechischen Menschen dargestellt hat. Er tastet immer wieder an den Punkt, wo das selbstbewußte Ich sich innerlich mit der Kraft seines wahren Seins begabt fühlt, das zugleich sich in dem Geistesleben der Welt stehend fühlt. Da sich ihm anderes nicht offenbart, indem er so tastet, hält er sich an das in der Seele lebende *Seinsgefühl,* das ihm wesenhafter, daseinsvoller zu sein scheint als die *bloße Vorstellung* vom Ich, als der Ich-Gedanke. «Aus dem Bewußtsein oder Gefühl des *eigenen Seins* gewinnen wir den Begriff eines Seins, welches über das bloße Gedachtwerden hinausgeht. Wir gewinnen den Begriff eines Seins, das nicht bloß gedacht *wird,* sondern *denkt.*» Von diesem in seinem Existenzgefühl sich ergreifenden Ich aus sucht nun Hamerling ein Weltbild zu gewinnen. Was das Ich in seinem Existenzgefühl erlebt, ist – so spricht sich Hamerling aus – «das Atomgefühl in uns». Das Ich weiß, sich fühlend, von sich; und es weiß sich dadurch der Welt gegenüber als «*Atom*». Es muß sich andere Wesen so vorstellen, wie es sich selbst in sich erfindet; als sich erlebende, sich erfühlende Atome; was gleichbedeutend erscheint für Hamerling mit Willensatomen, wollenden *Monaden.* Die Welt wird in Hamerlings «Atomistik des Willens» zu einer Vielheit von Willensmonaden; und die menschliche Seele ist eine dieser Willensmonaden. Der Denker eines solchen Weltbildes blickt um sich und schaut die Welt zwar als Geist, doch alles, was er in diesem Geiste erblicken kann, ist Willensoffenbarung. Mehr läßt sich darüber nicht sagen. Aus diesem Weltbilde spricht nichts, was auf die Fragen antwortet: Wie steht die Menschenseele in dem Werden der Welt darinnen? Denn ob man diese Seele als das ansieht, als was sie vor allem philosophischen Denken erscheint, oder ob man sie, nach diesem Denken, als Willensmonade charakterisiert: man hat beiden Seelenvorstellungen gegenüber die gleichen Rätselfragen aufzuwerfen. Und ein mit Brentano Denkender könnte sagen: Für die Hoffnungen eines Platon und Aristoteles, über das Fortleben unseres besseren Teiles nach der Auflösung des Leibes Sicherheit zu gewinnen, würde das Wissen, daß die Seele Willensmonade unter anderen Willensmonaden ist, alles andere, nur nicht eine wahre Entschädigung sein.

In vielen Strömungen des neueren Weltanschauungslebens bemerkt man den instinktiven (im Unterbewußtsein der Denker lebenden) Drang, im selbstbewußten Ich eine Kraft zu finden, welche nicht diejenige des Spinoza, Kant, Leibniz und anderer ist, und durch welche dieses Ich – der Kern der menschlichen Seele – so vorgestellt werden kann, daß sich die Stellung des Menschen im Weltgange und im Werden der Welt offenbare. Zugleich zeigt sich an diesen Weltanschauungsströmungen, daß die Mittel, die angewendet werden, eine solche Kraft zu finden, nicht Spannkraft genug haben, um die «Hoffnung des Platon und Aristoteles» (im Sinne Brentanos) so zu erfüllen, wie es den neueren Seelenerfordernissen entspricht. Man bringt es dazu, Meinungen zu entwickeln, wie sich die Wahrnehmung etwa zu den Dingen außerhalb der Seele verhalten könnte, wie sich Vorstellungen entwickeln und verketten, wie Erinnerung entsteht, wie sich das Gefühl und der Wille zum Vorstellen verhalten; man schließt sich aber die Türe durch die eigene Vorstellungsart zu, wenn es sich um die «Hoffnungen des Platon und Aristoteles» handelt. Man glaubt durch alles, was über diese «Hoffnungen» erdacht werden könnte, sogleich die Forderungen einer strengen Wissenschaftlichkeit zu verletzen, welche durch die naturwissenschaftliche Denkungsart gestellt sind.

Ein philosophisches Gedankenbild, welches sich mit seinen Ideen nirgends höher erheben will, als es der naturwissenschaftliche Boden gestattet, ist dasjenige *Wilhelm Wundts* (1832 bis 1920). Für Wundt ist Philosophie «die allgemeine Wissenschaft, welche die durch die Einzelwissenschaften vermittelten allgemeinen Erkenntnisse zu einem widerspruchslosen System zu vereinigen hat». (Wundt, System der Philosophie, S. 21.) Auf dem Wege, der mit einer derartigen Philosophie gesucht wird, ist nur möglich, die durch die Einzelwissenschaften geschaffenen Gedankengänge weiterzuführen, sie zu verbinden und zu einem übersichtlichen Ganzen zu ordnen. Das vollbringt Wundt, und er verfährt dabei so, daß das Gepräge, welches er seinen Ideen gibt, ganz abhängig ist von den Vorstellungsgewohnheiten, die sich bei einem Denker ausbilden, der – wie Wundt – ein Kenner der einzelnen Wissenschaften ist und eine Persönlichkeit, welche praktisch in einzelnen Wissensgebieten (zum Beispiel dem psychophysischen Teil der Seelenkunde) gearbeitet hat. Wundts Blick ist auf das Weltbild gerichtet, welches durch die Sinneserfahrung von der menschlichen Seele aufgebaut wird, und auf die Vorstellungen, welche in der Seele unter dem Eindrucke dieses Weltbildes erlebt werden. Die naturwissenschaftliche Vorstellungsart betrachtet die Sinnesempfindungen so, daß sie dieselben als Wirkungen auffaßt von außer dem Menschen befindlichen Vorgängen. Für Wundt ist diese Vorstellungsart in gewissem Sinne etwas Selbstverständliches. Deshalb betrachtet er als äußere Wirklichkeit diejenige, welche auf Grund der Sinneswahrnehmungen begrifflich erschlossen wird. Diese äußere Wirklichkeit wird also nicht erlebt; sie wird auf solche Art von der Seele vorausgesetzt, wie vorausgesetzt wird, es sei ein Vorgang außer dem Menschen vorhanden, der auf das Auge wirkt und im Auge durch dessen Tätigkeit die Lichtempfindung hervorruft. Im Gegensatze hierzu werden die Vorgänge in der Seele *unmittelbar* erlebt. Bei diesen Vorgängen hat die Erkenntnis nichts zu erschließen, sondern nur zu *beobachten,* wie die Vorstellungen sich bilden, verknüpfen, wie sie mit Gefühlen und Willensimpulsen in Verbindung stehen. Innerhalb dieser Beobachtung hat man es nur mit seelischen Tätigkeiten zu tun, die im Strom des inneren Erlebens sich darbieten; außer diesem Strome des dahinflutenden Seelenlebens noch von einer in diesem Leben sich offenbarenden Seele zu sprechen, hat man keine Berechtigung. Den Naturerscheinungen die Materie zugrunde zu legen, ist berechtigt, denn man muß auf die Vorgänge in dem materiellen

Sein von den Sinneswahrnehmungen aus begrifflich schließen; nicht in gleichem Sinne kann man auf eine Seele aus den seelischen Vorgängen schließen. «Der Hilfsbegriff der Materie ist ... an die mittelbare oder *begriffliche* Beschaffenheit aller Naturerkenntnis gebunden. Es ist schlechterdings nicht abzusehen, wie die unmittelbare und anschauliche innere Erfahrung ebenfalls einen solchen Hilfsbegriff fordern sollte ...» (System der Philosophie, S. 369f.). So ist die Frage nach dem Wesen der Seele für Wundt ein Problem, zu dem im Grunde weder die Beobachtung der inneren Erlebnisse führt, noch irgend etwas, das aus diesen inneren Erlebnissen zu erschließen wäre. Wundt nimmt keine Seele wahr; nur seelische Tätigkeit. Und diese seelische Tätigkeit stellt sich so dar, daß überall da, wo Seelisches vorliegt, ein mit diesem parallel laufender körperlicher Vorgang stattfindet. Beides, seelische Tätigkeit und körperlicher Vorgang, bilden eine Einheit: sie sind im Grunde eines und dasselbe; nur der beobachtende Mensch trennt sie in seiner Anschauung. Wundt meint, daß die wissenschaftliche Erfahrung nur solche geistige Vorgänge anerkennen kann, welche an körperliche Vorgänge gebunden sind. Für Wundt zerfließt das selbstbewußte Ich in den seelischen Organismus der geistigen Vorgänge, die ihm das gleiche sind wie die körperlichen Vorgänge; nur daß diese, von innen angesehen, eben als geistig-seelisch erscheinen. Wenn das Ich nun aber versucht, das in sich zu erfinden, was es als ein ihm Charakteristisches ansehen kann, so entdeckt es seine Willenstätigkeit. Nur im *Wollen* unterscheidet es sich als selbständige Wesenheit von der übrigen Welt. Dadurch sieht es sich veranlaßt, in dem *Willen* den Grundcharakter des Seins anzuerkennen. Es gesteht sich, daß es im Hinblick auf seine eigene Wesenheit den Quell der Welt in Willenstätigkeit annehmen darf. Das *eigene Sein* der Dinge, die der Mensch in der äußeren Welt beobachtet, bleibt ihm hinter der Beobachtung verborgen; in seinem inneren Sein erkennt er den Willen als das Wesentliche; er darf schließen, daß, was von der Außenwelt her auf seinen Willen stößt, mit diesem gleichartig ist. Indem die Willenstätigkeiten der Welt in Wechselwirkung treten, bringen sie ineinander die Vorstellungen, das innere Leben der Willenseinheiten hervor. – Aus all dem ergibt sich, wie Wundt getrieben wird von dem Grundimpuls des selbstbewußten Ich. Er steigt bis zu dem sich als Willen betätigenden Ich in die eigene menschliche Wesenheit hinunter; und in dem Willenswesen des Ich stehend, fühlt er sich berechtigt, der gesamten Welt das gleiche Wesen zuzuschreiben, das die Seele in sich erlebt. – Auch aus dieser Willenswelt antwortet nichts auf die «Hoffnungen des Platon und Aristoteles».

Hamerling stellt sich den Welt- und Seelenrätseln gegenüber als ein Mensch des neunzehnten Jahrhunderts mit einer Gesinnung, welche die in seiner Zeit wirksamen Geistesimpulse in der Seele beleben. Er empfindet diese Geistesimpulse aus einem vollen freien Menschentum heraus, dem es selbstverständlich ist, die Daseinsrätselfragen zu stellen, wie es dem natürlichen Menschen selbstverständlich ist, Hunger und Durst zu fühlen. Er sagt über sein Verhältnis zur Philosophie: «Ich habe mich vor allem als Mensch gefühlt, als ganzer voller Mensch, und da lagen mir von allen geistigen Interessen die großen Probleme des Daseins und Lebens am nächsten.» «Ich habe mich nicht plötzlich auf die Philosophie geworfen, ... etwa weil ich zufällig Lust dazu bekam oder weil ich mich einmal auf einem anderen Gebiete versuchen wollte. Ich habe mich mit den großen Problemen der menschlichen Erkenntnis beschäftigt von meiner frühen Jugend an, infolge des natürlichen unabweisbaren Dranges, welcher den Menschen überhaupt zur Erforschung der Wahrheit und zur Lösung der Rätsel des Daseins treibt. Ich habe in der Philosophie niemals eine spezielle Fachwissenschaft erblicken können, deren Studium man betreiben oder beiseite lassen kann, wie das der Statistik oder der Forstwissenschaft, sondern sie stets als die Erforschung desjenigen betrachtet, was jedem das Nächste, Wichtigste und Interessanteste ist.» Auf den Wegen, welche Hamerling zu dieser Erforschung nahm, drängten sich in seine Betrachtung ein die Richtkräfte des Denkens, welche bei Kant dem Wissen die Macht entzogen haben, in den Daseinsquell zu dringen, und welche dann im Laufe des neunzehnten Jahrhunderts die Welt als eine Vorstellungsillusion erscheinen ließen. Hamerling ergab sich diesen Richtkräften nicht unbedingt; doch lasteten sie auf seiner Betrachtung. Diese suchte im selbstbewußten Ich nach einem Schwerpunkt, in dem das Sein zu erleben ist, und glaubte diesen in dem Willen zu finden. Das Denken wollte auf Hamerling nicht so wirken, wie es auf Hegel wirkte. Es ergab sich ihm nur als «bloßes Denken», welches das Sein nicht in sich ergreifen kann, um, in sich erkraftet, in das Meer des Weltendaseins hineinzusegeln; so ergab sich Hamerling dem Willen, in dem er die Kraft des Seins zu fühlen vermeinte; und erkraftet durch den im Ich erfaßten Willen dachte Hamerling in eine Welt von Willensmonaden seinskräftig unterzutauchen.

Hamerling nimmt seinen Ausgangspunkt von dem, was im Menschen *ganz unmittelbar* die Weltenrätselfragen wie ein seelisches Hungergefühl belebt, Wundt läßt sich zur Stellung dieser Fragen drängen durch alles das, was auf dem breiten Boden der einzelnen Wissenschaften die neuere Zeit gereift hat. In der Art, wie er aus diesen Wissenschaften heraus die Fragen stellt, waltet die eigene Kraft und Gesinnung dieser Wissenschaften; in dem, was er zur Antwort für dieses Fragen aufzubringen hat, leben wie bei Hamerling die Richtkräfte des neueren Denkens, welche aus diesem Denken die Macht entfernen, sich im Quellpunkte des Daseins zu erleben. Im Grunde wird daher Wundts Weltbild eine «bloß ideelle Überschau» über das Naturbild der neueren Vorstellungsart. Und auch bei Wundt erweist sich nur der *Wille* in der Menschenseele als ein Element, welches sich von der Ohnmacht des Denkens nicht um das Sein bringen läßt. Der Wille drängt sich der Weltbetrachtung so auf, daß er allwaltend im Umkreis des Daseins sich zu verraten scheint.

Mit Hamerling und Wundt stehen zwei Persönlichkeiten in der neuzeitlichen Weltanschauungsentwickelung, in deren Seelen die Kräfte wirken, welche diese Entwickelung innerhalb gewisser Strömungen hervorgebracht hat, um denkend die Welträtsel zu bewältigen, welche Erleben und Wissenschaft der Menschenseele stellen. In beiden Persönlichkeiten wirken diese Kräfte so, daß sie in ihrer Entfaltung *in sich selber* nichts finden, durch das sich das selbstbewußte Ich in dem Quell seines

Daseins erfühlt. Es kommen diese Kräfte vielmehr an einem Punkte an, in dem sie sich nur noch etwas bewahren können, was mit den großen Welträtseln nicht mehr sich beschäftigen kann. Es klammern sich diese Kräfte an den Willen; doch auch aus der errungenen Willenswelt heraus tönt nichts, was «über das Fortleben unseres besseren Teiles nach der Auflösung des Leibes» Sicherheit gewinnen läßt, oder was dergleichen Seelen- und Weltenrätsel berührt. Solche Weltanschauungen entspringen dem natürlichen, unabweisbaren Drange, «welcher den Menschen überhaupt zur Erforschung der Wahrheit und zur Lösung der Rätsel des Daseins treibt»; aber, indem sie sich der Mittel zu dieser Lösung bedienen, welche ihnen nach der Meinung gewisser Zeitströmungen als die einzig berechtigten erscheinen, dringen sie zu einer Betrachtung vor, innerhalb welcher keine Erlebniselemente mehr vorhanden sind, um die Lösung zu bewirken. Man sieht: dem Menschen werden in einer gewissen Zeit die Weltenfragen auf ganz bestimmte Art gestellt; er empfindet instinktiv das, was ihm obliegt. An ihm ist, die Mittel der Antwort zu finden. Er kann in der Betätigung dieser Mittel zurückbleiben hinter dem, was in den Tiefen der Entwickelung als Forderung an ihn herantritt. Philosophien, welche sich in solcher Betätigung bewegen, stellen das *Ringen* nach einem im Bewußtsein noch nicht vollergriffenen Ziele dar. Das Ziel der neueren Weltanschauungsentwickelung ist, im selbstbewußten Ich etwas zu erleben, was den Ideen des Weltbildes Sein und Wesen gibt; die charakterisierten philosophischen Strömungen erweisen sich ohnmächtig, es zu solchem Leben, zu solchem Sein zu bringen. Der wahrgenommene Gedanke gibt dem Ich – der selbstbewußten Seele – nicht mehr, was Dasein verbürgt; dieses Ich hat sich, um an solche Bürgschaft so glauben zu können, wie daran in Griechenland geglaubt worden ist, zu weit von dem Naturboden entfernt; und es hat in sich selbst noch nicht belebt, was dieser Naturboden, ohne seelische Eigenschöpfungen zu fordern, ihm einst gewährt hat.

DER MODERNE MENSCH UND SEINE WELTANSCHAUUNG

Weite Perspektiven der Weltanschauung und Lebensgestaltung suchte aus dem Darwinismus heraus der österreichische Denker *Bartholomäus Carneri* (1821–1909) zu eröffnen. Er trat elf Jahre nach dem Erscheinen von Darwins «Entstehung der Arten» mit seinem Buche «Sittlichkeit und Darwinismus» (Wien 1871) hervor, in dem er in umfassender Weise die neue Ideenwelt zur Grundlage einer ethischen Weltanschauung machte. Seitdem war er unablässig bemüht, die Darwinistische Ethik auszubauen. (Vgl. seine Schriften «Grundlegung der Ethik», 1881; «Der Mensch als Selbstzweck», 1877, und «Der moderne Mensch. Versuche über Lebensführung», 1890.) Carneri versucht, in dem Bild der Natur die Elemente zu finden, durch welche sich das selbstbewußte Ich innerhalb dieses Bildes vorstellen läßt. Er möchte dieses Naturbild so weit und groß denken, daß es die menschliche Seele mit umfassen kann. So ist es ihm um Wiedervereinigung des Ich, das sich von dem Naturmutterboden abgetrennt hat, mit diesem Mutterboden zu tun. Er stellt in seiner Weltauffassung den Gegensatz zu derjenigen dar, welcher die Welt zur Vorstellungsillusion wird, und die dadurch auf allen Zusammenhang mit dem Weltendasein für das Wissen verzichtet. Carneri lehnt alle Moralanschauung ab, die dem Menschen andere Sittengebote geben will als diejenigen sind, die sich aus der eigenen menschlichen Natur ergeben. Man muß an dem Gedanken festhalten, daß der Mensch nicht als ein besonderes Wesen neben allen anderen Naturdingen aufgefaßt werde, sondern als ein solches, das sich aus niederen Wesenheiten allmählich nach rein natürlichen Gesetzen entwickelt hat. Carneri ist davon überzeugt, daß alles Leben wie ein chemischer Prozeß ist: «Die Verdauung beim Menschen ist ein solcher wie die Ernährung der Pflanze.» Er betont aber zugleich, daß sich der chemische Prozeß zu einer höheren Entwickelungsform erheben muß, wenn er Pflanze oder Tier werden soll. «Das Leben ist ein chemischer Prozeß eigener Art, es ist der individuell ... gewordene chemische Prozeß. Der chemische Prozeß kann nämlich einen Punkt erreichen, auf welchem er gewisser Bedingungen, deren er bis dahin bedurfte, ... entraten kann.» Man sieht, Carneri verfolgt, wie sich niedere natürliche Vorgänge steigern zu höheren, wie der Stoff durch Vervollkommnung seiner Wirkungsweisen zu höheren Daseinsformen kommt. «Als Materie fassen wir den Stoff, insofern die aus seiner Teilbarkeit und Bewegung sich ergebenden Erscheinungen körperlich, das ist als Masse, auf unsere Sinne wirken. Geht die Teilung oder Differenzierung so weit, daß die daraus sich ergebenden Erscheinungen nicht mehr sinnlich, sondern nur mehr dem Denken wahrnehmbar sind, so ist die Wirkung des Stoffes eine geistige.» Auch das Sittliche ist nicht als eine besondere Form des Daseins vorhanden; es ist ein Naturprozeß auf einer höheren Stufe. Es kann demnach nicht die Frage entstehen: Was soll der Mensch im Sinne irgendwelcher besonders für ihn geltenden Sittengebote tun? – sondern nur die: Was erscheint als Sittlichkeit, wenn die niederen Vorgänge sich zu den höchsten geistigen steigern? «Während die Moralphilosophie bestimmte Sittengesetze aufstellt und zu halten befiehlt, damit der Mensch sei, was er soll, entwickelt die Ethik den Menschen, wie er ist, darauf sich beschränkend, ihm zu zeigen, was noch aus ihm werden kann: dort gibt es Pflichten, deren Befolgung Strafen zu erzwingen suchen, hier gibt es ein Ideal, von dem aller Zwang ablenken würde, weil die Annäherung nur auf dem Wege der Erkenntnis und Freiheit vor sich geht.» So wie der chemische Prozeß sich auf höherer Stufe zum Lebewesen individualisiert, so erhebt sich auf noch höherer das Leben zum Selbstbewußtsein. Das seiner selbst bewußte Wesen sieht nicht mehr bloß hinaus in die Natur; es schaut in sich hinein. «Das erwachende Selbstbewußtsein war, dualistisch aufgefaßt, ein Bruch mit der Natur, und der Mensch fühlte sich von ihr abgetrennt. Der Riß war nur für ihn da, aber für ihn war er vollständig. So plötzlich, wie es die Genesis lehrt, war er nicht entstanden, wie auch die Schöpfungstage nicht wörtlich zu nehmen sind; aber mit der Vollendung des Selbstbewußtseins war der Riß eine Tatsache, und mit dem Gefühl grenzenloser Vereinsamung, das damit den Menschen überkam, hat seine ethische Entwickelung begonnen.» Bis zu einem gewissen Punkte führt die Natur das Leben. Auf diesem Punkte entsteht das Selbstbewußtsein, es entsteht der Mensch. «Seine weitere Entwickelung ist sein eigenes Werk, und, was auf der Bahn des Fortschritts ihn erhalten hat, war die Macht und allmähliche Klärung seiner Wünsche.» Für alle übrigen Wesen sorgt die Natur: den Menschen begabt sie mit Begierden, für deren Befriedigung sie ihn selbst sorgen läßt. Er hat den Trieb in sich, sich sein Dasein seinen Wünschen entsprechend zu gestalten. Dieser Trieb ist der Glückseligkeitstrieb. «Dem Tiere ist dieser Trieb fremd: es kennt nur den Selbsterhaltungstrieb, und ihn zum Glückseligkeitstrieb zu erheben, hat das menschliche Selbstbewußtsein zur Grundbedingung.» Das Streben nach Glück liegt allem Handeln zugrunde. «Der Märtyrer, der hier für seine wissenschaftliche Überzeugung, dort für seinen Gottesglauben das Leben hingibt, hat auch nichts anderes im Sinn als sein Glück; jener findet es in seiner Überzeugungstreue, dieser sucht es in einer besseren Welt. Allen ist Glückseligkeit das letzte Ziel und wie verschieden auch das Bild sein mag, das sich das Individuum von ihr macht, von den rohesten Zeiten bis zu den gebildetsten, ist sie dem empfindenden Lebewesen Anfang und Ende seines Denkens und Fühlens.» Da die Natur dem Menschen nur das Bedürfnis nach dem Glücke gibt, muß das Bild des Glückes aus ihm selbst entspringen. Der Mensch schafft sich die Bilder seines Glückes. Sie entspringen aus seiner ethischen Phantasie. In dieser Phantasie findet Carneri den neuen Begriff, der unserem Denken die Ideale unseres Handelns vorzeichnet. Das «Gute» ist für Carneri «identisch mit Fortentwickelung. Und da die Fortentwickelung Lust ist, so bildet ... die Glückseligkeit nicht nur sein Ziel, sondern auch das bewegende Element, das seinem Ziel ihn entgegentreibt.»

Carneri suchte den Weg zu finden von der Naturgesetzlichkeit zu den Quellen des Sittlichen. Er glaubt die ideale Macht gefunden zu haben, die als treibendes Element der sittlichen Weltordnung ebenso schöpferisch von ethischem Vorkommnis zu ethischem Vorkommnis wirkt, wie die materiellen Kräfte im

Physischen Gebilde aus Gebilde, Tatsache aus Tatsache entwickeln.

Die Vorstellungsart Carneris ist ganz im Sinne der Entwickelungsidee, die nicht das Spätere im Früheren schon vorgebildet sein läßt, sondern der das Spätere eine wirkliche Neubildung ist. (Vgl. I. Band, S. 227 ff.) Der chemische Prozeß enthält nicht das tierische Leben schon eingewickelt, die Glückseligkeit bildet sich als vollkommen neues Element auf Grund des Selbsterhaltungstriebes der Tiere. Die Schwierigkeit, die in diesem Gedanken liegt, gab einem scharfsinnigen Denker, *W. H. Rolph,* den Anstoß zu den Ausführungen, die er in dem Buche «Biologische Probleme, zugleich als Versuch zur Entwickelung einer rationellen Ethik» niedergelegt hat. (Leipzig 1884.) Rolph fragt sich: Welches ist der Grund, daß eine Lebensform nicht auf einer bestimmten Stufe stehen bleibt, sondern sich weiterentwikkelt, vervollkommnet? Wer das Spätere in dem Früheren schon eingewickelt sein läßt, findet in dieser Frage keine Schwierigkeit. Denn es ist für ihn ohne weiteres klar, daß sich das Eingewickelte in einem bestimmten Zeitpunkt auswickelt. Rolph aber wollte sich diese Antwort nicht geben. Anderseits genügte ihm aber auch der bloße «Kampf ums Dasein» der Lebewesen nicht. Kämpft ein Lebewesen nur um Erfüllung seiner notwendigen Bedürfnisse, so wird es zwar andere schwächere Formen aus dem Felde schlagen; aber es wird selbst das bleiben, was es ist. Will man in dasselbe nicht ein geheimnisvolles, mystisches Streben nach Vervollkommnung legen, so muß man die Gründe zu dieser Vervollkommnung in äußeren, natürlichen Verhältnissen suchen. Rolph findet sie darin, daß jedes Wesen seine Bedürfnisse in reichlicherem Maße befriedigt, wenn dazu die Möglichkeit vorhanden ist, als die unmittelbare Notdurft verlangt. «Erst durch die Einführung der Unersättlichkeit wird das Darwinistische Prinzip der Vervollkommnung im Lebenskampfe annehmbar. Denn nun erst haben wir eine Erklärung für die Tatsache, daß das Geschöpf, wo immer es kann, mehr erwirbt, als es zur Erhaltung seines Status quo bedarf, daß es im Übermaß wächst, wo die Gelegenheit dazu gegeben ist.» Nach Rolphs Meinung spielt sich im Reich der Lebewesen nicht ein Kampf um die Erwerbung der notwendigsten Lebensbedürfnisse ab, sondern ein «Kampf um Mehrerwerb». «Während es also für den Darwinisten überall da keinen Daseinskampf gibt, wo die Existenz des Geschöpfes nicht bedroht ist, ist für mich der Lebenskampf ein allgegenwärtiger. Er ist eben primär ein Lebenskampf, ein Kampf um Lebensmehrung, aber kein Kampf ums Dasein.» Rolph zieht aus diesen naturwissenschaftlichen Voraussetzungen die Folgerungen für die Ethik. «Lebensmehrung, nicht Lebenserhaltung, Kampf um Bevorzugung, nicht um die Existenz ist die Losung. Der bloße Erwerb der Lebensnotdurft und Nahrung genügt nicht, es muß auch Gemächlichkeit, wenn nicht gar Reichtum, Macht und Einfluß erworben werden. Die Sucht, das Streben nach stetiger Verbesserung der Lebenslage ist der charakteristische Trieb von Tier und Mensch.» (Biologische Probleme, S. 222 f.)

Von Rolphs Gedanken angeregt wurde *Friedrich Nietzsche* (1844–1900) zu seinen Entwickelungsideen, nachdem er erst durch andere Gestaltungen seines Seelenlebens hindurchgegangen war. Er stand im Beginne seiner schriftstellerischen Laufbahn dem Entwickelungsgedanken wie überhaupt der Naturwissenschaft fern. Er empfing zunächst einen großen Eindruck von der Weltanschauung Arthur Schopenhauers. Der Schmerz auf dem Grunde alles Daseins ist eine Vorstellung, die er von Schopenhauer aufnahm. Er suchte die Erlösung von diesem Schmerz nicht in der Erfüllung moralischer Aufgaben wie Schopenhauer und Eduard von Hartmann; er glaubte vielmehr, daß die Gestaltung des Lebens zum Kunstwerke über den Daseinsschmerz hinwegführe. Die Griechen haben sich eine Welt des Schönen, des Scheins erschaffen, um sich das schmerzerfüllte Dasein erträglich zu machen. Und in *Richard Wagners* musikalischem Drama glaubte er eine Welt zu finden, die durch das Schöne den Menschen über den Schmerz erhebt. Es war in gewissem Sinne eine Welt der Illusion, die Nietzsche ganz bewußt suchte, um über das Elend der Welt hinwegzukommen. Er war der Meinung, daß der ältesten griechischen Kultur der Trieb des Menschen zugrunde liege, sich durch Versetzung in einen Rauschzustand zum Vergessen der wirklichen Welt zu bringen. «Singend und tanzend äußert sich der Mensch als Mitglied einer höheren Gemeinschaft. Er hat das Gehen und Sprechen verlernt und ist auf dem Wege, tanzend in die Lüfte emporzufliegen.» So schildert und erläutert Nietzsche den Kultus der alten Dionysos-Diener, in dem die Wurzel aller Kunst liegt. Sokrates habe diesen dionysischen Trieb dadurch gebändigt, daß er den Verstand zum Richter über die Impulse gesetzt habe. Der Satz «Die Tugend ist lehrbar», bedeutet die Ablösung einer umfassenden impulsiven Kultur durch eine verwässerte, vom Denken im Zaum gehaltene. Solche Ideen entstanden in Nietzsche unter Schopenhauers Einfluß, der den ungebändigten, rastlosen Willen über die ordnende Vorstellung setzte, und durch Richard Wagner, der sich als Mensch und Künstler zu Schopenhauer bekannte. Aber Nietzsche war, seinem Wesen nach, zugleich eine betrachtende Natur. Er empfand, nachdem er sich der Anschauung von einer Welterlösung durch den schönen Schein eine Zeitlang hingegeben hatte, diese Anschauung als ein fremdes Element in seinem eigensten Wesen, das durch den persönlichen Einfluß des ihm befreundeten Richard Wagner in ihn verpflanzt worden war. Er suchte sich von dieser Ideenrichtung loszumachen und einer ihm entsprechenderen Auffassung der Wirklichkeit hinzugeben. Nietzsche war durch den Grundcharakter seiner Persönlichkeit dazu gedrängt, in sich die Ideen und Impulse der neueren Weltanschauungsentwickelung als unmittelbares individuelles Schicksal zu erleben. Andere haben Weltanschauungsbilder geformt, und in diesem Formen ging ihr Philosophieren auf. Nietzsche stellt sich den Weltanschauungen der zweiten Hälfte des neunzehnten Jahrhunderts gegenüber. Und sein Schicksal wird es, alle Seligkeit, aber auch alles Leid persönlich durchzuleben, das diese Weltanschauungen erzeugen können, wenn sie sich über das ganze Sein der Menschenseele ergießen. Nicht theoretisch, nein, mit Einsetzung seiner ganzen Individualität gestaltete sich das Weltanschauungsleben in Nietzsche so, daß charakteristische Weltanschauungen der neueren Zeit ihn ganz ergriffen und er im allerpersönlichsten Dasein die Lebenslösungen durchdringen mußte. *Wie läßt sich leben,* wenn man sich vorzuhalten hat, die Welt sei so, wie sie von Schopenhauer und Richard Wagner vorgestellt wird, das wurde für ihn das Rätsel; aber nicht ein Rätsel, auf das er durch Denken, durch Wissen Antwort suchte, sondern dessen Lösung er mit jeder Faser seines Wesens *erleben* mußte. Andere *denken* Philosophie; Nietzsche mußte Philosophie *leben*. Das neuere Weltanschauungsleben wird in Nietzsche selbst Persönlichkeit. Dem Betrachter treten die Weltanschauungen anderer Denker so entgegen, daß ihm die Vorstellungen aufstoßen: das ist einseitig, das ist unrichtig usw.; bei Nietzsche sieht sich dieser Betrachter dem Leben der Weltanschauung in einem Menschenwesen gegenübergestellt; und er sieht, dieses Menschenwesen wird gesund durch die eine, leidend durch die andere Idee. Dies ist der Grund, warum Nietzsche immer mehr in seiner Weltanschauungsdarstellung zum Dichter wird, und warum derjenige, der sich mit dieser Darstellung als Philosophie nicht befreunden will, noch immer sie durch ihre dichterische Kraft bewundern kann. Welch ein ganz anderer Ton kommt in die neuere Weltanschauungsentwickelung durch Nietzsche als durch Hamerling, Wundt, ja selbst durch Schopenhauer! Diese suchen durch Betrachtung nach dem Daseinsgrunde und kommen zu dem Willen, den sie in den Tiefen der Menschenseele finden. In Nietzsche lebt dieser Wille; und er nimmt in sich auf die philosophischen Ideen, durchglüht sie mit seiner Willensnatur und stellt dann ein Neues hin: ein Leben, in dem willengetragene Idee, ideendurchleuchteter Wille pulsen. So geschieht es durch Nietzsche in seiner ersten Schaffensperiode, die mit der «Geburt der Tragödie» (1870) begann, und die in den vier «Unzeitgemäßen Betrachtungen» (David Strauß, der Bekenner und der Schriftsteller; Vom Nutzen und Nachteil der Historie für das Leben; Schopenhauer als Erzieher; Richard Wagner in Bayreuth) zur Offenbarung kam. – In einer zweiten Lebensperiode war es Nietzsches Geschick, zu durchleben, was der Menschenseele eine Weltanschauung sein kann, welche nur auf die naturwissenschaftlichen Denkgewohnheiten sich stützt. Dieser Lebensabschnitt kommt in den Werken «Menschliches, Allzumenschliches» (1878), «Morgenröte», «Die fröhliche Wissenschaft» (1881) zum Ausdrucke. Die Ideale, die Nietzsches

Seele in seiner ersten Periode beleben, erkalten in ihm nun; sie erweisen sich als leichte Erkenntnis-Schaumgebilde; die Seele will sich durchkraften, in ihrem Erfühlen verstärken durch den «realen» Inhalt dessen, was die naturwissenschaftliche Vorstellungsart geben kann. Doch Nietzsches Seele ist voll Leben; die Kraft dieses inneren Lebens strebt hinaus über das, was sie der Naturbetrachtung verdanken kann. Die Naturbetrachtung zeigt, wie das Tier zum Menschen wird, im Erfühlen der inneren Lebekraft der Seele entsteht die Vorstellung: Das Tier hat den Menschen in sich getragen; muß nicht der Mensch in sich ein Höheres, den *Übermenschen* tragen? Und nun erlebt Nietzsches Seele in sich das Sich-Entringen des Übermenschen aus dem Menschen; diese Seele schwelgt darin, die neuere Entwickelungsidee, welche sich auf die Sinneswelt stützt, hinaufzuheben in das Gebiet, das die Sinne nicht schauen, das erfühlt wird, wenn die Seele den Sinn der Entwickelung in sich erlebt. Was Rolph durch seine *Betrachtung* sich errungen hat: «Der bloße Erwerb der Lebensnotdurft und Nahrung genügt nicht, es muß auch Gemächlichkeit, wenn nicht gar Reichtum, Macht und Einfluß erworben werden. Die Sucht, das Streben nach stetiger Verbesserung der Lebenslage ist der charakteristische Trieb von Tier und Mensch», – bei Nietzsche wird dies Betrachtungsergebnis zum inneren Erlebnis, zum grandiosen Erkenntnishymnus. Das Erkennen, das die Außenwelt wiedergibt, genügt nicht: es muß diese Erkenntnis in sich fruchtbar sich steigern; Selbstbetrachtung ist innere Armut. Erzeugnis eines neuen Innern, das alles überstrahlt, was der Mensch in sich schon ist, ersteht in Nietzsches Seele: im Menschen wird das Noch-nicht-Daseiende, der Übermensch, als der Sinn des Daseins, geboren. Erkenntnis wächst über das hinaus, was sie war; sie wird zur schaffenden Macht. Und indem der Mensch *schafft*, stellt er sich in den Sinn des Lebens hinein. In lyrischen Schwung kleidet sich bei Nietzsche in seinem «Zarathustra» (1884) das, was seine Seele erfühlt, erlebt in der Schaffensseligkeit des «Übermenschen» aus dem Menschen heraus. – Solch sich schaffend fühlende Erkenntnis empfindet im Ich des Menschen mehr, als was sich im Einzel-Lebenslaufe ausleben läßt; was da in diesem Einzelleben vorhanden ist, kann sich in diesem nicht erschöpfen. Es wird immer wiederkehren zu neuem Leben. So drängte sich bei Nietzsche zur Idee des Übermenschen diejenige der «ewigen Wiederkehr» der Menschenseele hinzu.

Rolphs Idee von der «Lebensmehrung» wächst sich bei Nietzsche zu der Vorstellung des «Willens zur Macht» aus, den er allem Sein und Leben in Tier- und Menschenwelt zuschreibt. Dieser sieht im Leben «Aneignung, Verletzung, Überwältigung des Fremden und Schwächeren, Unterdrückung, Härte, Aufzwängung eigener Formen, Einverleibung und mindestens, mildestens Ausbeutung». In «Also sprach Zarathustra» hat Nietzsche dem Glauben an die Wirklichkeit, an die Entwickelung des Menschen zum «Übermenschen» ein «Hohes Lied» gesungen; in dem unvollendet gebliebenen Werke «Der Wille zur Macht (Umwertung aller Werte)» wollte er die Umprägung aller Vorstellungen von dem Gesichtspunkte aus vollziehen, daß kein anderer Wille im Menschen die höchste Herrschaft habe als allein derjenige zur «Macht».

Das Erkenntnisstreben wird bei Nietzsche zu einem Daseinswesen, das sich in der Menschenseele *belebt.* Indem Nietzsche diese Belebung in sich erfühlt, stellt sich ihm das Leben über die nicht zum Leben sich befeuernde Erkenntnis und Wahrheit. Das hat bei ihm zu einer Absage an alle Wahrheit geführt und zum Ersatz des Willens zur Wahrheit durch den «Willen zur Macht», der nicht mehr fragt: Ist eine Erkenntnis wahr, sondern: Ist sie lebenerhaltend, lebenfördernd? «Bei allem Philosophieren handelte es sich bisher gar nicht um ‹Wahrheit›, sondern um etwas anderes, sagen wir um Gesundheit, Zukunft, Wachstum, Macht, Leben . . .» Eigentlich strebte der Mensch immer nach Macht; nur gab er sich der Illusion hin, daß er «Wahrheit» wolle. Er verwechselte das Mittel mit dem Zweck. Die Wahrheit ist nur Mittel zum Zweck «Macht». «Die Falschheit eines Urteils ist noch kein Einwand gegen das Urteil.» Es kommt nicht darauf an, ob ein Urteil wahr ist, sondern «wie weit es lebenfördernd, lebenerhaltend, arterhaltend, vielleicht gar artzüchtend» ist. «Das meiste bewußte Denken eines Philosophen ist durch seine Instinkte heimlich geführt und in bestimmte Bahnen gezwungen.» Nietzsches Weltanschauung ist persönliche Empfindung als individuelles Erlebnis und Schicksal. Bei Goethe trat der tiefe Impuls des neueren Weltanschauungslebens hervor; er fühlte im selbstbewußten Ich die Idee sich so beleben, daß mit der belebten Idee dieses Ich sich im Innern des Weltendaseins wissen kann; bei Nietzsche ist der Trieb vorhanden, den Menschen über sich hinausleben zu lassen; er fühlt, daß dann im innerlich Selbsterzeugten der Sinn des Lebens sich enthüllen muß. Doch er dringt nicht wesenhaft vor zu dem, was sich im Menschen über den Menschen hinaus als Sinn des Lebens erzeugt. Er besingt in grandioser Weise den Übermenschen, doch er gestaltet ihn nicht; er *fühlt* sein webendes Dasein, doch er *schaut ihn nicht*. Er spricht von einer «ewigen Wiederkehr», doch er schildert nicht, was wiederkehrt. Er spricht von Lebenserhöhung durch den Willen zur Macht, doch die Gestalt des erhöhten Lebens –: wo ist deren Schilderung? Nietzsche spricht von etwas, das im Unbekannten da sein muß, doch bleibt es bei der Hindeutung auf das Unbekannte. Die im selbstbewußten Ich entfalteten Kräfte reichen auch bei Nietzsche nicht aus, um anschaulich zu schaffen, wovon er weiß, daß es webt und weht in der Menschennatur.

Ein Gegenbild hat Nietzsches Weltauffassung in der materialistischen Geschichtsauffassung und Lebensanschauung, die ihren prägnantesten Ausdruck durch *Karl Marx* (1818–1883) gefunden hat. Marx hat der Idee jeden Anteil an der geschichtlichen Entwickelung abgesprochen. Was dieser Entwickelung wirklich zugrunde liegen soll, sind die realen Faktoren des Lebens, aus denen die Meinungen über die Welt entstanden sind, welche sich die Menschen haben bilden können, je nachdem sie in ihre besonderen Lebenslagen gebracht worden sind. Der physisch Arbeitende, von einem andern beherrscht, hat eine andere Weltauffassung als der geistig Arbeitende. Ein Zeitalter, das eine alte Wirtschaftsform durch eine andere ersetzt, bringt auch andere Lebensanschauungen an die Oberfläche der Geschichte. Will man irgendein Zeitalter verstehen, so muß man zur Erklärung seine sozialen Verhältnisse, seine wirtschaftlichen Vorkommnisse heranziehen. Alle politischen und geistigen Strömungen sind nur ein an der Oberfläche sich abspielendes Spiegelbild dieser Vorkommnisse. Sie stellen sich ihrem Wesen nach als ideale Folgen der realen Tatsachen dar; an diesen Tatsachen selbst haben sie keinen Anteil. Es kann somit auch keine durch ideale Faktoren zustande gekommene Weltanschauung Anteil haben an der Fortentwickelung der gegenwärtigen Lebensführung; sondern es ist die Aufgabe, die realen Konflikte da aufzunehmen, wo sie heute angelangt sind und sie in gleichem Sinne fortzuführen. Diese Anschauung ist durch eine materialistische Umdeutung des Hegelianismus entstanden. Bei Hegel ist die Idee in ewiger Fortentwickelung, und die Folgen dieser Fortentwickelung sind die tatsächlichen Vorkommnisse des Lebens. – Was Auguste Comte aus naturwissenschaftlichen Vorstellungen heraus gestaltet, eine Gesellschaftsauffassung auf der Grundlage der tatsächlichen Vorkommnisse des Lebens, dazu will Karl Marx durch die unmittelbare Anschauung der wirtschaftlichen Entwickelung gelangen. Der Marxismus ist die kühnste Ausgestaltung einer Geistesströmung, die in der Beobachtung der äußeren, der unmittelbaren Wahrnehmung zugänglichen geschichtlichen Erscheinungen den Ausgangspunkt nimmt, um das geistige Leben, die ganze Kulturentwickelung des Menschen zu verstehen. Es ist dies die moderne «Soziologie». Sie nimmt den Menschen nach keiner Richtung hin als Einzelwesen, sondern als ein Glied der sozialen Entwickelung. Wie der Mensch vorstellt, erkennt, handelt, fühlt: das alles wird als ein Ergebnis sozialer Mächte aufgefaßt, unter deren Einfluß der einzelne steht. *Hippolyte Taine* (1828–1893) nennt die Gesamtheit der Mächte, die jedes Kulturvorkommnis bestimmen, das «Milieu». Jedes Kunstwerk, jede Einrichtung, jede Handlung ist aus den vorhergehenden und gleichzeitigen Umständen zu erklären. Kennt man Rasse, Milieu und Moment, aus denen und in dem ein menschliches Werk entsteht, so hat man es erklärt. *Ferdinand Lassalle* (1825–1864) hat in seinem «System der erworbenen Rechte» gezeigt, wie Rechtseinrichtungen: Eigentum, Vertrag, Familie, Erbrecht usw. aus den Vorstellungskreisen eines Volkes entstehen und sich entwickeln. Die Vorstellungsart des Römers hat eine andere Art von Rechten geschaffen als die des

Deutschen. Es wird bei allen diesen Gedankenkreisen nicht die Frage aufgeworfen: Was entsteht im einzelnen menschlichen Individuum, was vollbringt dieses aus seiner ureigensten Natur heraus? sondern die: Welche Ursachen liegen in den geselligen sozialen Verbänden für den Lebensinhalt des einzelnen? Man kann in dieser Strömung eine entgegengesetzte Vorliebe gegenüber derjenigen sehen, die in bezug auf die Fragen nach dem Verhältnis des Menschen zur Welt am Anfange des Jahrhunderts geherrscht hat. Damals fragte man: Welche Rechte kommen dem einzelnen Menschen durch seine eigene Wesenheit zu (Naturrechte), oder wie erkennt der Mensch in Gemäßheit seiner individuellen Vernunft? Die soziologische Strömung fragt dagegen: Welche Rechtsvorstellungen, welche Erkenntnisbegriffe legen die sozialen Verbände in den einzelnen? Daß ich mir gewisse Vorstellungen über die Dinge mache, hängt nicht von meiner Vernunft ab, sondern ist ein Ergebnis der Entwickelung, aus der ich herausgeboren bin. In dem Marxismus wird das selbstbewußte Ich seiner eigenen Wesenheit völlig entkleidet; es treibt in dem Meere der Tatsachen, welche nach den Gesetzen der Naturwissenschaft und der sozialen Verhältnisse sich abspielen. In dieser Weltauffassung drängt die *Ohnmacht* des neueren Philosophierens gegenüber der Menschenseele zu einem Extrem. Das «Ich» – die selbstbewußte Menschenseele – will in sich das Wesen finden, durch das es sich im Weltendasein Geltung schafft; es will aber nicht *in sich* sich vertiefen; es *fürchtet,* in den eigenen Tiefen nicht das zu finden, was ihm Dasein und Wesenheit gibt. Es will sich aus einem Wesen, das *außer ihm* liegt, seine eigene Wesenheit verleihen lassen. Dabei wendet es sich nach den Denkgewohnheiten, welche die neuere Zeit unter naturwissenschaftlichem Einfluß erzeugt hat, entweder an die Welt des materiellen Geschehens oder des sozialen Werdens. Es glaubt, sich im Lebensganzen zu verstehen, wenn es sich sagen kann: Ich bin von diesem Geschehen, von diesem Werden in einer gewissen Art bedingt. An solchem Weltanschauungsstreben tritt hervor, wie in den Seelen Kräfte nach Erkenntnis hinarbeiten, von denen diese Seelen ein dunkles Gefühl haben, denen sie aber zunächst keine Befriedigung verschaffen können mit dem, was die neueren Denk- und Forschungsgewohnheiten hervorgebracht haben. Ein dem Bewußtsein verborgenes Geistesleben arbeitet in den Seelen. Es treibt diese Seelen, in das selbstbewußte Ich so tief hinunterzusteigen, daß dieses Ich in seinen Tiefen etwas finden kann, was in den Quell des Weltendaseins führt, – in jenen Quell, in dem die Menschenseele sich mit einem Weltenwesen verwandt fühlt, das *nicht* in den bloßen Naturerscheinungen und Naturwesen selbst zutage tritt. Diesen Naturerscheinungen und Naturwesen gegenüber hat es die neuere Zeit zu einem Ideal der Forschung gebracht, mit dem sie sich in ihrem Suchen sicher fühlt. So sicher fühlen möchte man sich nun auch bei Erforschung der menschlichen Seelenwesenheit. Die vorangehenden Ausführungen haben gezeigt, wie bei tonangebenden Denkern das Streben nach solcher Sicherheit im Forschen zu Weltbildern geführt hat, welche nichts mehr von Elementen enthalten, aus denen befriedigende Vorstellungen über die Menschenseele gewonnen werden können. Man will die Philosophie naturwissenschaftlich gestalten; doch man verliert bei dieser Gestaltung den Sinn der philosophischen Fragestellungen. Die Aufgabe, welche der Menschenseele aus ihren Tiefen herauf gestellt ist, geht weit über dasjenige hinaus, was die Denkerpersönlichkeiten als sichere Forschungsweisen nach den neueren Denkgewohnheiten anerkennen wollen.

Überblickt man die so charakterisierte Lage der neueren Weltanschauungsentwickelung, so ergibt sich als ihr hervorragendstes Kennzeichen der *Druck*, welchen die naturwissenschaftliche Denkungsart seit ihrem Emporblühen auf die Geister ausgeübt hat. Und als Grund für diesen Druck erkennt man die Fruchtbarkeit, die Tragkraft dieser Denkungsart. Man blicke, um das bekräftigt zu sehen, auf einen naturwissenschaftlichen Denker wie *Thomas Henry Huxley* (1825–1895). Dieser bekennt sich *nicht* zu der Ansicht, daß in der naturwissenschaftlichen Erkenntnis etwas gesehen werden könne, was die letzten Fragen über die Menschenseele beantwortet. Aber er glaubt, daß das menschliche Forschen innerhalb der naturwissenschaftlichen Betrachtungsart stehenbleiben und sich eingestehen müsse, der Mensch habe eben kein Mittel, um ein Wissen über das zu erwerben, was hinter der Natur liegt. Es ist das Ergebnis dieser Meinung: Naturwissenschaft sagt nichts aus über des Menschen höchste Erkenntnishoffnungen; aber sie gibt das Gefühl, daß sie das Forschen auf einen sicheren Boden stellt; also lasse man alles andere, was nicht in ihrem Bereich liegt, auf sich beruhen oder Gegenstand des Glaubens sein.

Deutlich ausgeprägt zeigt sich die Wirkung dieses aus der naturwissenschaftlichen Vorstellungsart kommenden Druckes an der Gedankenströmung, die unter dem Namen des «Pragmatismus» an der Wende des neunzehnten und zwanzigsten Jahrhunderts alles menschliche Wahrheitsstreben auf einen sicheren Boden stellen will. Der Name «Pragmatismus» stammt aus einem 1878 in der amerikanischen Zeitschrift «Popular Science» von Charles Peirce veröffentlichten Aufsatz. Die wirkungsvollsten Träger dieser Vorstellungsart sind *William James* (1842 bis 1910) in Amerika und *F. C. Schiller* in England. (Der letztere gebraucht den Namen «Humanismus»: vgl. «Humanism» 1903, «Studies in Humanism» 1907.) Man kann den Pragmatismus Unglauben an die Kraft des Gedankens nennen. Er spricht dem Denken, das in sich bleiben wollte, die Fähigkeit ab, etwas zu erzeugen, das sich als Wahrheit, als durch sich berechtigte Erkenntnis ausweisen kann. Der Mensch steht den Vorgängen der Welt gegenüber und muß handeln. Dabei dient ihm das Denken als Helfer. Es faßt die Tatsachen der äußeren Welt in Ideen zusammen, kombiniert sie. Und diejenigen Ideen sind die besten, welche dem Menschen zu rechtem Handeln so verhelfen, daß er seine Ziele im Einklange mit den Welterscheinungen finden kann. Und solche beste Ideen anerkennt der Mensch als seine Wahrheit. Der Wille ist Herrscher im Verhältnis des Menschen zur Welt, nicht das Denken. In seinem Buche «Der Wille zum Glauben» (1899 ins Deutsche übersetzt) spricht sich James so aus: «Der Wille bestimmt das Leben, das ist sein Urrecht; also wird er auch ein Recht haben, auf die Gedanken einen Einfluß zu üben. Nicht zwar auf die Feststellung der Tatsachen im einzelnen: hier soll sich der Verstand allein nach den Tatsachen selbst richten; wohl aber auf die Auffassung und Deutung der Wirklichkeit im ganzen. Reichte die wissenschaftliche Erkenntnis bis an das Ende der Dinge, dann möchten wir allein auf Wissenschaft leben. Da sie uns nur die Ränder des dunklen Kontinents, den wir das Universum nennen, ein wenig erleuchtet, und da wir uns doch auf unsere Gefahr irgendwelche Gedanken von dem Universum, dem wir mit unserem Leben angehören, bilden müssen, so werden wir recht tun, wenn wir uns solche Gedanken bilden, als sie unserem ganzen Wesen entsprechen, Gedanken, die uns möglich machen, zu wirken, zu hoffen, zu leben.» Der Gedanke hat nach dieser Anschauung kein Eigenleben, das sich in sich vertiefen und, etwa im Sinne Hegels, zum Quell des Daseins dringen könne; er leuchtet im menschlichen Ich nur auf, um dem Ich zu folgen, wenn es wollend und lebend in die Welt eingreift. Der Pragmatismus entkleidet den Gedanken der Macht, welche er seit dem Heraufkommen der griechischen Weltanschauung gehabt hat. Die Erkenntnis ist dadurch zu einem Erzeugnis des menschlichen Wollens gemacht; sie kann im Grunde nicht mehr das Element sein, in welches der Mensch untertaucht, um sich selbst in seinem wahren Wesen zu finden. Das selbstbewußte Ich taucht nicht *denkend* in sich unter; es verliert sich in die dunklen Untergründe des Willens, in denen der Gedanke nichts beleuchtet als die Ziele des Lebens, die als solche aber *nicht* aus dem Gedanken entspringen. – Die Macht der äußeren Tatsachen über den Menschen ist überstark geworden; das Bewußtsein, im Eigenleben des Denkens ein Licht zu finden, das letzte Daseinsfragen beleuchtet, ist auf den Nullpunkt herabgesunken. Im Pragmatismus ist die *Leistung* der neueren Weltanschauungsentwickelung am meisten von dem entfernt, was der Geist dieser Entwickelung fordert: mit dem selbstbewußten Ich denkend in Weltentiefen sich zu finden, in denen sich dieses Ich so mit dem Quellpunkt des Daseins verbunden fühlt wie das griechische Forschen durch den wahrgenommenen Gedanken. Daß dieser Geist ein solches fordert, offenbart sich aber besonders durch den Pragmatismus. Er stellt «den Menschen» in den Blickpunkt seines Weltbildes. Am *Menschen* soll sich zeigen, wie Wirklichkeit im Dasein waltet. So richtet sich die Hauptfrage nach dem Elemente, in dem das selbstbewußte Ich ruht. Aber die Kraft des Gedankens reicht nicht aus, Licht in dieses Element zu tragen. Der Gedanke bleibt in den oberen Schichten der Seele zurück, wenn das Ich den Weg in seine Tiefen gehen will.

Auf den gleichen Wegen wie der Pragmatismus wandelt in Deutschland die «Philosophie des Als ob» *Hans Vaihingers* (1852–1933). Dieser Philosoph sieht in den leitenden Ideen, welche sich der Mensch über die Welterscheinungen macht, nicht Gedankenbilder, durch die sich die erkennende Seele in eine geistige Wirklichkeit hineinstellt, sondern Fiktionen, die ihn führen, wenn es gilt, sich in der Welt zurechtzufinden. Das «Atom» zum Beispiel ist unwahrnehmbar. Der Mensch bildet den Gedanken des «Atoms». Er kann ihn nicht so bilden, daß er damit von einer Wirklichkeit etwas weiß, sondern so, *«als ob»* die äußeren Naturerscheinungen durch das Zusammenwirken von Atomen entständen. Stellt man sich vor, es seien Atome vorhanden, dann kommt Ordnung in das Chaos der wahrgenommenen Naturerscheinungen. Und so ist es mit allen leitenden Ideen. Sie werden nicht angenommen, um Tatsächliches abzubilden, was allein durch die Wahrnehmung gegeben ist; sie werden erdacht, und die Wirklichkeit wird so zurechtgelegt, *«als ob»* das in ihnen Vorgestellte dieser Wirklichkeit zugrunde läge. Die Ohnmacht des Gedankens wird damit bewußt in den Mittelpunkt des Philosophierens gerückt. Die Macht der äußeren Tatsachen drückt so gewaltig auf den Geist des Denkers, daß er es nicht wagt, mit dem «bloßen Gedanken» in diejenigen Regionen vorzudringen, aus denen die äußere Wirklichkeit als aus ihrem Urgrunde hervorquillt. Da aber nur dann eine Hoffnung besteht, über die Wesenheit des Menschen etwas zu ergründen, wenn man ein geistiges Mittel hat, bis in die charakterisierten Regionen vorzudringen, so kann von einem Nahen an die höchsten Weltenrätsel bei der «Als-ob-Philosophie» keine Rede sein.

Nun sind sowohl der Pragmatismus wie die Als-ob-Philosophie aus der Denkerpraxis des durch die naturwissenschaftliche Vorstellungsart beherrschten Zeitalters herausgewachsen.

Der Naturwissenschaft kann es nur auf die Erforschung des Zusammenhanges der äußeren Tatsachen ankommen, – derjenigen Tatsachen, welche sich auf dem Felde der Sinnesbeobachtung abspielen. Dabei kann es sich für sie nicht darum handeln, daß auch die Zusammenhänge, welche sie erfoscht, sinnlich wahrnehmbar sind, sondern darauf, daß sich diese Zusammenhänge auf dem angedeuteten Felde ergeben. Durch die Beachtung dieser ihrer Grundlage ist die neuere Naturwissenschaft zum *Vorbild* für alles wissenschaftliche Erkennen geworden. Und sie ist gegen die Gegenwart zu immer mehr zu einer Denkpraxis getrieben worden, welche im Sinne des Pragmatismus und der Als-ob-Philosophie liegt. Der Darwinismus zum Beispiel wurde zuerst dazu getrieben, eine Entwickelungslinie der Lebewesen von den unvollkommensten zu den vollkommensten aufzustellen, und dabei den Menschen wie eine höhere Entwickelungsform der menschenähnlichen Affen aufzufassen. Der Anatom Karl Gegenbaur (vgl. oben S. 77) hat aber bereits 1870 darauf aufmerksam gemacht, daß die *Art der Forschung,* welche für eine solche Entwickelungsidee angewendet wird, das Fruchtbare ist. Nun wurde diese Art der Forschung in der neueren Zeit fortgesetzt; und man ist wohl berechtigt zu sagen, daß diese Forschungsart, indem sie sich selbst treu geblieben ist, über die Ansichten hinausgeführt hat, mit denen sie zuerst verbunden war. Man forschte, *«als ob»* der Mensch in der Fortschrittslinie der menschenähnlichen Affen zu suchen sei; und man ist gegenwärtig nahe daran zu erkennen, daß dies nicht sein kann, sondern daß es in der Vorzeit ein Wesen gegeben haben müsse, das im Menschen seinen wahren Nachkommen habe, während die menschenähnlichen Affen sich von diesem Wesen hinweg zu einer unvollkommeneren Art gebildet haben. So war der ursprüngliche neuere Entwickelungsgedanke nur ein Helfer der Forschung.

Indem solche Denkpraxis in der Naturwissenschaft waltet, scheint es bei ihr berechtigt, einem reinen Gedankenforschen, einem Sinnen nach der Lösung der Welträtsel im selbstbewußten Ich jeden wissenschaftlichen Erkenntniswert abzusprechen. Der Naturforscher fühlt, daß er auf einer sicheren Grundlage steht, wenn er in dem Denken nur ein Mittel sieht, um sich in der Welt der äußeren Tatsachen zu orientieren. Die großen Errungenschaften, welche die Naturwissenschaft an der Wende des neunzehnten und zwanzigsten Jahrhunderts aufzuweisen hat, vertragen sich gut mit solcher Denkpraxis. In der Forschungsart der Naturwissenschaft wirkt der Pragmatismus und die Als-ob-Philosophie; wenn nun diese auch noch als philosophische Gedankenrichtungen auftauchen, so offenbart sich in dieser Tatsache das naturwissenschaftliche Grundgepräge der neueren Weltanschauungsentwickelung.

Denker, welche instinktiv die Forderung des im Verborgenen wirkenden neueren Weltanschauungsgeistes empfinden, werden daher begreiflicherweise vor die Frage gestellt: Wie läßt sich der *vorbildlichen* Naturwissenschaft gegenüber eine Vorstellung des selbstbewußten Ich halten? Man kann sagen, die Naturwissenschaft ist auf dem Wege, ein Weltbild hervorzubringen, in dem das selbstbewußte Ich keine Stelle hat. Denn was die Naturwissenschaft als Bild des (äußeren) Menschen geben kann, das enthält die selbstbewußte Seele nur so, wie der Magnet seine Kraft an sich hat. Man hat nun zwei Möglichkeiten. Entweder man gibt sich der Täuschung hin, daß man mit dem Ausdruck «das Gehirn denkt» wirklich etwas Ernstliches gesagt hat, und daß der «geistige Mensch» nur die Oberflächenäußerung des Materiellen ist; oder man *erkennt* in diesem «geistigen Menschen» eine in sich selbständig wesenhafte Wirklichkeit, dann wird man mit der Erkenntnis des Menschen aus der Naturwissenschaft herausgetrieben. Denker, welche unter dem Eindrucke der letzteren Möglichkeit stehen, sind die französischen Philosophen *Emile Boutroux* (1845–1921) und *Henri Bergson* (1859–1890).

Boutroux nimmt zum Ausgangspunkt eine Kritik der neueren Vorstellungsart, welche alles Weltgeschehen auf naturwissenschaftlich begreifliche Gesetze zurückführen will. Man versteht seinen Gedankengang, wenn man erwägt, daß zum Beispiel eine Pflanze wohl Vorgänge in sich enthält, welche nach den Gesetzen verlaufen, die auch in der mineralischen Welt wirksam sind, daß es aber gänzlich unmöglich ist, sich vorzustellen, die mineralischen Gesetze rufen aus ihrem eigenen Inhalte Pflanzenleben hervor. Will man anerkennen, daß sich Pflanzendasein auf dem Boden mineralischer Wirksamkeit entwickele, so muß man voraussetzen, daß es dem Mineralischen ganz gleichgültig ist, ob aus ihm das Pflanzliche hervorgehe. Es muß vielmehr etwas Eigenschöpferisches zu dem Mineralischen hinzutreten, wenn Pflanzliches entstehen soll. In der Naturordnung waltet daher überall Schöpferisches. Das Mineralreich ist da; aber hinter ihm steht ein Schöpferisches. Dieses läßt *aus sich* hervorgehen das Pflanzliche und stellt es auf den Boden des Mineralischen. Und so ist es mit allen Sphären in der Naturordnung bis herauf zur bewußten Menschenseele, ja bis zum soziologischen Geschehen. Die Menschenseele entspringt nicht aus den bloßen Lebensgesetzen, sondern unmittelbar aus dem Urschöpferischen und eignet sich zu ihrer Wesenheit die Lebensgesetze an. Auch im Soziologischen offenbart sich ein Urschöpferisches, das die Menschenseelen in den entsprechenden Zusammenhang und in Wechselwirkung bringt. In Boutroux' Buche «Über den Begriff des Naturgesetzes in der Wissenschaft und in der Philosophie der Gegenwart» finden sich die Sätze: «Die Wissenschaft zeigt uns ... eine Hierarchie der Wissenschaften, eine Hierarchie der Gesetze, die wir zwar einander näher bringen, aber nicht zu einer einzigen Wissenschaft und zu einem einzigen Gesetz verschmelzen können. Zudem zeigt sie uns, nebst der relativen Ungleichartigkeit der Gesetze, ihre gegenseitige Beeinflussung. Die physikalischen Gesetze nötigen sich dem Lebewesen auf, aber die biologischen Gesetze wirken mit den physikalischen mit.» (Deutsche Ausgabe, 1907, S. 130.) So wendet Boutroux den betrachtenden Blick von den im Denken vergegenwärtigten Naturgesetzen hinweg zu dem hinter diesen Gesetzen waltenden Schöpferischen. Und aus diesem unmittelbar hervorgehend sind ihm die die Welt erfüllenden Wesen. Wie sich diese Wesen zueinander verhalten, wie sie in Wechselwirkung treten, das kann durch Gesetze ausgedrückt werden, die im Denken erfaßbar sind. Das Gedachte wird damit zu einer Offenbarung der Wesen in der Welt. Und wie zu einer Grundlage der Naturgesetze wird für diese Vorstellungsart die Materie. Die Wesen sind wirklich und offenbaren sich nach Gesetzen; die Gesamtheit dieser Gesetze, also im Grunde das Unwirkliche, an ein vorgestelltes Sein geknüpft, gibt die Materie. So kann Boutroux sagen: «Die Bewegung» (er meint die Gesamtheit dessen, was nach Naturgesetzen durch die Wesen zwischen diesen geschieht) «an sich ist offenbar ebensogut eine Abstraktion wie das Denken an sich. Tatsächlich gibt es nur Lebewesen, deren Natur ein Mittelding zwischen dem reinen Begriff des Denkens und der Bewegung ist. Diese Lebewesen bilden eine Hierarchie, und die Tätigkeit zirkuliert in ihnen von oben nach unten und von unten nach oben. Der Geist bewegt weder unmittelbar noch mittelbar die Materie. Aber es gibt keine rohe Materie, und das, was das Wesen der Materie ausmacht, hängt mit dem, was das Wesen des Geistes ausmacht, eng zusammen.» (In demselben Buche, S. 131.) Wenn aber die Naturgesetze nur die Zusammenfassung des Wechselverhältnisses der Wesen sind, so steht auch die Menschenseele im Weltganzen nicht so darinnen, daß sie aus den Naturgesetzen heraus erklärbar ist, sondern sie bringt aus ihrem Eigenwesen zu den anderen Gesetzen ihre Offenbarung hinzu. Damit aber ist der Menschenseele die Freiheit, die Selbstoffenbarung ihres Wesens gesichert. Man kann in dieser philosophischen Denkungsart den Versuch sehen, über das wahre Wesen des Naturbildes ins klare zu kommen, um zu ergründen, wie sich die Menschenseele zu diesem Bilde verhält. Und Boutroux kommt zu einer solchen Vorstellung der Menschenseele, welche nur der *Selbstoffenbarung* derselben selbst entspringen kann. In früheren Zeiten sah man, so meint Boutroux, in den Wechselwirkungen der Wesen die Offenbarung von «Laune und Willkür» geistiger Wesen; davon ist das neuere Denken durch die Erkenntnis der Naturgesetze befreit. Da diese nur im Zusammenwirken der Wesen Bestand haben, kann in ihnen nichts enthalten sein, was die Wesen bestimmt. «Die durch die moderne Wissenschaft entdeckten mechanischen Naturgesetze sind in der Tat das Band, welches das Äußere mit dem Inneren verknüpft. Weit davon entfernt, eine Notwendigkeit zu sein, befreien sie uns; sie gestatten uns, zu der Kontemplation, in der die Alten eingeschlossen waren, hinzuzusetzen eine *Wissenschaft der Tat.*» (Am Schlusse des erwähnten Buches.) Dies ist ein Hinweis auf die öfters in dieser Schrift erwähnte Forderung des neueren Weltanschauungsgeistes. Die Alten mußten bei der Kontemplation (Betrachtung) stehenbleiben. Für ihre Empfindung war eben in der Gedankenbetrachtung die Seele im Elemente ihrer wahren Wesenheit. Die neuere Entwickelung fordert eine «Wissenschaft der Tat». Die könnte aber nur entstehen, wenn die Seele sich im selbstbewußten Ich denkend ergriffe und in geistigem Erleben zu inneren Selbsterzeugnissen käme, mit denen sie sich in ihrem Wesen stehend sehen kann.

Auf einem anderen Wege sucht *Henri Bergson* zu dem Wesen des selbstbewußten Ich so vorzudringen, daß bei diesem Vordringen die naturwissenschaftliche Vorstellungsart nicht zum Hemmnis wird. Das *Wesen des Denkens* ist durch die Entwickelung der Weltanschauungen von der Griechenzeit bis zur Gegenwart selbst wie zu einem Welträtsel geworden. Der Gedanke hat die Menschenseele herausgehoben aus dem Weltganzen. So lebt sie gleichsam mit dem Gedanken und muß an ihn die Frage richten: Wie bringst du mich wieder zu einem Elemente, in dem ich mich wirklich in dem Weltganzen geborgen fühlen kann? Bergson betrachtet das wissenschaftliche Denken. Er findet in ihm nicht die Kraft, durch welche es sich gewissermaßen in eine wahre Wirklichkeit hineinschwingen könnte. Es steht die denkende Seele der Wirklichkeit gegenüber und gewinnt von ihr Gedankenbilder. Diese setzt sie zusammen. Aber, was sie so gewinnt, steht nicht in der Wirklichkeit darinnen; es steht außerhalb derselben. Bergson spricht vom Denken so: «Man begreift, daß durch unser Denken feste Begriffe aus der beweglichen Realität gezogen werden können; aber es ist durchaus unmöglich, mit der Festigkeit der Begriffe die Beweglichkeit des Wirklichen zu rekonstruieren . . .» (So in der Schrift «Einführung in die Metaphysik». Deutsche Ausgabe, 1909, S. 42.) Von solchen Gedanken ausgehend findet Bergson, daß alle Versuche, vom Denken aus in die Wirklichkeit zu dringen, scheitern mußten, weil sie etwas unternommen haben, wozu das Denken – so wie es im Leben und in der Wissenschaft waltet –

ohnmächtig ist, in die wahre Wirklichkeit einzudringen. Wenn in dieser Art Bergson die Ohnmacht des Denkens zu erkennen vermeint, so ist dies für ihn kein Grund, durch rechtes Erleben im selbstbewußten Ich zur wahren Wirklichkeit zu kommen. Denn es gibt einen außergedanklichen Weg im Ich, eben den Weg des unmittelbaren Erlebens, der Intuition. «Philosophieren besteht darin, die gewohnte Richtung der Denkarbeit umzukehren.» «Relativ ist die symbolische Erkenntnis durch vorher bestehende Begriffe, welche vom Festen zum sich Bewegenden geht, aber keineswegs die intuitive Erkenntnis, die sich in das sich Bewegende hineinversetzt und das Leben der Dinge selbst sich zu eigen macht.» (Einführung in die Metaphysik, S. 46.) Bergson hält eine Umwandlung des gewöhnlichen Denkens für möglich, so daß durch diese Umwandlung die Seele sich in einer Tätigkeit – in einem intuitiven Wahrnehmen – erlebt, die *eins* ist mit einem Dasein hinter demjenigen, welches durch die gewöhnliche Erkenntnis wahrgenommen wird. In solchem intuitiven Wahrnehmen erlebt sich die Seele als ein Wesen, das nicht bedingt ist durch die körperlichen Vorgänge. Durch diese Vorgänge wird die Empfindung hervorgerufen und werden die Bewegungen des Menschen zustande gebracht. Wenn der Mensch durch die Sinne wahrnimmt, wenn er seine Glieder bewegt, so ist in ihm ein körperliches Wesen tätig; aber schon, wenn er sich an eine Vorstellung *erinnert*, so spielt sich ein rein seelisch-geistiger Vorgang ab, der *nicht* durch entsprechende körperliche Vorgänge bedingt ist. Und so ist das ganze Seelen-Innenleben ein Eigenleben seelisch-geistiger Art, das im und am Leibe, nicht aber durch denselben abläuft. Bergson hat in ausführlicher Art diejenigen naturwissenschaftlichen Ergebnisse untersucht, welche seiner Anschauung entgegenstehen. Es scheint ja in der Tat der Gedanke so berechtigt, daß die seelischen Äußerungen nur in leiblichen Vorgängen wurzeln, wenn man sich vergegenwärtigt, wie zum Beispiel die Erkrankung eines Gehirnteiles den Ausfall der Sprachtätigkeit bedingt. Eine unbegrenzte Zahl von Tatsachen dieser Art kann angeführt werden. Bergson setzt sich mit ihnen auseinander in seiner Schrift «Materie und Gedächtnis» (deutsch 1908). Und er findet, daß sie nichts Beweisendes erbringen gegen die Anschauung von dem geistig-seelischen Eigenleben.

So scheint sich die neuzeitliche Philosophie in Bergson zu ihrer von der Zeit geforderten Aufgabe zu wenden, der Vertiefung in das Erleben des selbstbewußten Ich; aber sie vollbringt diesen Schritt, indem sie dem Gedanken seine Ohnmacht dekretiert. Da, wo das Ich sich in seinem Wesen *erleben* sollte, kann es mit dem Denken nichts anfangen. Und so ist es auch für Bergson mit der Erforschung des Lebens. Was da in der Entwickelung der Lebewesen treibt, was diese Wesen hinstellt in die Welt in einer Reihe vom Unvollkommenen zum Vollkommenen, ergibt sich dem Erkennen nicht durch die denkende Betrachtung der Lebewesen, wie sie vor den Menschen in ihren Formen sich hinstellen. Nein, wenn der Mensch als seelisches Leben sich in sich selbst erlebt, so steht er in dem Lebenselement, das in den Wesen lebt, und das in ihm erkennend sich selbst anschaut. Dieses Lebenselement hat sich erst in den unzähligen Formen ausgießen müssen, um sich durch dieses Ausgießen vorzubereiten zu dem, was es im Menschen geworden ist. Die Lebensschwungkraft, die im Menschen zum denkenden Wesen sich errafft, ist schon da, wenn sie sich in dem einfachsten Lebewesen offenbart; sie hat dann im Schaffen der Lebewesen sich so verausgabt, daß ihr bei der Offenbarung im Menschen nur ein Teil ihrer Gesamtwesenheit zurückgeblieben ist, allerdings derjenige, der sich als Frucht alles vorangehenden Lebensschaffens offenbart. So ist die Wesenheit des Menschen *vor* allen anderen Lebewesen vorhanden; sie kann sich aber erst als Mensch ausleben, wenn sie die anderen Lebensformen abgestoßen hat, die der Mensch dann nur von außen, als *eine* unter denselben, beobachten kann. Aus seinem intuitiven Erkennen will Bergson sich die naturwissenschaftlichen Ergebnisse so beleben lassen, daß er aussprechen kann: «Alles geht vor sich, als ob ein unbestimmtes und wallendes Wesen, mag man es nun *Mensch* oder *Übermensch* nennen, nach Verwirklichung getrachtet und diese nur dadurch erreicht hätte, daß es einen Teil seines Wesens unterwegs aufgab. Diese Verluste sind es, welche die übrige Tierheit, ja auch die Pflanzenwelt darstellt;

insoweit mindestens, als sie etwas Positives, etwas den Zufällen der Entwickelung Enthobenes bedeuten.» (Bergson, Schöpferische Entwickelung. Deutsche Ausgabe, 1912, S. 270.)

Aus leicht gewobenem, leicht erringbarem Nachdenken bringt damit Bergson eine Idee der Entwickelung hervor, welche bereits vorher 1882 *Wilhelm Heinrich Preuß* in seinem Buche «Geist und Stoff» (Oldenburg 2. Auflage 1899) gedankentief ausgesprochen hat. Auch diesem Denker ist der Mensch nicht hervorgegangen aus den anderen Naturwesen, sondern er ist, vom Anfang an, die Grundwesenheit, die nur, bevor sie sich die ihr auf der Erde zukommende Gestalt geben konnte, erst in den anderen Lebewesen ihre Vorstufen abstoßen mußte. Man liest in dem genannten Buche: «Es dürfte ... an der Zeit sein, eine ... Lehre von der Entstehung der organischen Arten aufzustellen, welche sich nicht allein auf einseitig aufgestellte Sätze aus der beschreibenden Naturwissenschaft gründet, sondern auch mit den übrigen Naturgesetzen, welche zugleich auch Gesetze des menschlichen Denkens sind, in voller Übereinstimmung ist. Eine Lehre zugleich, *die alles Hypothetisierens bar ist* und nur auf strengen Schlüssen aus naturwissenschaftlichen Beobachtungen im weitesten Sinne beruht; eine Lehre, die den Artbegriff nach tatsächlicher Möglichkeit rettet, aber zugleich den von Darwin aufgestellten Begriff der Entwickelung hinübernimmt auf ihr Gebiet und fruchtbar zu machen sucht. – Der Mittelpunkt dieser neuen Lehre nun ist der Mensch, die nur *einmal auf unserem Planeten wiederkehrende Spezies: Homo sapiens*. Merkwürdig, daß die älteren Beobachter bei den Naturgegenständen anfingen und sich dann dermaßen verirrten, daß sie den Weg zum Menschen nicht fanden, was ja auch Darwin nur in kümmerlichster und durchaus unbefriedigender Weise gelang, indem er den Stammvater des Herrn der Schöpfung unter den Tieren suchte – während der Naturforscher bei sich als Menschen anfangen müßte, um so fortschreitend *durch das ganze Gebiet des Seins und Denkens zur Menschheit zurückzukehren*. ... Es war nicht Zufall, daß die menschliche Natur aus der Entwickelung alles Irdischen hervorging, sondern Notwendigkeit. Der Mensch ist das Ziel aller tellurischen Vorgänge und jede andere neben ihm auftauchende Form hat aus der seinigen ihre Züge entlehnt. Der Mensch ist das erstgeborene Wesen des ganzen Kosmos ... Als seine Keime entstanden waren, hatte der gebliebene organische Rückstand nicht die nötige Kraft mehr, um weitere menschliche Keime zu erzeugen. Was noch entstand, wurde Tier oder Pflanze ...»

Solche Anschauung strebt dahin, den durch die neuere Weltanschauungsentwickelung auf sich selbst – außer die Natur – gestellten Menschen zu erkennen, um dann in solcher Menschenkenntnis etwas zu finden, das Licht wirft auf das Wesen der den Menschen umgebenden Welt. In dem wenig gekannten Denker von Elsfleth, W. H. Preuß, taucht die Sehnsucht auf, durch Menschen-Erkenntnis zugleich Welt-Erkenntnis zu gewinnen. Seine energischen und bedeutsamen Ideen sind unmittelbar auf die Menschenwesenheit hin gerichtet. Er schaut diese Wesenheit sich ins Dasein ringend. Und was *sie* auf ihrem Wege zurücklassen – von sich abstreifen – muß, das bleibt als die Natur mit ihren Wesenheiten in der Entwickelung auf niederer Stufe stehen und stellt sich als des Menschen Umwelt hin. – Daß der Weg zu den Weltenrätseln in der neueren Philosophie durch eine Ergründung der Menschenwesenheit, die sich im selbstbewußten Ich offenbart, zu nehmen ist: das zeigt die Entwickelung dieser Philosophie. Je mehr man in deren Streben und Suchen einzudringen sich bemüht, um so mehr kann man gewahr werden, wie dieses Suchen nach solchen Erlebnissen in der Menschenseele gerichtet ist, die nicht bloß über diese Menschenseele selber aufklären, sondern in denen etwas aufleuchtet, das über die außerhalb des Menschen liegende Welt sicheren Aufschluß gibt. Der Blick auf die Anschauung Hegels und verwandter Denker erzeugte bei den neueren Philosophen Zweifel daran, daß im *Gedankenleben* die Kraft liegen könne, über den Umkreis des Seelenwesens hinauszuleuchten. Es schien das Gedankenelement zu schwach zu sein, um in sich ein Leben zu entfalten, in dem Enthüllungen über das Wesen der Welt enthalten sein könnten. Die naturwissenschaftliche Vorstellungsart verlangte ein solches Eindringen in den Seelenkern, das sich auf einen festeren Boden stellt, als der Gedanke ihn liefern kann.

Bedeutsam stellen sich in dieses Suchen und Streben der neuesten Zeit die Bemühungen *Wilhelm Diltheys* (1833–1911) hinein. Er hat in Schriften wie «Einleitung in die Geisteswissenschaften» und in seiner Berliner Akademieabhandlung «Beiträge zur Lösung der Frage vom Ursprung unseres Glaubens an die Realität der Außenwelt und seinem Recht» (1890) Ausführungen geboten, die unmittelbar erfüllt sind von allem, was als philosophische Rätsel auf der neueren Weltanschauungsentwickelung lastet. Die in der gegenwärtig gebräuchlichen gelehrten Ausdrucksform gehaltene Darstellung Diltheys verhindert allerdings, daß allgemeineren Eindruck machte, was er zu sagen hatte. – Diltheys Anschauung ist, daß mit dem, was in seiner Seele gedankenhaft, vorstellungsmäßig ist, der Mensch nicht einmal zu einer Gewißheit darüber kommen könne, ob dem, was die Sinne wahrnehmen, eine wirkliche, vom Menschen unabhängige Wesenheit entspreche. Alles Gedankenhafte, Vorstellungsgemäße, Sinnlich-Empfundene ist Bild; und die Welt, welche den Menschen umgibt, könnte ein Traum von Bildern seiner eigenen Wesenheit, ohne von ihm unabhängige Wirklichkeit sein, wenn er *nur* allein darauf angewiesen wäre, die Wirklichkeit durch solche Bilder gewahrzuwerden. Doch offenbaren sich in der Seele nicht allein diese Bilder. Es offenbart sich in ihr ein Lebenszusammenhang in Wille, Streben, Gefühl, der von ihr ausgeht, in dem sie sich selbst darinnen erfühlt, und dessen Wirklichkeit sie nicht nur durch gedankenhafte Erkenntnis, sondern durch unmittelbares Erleben anerkennen muß. Wollend und fühlend erlebt sich die Seele selbst als Wirklichkeit. Doch wenn sie sich nur *so* erlebte, müßte sie glauben, daß *ihre* Wirklichkeit die einzige in der Welt sei. Das wäre nur berechtigt, wenn ihr Wollen nach allen Seiten ausstrahlen könnte, ohne *Widerstand* zu finden. Das aber ist nicht der Fall. Die Absichten des Willens können sich so nicht ausleben. Es drängt sich etwas in sie herein, das sie nicht selbst hervorbringen, und das sie doch in sich selber aufnehmen müssen. Haarspalterisch kann dem «gesunden Menschenverstand» solcher Gedankengang eines Philosophen erscheinen. Die geschichtliche Betrachtung darf nicht auf solche Beurteilung sehen. Für sie ist wichtig,

Einblick zu gewinnen in die Schwierigkeit, welche die neuere Philosophie sich selbst bereiten muß gegenüber der einfachen, dem «gesunden Menschenverstand» sogar überflüssig dünkenden Frage: Ob denn die Welt, welche der Mensch sieht, hört usw., mit Recht *wirklich* genannt werden dürfe? Das «Ich», das sich – wie die hier vorliegende Entwickelungsgeschichte der philosophischen Weltenrätsel gezeigt hat – von der Welt losgelöst hat, will in seiner für die eigene Betrachtung einsam gewordenen Wesenheit den Weg wieder zurück zur Welt finden. Dilthey meint, dieser Weg könne nicht etwa dadurch gefunden werden, daß man sagt: Die Seele erlebt Bilder (Gedanken, Vorstellungen, Empfindungen), und da diese Bilder im Bewußtsein auftreten, so müssen sie in einer wirklichen Außenwelt ihre Ursachen haben. Solch ein Schluß gäbe – nach Diltheys Meinung – kein Recht, von einer wirklichen Außenwelt zu sprechen. Denn es ist dieser Schluß *innerhalb der Seele,* nach den Bedürfnissen dieser Seele, vollzogen; und nichts bürgt dafür, daß in der Außenwelt wirklich dasjenige sei, wovon die Seele nach ihren Bedürfnissen *glaubt,* daß es sein müsse. Nein, *schließen* auf eine Außenwelt kann die Seele nicht; sie setzt sich damit der Gefahr aus, daß ihre Schlußfolgerung nur ein Leben in ihr selber hat und für die Außenwelt ohne alle Bedeutung bleibt. Sicherheit über eine Außenwelt kann die Seele nur gewinnen, wenn diese Außenwelt in das innere Leben des «Ich» hereindringt, so daß in diesem «Ich» nicht bloß das «Ich», sondern die Außenwelt selbst lebt. Das geschieht – nach Diltheys Ansicht –, wenn die Seele in ihrem *Wollen* und *Fühlen* etwas erfährt, was nicht aus ihr selbst stammt. Dilthey bemüht sich, an den allerselbstverständlichsten Tatbeständen eine Frage zu entscheiden, die ihm eine Grundfrage aller Weltanschauung ist. Man nehme die folgende Ausführung, die er gibt: «Indem ein Kind die Hand gegen den Stuhl stemmt, ihn zu bewegen, mißt sich seine Kraft am Widerstande: Eigenleben und Objekte werden zusammen erfahren. Nun aber sei das Kind eingesperrt, es rüttle umsonst an der Tür: dann wird sein ganzes aufgeregtes Willensleben den Druck einer übermächtigen Außenwelt inne, welche sein Eigenleben hemmt, beschränkt und gleichsam zusammendrückt. Dem Streben, der Unlust zu entrinnen, all seinen Trieben Befriedigung zu verschaffen, folgt Bewußtsein der Hemmung, Unlust, Unbefriedigung. Was das Kind erfährt, geht durch das ganze Leben des Erwachsenen hindurch. Der Widerstand wird zum Druck, ringsum scheinen uns Wände von Tatsächlichkeit zu umgeben, die wir nicht durchbrechen können. Die Eindrücke halten stand, gleichviel, ob wir sie ändern möchten; sie verschwinden, obwohl wir sie festzuhalten streben; gewissen Bewegungsantrieben, die von der Vorstellung, dem Unlusterregenden auszuweichen, geleitet werden, folgen unter bestimmten Umständen regelmäßig Gemütsbewegungen, die uns in dem Bezirk des Unlustvollen festhalten. Und so verdichtet sich um uns gleichsam immer mehr die Realität der Außenwelt.»

Wozu wird solch eine für viele Menschen unbeträchtlich erscheinende Betrachtung im Zusammenhang mit hohen Weltanschauungsfragen angestellt? Aussichtslos erscheint es doch, von solchen Ausgangspunkten aus zu einer Ansicht darüber zu kommen, was die Stellung der Menschenseele im Weltganzen ist. Das Wesentliche aber ist, *daß* die Philosophie zu solcher Betrachtung gelangt ist auf dem Wege, der – noch einmal sei an Brentanos Worte erinnert – unternommen worden ist, «für die Hoffnungen eines Platon und Aristoteles über das Fortleben unseres besseren Teiles nach der Auflösung unseres Leibes Sicherheit zu gewinnen . . .» Solche Sicherheit zu gewinnen, erscheint immer schwieriger, je weiter die Gedankenentwickelung fortschreitet. Das «selbstbewußte Ich» fühlt sich immer mehr herausgestoßen aus der Welt; es scheint immer weniger in sich die Elemente zu finden, welche es mit der Welt verbinden noch in einer anderen Weise als durch den der «Auflösung» unterworfenen «Leib». Indem es nach einer sicheren Erkenntnis über seinen Zusammenhang mit einer ewigen Welt des Geistes suchte, verlor es selbst die Sicherheit einer Einsicht in den Zusammenhang mit der Welt, welche den Wahrnehmungen der Sinne sich offenbart. – Bei Betrachtung von Goethes Weltanschauung durfte darauf aufmerksam gemacht werden, wie innerhalb derselben gesucht wird nach solchen Erlebnissen in der Seele, die diese Seele hinaustragen in eine Wirklichkeit, welche hinter der

Sinneswahrnehmung als eine geistige Welt liegt. Da wird also *innerhalb* der Seele etwas zu erleben gesucht, durch das die Seele nicht mehr bloß in sich steht, trotzdem sie das Erlebte als ihr eigenes erfühlt. Die Seele sucht *in sich* Welterlebnisse, durch welche sie dasjenige in der Welt *miterlebt,* was zu erleben ihr durch die Vermittelung der bloßen Leibesorgane unmöglich ist. Dilthey steht trotz des scheinbar Überflüssigen seiner Betrachtungsart in derselben Strömung der Philosophieentwickelung darinnen. Er möchte *innerhalb* der Seele etwas aufzeigen, das, so wahr es in der Seele erlebt wird, doch *nicht ihr* angehört, sondern einem von ihr Unabhängigen. Er möchte beweisen, daß die Welt in das Erleben der Seele hereinragt. Daß dieses Hereinragen im Gedankenhaften sein könne, daran glaubt er nicht, wohl aber nimmt für ihn die Seele in ihren ganzen Lebensinhalt, in Wollen, Streben und Fühlen etwas in sich herein, das nicht bloß Seele, sondern die wirkliche Außenwelt ist. Nicht dadurch erkennt die Seele einen ihr gegenüberstehenden Menschen als in der Außenwelt wirklich, daß ihr dieser Mensch gegenübersteht und sie sich eine *Vorstellung* von ihm bildet, sondern dadurch, daß sie sein Wollen, sein Fühlen, seinen lebendigen Seelenzusammenhang in ihr eigenes Wollen und Empfinden aufnimmt. Somit läßt die Menschenseele im Sinne Diltheys eine wirkliche Außenwelt nicht deshalb gelten, weil diese Außenwelt sich dem Gedankenhaften als wirklich verkündet, sondern weil die Seele, das selbstbewußte Ich, *in sich selbst* die Außenwelt *erlebt.* Damit steht dieser Philosoph vor der Anerkennung der höheren Bedeutung des Geisteslebens gegenüber dem bloßen Naturdasein. Er stellt mit dieser Anschauung der naturwissenschaftlichen Vorstellungsart ein Gegengewicht gegenüber. Ja, er meint, die Natur als wirkliche Außenwelt wird nur deshalb anerkannt, weil sie von dem Geistigen in der Seele erlebt wird. Das Erlebnis des Natürlichen ist ein Untergebiet im allgemeinen Seelenerleben, das geistiger Art ist. Und geistig steht die Seele in einem allgemeinen Geistentfalten des Erdendaseins drinnen. Ein großer Geistorganismus entwickelt und entfaltet sich in den Kultursystemen, in dem geistigen Erleben und Schaffen der Völker und Zeiten. Was in diesem Geistorganismus seine Kräfte entwickelt, das durchdringt die einzelnen Menschenseelen. Diese sind in dem Geistorganismus eingebettet. Was sie erleben, vollbringen, schaffen, erhält nicht bloß von den Naturantrieben her seine Impulse, sondern von dem umfassenden geistigen Leben. – Diltheys Art ist voll des Verständnisses für die naturwissenschaftliche Vorstellungsart. Er kommt bei seinen Ausführungen oft auf die Ergebnisse der Naturforscher zu sprechen. Doch setzt er der Anerkennung der natürlichen Entwickelung den selbständigen Bestand einer geistigen Welt gegenüber. Den Inhalt einer Wissenschaft des Geistigen liefert für ihn der Anblick dessen, was die Kulturen der Völker und Zeiten enthalten.

Zu einer ähnlichen Anerkennung einer selbständigen geistigen Welt gelangt *Rudolf Eucken* (1846–1926). Er findet, daß die naturwissenschaftliche Denkungsart mit sich selbst in Widerspruch gerät, wenn sie mehr sein will als eine Betrachtungsweise von *nur einer* Seite des Daseins, wenn sie dasjenige zur einzigen Wirklichkeit erklären will, was ihr möglich ist zu erkennen. Beobachtete man die Natur, wie sie allein den Sinnen sich darbietet, so könnte man nie zu einer Gesamtanschauung über sie gelangen. Man muß, um die Natur zu erklären, das heranziehen, was der Geist nur durch sich selbst erleben kann, was er aus der Außenbeobachtung niemals holen kann. Eucken geht von dem lebendigen Gefühl aus, das die Seele von ihrem eigenen, in sich selbständigen Arbeiten und Schaffen auch dann hat, wenn sie sich der Betrachtung der äußeren Natur hingibt. Er verkennt nicht, wie die Seele abhängig ist von dem, was sie mit ihren sinnlichen Werkzeugen empfindet, wahrnimmt, wie sie bestimmt ist durch alles, was in der Naturgrundlage des Leibes gelegen ist. Aber er richtet den Blick auf die selbständige, vom Leibe unabhängige, ordnende, belebende Tätigkeit der Seele. Die Seele gibt der Empfindungs-, der Wahrnehmungswelt die Richtung, den in sich geschlossenen Zusammenhang. Sie wird nicht bloß von Impulsen bestimmt, die ihr durch die physische Welt kommen, sondern sie erlebt in sich rein geistige Antriebe. Durch diese weiß sie sich in einer wirklichen geistigen Welt drinnenstehend. In dasjenige, was sie erlebt, schafft, wirken Kräfte aus einer Geisteswelt herein, der sie angehört. Diese geistige Welt wird unmittelbar wirklich in der Seele erlebt, indem sich die Seele eins mit ihr weiß. So sieht sich, im Sinne Euckens, die Seele getragen von einer in sich lebendigen, schaffenden Geisteswelt. – Und Eucken ist der Ansicht, daß das Gedankenhafte, das Intellektuelle nicht mächtig genug ist, um die Tiefen dieser Geisteswelt auszuschöpfen. Was von der Geisteswelt in den Menschen hereinströmt, ergießt sich in das ganze umfassende Seelenleben, nicht bloß in den Intellekt. Von einer wesenhaften, mit Persönlichkeitscharakter ausgestatteten Art ist die Geisteswelt. Sie befruchtet auch das Gedankenhafte, aber nicht allein dieses. In einem wesenhaften Geistzusammenhange darf sich die Seele erfühlen. In einer schwungvollen Art weiß Eucken in seinen zahlreichen Schriften das Weben und Wesen dieser geistigen Welt darzustellen. Im «Kampf um den geistigen Lebensinhalt», in «Der Wahrheitsgehalt der Religion», «Grundlinien einer neuen Lebensanschauung», «Geistige Strömungen der Gegenwart», «Lebensanschauungen der großen Denker», «Erkennen und Leben» sucht er von verschiedenen Gesichtspunkten aus zu zeigen, wie die Menschenseele, indem sie sich selbst erlebt und in diesem Erleben recht versteht, sich durchsetzt und durchpulst weiß von einem schaffenden, lebendigen Geistessein, innerhalb dessen sie ein Teil und Glied ist. Gleich Dilthey schildert auch Eucken als den Inhalt des selbständigen Geisteslebens dasjenige, was sich in der Menschheitskultur, in den sittlichen, technischen, sozialen, künstlerischen Schöpfungen der Völker und Zeiten darstellt.

In einer geschichtlichen Darstellung, wie sie hier angestrebt wird, ist kein Platz für eine Kritik der geschilderten Weltanschauungen. Doch ist es nicht Kritik, wenn darauf hingewiesen wird, wie eine Weltanschauung durch ihren eigenen Charakter neue Fragen aus sich heraustreibt. Denn dadurch wird sie zu einem Glied der geschichtlichen Entwickelung. Dilthey und Eucken sprechen von einer selbständigen Geisteswelt, in welche die einzelne Menschenseele eingebettet ist. Ihre Wissenschaft von dieser Geisteswelt läßt aber die Fragen offen: Was ist diese Geisteswelt und wie gehört ihr die Menschenseele an? Entschwindet die Einzelseele mit der Auflösung des Leibes, nachdem sie innerhalb dieses Leibes an der Entwickelung des Geisteslebens teilgenommen hat, das in den Kulturschöpfungen der Völker und Zeiten sich darlebt? Gewiß, es kann – von Diltheys und Euckens Gesichtspunkt aus – auf diese Fragen geantwortet werden: Zu Ergebnissen über diese Fragen führt eben nicht dasjenige, was die Menschenseele in ihrem Eigenleben erkennen kann. Doch ist gerade dieses zur Charakteristik solcher Weltanschauungen zu sagen, daß sie durch ihre Betrachtungsart *nicht* zu Erkenntnismitteln geführt werden, welche die Seele – oder das selbstbewußte Ich – über das hinausführen, was im Zusammenhange mit dem Leibe erlebt wird. So intensiv Eucken die Selbständigkeit und Wirklichkeit der Geisteswelt betont: was nach seiner Weltansicht die Seele an und mit dieser Geisteswelt erlebt, das erlebt sie mit dem Leibe. Die oft in dieser Schrift angeführten Hoffnungen des Platon und Aristoteles in bezug auf das Wesen der Seele und ihr leibfreies Verhältnis zur Geisteswelt werden durch eine solche Weltanschauung nicht berührt. Es wird nicht mehr gezeigt, als daß die Seele, solange sie im Leibe erscheint, an einer mit Recht wirklich genannten Geisteswelt teilnimmt. Was sie in der Geisteswelt als selbständige geistige Wesenheit ist, davon kann innerhalb dieser Philosophie nicht im eigentlichen Sinne gesprochen werden. Es ist das Charakteristische dieser Vorstellungsarten, daß sie zwar zur Anerkennung einer geistigen Welt und auch der geistigen Natur der Menschenseele kommen, daß sich aber aus dieser Anerkennung keine Erkenntnis darüber ergibt, welche Stellung in der Weltenwirklichkeit die Seele – das selbstbewußte Ich – hat, abgesehen davon, daß sie durch das Leibesleben sich ein Bewußtsein von der Geisteswelt erwirbt. Auf die geschichtliche Stellung dieser Vorstellungsarten in der Philosophieentwickelung wird Licht geworfen, wenn man erkennt, daß sie Fragen erzeugen, die sie mit ihren eigenen Mitteln nicht beantworten können. Energisch behaupten sie, daß die Seele in sich selber sich einer von ihr unabhängigen Geisteswelt bewußt werde. Aber wie ist dieses Bewußtsein errungen? Doch nur mit den Erkenntnismitteln, welche die Seele innerhalb ihres leiblichen

Daseins und durch dasselbe hat. *Innerhalb* dieses Daseins entsteht Gewißheit darüber, daß eine geistige Welt besteht. Aber die Seele findet keinen Weg, um ihr eigenes, in sich geschlossenes Wesen *außerhalb* des Leibesdaseins im Geiste zu erleben. Was der Geist *in ihr* auslebt, anregt, schafft, das nimmt sie wahr, soweit ihr das leibliche Dasein die Möglichkeit dazu gibt. Was sie *als Geist* in der Geisteswelt ist, ja *ob* sie darinnen eine besondere Wesenheit ist, das ist eine Frage, die man nicht beantworten kann durch die bloße Anerkennung der Tatsache, daß die Seele *im Leibe* sich eins wissen kann mit einer lebendigen, schaffenden Geisteswelt. Für eine solche Antwort wäre notwendig, daß die selbstbewußte Menschenseele, indem sie zu einer Erkenntnis der geistigen Welt vordringt, sich nun auch bewußt werden könnte, *wie* sie in der Geisteswelt selbst lebt, unabhängig vom Leibesdasein. Die Geisteswelt müßte dem Seelenwesen nicht bloß die Möglichkeit geben, daß es sie anerkennen kann, sondern sie müßte ihm etwas von ihrer eigenen Art mitteilen. Sie müßte ihm zeigen, wie sie anders ist als die Sinnenwelt und wie sie das Seelenwesen Anteil nehmen läßt an dieser ihrer anderen Daseinsart.

Ein Gefühl für diese Frage lebt bei denjenigen Philosophen, welche die geistige Welt dadurch betrachten wollen, daß sie den Blick auf etwas richten, das innerhalb der bloßen Naturbetrachtung nach ihrer Meinung *nicht* auftreten kann. Gäbe es etwas, dem gegenüber sich die naturwissenschaftliche Vorstellungsart machtlos erwiese, so könnte in einem solchen eine Bürgschaft für die Berechtigung zur Annahme einer geistigen Welt liegen. Angedeutet ist eine solche Denkrichtung schon von Lotze (vgl. S. 154); energische Vertreter hat sie in der Gegenwart gefunden in *Wilhelm Windelband* (1848–1915), *Heinrich Rickert* (1863–1936) und anderen Philosophen. Diese sind der Ansicht, daß ein Element in die Betrachtung der Welt eintritt, an dem die naturwissenschaftliche Vorstellungsart abprallt, wenn man die Aufmerksamkeit auf die «*Werte*» lenkt, welche im Menschenleben bestimmend sind. Die Welt ist kein Traum, sondern eine Wirklichkeit, wenn sich nachweisen läßt, daß in den Erlebnissen der Seele etwas von der Seele selbst Unabhängiges lebt. Die Handlungen, Strebungen, Willensimpulse der Seele sind nicht aufblitzende und wieder vergehende Funken im Meere des Daseins, wenn man anerkennen muß, es verleihe ihnen etwas *Werte,* die unabhängig von der Seele sind. Solche *Werte* muß aber die Seele für ihre Willensimpulse, ihre Handlungen genau so gelten lassen, wie sie für ihre Wahrnehmungen gelten lassen muß, daß diese nicht bloß in ihr erzeugt sind. Eine Handlung, ein Wollen des Menschen treten nicht bloß wie Naturtatsachen auf; sie müssen von dem Gesichtspunkte eines rechtlichen, sittlichen, sozialen, ästhetischen, wissenschaftlichen *Wertes* aus gedacht werden. Und wenn auch mit Recht betont wird, daß im Laufe der Entwickelung bei Völkern und im Lauf der Zeiten die Anschauungen der Menschen über Rechts-, Sitten-, Schönheits-, Wahrheitswerte sich ändern, wenn auch Nietzsche von einer «Umwertung aller Werte» sprechen konnte, so muß doch anerkannt werden, daß der Wert eines Tuns, Denkens, Wollens in ähnlicher Art von außen bestimmt wird, wie einer Vorstellung von außen der Charakter der Wirklichkeit gegeben wird. Im Sinne der «Wert-Philosophie» kann gesagt werden: Wie der *Druck* oder *Widerstand* der natürlichen Außenwelt entscheidet, ob eine Vorstellung Phantasiebild oder Wirklichkeit ist, so entscheidet der *Glanz* und die *Billigung,* die von der geistigen Außenwelt auf das Seelenleben fallen, ob ein Willensimpuls, ein Tun, ein Denken *Wert* im Weltenzusammenhang haben oder nur willkürliche Ausflüsse der Seele sind. – Als ein Strom von Werten fließt die geistige Welt durch das Leben der Menschen im Laufe der Geschichte. Indem die Menschenseele sich in einer Welt stehend empfindet, die von Werten bestimmt ist, erlebt sie sich in einem geistigen Elemente. – Wenn mit dieser Vorstellungsart völlig Ernst gemacht werden sollte, so müßten alle Aussagen, welche der Mensch über das Geistige macht, sich in der Form von Werturteilen kundgeben. Man müßte bei allem, was nicht naturhaft sich offenbart und deshalb durch die naturwissenschaftliche Vorstellungsart nicht erkannt wird, nur davon sprechen, wie und in welcher Richtung ihm ein von der Seele unabhängiger Wert im Weltall zukommt. Als Frage müßte sich diese ergeben: Wenn man bei der Menschenseele von allem absieht, was über sie die Naturwissenschaft zu sagen hat, ist sie dann als Angehörige der Geisteswelt ein Wertvolles, dessen Wert von ihr selbst nicht abhängt? Und können die philosophischen Rätsel in bezug auf die Seele gelöst werden, wenn man nicht von ihrem *Dasein,* sondern nur von ihrem *Werte* sprechen kann? Wird die Wert-Philosophie für diese Rätsel nicht immer eine Redewendung annehmen müssen, ähnlich derjenigen, in welcher Lotze von der Seelenfortdauer spricht? (vgl. S. 158): «Da wir jedes Wesen nur als *Geschöpf Gottes* betrachten, so gibt es durchaus kein ursprünglich gültiges Recht, auf welches die einzelne Seele, etwa als ‹Substanz› sich berufen könnte, um *ewige individuelle Fortdauer* zu fordern. Vielmehr können wir bloß behaupten: jedes Wesen *werde so lange* von Gott *erhalten* werden, als sein Dasein eine wertvolle Bedeutung für das Ganze seines Weltplanes hat ...» Hier wird von dem «Wertvollen» der Seele als dem Entscheidenden gesprochen; aber es wird doch darauf Rücksicht genommen, inwiefern dieses Wertvolle mit der *Erhaltung des Daseins* zusammenhängen könne. Die Stellung der Wert-Philosophie in der Weltanschauungsentwickelung kann man verstehen, wenn man bedenkt, daß die naturwissenschaftliche Vorstellungsart die Neigung hat, *alle Erkenntnis des Daseins* für sich in Anspruch zu nehmen. Dann bleibt der Philosophie nur übrig, etwas anderes als das Dasein zu untersuchen. Ein solch Anderes wird in den «Werten» gesehen. Als ungelöste Frage läßt sich aus dem Ausspruch Lotzes diese erkennen: Ist es überhaupt möglich, bei der Wertbestimmung stehen zu bleiben und auf eine Erkenntnis der *Daseinsform* der Werte zu verzichten?

*

Viele der neuesten Gedankenrichtungen stellen sich als Versuche dar, in dem selbstbewußten Ich, das sich mit dem Verlaufe der Philosophieentwickelung immer mehr losgelöst von der Welt empfindet, etwas zu suchen, das wieder zur Verbindung mit ihr führt. Diltheys, Euckens, Windelbands, Rickerts und anderer Vorstellungen sind solche Versuche innerhalb der

Philosophie der Gegenwart, welche den Anforderungen der Naturerkenntnis und der Betrachtung des seelischen Erlebens so Rechnung tragen wollen, daß neben der Naturwissenschaft eine Geisteswissenschaft möglich erscheint. Von einem gleichen Ziele getragen sind die Denkrichtungen, welche *Hermann Cohen* (1842–1918; vgl. S. 130), *Paul Natorp* (1854–1924), *August Stadler* (1850–1910), *Ernst Cassirer* (1874–1945), *Walter Kinkel* (geb. 1871) und deren philosophische Gesinnungsgenossen verfolgen. Indem diese Denker den geistigen Blick auf das *Denken* selbst richten, glauben sie in der höchsten denkerischen Betätigung des selbstbewußten Ich einen Seelenbesitz zu ergreifen, welcher die Seele in das wirkliche Dasein untertauchen läßt. Sie richten ihre Aufmerksamkeit auf dasjenige, was ihnen als höchste Frucht des Denkens erscheint: auf das nicht mehr an der Wahrnehmung hängende, auf das reine, nur mit Gedanken (Begriffen) betätigte Denken. Ein einfaches Beispiel davon wäre das Denken eines Kreises, bei dem man ganz absieht von der Vorstellung dieses oder jenes Kreises. Soviel man in dieser Art *rein* denken kann, so weit reicht in der Seele die Kraft desjenigen, was in die Wirklichkeit untertauchen kann. Denn, was man so denken kann, das spricht sein eigenes Wesen durch das Denken im Menschenbewußtsein aus. Die Wissenschaften streben danach, durch ihre Beobachtungen, Experimente und Methoden hindurch zu solchen Ergebnissen über die Welt zu kommen, welche im reinen Denken erfaßt werden. Sie werden die Erreichung dieses Zieles allerdings einer fernen Zukunft überlassen müssen; aber trotzdem kann man sagen: Insofern sie danach streben, reine Gedanken zu haben, ringen sie auch danach, das wahre Wesen der Dinge in den Besitz des selbstbewußten Ich hereinzubringen. – Wenn der Mensch in der sinnlichen Außenwelt oder auch im Verlauf des geschichtlichen Lebens etwas beobachtet, so hat er – im Sinne dieser Vorstellungsart – keine wahre Wirklichkeit vor sich. Was die Beobachtung der Sinne darbietet, ist nur die Aufforderung, eine Wirklichkeit zu suchen, nicht eine Wirklichkeit selbst. Erst wenn durch die Betätigung der Seele gewissermaßen an der Stelle, wo die Beobachtung auftritt, ein Gedanke gesehen wird, ist die

Wirklichkeit dessen erkannt, was an dieser Stelle ist. Die fortschreitende Erkenntnis setzt an die Stelle des in der Welt Beobachteten die Gedanken. Was die Beobachtung zuerst zeigte, war nur da, weil der Mensch mit seinen Sinnen, mit seinen alltäglichen Vorstellungen die Dinge und Wesen in seiner beschränkten Art sich vergegenwärtigt. Was er sich so vergegenwärtigt, hat keine Bedeutung in der Welt außer ihm. Was er als Gedanke an die Stelle des Beobachteten setzt, hat nichts mehr mit seiner Beschränkung zu tun. Es ist so, wie es gedacht wird. Denn der Gedanke bestimmt sich selbst und offenbart sich nach seinem eigenen Charakter im selbstbewußten Ich. Er läßt sich seinen Charakter in keiner Weise von diesem Ich bestimmen.

In dieser Weltanschauung lebt eine Empfindung von der Entwickelung des Gedankenlebens seit dessen philosophischem Erblühen innerhalb des griechischen Geisteslebens. Das Gedankenerleben hat dem selbstbewußten Ich die Kraft gegeben, sich in seiner selbständigen Wesenheit kraftvoll zu wissen. In der Gegenwart kann diese Kraft des Gedankens in der Seele als der Impuls erlebt werden, welcher, im selbstbewußten Ich erfaßt, diesem ein Bewußtsein gibt davon, daß es nicht ein bloßer äußerer Betrachter der Dinge ist, sondern wesenhaft mit der Wirklichkeit der Dinge lebt. In dem Gedanken selbst kann die Seele erfühlen, daß in ihm wahres, auf sich selbst gestelltes Dasein vorhanden ist. Indem sich die Seele so mit dem Gedanken als mit einem Lebensinhalt verwoben fühlt, der Wirklichkeit atmet, kann sie die Tragkraft des Gedankens wieder so empfinden, wie sie in der griechischen Philosophie empfunden worden ist, in jener Philosophie, welcher der Gedanke als Wahrnehmung galt. Der Weltanschauung Cohens und verwandter Geister kann allerdings der Gedanke nicht im Sinne der griechischen Philosophie als Wahrnehmung gelten; aber sie erlebt das innere Verwobensein des Ich mit der durch dieses Ich erarbeiteten Gedankenwelt so, daß mit diesem Erleben zugleich das Erleben der Wirklichkeit empfunden wird. Der Zusammenhang mit der griechischen Philosophie wird von den hier in Betracht kommenden Denkern betont. Cohen läßt sich so vernehmen: «Es muß daher bei der Relation verbleiben, die Parmenides als

Identität von Denken und Sein geschmiedet hat.» Und ein anderer Bekenner dieser Anschauung, Walter Kinkel, ist davon überzeugt, daß «nur das Denken . . . das Sein erkennen» könne, «denn beide, das Denken und das Sein, sind im Grunde genommen dasselbe. Durch diese Lehre ist Parmenides recht eigentlich zum Schöpfer des wissenschaftlichen Idealismus geworden» (vgl. Kinkel, Idealismus und Realismus, S. 13). Aber ersichtlich wird an den Darstellungen dieser Denker auch, wie sie ihre Worte in einer Art prägen, welche zur Voraussetzung hat die jahrhundertelange Wirkung des Gedankenlebens in der philosophischen Entwickelung der Seelen seit dem Griechentum. Trotz des Ausgangspunktes, den diese Denker von Kant nehmen, und der ihnen Veranlassung sein könnte, von dem Gedanken zu glauben, daß er nur in der Seele, außerhalb der wahren Wirklichkeit lebe, bricht bei ihnen die Tragkraft des Gedankens durch. Dieser ist hinweggeschritten über die Kantsche Einschränkung und drängt Denkern, die sich der Betrachtung seiner Natur hingeben, die Überzeugung auf, daß er selbst Wirklichkeit sei und auch die Seele in die Wirklichkeit führe, wenn sie ihn richtig sich erarbeitet und mit ihm den Weg in die Außenwelt sucht. – In dieser philosophischen Denkweise zeigt sich also der Gedanke mit der Weltbetrachtung des selbstbewußten Ich innig verbunden. Wie ein Gewahrwerden dessen, was der Gedanke dem Ich leisten kann, erscheint der Grundimpuls dieser Denkart. Man liest bei ihren Bekennern Ansichten wie diese: «Nur das Denken selbst kann erzeugen, was als Sein gelten darf.» «Das Sein ist das Sein des Denkens» (Cohen). – Es entsteht nun die Frage: Kann das Gedankenerleben im Sinne dieser Philosophen von dem im selbstbewußten Ich erarbeiteten Gedanken dasselbe erwarten, was der griechische Philosoph von ihm erwartete, da er ihn als Wahrnehmung hinnahm? Vermeint man den Gedanken wahrzunehmen, so kann man der Ansicht sein, daß die wahre Welt es ist, welche den Gedanken offenbart. Und indem die Seele sich mit dem wahrgenommenen Gedanken verbunden fühlt, kann sie sich dem angehörig denken, was in der Welt Gedanke ist, unzerstörbarer Gedanke; wogegen die Sinneswahrnehmung nur Wesen offenbart, die zerstört werden können. Was vom Menschenwesen den Sinnen wahrnehmbar ist, kann man dann vergänglich glauben; was aber in der Menschenseele als Gedanke auflebt, läßt diese als ein Glied des geistigen, des wahrhaft wirklichen Daseins erscheinen. Die Seele kann sich durch solche Anschauung ihre Zugehörigkeit zur wahrhaft wirklichen Welt vorstellen. Das könnte eine neuere Weltanschauung nur, wenn sie zu zeigen vermöchte, daß das Gedanken-Erleben nicht bloß die *Erkenntnis* in eine wahre Wirklichkeit führt, sondern auch die Kraft entwickelte, die Seele wirklich dem Sinnensein zu entreißen und sie in die wahre Wirklichkeit hineinzustellen. Die Zweifel, die sich darüber erheben, können durch die Einsicht in die Wirklichkeit des Gedankens nicht gebannt werden, wenn dieser nicht als wahrgenommener, sondern als von der Seele erarbeiteter gilt. Denn woher sollte die Gewißheit kommen, daß, was die Seele im Sinnensein erarbeitet, ihr auch eine wirkliche Bedeutung in einer Welt gibt, welche nicht die Sinne wahrnehmen? Es könnte ja sein, daß durch den erarbeiteten Gedanken die Seele zwar die Wirklichkeit erkennend ergreife, daß sie als wirkliches Wesen aber doch nicht in dieser Wirklichkeit wurzele. Auch diese Weltanschauung führt nur dazu, auf ein geistiges Leben hinzudeuten, kann aber nicht vermeiden, daß für den Unbefangenen an ihrem Ende die philosophischen Rätsel Antwort heischend dastehen, nach seelischen Erlebnissen fordernd, zu denen sie nicht die Grundlagen liefert. Sie kann die Wesentlichkeit des Gedankens zur Überzeugung machen, nicht aber durch den Gedanken für die Wesentlichkeit der Seele eine Bürgschaft finden.

*

Wie das Weltanschauungsstreben in den Umkreis des selbstbewußten Ich gebannt werden kann, ohne eine Möglichkeit zu erkennen, aus diesem Umkreise heraus den Weg dahin zu finden, wo dieses Ich sein Dasein an ein Weltensein anknüpfen könnte, das zeigt eine philosophische Denkungsart, welche sich *Anton v. Leclair* (geb. 1848), *Wilhelm Schuppe* (1836–1913), *Johannes Rehmke* (1848–1930), *Richard von Schubert-Soldern* (geb. 1852) und andere erarbeitet haben. Ihre Philosophien weisen Unterschiede auf, doch ist das Charakteristische an ihnen, daß sie vor allem den Blick darauf richten, wie alles, was der Mensch zum Umkreis der Welt zählen kann im Gebiete *seines Bewußtseins* sich offenbaren muß. Auf ihrem Boden kann der Gedanke gar nicht gefaßt werden, irgend etwas über ein Weltgebiet auch nur vorauszusetzen, wenn sich bei dieser Voraussetzung die Seele mit ihren Vorstellungen aus dem Bereich des Bewußtseins herausbewegen wollte. Weil das «Ich» alles, was es erkennt, in sein Bewußtsein hereinfassen muß, es also innerhalb des Bewußtseins hält, *deshalb* erscheint dieser Ansicht die ganze Welt auch *innerhalb* der Grenzen dieser Bewußtheit zu stehen. Daß die Seele sich fragt: Wie stehe ich mit dem Besitze meines Bewußtseins in einer von diesem Bewußtsein unabhängigen Welt? – das ist für diese Weltanschauung eine Unmöglichkeit. Von ihrem Gesichtspunkte aus müßte man sich entschließen, auf alle Fragen zu verzichten, welche in dieser Richtung liegen. Man müßte unaufmerksam sich machen auf die Tatsache, daß im Gebiete des bewußten Seelenlebens selbst Nötigungen liegen, über dieses Gebiet etwa so hinauszublicken, wie man beim Lesen einer Schrift deren Sinn nicht *innerhalb* dessen sucht, was man auf dem Papiere sieht, sondern in dem, was die Schrift zum Ausdrucke bringt. Wie es sich beim Lesen nicht darum handeln kann, die Formen der Buchstaben zu studieren, sondern wie es unwesentlich ist für das, was durch die Schrift vermittelt wird, deren eigenes Wesen in Betracht zu ziehen, so könnte es für die Einsicht in die wahrhafte Wirklichkeit unwesentlich sein, daß innerhalb des «Ich» alles Erkennbare den Charakter der Bewußtheit trägt.

Wie ein Gegenpol zu dieser philosophischen Meinung steht innerhalb der neueren Weltanschauungsentwickelung diejenige *Carl du Prels* (1839–1899). Er gehört zu den Geistern, welche das Ungenügende der Ansicht tief empfunden haben, die in der vielen Menschen gewohnt gewordenen naturwissenschaftlichen Vorstellungsart die einzige Art der Welterklärung findet. Er weist darauf hin, wie diese Vorstellungsart bei ihren Erklärungen sich unbewußt gegen ihre eigenen Behauptungen versündigt. Muß doch die Naturwissenschaft aus ihren Ergebnissen heraus zugeben, «daß wir überhaupt nicht die objektiven Vorgänge der Natur wahrnehmen, sondern nur deren Einwirkung auf uns, nicht Ätherschwingungen, sondern Licht, nicht Luftschwingungen, sondern Töne. Wir haben also gewissermaßen ein subjektiv gefälschtes Weltbild; nur tut dies unserer praktischen Orientierung keinen Eintrag, weil diese Fälschung nicht individuell ist und in gesetzmäßig konstanter Weise verläuft.» «Der Materialismus hat als Naturwissenschaft selber bewiesen, daß die Welt über unsere Sinne hinausragt; er hat sein eigenes Fundament untergraben; er hat den Ast abgesägt, auf dem er selber saß. Als Philosophie aber behauptet er, noch oben zu sitzen. Der Materialismus hat also gar kein Recht, sich eine Weltanschauung zu nennen... Er hat nur die Berechtigung eines Wissenszweiges, und noch dazu ist die Welt, das Objekt seines Studiums, eine Welt des bloßen Scheines, und darauf eine Weltanschauung bauen zu wollen, ist ein auf der Hand liegender Widerspruch. Die wirkliche Welt ist eine ganz andere, qualitativ und quantitativ, als die, die der Materialismus kennt, und nur die wirkliche Welt kann Gegenstand einer Philosophie sein.» (Vgl. du Prel, «Das Rätsel des Menschen» S. 17f.) Solche Einwände muß die materialistisch gefärbte naturwissenschaftliche Denkart hervorrufen. Deren Schwäche bemerkten von einem Gesichtspunkte aus, auf dem du Prel steht, viele neuere Geister. Dieser darf hier als der Repräsentant einer sich geltend machenden Weltanschauungsströmung betrachtet werden. Für sie ist charakteristisch, wie sie in das Gebiet der *wirklichen* Welt eindringen will. In der Art dieses Eindringens wirkt die naturwissenschaftliche Vorstellungsart doch nach, obgleich sie zugleich auf das heftigste bekämpft wird. Die Naturwissenschaft geht von dem aus, was dem sinnlichen Bewußtsein zugänglich ist. Sie ist genötigt, selbst auf ein Übersinnliches hinzuweisen. Denn sinnlich wahrnehmbar ist nur das Licht, sind nicht die Ätherschwingungen. Diese also gehören einem – wenigstens – außersinnlichen Gebiete an. Aber ist die Naturwissenschaft berechtigt, von einem Außersinnlichen zu sprechen? Sie will doch *nur* im Gebiet des Sinnlichen forschen. Ist überhaupt jemand berechtigt, von einem Übersinnlichen zu reden, der sein Forschen auf das Gebiet dessen beschränkt, was sich dem an die Sinne, also an den Leib, gebundenen Bewußtsein darstellt? Du Prel will das Recht einer Erforschung des Übersinnlichen nur demjenigen zugestehen, welcher die Menschenseele in ihrer Wesenheit selbst nicht im Bereich des Sinnlichen sucht. Nun sieht er die Hauptforderung in dieser Richtung darin, daß Seelenäußerungen aufgezeigt werden, welche beweisen, daß das Seelendasein nicht bloß dann wirkt, wenn es an den Leib gebunden ist. Durch den Leib lebt die Seele sich im *sinnlichen* Bewußtsein aus. In den Erscheinungen des Hypnotismus, der Suggestion, des Somnambulismus zeigt sich aber, daß die Seele in Wirkung tritt, wenn das sinnliche Bewußtsein ausgeschaltet ist. Der Umfang des Seelenlebens reicht somit weiter als derjenige des Bewußtseins. Darinnen ist du Prels Ansicht der Gegenpol zu derjenigen der charakterisierten Bewußtseins-Philosophen, welche in dem Umfang der Bewußtheit zugleich den Umfang dessen gegeben glauben, worüber der Mensch philosophieren kann. Für du Prel ist das Wesen des Seelischen *außerhalb* des Kreises *dieses Bewußtseins* zu suchen. Beobachtet man – das ist in seinem Sinne – die Seele dann, wenn sie ohne den gewöhnlichen Sinnesweg zur Betätigung gelangt, dann habe man den Beweis geliefert, daß sie übersinnlicher Natur ist. Zu den Wegen, auf denen dies geschehen kann, gehört, nach du Prels und vieler Ansicht, außer der Beobachtung der aufgeführten «abnormen» Seelenerscheinungen auch der Spiritismus. Es ist nicht nötig, du Prels Meinung hier in bezug auf dieses Gebiet ins Auge zu fassen. Denn worinnen der Grundnerv seiner Anschauung liegt, das zeigt sich auch, wenn man nur auf seine Stellung zum Hypnotismus, zur Suggestion und zum Somnambulismus hinblickt. Wer die Geistwesenheit der Menschenseele darlegen will, der darf sich nicht damit begnügen, zu zeigen, wie in dem *Erkennen* diese Seele auf eine übersinnliche Welt hingewiesen wird. Denn ihm könnte, wie hier schon gesagt worden ist, die erstarkte naturwissenschaftliche Denkweise erwidern, daß mit ihrem Erkennen der übersinnlichen Welt die Seele, ihrer Wesenheit nach, noch nicht als in dem übersinnlichen Gebiete drinnenstehend gedacht werden darf. Es könnte sehr wohl sein, daß auch eine ins Übersinnliche gehende Erkenntnis nur von dem Wirken des Leibes abhängig sei, somit nur *Bedeutung* für eine an den Leib gebundene Seele hätte. Demgegenüber fühlt du Prel, daß es notwendig ist, zu zeigen, wie die Seele nicht nur im Leibe das Übersinnliche *erkennt*, sondern *außer* dem Leibe das Übersinnliche erlebt. Mit dieser Anschauung wappnet er sich auch gegen Einwände, welche vom Gesichtspunkte der naturwissenschaftlichen Denkart gegen die Ansichten Euckens, Diltheys, Cohens, Kinkels und anderer Verfechter einer Erkenntnis der geistigen Welt gemacht werden können. Anders aber steht es mit den Zweifeln, welche sich gegen seinen eigenen Weg erheben müssen. So wahr es ist, daß die Seele nur einen Weg ins Übersinnliche finden kann, wenn sie imstande ist, darzulegen, wie sie *außer* dem Sinnlichen selbst wirkt, so wenig gesichert ist das Herausheben der Seele aus dem Sinnlichen durch die Erscheinungen des Hypnotismus, Somnambulismus und der Suggestion, sowie auch aller anderen Vorgänge, welche du Prel noch heranzieht. Allen diesen Erscheinungen gegenüber kann gesagt werden, daß der Philosoph, der sie zu erklären versucht, dies ja doch mit den Mitteln seines gewöhnlichen Bewußtseins vollbringt. Wenn nun dieses Bewußtsein undienlich sein soll zur wirklichen Welterklärung, wie sollten seine Erklärungen maßgebend sein für Erscheinungen, welche *im Sinne dieses Bewußtseins* über diese Erscheinungen sich verbreiten? Das ist das Eigenartige bei du Prel, daß er den Blick auf besondere Tatsachen lenkt, welche auf ein Übersinnliches hinweisen, daß er aber ganz auf dem Boden der naturwissenschaftlichen Denkungsart bleiben will, wenn er diese Tatsachen erklärt. Müßte aber nicht die Seele auch mit ihrer *Erklärungsart* in das Übersinnliche eintreten, wenn sie von dem Übersinnlichen reden will? Du Prel sieht auf das Übersinnliche; aber als *Beobachter* bleibt er im Sinnlichen stehen. Wollte er dieses nicht, so müßte er fordern, daß nur ein Hypnotisierter in der Hypnose das Richtige über seine Erlebnisse sagen kann, nur im somnambulen Zustande Erkenntnisse über das Übersinnliche gesammelt werden dürfen, und daß nicht gelten kann, was der Nicht-Hypnotisierte, der Nicht-Somnambule über die in Frage kommenden Erscheinungen denken muß. Diese Konsequenz aber führt ins Unmögliche. Spricht man von einem Versetzen der Seele aus dem Sinnensein heraus in ein anderes Sein, so muß man auch die Wissenschaft selbst, die man erringen will, *innerhalb* dieses Gebietes erwerben wollen. Es *weist* du Prel auf einen Weg, der gegangen werden muß, um ins Übersinnliche zu gelangen. Aber auch er läßt die Frage offen nach den rechten Mitteln, welche auf diesem Wege angewendet werden sollen.

*

Eine neue Gedankenrichtung ist angeregt worden durch die Umwandlung grundlegender physikalischer Begriffe, die *Einstein* (1879–1955) versucht hat. Dieser Versuch ist auch für die Weltanschauungsentwickelung von Bedeutung. Die Physik verfolgte bisher die ihr vorliegenden Erscheinungen so, daß sie sie in dem leeren dreidimensionalen Raum angeordnet und in der eindimensionalen Zeit verlaufend dachte. Der Raum und die Zeit waren dabei als außer den Dingen und Vorgängen angenommen. Sie waren gewissermaßen für sich bestehende, in sich starre Größen. Für die Dinge wurden im Raume die Entfernungen, für die Vorgänge die Zeitdauer gemessen. Entfernung und Dauer gehörten nach dieser Anschauung dem Raum und der Zeit, nicht den Dingen und Vorgängen an. Dem tritt nun die von Einstein eingeleitete Relativitätstheorie entgegen. Für sie ist die Entfernung zweier Dinge etwas, das diesen Dingen selbst zugehört. Wie ein Ding sonstige Eigenschaften hat, so hat es auch diese, von irgendeinem zweiten Dinge eine bestimmte Entfernung zu haben. Außer diesen Beziehungen zueinander, die sich die Dinge durch ihr Wesen geben, ist nirgends etwas wie ein Raum vorhanden. Die Annahme eines Raumes macht eine für diesen Raum gedachte Geometrie möglich. Diese Geometrie kann dann auf die Dingwelt angewendet werden. Sie kommt in der bloßen Gedankenwelt zustande. Die Dinge müssen sich ihr fügen. Man kann sagen, den gedanklich *vor* der Beobachtung der Dinge festgestellten Gesetzen müssen die Verhältnisse der Welt folgen. Im Sinne der Relativitätstheorie wird diese Geometrie entthront. Vorhanden sind nur Dinge, und diese stehen untereinander in Verhältnissen, die sich als geometrisch darstellen. Die Geometrie wird ein Teil der Physik. Dann aber kann man nicht mehr davon sprechen, daß sich ihre Gesetze *vor* der Beobachtung der Dinge feststellen lassen. Kein Ding hat irgendeinen Ort im Raume, sondern nur Entfernungen im Verhältnis zu anderen Dingen.

Ein gleiches wird für die Zeit angenommen. Kein Vorgang ist in einem Zeitpunkte; sondern er geschieht in einer Zeitentfernung von einem andern Vorgang. So aber fließen Zeitentfernungen der Dinge im Verhältnis zueinander und Raumentfernungen als gleichartig ineinander. Die Zeit wird eine vierte Dimension, die den drei Raumdimensionen gleichartig ist. Ein Vorgang an einem Dinge kann nur bestimmt werden als das, was in einer Zeitentfernung und Raumentfernung von anderen Vorgängen geschieht. Die Bewegung eines Dinges wird etwas, was nur im Verhältnis zu anderen Dingen gedacht werden kann.

Man erwartet, daß nur diese Anschauung einwandfreie Erklärungen gewisser physikalischer Vorgänge liefern werde, während solche Vorgänge bei Annahme eines für sich bestehenden Raumes und einer für sich bestehenden Zeit zu widerspruchsvollen Gedanken führen.

Bedenkt man, daß für viele Denker bisher nur das als Wissenschaft von der Natur galt, was sich mathematisch darstellen läßt, so liegt in dieser Relativitätstheorie nichts geringeres als die Nichtigkeitserklärung einer jeglichen wirklichen Wissenschaft über die Natur. Denn das Wissenschaftliche der Mathematik wurde gerade darin gesehen, daß sie unabhängig von der Naturbeobachtung die Gesetze des Raumes und der Zeit feststellen konnte. Demgegenüber sollen nun die Naturdinge und Naturvorgänge selbst die Raum- und Zeitverhältnisse feststellen. Sie sollen das Mathematische liefern. Das einzig Sichere wird an ihre Unsicherheit abgegeben.

Nach dieser Anschauung wird aus dem Verhältnis des Menschen zur Natur jeder Gedanke an ein Wesenhaftes, das in sich selber sich seine Bestimmung im Sein gibt, ausgeschlossen. Alles ist nur im Verhältnis zu anderem.

Insoferne der Mensch sich innerhalb der Naturdinge und Naturvorgänge betrachtet, wird er den Folgerungen dieser Relativitätstheorie nicht entgehen können. – Will er aber, wie es das Erleben des eigenen Wesens notwendig macht, sich nicht in bloße Relativitäten wie in einer seelischen Ohnmacht verlieren, so wird er das «In-sich-Wesenhafte» fortan nicht im Bereiche der Natur suchen dürfen, sondern in der Erhebung über die Natur im Reiche des Geistes.

Der Relativitätstheorie für die physische Welt wird man nicht entkommen; man wird aber eben dadurch in die Geist-Erkenntnis getrieben werden. In dem Erweisen der Notwendigkeit einer Geist-Erkenntnis, die unabhängig von der Naturbeobachtung auf geistigen Wegen gesucht wird, liegt das Bedeutsame der Relativitätstheorie. Daß sie so zu denken nötigt, macht ihren Wert innerhalb der Weltanschauungsentwickelung aus.

*

Es sollte in dieser Darstellung der Fortgang in der eigentlichen philosophischen Arbeit für die Weltenrätsel geschildert werden. Deshalb muß abgesehen werden von dem Ringen solcher Geister wie Richard Wagner, Leo Tolstoi und anderer, so bedeutsam auch eine Betrachtung dieses Ringens erscheinen müßte, wenn es sich darum handelte, die Strömungen zu verfolgen, welche von der Philosophie in die allgemeine Geisteskultur führen.

SKIZZENHAFT DARGESTELLTER AUSBLICK AUF EINE ANTHROPOSOPHIE

Wer die Gestaltung der philosophischen Weltanschauungen bis in die Gegenwart hinein betrachtet, dem können sich in dem Suchen und Streben der Denkerpersönlichkeiten Unterströmungen offenbaren, die in ihnen gewissermaßen nicht zum bewußten Ausbruch kommen, sondern instinktiv leben. In diesen Strömungen sind Kräfte wirksam, welche den Ideen der Denker die Richtung, oft auch die Form geben, auf welche aber ihr forschender Geistesblick nicht unmittelbar sich richten will. Wie getrieben von verborgenen Gewalten, auf die sie sich nicht einlassen wollen, ja vor denen sie zurückschrecken: so erscheinen oft die Darlegungen dieser Denker. Es leben solche Gewalten in Diltheys, in Euckens, in Cohens Gedankenwelten. Was in diesen Gedankenwelten behauptet wird, ist der Ausdruck von Erkenntniskräften, von denen die Philosophen zwar unbewußt beherrscht sind, die aber in ihren Ideengebäuden keine bewußte Entfaltung finden.

Sicherheit, Gewißheit des Erkennens wird in vielen Ideengebäuden gesucht. Die Richtung, welche befolgt wird, nimmt mehr oder weniger von Kants Vorstellungen den Ausgangspunkt. Bei der Gestaltung der Gedanken wirkt die naturwissenschaftliche Denkungsart bewußt oder unbewußt bestimmend. Daß aber in der «selbstbewußten Seele» die Quelle zu suchen ist, aus der die Erkenntnis zu schöpfen habe, um Aufschluß auch über die außerseelische Welt zu gewinnen, das ahnen viele. Und fast alle sind beherrscht von der Frage: Wie kommt die selbstbewußte Seele dazu, das, was sie in sich erlebt, als einer wahren Wirklichkeit Offenbarung anzusehen? Die alltägliche sinnliche Welt ist zur «Illusion» geworden, weil das selbstbewußte Ich im Laufe der philosophischen Entwickelung mit seinen Innenerlebnissen sich immer mehr in sich selbst isoliert gefunden hat. Es ist dazu gekommen, selbst in den Wahrnehmungen der Sinne nur Innenerlebnisse zu sehen, die in sich selbst keine Kraft verraten, durch die ihnen Dasein und Bestand in der Wirklichkeit verbürgt werden könnte. Man fühlt, wie viel davon abhängt, in dem selbstbewußten Ich einen Stützpunkt für die Erkenntnis zu finden. Aber man kommt in dem Forschen, welches durch dieses Gefühl angeregt wird, zu Anschauungen, welche nicht die Mittel hergeben, um mit dem Ich in eine Welt einzutauchen, welche das Dasein in befriedigender Art tragen kann.

Wer nach Erklärung dieses Tatbestandes sucht, der kann sie finden in der Art, wie sich das durch die Philosophieentwickelung von der äußeren Weltwirklichkeit losgelöste Seelenwesen zu dieser Wirklichkeit gestellt hat. – Es fühlt sich von einer Welt umgeben, die sich ihm zunächst durch die Sinne offenbart. Die Seele ist aber auch auf ihre Selbsttätigkeit, auf ihr inneres schöpferisches Erleben aufmerksam geworden. Sie empfindet es wie eine unumstößliche Wahrheit, daß kein Licht, keine Farbe ohne das licht-, das farbenempfindende Auge geoffenbart werden kann. So fühlt sie das Schöpferische in der Tätigkeit schon des Auges. Wenn aber das Auge die Farbe selbstschöpferisch hervorbringt – so muß man im Sinne dieser Philosophie denken –: wo finde ich etwas, das in sich besteht, das sein Dasein nicht bloß durch meine eigene Schöpferkraft hat? Wenn nun schon die Offenbarungen der Sinne nur Äußerungen der Eigenkraft der Seele sind: muß es dann nicht im erhöhten Maße das *Denken* sein, das Vorstellungen gewinnen will über eine wahre Wirklichkeit? Ist dieses Denken nicht dazu verurteilt, Vorstellungsbilder zu erzeugen, die im Charakter des Seelenlebens wurzeln, die aber nimmermehr etwas in sich bergen können, das für ein Vordringen zu den Quellen des Daseins irgendwelche Sicherheit gewährt? Solche Fragen brechen aus der neueren Philosophieentwickelung überall hervor.

Solange man den Glauben hegt, in der Welt, welche sich durch die Sinne offenbart, sei ein Abgeschlossenes, ein auf sich Beruhendes gegeben, das man untersuchen müsse, um sein inneres Wesen zu erkennen, solange wird man aus der Wirrnis nicht herauskommen können, welche durch die angedeuteten Fragen sich ergibt. Die Menschenseele kann ihre Erkenntnisse nur in sich *selbstschöpferisch erzeugen*. Das ist eine Überzeugung, die mit Berechtigung sich herausgebildet hat aus den Voraussetzungen, welche in dem Kapitel dieses Buches «Die Welt als Illusion» und bei der Darstellung der Gedanken Hamerlings geschildert worden sind. Dann aber, wenn man zu dieser Überzeugung sich bekennt, kommt man über eine gewisse Klippe der Erkenntnis so lange nicht hinweg, als man sich vorstellt: die Welt der Sinne enthielte die wahren Grundlagen ihres Daseins *in sich;* und man müsse mit dem, was man in der Seele selbst erzeugt, irgendwie etwas abbilden, was *außerhalb* der Seele liegt.

Nur eine Erkenntnis wird über diese Klippe hinwegführen können, welche ins geistige Auge faßt, daß alles, was die Sinne wahrnehmen, sich durch seine eigene Wesenheit nicht als eine fertige, in sich beschlossene Wirklichkeit darstellt, sondern als ein Unvollendetes, gewissermaßen als eine *halbe Wirklichkeit.* Sobald man voraussetzt, man habe in den Wahrnehmungen der Sinnenwelt eine volle Wirklichkeit vor sich, wird man nie dazu kommen, der Frage Antwort zu finden: Was haben die selbstschöpferischen Erzeugnisse der Seele zu dieser Wirklichkeit erkennend hinzuzubringen? Man wird bei der Kantschen Meinung stehen bleiben müssen: der Mensch muß seine Erkenntnisse als die Eigenprodukte seiner seelischen Organisation ansehen, nicht als etwas, was ihm als eine wahre Wirklichkeit sich offenbart. Liegt die Wirklichkeit *außerhalb* der Seele in ihrer Eigenart gestaltet, dann kann die Seele nicht das hervorbringen, was dieser Wirklichkeit entspricht, sondern nur etwas, das aus ihrer eigenen Organisation fließt.

Anders wird alles, sobald erkannt wird, daß die Organisation der Menschenseele nicht mit dem, was sie in der Erkenntnis selbstschöpferisch erzeugt, sich von der Wirklichkeit entfernt, sondern daß sie in dem Leben, das sie *vor* allem Erkennen entfaltet, sich eine Welt vorzaubert, welche *nicht* die wirkliche ist. Die Menschenseele ist so in die Welt gestellt, daß sie wegen ihrer eigenen Wesenheit die Dinge anders macht, als sie in Wirklichkeit sind. In gewissem Sinne berechtigt ist, wenn Hamerling meint: «Gewisse Reizungen erzeugen den Geruch in unserem Riechorgan. Die Rose duftet also nicht, wenn sie niemand riecht... Leuchtet dir, lieber Leser, das nicht ein und bäumt dein Verstand sich vor dieser Tatsache wie ein scheues Pferd, so lies keine Zeile weiter; laß dieses und alle anderen Bücher, die von philosophischen ... Dingen handeln, ungelesen; denn es fehlt dir die hierzu nötige Fähigkeit, eine Tatsache unbefangen aufzufassen und in Gedanken festzuhalten.» (Vgl. S. 172.) *Wie* die sinnliche Welt *erscheint,* wenn sich der Mensch ihr unmittelbar gegenüberstellt, das hängt zweifellos von der Wesenheit seiner Seele ab. Folgt aber daraus nicht, daß er diese Erscheinung der Welt eben *durch seine Seele* bewirkt? Nun zeigt eine unbefangene Betrachtung, wie der unwirkliche Charakter der sinnlichen Außenwelt davon herrührt, daß der Mensch, indem er sich unmittelbar den Dingen gegenüberstellt, das in sich unterdrückt, was in Wahrheit zu ihnen gehört. Entfaltet er dann selbstschöpferisch sein Innenleben, läßt er aus den Tiefen seiner Seele aufsteigen, was in diesen Tiefen schlummert, dann fügt er zu dem, was er mit den Sinnen geschaut hat, ein weiteres hinzu, das das halb Wirkliche als ganz Wirkliches in der Erkenntnis gestaltet. Es liegt im Wesen der Seele, beim ersten Anblick der Dinge etwas *auszulöschen,* das zu ihrer Wirklichkeit gehört. Daher sind sie für die Sinne so, wie sie nicht in Wirklichkeit sind, sondern so, wie sie die Seele gestaltet. Aber ihr *Schein* (oder ihre bloße Erscheinung) beruht darauf, daß die Seele ihnen erst weggenommen hat, was zu ihnen gehört. Indem der Mensch nun nicht bei dem ersten Anschauen der Dinge verbleibt, fügt er im Erkennen das zu ihnen hinzu, was ihre volle Wirklichkeit erst offenbart. Nicht durch das Erkennen fügt die Seele etwas zu den Dingen hinzu, was ihnen gegenüber ein unwirkliches Element wäre, sondern *vor* dem Erkennen hat sie den Dingen genommen, was zu ihrer wahren Wirklichkeit gehört. Es wird die Aufgabe der Philosophie sein, einzusehen, daß die dem Menschen offenbare Welt eine «Illusion» ist, bevor er ihr *erkennend* gegenübertritt, daß aber der Erkenntnisweg die Richtung weist nach der vollen Wirklichkeit. Was der Mensch erkennend selbstschöpferisch erzeugt, erscheint nur deshalb als eine Innenoffenbarung der Seele, weil der Mensch sich, bevor er das Erkenntniserlebnis hat, dem verschließen muß, was aus dem Wesen der Dinge kommt. Er kann es *an* den Dingen noch nicht schauen, wenn er ihnen zunächst sich nur entgegenstellt. Im Erkennen schließt er sich selbsttätig das zuerst Verborgene auf. Hält nun der Mensch das, was er zuerst wahrgenommen hat, für eine Wirklichkeit, so wird ihm das erkennend Erzeugte so erscheinen, als ob er es zu dieser Wirklichkeit hinzugebracht hätte. Erkennt er, daß er das nur scheinbar von ihm selbst Erzeugte in den Dingen zu suchen hat, und daß er es vorerst nur von seinem Anblick der Dinge ferngehalten hat, dann wird er empfinden, wie das Erkennen ein Wirklichkeitsprozeß ist, durch den die Seele mit dem Weltensein fortschreitend zusammenwächst, durch den sie ihr inneres isoliertes Erleben zum Weltenerleben erweitert.

In einer kleinen Schrift «Wahrheit und Wissenschaft», 1. Aufl. S. 44, welche 1892 erschienen ist, hat der Verfasser dieses Buches einen schwachen Versuch gemacht, dasjenige philosophisch zu begründen, was eben andeutend dargestellt worden ist. Über Ausblicke spricht er da, welche sich die Philosophie der Gegenwart eröffnen muß, wenn sie über die Klippe hinwegkommen soll, die ihr durch ihre neuere Entwickelung naturgemäß sich ergeben hat. In dieser Schrift wird ein philosophischer Gesichtspunkt mit den Worten dargestellt: «Nicht die erste Gestalt, in der die Wirklichkeit an das Ich herantritt, ist deren wahre, sondern die letzte, die das Ich aus derselben macht. Jene erste Gestalt ist überhaupt ohne Bedeutung für die objektive Welt und hat eine solche nur als Unterlage für den Erkenntnisprozeß. Also nicht die Gestalt der Welt, welche die Theorie derselben gibt, ist die *subjektive,* sondern vielmehr jene, welche dem Ich zuerst gegeben ist.» Eine weitere Ausführung über diesen Gesichtspunkt bildet des Verfassers späterer philosophischer Versuch «Philosophie der Freiheit» (erschienen 1894, 13. Aufl. Gesamtausgabe Dornach 1973). Er bemüht sich da, die philosophischen Grundlagen zu geben für eine Anschauung, die sich innerhalb des genannten Buches so angedeutet findet: «Nicht an den Gegenständen liegt es, daß sie uns zunächst ohne die entsprechenden Begriffe gegeben werden, sondern an unserer geistigen Organisation. Unsere totale Wesenheit funktioniert in der Weise, daß ihr bei jedem Dinge der Wirklichkeit von zwei Seiten her die Elemente zufließen, die für die Sache in Betracht kommen: von seiten des *Wahrnehmens* und des *Denkens.* – Es hat mit der Natur der Dinge nichts zu tun, wie ich organisiert bin, sie zu erfassen. Der Schnitt zwischen Wahrnehmen und Denken ist erst in dem Augenblicke vorhanden, wo ich, der Betrachtende, den Dingen gegenübertrete ...» Und auf S. 247f.: «Die Wahrnehmung ist der Teil der Wirklichkeit, der objektiv, der Begriff derjenige, der subjektiv (durch Intuition) gegeben wird. Unsere geistige Organisation reißt die Wirklichkeit in diese beiden Faktoren auseinander. Der eine Faktor erscheint dem Wahrnehmen, der andere der Intuition. Erst der Zusammenhang der beiden, die gesetzmäßig sich in das Universum eingliedernde Wahrnehmung, ist volle Wirklichkeit. Betrachten wir die bloße Wahrnehmung für sich, so haben wir keine Wirklichkeit, sondern ein zusammenhangloses Chaos; betrachten wir die Gesetzmäßigkeit der Wahrnehmungen für sich, dann haben wir es bloß mit abstrakten Begriffen zu tun. Nicht der abstrakte Begriff enthält die Wirklichkeit; wohl aber die denkende Beobachtung, die weder einseitig den Begriff, noch die Wahrnehmung für sich betrachtet, sondern den Zusammenhang beider.»

Wer die hier angedeuteten Gesichtspunkte zu den seinigen machen kann, gewinnt die Möglichkeit, mit seinem Seelenleben in dem selbstbewußten Ich die fruchtbare Wirklichkeit verbunden zu denken. Das ist die Anschauung, zu welcher die philosophische Entwickelung seit dem griechischen Zeitalter hinstrebt und die in der Weltanschauung Goethes ihre ersten deutlich erkennbaren Spuren gezeigt hat. – Es wird erkannt, daß dieses selbstbewußte Ich nicht in sich isoliert und außerhalb der objektiven Welt sich erlebt, daß vielmehr sein Losgelöstsein von dieser Welt nur eine Erscheinung des Bewußtseins ist, die überwunden werden kann, überwunden dadurch, daß man einsieht, man habe als Mensch in einem gewissen Entwickelungszustande eine vorübergehende Gestalt des Ich dadurch zu eigen, daß man die Kräfte, welche die Seele mit der Welt verbinden, aus dem Bewußtsein herausdrängt. Wirkten diese Kräfte unaufhörlich in dem Bewußtsein, dann käme man nicht zum kraftvollen, in sich ruhenden Selbstbewußtsein. Man könnte sich als selbstbewußtes Ich nicht erleben. Es hängt also die Entwickelung des Selbstbewußtseins geradezu davon ab, daß der Seele die Möglichkeit gegeben ist, die Welt ohne den Teil der Wirklichkeit wahrzunehmen, welchen das selbstbewußte Ich auf einer gewissen Stufe, auf derjenigen, die vor seiner Erkenntnis liegt, *auslöscht*. – Die Weltenkräfte dieses Wirklichkeitsgliedes arbeiten also am Seelenwesen so, daß sie sich in die Verborgenheit zurückziehen, um das selbstbewußte Ich kraftvoll aufleuchten zu lassen. Dieses muß demnach einsehen, daß es seine Selbsterkenntnis einer Tatsache verdankt, welche über die Welterkenntnis einen Schleier breitet. Dadurch ist notwendig bedingt, daß alles, was die Seele zum kraftvollen, energischen Erleben des Ich bringt, die tieferen Grundlagen unoffenbar macht, in welchen dieses Ich wurzelt. Nun ist aber alle Erkenntnis des gewöhnlichen Bewußtseins eine solche, welche das Kraftvolle des selbstbewußten Ich bewirkt. Der Mensch erfühlt sich als ein selbstbewußtes Ich dadurch, daß er mit seinen Sinnen eine Außenwelt wahrnimmt, daß er sich außerhalb dieser Außenwelt erlebt, und daß er zu dieser Außenwelt in einem solchen Verhältnisse steht, das auf einer gewissen Stufe der wissenschaftlichen Forschung die «Welt als Illusion» erscheinen läßt. Wenn alles dies nicht so wäre, träte das selbstbewußte Ich nicht in die Erscheinung. Strebt man also danach, im Erkennen nur nachzubilden, was schon *vor* dem Erkennen beobachtet wird, so erlangt man kein wahres Erleben in der *vollen,* sondern ein Abbild der «halben Wirklichkeit».

Gibt man zu, daß die Dinge so stehen, so kann man die Antwort auf die Rätselfragen der Philosophie nicht in den Erlebnissen der Seele suchen, die sich dem gewöhnlichen Bewußtsein darbieten. Dieses Bewußtsein ist dazu berufen, das selbstbewußte Ich zu erkraften; es muß, zu diesem Ziele strebend, den Ausblick in den Zusammenhang des Ich mit der objektiven Welt verschleiern, kann also nicht zeigen, wie die Seele mit der wahren Welt zusammenhängt. – Damit ist der Grund angedeutet, warum ein Erkenntnisstreben, welches mit den Mitteln der naturwissenschaftlichen Vorstellungsart oder mit ähnlichem philosophisch vorwärts kommen will, stets an einem

Punkte anlangen muß, wo ihm das Erstrebte im Erkennen zerfällt. Bei vielen Denkern der neueren Zeit mußte dieses Zerfallen von diesem Buche angedeutet werden. Denn im Grunde arbeitet alles wissenschaftliche Streben der neueren Zeit mit den wissenschaftlichen Denkermitteln, welche der Loslösung des selbstbewußten Ich von der wahren Wirklichkeit dienen. Und die Stärke und Größe der neueren Wissenschaft, namentlich der Naturwissenschaft, beruhen auf der rückhaltlosen Anwendung *dieser* Denkmittel.

Einzelne Philosophen wie Dilthey, Eucken und andere lenken die philosophische Betrachtung auf die Selbstbeobachtung der Seele hin. Was sie aber betrachten, das sind diejenigen Erlebnisse der Seele, welche die Grundlage bilden des selbstbewußten Ich. Dadurch dringen sie nicht bis zu jenen Quellen der Welt, in denen die Erlebnisse der Seele aus der wahren Wirklichkeit hervorsprudeln. Diese Quellen können nicht dort liegen, wo die Seele mit dem gewöhnlichen Bewußtsein zunächst sich selbst beobachtend gegenübersteht. Will die Seele zu diesen Quellen kommen, so muß sie aus diesem gewöhnlichen Bewußtsein herausdringen. Sie muß etwas in sich erleben, was ihr dieses Bewußtsein nicht geben kann. Ein solches Erleben erscheint dem gewöhnlichen Erkennen zunächst als vollster Unsinn. Die Seele soll sich in einem Elemente *wissend* erleben, ohne ihr Bewußtsein in dieses Element mit hineinzutragen. Man soll das Bewußtsein überspringen und doch zugleich noch bewußt sein! – Und doch: man wird entweder immer weiter im philosophischen Streben zu Unmöglichem kommen, oder man wird sich den Ausblick darauf eröffnen müssen, daß der angedeutete «volle Unsinn» ein nur scheinbarer ist und daß gerade er den Weg weist, auf dem für die Rätselfragen der Philosophie Hilfe gesucht werden muß.

Man wird sich gestehen müssen, daß der Weg «ins Innere der Seele» ein ganz anderer sein muß als derjenige, den manche Weltanschauungen der neueren Zeit wählen. – Solange man die Seelenerlebnisse nimmt, wie sie sich dem gewöhnlichen Bewußtsein darbieten, solange kommt man nicht in die Tiefen der Seele. Man bleibt bei dem stehen, was diese Tiefen hervortreiben. Euckens Weltanschauung ist in dieser Lage. – Man muß unter die Oberfläche der Seele hinunterstreben. Das kann man aber nicht mit den gewöhnlichen Mitteln des Seelenerlebens. Diese haben ihre Stärke gerade darin, daß sie die Seele in diesem gewöhnlichen Bewußtsein erhalten. – Mittel, tiefer in die Seele einzudringen, bieten sich dar, wenn man den Blick auf dasjenige richtet, was im gewöhnlichen Bewußtsein zwar mitarbeitet, aber in seiner Arbeit gar nicht in dieses Bewußtsein eintritt. Wenn der Mensch denkt, so ist sein Bewußtsein auf die Gedanken gerichtet. Er will durch die Gedanken etwas vorstellen; er will im gewöhnlichen Sinne richtig denken. Man kann aber auch auf anderes seine Aufmerksamkeit richten. Man kann die Tätigkeit des Denkens als solche in das Geistesauge fassen. Man kann zum Beispiel einen Gedanken in den Mittelpunkt des Bewußtseins rücken, der sich auf nichts Äußeres bezieht, der wie ein Sinnbild gedacht ist, bei dem man ganz unberücksichtigt läßt, daß er etwas Äußeres abbildet. Man kann nun in dem Festhalten eines solchen Gedankens verharren. Man kann sich ganz einleben nur in das innere Tun der Seele, während man so verharrt. Es kommt hierbei nicht darauf an, in Gedanken zu leben, sondern darauf, die Denktätigkeit zu erleben. Auf diese Weise reißt sich die Seele los von dem, was sie in ihrem gewöhnlichen Denken vollführt. Sie wird dann, wenn sie solche innere Übung genügend lange fortsetzt, nach einiger Zeit erkennen, wie sie in Erlebnisse hineingeraten ist, welche sie abtrennen von demjenigen Denken und Vorstellen, das an die leiblichen Organe gebunden ist. Ein gleiches kann man vollziehen mit dem Fühlen und Wollen der Seele, ja, auch mit dem Empfinden, dem Wahrnehmen der Außendinge. Man wird auf diesem Wege nur etwas erreichen, wenn man nicht zurückschreckt davor, sich zu gestehen, daß die Selbsterkenntnis der Seele nicht einfach angetreten werden kann, indem man nach dem Innern schaut, das stets vorhanden ist, sondern vielmehr nach demjenigen, das durch innere Seelenarbeit erst aufgedeckt werden muß. Durch eine Seelenarbeit, die durch Übung zu einem solchen Verharren in der inneren Tätigkeit des Denkens, Fühlens und Wollens gelangt, daß diese Erlebnisse gewissermaßen sich geistig in sich «verdichten». Sie offenbaren dann in dieser «Verdichtung» ihr inneres Wesen, das im gewöhnlichen Bewußtsein nicht wahrgenommen werden kann. Man entdeckt durch solche Seelenarbeit, daß für das Zustandekommen des gewöhnlichen Bewußtseins die Seelenkräfte sich so «verdünnen» müssen und daß sie in dieser Verdünnung unwahrnehmbar werden. Die hier gemeinte Seelenarbeit besteht in der *unbegrenzten Steigerung* von Seelenfähigkeiten, welche auch das gewöhnliche Bewußtsein kennt, die dieses aber in solcher Steigerung nicht anwendet. Es sind die Fähigkeiten der *Aufmerksamkeit* und der *liebevollen Hingabe an das von der Seele Erlebte*. Es müssen, um das Angedeutete zu erreichen, diese Fähigkeiten in einem solchen Grade gesteigert werden, daß sie wie völlig neue Seelenkräfte wirken.

Indem man so vorgeht, ergreift man in der Seele ein wirkliches Erleben, dessen eigene Wesenheit sich als eine solche offenbart, welche von den Bedingungen der leiblichen Organe unabhängig ist. Das ist ein Geistesleben, das begrifflich nicht verwechselt werden darf mit dem, was Dilthey und Eucken die geistige Welt nennen. Denn *diese* geistige Welt wird von dem Menschen doch nur erlebt, indem er mit seinen Leibesorganen verbunden ist. Das hier gemeinte Geistesleben ist für die Seele, die an den Leib gebunden ist, nicht vorhanden.

Und als eine erste *Erfahrung* dieses errungenen neuen Geisteslebens stellt sich die wahre Erkenntnis des gewöhnlichen Seelenlebens dar. In Wahrheit ist auch dieses nicht durch den Leib hervorgebracht, sondern es verläuft außerhalb des Leibes. Wenn ich eine Farbe sehe, wenn ich einen Ton höre, so erlebe ich die Farbe, den Ton nicht als ein Ergebnis des Leibes, sondern ich bin als selbstbewußtes Ich mit der Farbe, mit dem Ton außerhalb des Leibes verbunden. Der Leib hat die Aufgabe, so zu wirken, daß man ihn mit einem *Spiegel* vergleichen kann. Wenn ich mit einer Farbe im gewöhnlichen Bewußtsein nur seelisch verbunden bin, so kann ich wegen der Einrichtung dieses Bewußtseins nichts von der Farbe wahrnehmen. Wie ich auch mein Gesicht nicht sehen kann, wenn ich vor mich hinblicke. Steht aber ein Spiegel vor mir, so nehme ich dies Gesicht als Körper wahr. Ohne vor dem Spiegel zu stehen, *bin* ich der Körper, ich erlebe mich als solchen. Vor dem Spiegel stehend nehme ich den Körper als Spiegelbild wahr. So ist es – das selbstverständlich Ungenügende eines Vergleichs muß beachtet werden – mit der Sinneswahrnehmung. Ich lebe mit der Farbe *außer* meinem Leibe; durch die Tätigkeit des Leibes (des Auges, des Nervensystems) wird mir die Farbe zur bewußten Wahrnehmung gemacht. Nicht ein Hervorbringer der Wahrnehmungen, des Seelischen überhaupt, ist der Menschenleib, sondern ein Spiegelungsapparat dessen, was außerhalb des Leibes seelisch-geistig sich abspielt.

Durch solche Anschauung wird die Erkenntnislehre auf eine aussichtsvolle Grundlage gestellt. «Man wird ... zu einer ... Vorstellung über das ‹Ich› erkenntnistheoretisch gelangen, wenn man es (das Ich) nicht innerhalb der Leibesorganisation befindlich vorstellt und die Eindrücke ihm ‹von außen› geben läßt, sondern wenn man dieses ‹Ich› in die Gesetzmäßigkeit der Dinge selbst verlegt und in der Leibesorganisation nur etwas wie einen Spiegel sieht, welcher das außer dem Leibe liegende Weben des Ich im wahren Weltwesen diesem durch die organische Leibestätigkeit zurückspiegelt.» Mit solchen Worten versuchte der Verfasser dieses Buches die ihm vorschwebende Aussicht auf eine Erkenntnislehre zu charakterisieren in dem Vortrag, den er für den 1911 in Bologna gehaltenen philosophischen Kongreß ausgearbeitet hat: «Die psychologischen Grundlagen und die erkenntnistheoretische Stellung der Geisteswissenschaft.»

Während des menschlichen Schlafes ist die spiegelnde Wechselwirkung zwischen dem Leibe und der Seele unterbrochen; das «Ich» *lebt* nur im Weben des Seelisch-Geistigen. Für das gewöhnliche Bewußtsein ist aber ein Erleben der Seele nicht vorhanden, wenn der Leib die Erlebnisse nicht spiegelt. Daher verläuft der Schlaf unbewußt. Durch die angedeuteten und ähnliche Seelenübungen wird bewirkt, daß die Seele ein anderes als das gewöhnliche Bewußtsein entfaltet. Sie gelangt dadurch zu der Fähigkeit, rein seelisch-geistig nicht nur zu erleben, sondern auch das Erlebte in sich so zu erstarken, daß dieses sich gewissermaßen ohne die Hilfe des Leibes in sich selbst spiegelt und so zur geistigen Wahrnehmung kommt. Und in dem so Erlebten kann erst die Seele sich selbst wahrhaft erkennen, kann sie sich in ihrem Wesen bewußt erleben. – Wie die Erinnerung vergangene Tatsachen des physischen Erlebens aus den Tiefen der Seele heraufzaubert, so treten vor eine Seele, welche sich durch die charakterisierten Verrichtungen dazu bereitgemacht hat, aus deren inneren Tiefen wesenhafte Erlebnisse herauf, welche nicht der Welt des Sinnesseins angehören, doch aber einer Welt, in welcher die Seele ihr Grundwesen hat. – Es liegt nur zu nahe, daß der Gläubige mancher gegenwärtigen Vorstellungsart diese Welt, die hier zum Vorschein kommt, in das Gebiet der Erinnerungsirrtümer, der Illusionen, Halluzinationen, Autosuggestionen und dergleichen verweist. Man kann dem nur erwidern, daß ein ernstes Seelenstreben, das auf dem angedeuteten Wege arbeitet, in der inneren Geistesverfassung, welche es sich anerzieht, so sichere Mittel findet, Illusion von geistiger Wirklichkeit zu unterscheiden, wie man im gewöhnlichen Leben bei *gesunder* Seelenverfassung ein Phantasiegebilde von einer Wahrnehmung unterscheiden kann. Theoretische Beweise, daß die charakterisierte geistige Welt wirklich ist, wird man vergeblich suchen; doch gibt es solche auch nicht für die Wirklichkeit der Wahrnehmungswelt. Wie da zu urteilen ist, darüber entscheidet *das Erleben* selbst in dem einen und dem anderen Falle.

Was viele zurückhält, den Schritt zu unternehmen, der nach dieser Darstellung allein für die philosophischen Rätselfragen aussichtsvoll ist, das ist, daß sie durch denselben in ein Gebiet nebelhafter Mystik zu verfallen glauben. Wer nicht von vornherein den Zug der Seele zu solch nebelhafter Mystik hat, der wird auf dem geschilderten Wege sich den Zugang zu einer Welt seelischen Erlebens eröffnen, welches in sich kristallklar wie das mathematische Ideengebäude ist. Wenn man allerdings den Hang dazu hat, das Geistige im «dunklen Unbekannten», in dem, «was sich nicht erklären läßt», zu suchen, dann wird man weder als Kenner noch als Gegner des geschilderten Weges auf demselben sich zurechtfinden können.

Leicht verständlich ist auch, daß solche Persönlichkeiten, welche in der Vorstellungsart, deren sich die Naturwissenschaft zur Erkenntnis der Sinneswelt bedient, den einzigen wahren wissenschaftlichen Weg erkennen wollen, sich gegen das hier Angedeutete kräftig sträuben. Doch wird, wer solche Einseitigkeit abstreift, erkennen können, daß eben in der echten naturwissenschaftlichen *Gesinnung* die Grundlage liegt für ein Aufnehmen des hier Geschilderten. Man hat an den Ideen, welche in diesem Buche als diejenigen der neueren naturwissenschaftlichen Vorstellungsart geschildert worden sind, die besten Übungsgedanken, welchen die Seele sich hingeben und auf denen sie verharren kann, um sich in ihrem inneren Erleben von dem Gebundensein an den Leib zu lösen. Wer diese naturwissenschaftlichen Ideen verwendet, um mit ihnen so zu verfahren, wie in diesen Ausführungen geschildert worden ist, der wird finden, daß Gedanken, die ursprünglich nur bestimmt scheinen, die Naturvorgänge abzubilden, bei der inneren Geistesübung die Seele wirklich loslösen vom Leibe, und daß daher die hier gemeinte Geisteswissenschaft eine Fortsetzung bilden muß der seelisch recht erlebten naturwissenschaftlichen Denkungsart.

*

Man *erlebt wissend* das wahre Wesen der Menschenseele, wenn man es auf dem charakterisierten Wege sucht. Die Entwickelung der philosophischen Weltanschauungen hat im griechischen Zeitalter zur Geburt des Gedankens auf dem Felde dieser Weltanschauungen geführt. Der Fortschritt dieser Entwickelung ging später dahin, durch die Gedankenerlebnisse die philosophische Betrachtung auf das selbstbewußte Ich hinzuführen. Goethe strebte in dem selbstbewußten Ich nach solchen Erlebnissen, die, indem sie von der Menschenseele erarbeitet werden, zugleich diese Seele in den Bereich derjenigen Wirklichkeit stellen, welche den Sinnen unzugänglich ist. Wenn er nach einer solchen Idee der Pflanze strebt, die nicht mit Sinnen geschaut werden kann, die jedoch das übersinnliche Wesen aller Pflanzen so enthält, daß man, von ihr ausgehend, Pflanzen ersinnen kann, die lebensmöglich sind, so steht Goethe mit solcher Geistesart auf dem hier angezeigten Boden. – Hegel hat dann in dem Gedankenerleben der Menschenseele selbst das «Stehen in dem wahren Weltenwesen» gesehen; ihm wurde die Welt der wahren Gedanken zum inneren Wesen der Welt. – Ein unbefangenes Verfolgen der philosophischen Entwickelung zeigt, daß das Gedankenerleben zwar das Element war, durch welches das selbstbewußte Ich auf sich selbst gestellt werden sollte, daß aber über das Leben in Gedanken fortgeschritten werden muß zu einem solchen seelischen Erleben, das über das gewöhnliche Bewußtsein hinausführt. Denn auch Hegels Gedankenerleben verläuft noch in dem Bereiche dieses gewöhnlichen Bewußtseins.

In der Seele eröffnet sich so der Ausblick auf eine Wirklichkeit, welche den Sinnen unzugänglich ist. Was in der Seele durch das Eindringen in *diese* Wirklichkeit erlebt wird, stellt sich dar als die tiefere Seelenwesenheit. Wie aber ist das Verhältnis dieser tieferen Seelenwesenheit zu der durch Vermittelung des Leibes erlebten Außenwelt? – Die vom Leibe auf die gekennzeichnete Art sich frei erlebende Seele erfühlt sich in einem seelisch-geistigen Weben. Sie ist mit dem Geistigen außerhalb des Leibes. Und sie weiß, daß sie auch im gewöhnlichen Leben außerhalb dieses Leibes ist, der ihr nur ihre seelisch-geistigen Erlebnisse wie ein Spiegelungsapparat zur Wahrnehmung bringt. Dadurch wird für sie das geistige Erleben so erhöht, daß ihr ein neues Element in Wirklichkeit sich offenbart. Betrachtungen über die geistige Welt nach der Art Diltheys oder Euckens finden als geistige Welt die Summe der Kulturerlebnisse der Menschheit. Mit dieser Welt als der einzig erfaßbaren Geisteswelt steht man nicht auf dem Boden, welcher der naturwissenschaftlichen Denkungsart entsprechend sich zeigt. Die Gesamtheit der Weltwesen ordnet sich für den naturwissenschaftlichen Blick so, daß der physische Mensch in seinem individuellen Dasein wie eine Zusammenfassung, eine Einheit erscheint, nach der alle anderen Naturvorgänge und Naturwesen hinweisen. Die Kulturwelt ist dasjenige, was durch diesen Menschen geschaffen wird. Allein eine individuelle Einheit höherer Art gegenüber der Individualität des Menschen ist sie nicht. Die hier gemeinte

Geisteswissenschaft zeigt auf ein Erleben, das die Seele unabhängig vom Leibe haben kann. Und dieses Erleben offenbart sich als ein Individuelles. Es tritt auf wie ein höherer Mensch, der zu dem physischen Menschen wie zu seinem Werkzeuge steht. Was durch das geistige Erleben der Seele frei vom physischen Leibe sich erfühlt, ist ein geistig-seelisches einheitliches Menschenwesen, das so einer geistigen Welt angehört, wie der Leib der physischen. Erlebt die Seele dieses ihr geistiges Wesen, dann erkennt sie auch, daß dies in einem gewissen Verhältnisse zum Leibe steht. Der Leib erscheint einerseits wie eine Ablösung von dem seelisch-geistigen Wesen, etwa so, daß man den Vergleich wagen kann mit der Schneckenschale, die sich, die Schnecke umhüllend, wie ein Abbild aus ihr ergibt. Anderseits erscheint das Geistig-Seelische im Leibe wie die Summe von Kräften in der Pflanze, welche, nachdem die Pflanze sich entfaltet hat, nachdem sie ihre Entwickelung durch Blätter und Blüte vollendet hat, sich in dem Keime zusammendrängen, um die Anlage zu einer neuen Pflanze zu bilden. Man kann den geistig-seelischen Menschen nicht erleben, ohne zugleich durch das Erlebnis zu wissen, daß in diesem Menschen etwas enthalten ist, was sich zu einem neuen physischen Menschen gestalten will. Zu einem solchen, der durch sein Erleben in dem physischen Leibe sich Kräfte gesammelt hat, die nicht in diesem gegenwärtigen physischen Leibe zum Ausleben kommen können. Dieser gegenwärtige physische Leib hat wohl der Seele die Möglichkeit gegeben, Erlebnisse im Zusammenhange mit der Außenwelt zu haben, welche den geistig-seelischen Menschen anders machen als er war, da er das Leben *in* diesem physischen Leibe angetreten hat; doch ist dieser Leib gewissermaßen zu bestimmt gestaltet, als daß der geistig-seelische Mensch ihn nach den in ihm gemachten Erlebnissen umformen könnte. So steckt in dem Menschen ein geistig-seelisches Wesen, das die Anlage zu einem neuen Menschen enthält.

Solche Gedanken können hier nur angedeutet werden. Was sie enthalten, eröffnet die Aussicht auf eine Geisteswissenschaft, die in ihrer inneren Wesenheit nach dem Muster der Naturwissenschaft gebaut ist. Der Bearbeiter einer solchen Geisteswissenschaft wird verfahren, wie etwa der Botaniker verfährt. Dieser verfolgt die Pflanze, wie sie Wurzel schlägt, Stamm und Blätter entfaltet, sich zur Blüte und Frucht entwickelt. In der Frucht wird er den Keim des neuen Pflanzenlebens gewahr. Und wenn er eine Pflanze entstehen sieht, so sucht er deren Ursprung in dem Keim, der von einer anderen Pflanze herrührt. Der Geisteswissenschafter wird verfolgen, wie ein Menschenleben, abgesehen von seiner Außenseite, auch ein inneres Wesen entfaltet; er wird die äußeren Erlebnisse gleich den Pflanzenblättern und Blüten hinsterbend finden; im Innern aber den geistig-seelischen Kern verfolgen, der die Anlage zu einem neuen Menschenleben birgt. In dem durch die Geburt ins Leben tretenden Menschen wird er dasjenige wieder in die Sinneswelt kommen sehen, was durch den Tod aus ihr hinausgegangen ist. Er wird beobachten lernen, wie dasjenige, was in der physischen Vererbungsströmung von den Ahnen dem Menschen übergeben wird, nur der Stoff ist, den der seelisch-geistige Mensch formend gestaltet, um das zum physischen Dasein zu bringen, was in einem vorhergegangenen Leben sich keimhaft vorgebildet hat.

Man wird, von dem Gesichtspunkte dieser Weltanschauung aus, manches in der Seelenwissenschaft in einem neuen Lichte sehen. Vieles könnte hier erwähnt werden. Doch sei nur auf eines hingedeutet. Man beobachte, wie die Menschenseele durch Erlebnisse verwandelt wird, die in einem gewissen Sinne eine Wiederkehr früherer Erlebnisse darstellen. Wenn man ein bedeutungsvolles Buch in seinem zwanzigsten Jahre gelesen hat und es in seinem vierzigsten wieder liest, so erlebt man es wie ein anderer Mensch. Und wenn man unbefangen nach dem Grunde dieser Tatsache fragt, so ergibt sich, daß, was man durch das Buch im zwanzigsten Jahre aufgenommen hat, in einem fortlebt und ein Teil der eigenen Wesenheit geworden ist. Man hat in dem eigenen Geistig-Seelischen die Kraft, die in dem Buche liegt; und es liegt in diesem Buche im vierzigsten Jahre des Menschen diese in ihn eingegangene Kraft. So ist es auch mit Lebenserfahrungen. Diese werden zum Menschen selbst. Sie leben in seinem «Ich». Aber man sieht auch, daß während des einen Lebens dieses innere Kräftigen des höheren Menschen geistig-seelisch bleiben muß. Aber auch das andere wird man gewahr, daß dieser Mensch strebt, kräftig genug zu werden, um sich in Leiblichkeit auszuleben. Um das zu erreichen, ist die körperliche Bestimmtheit in dem einen Leben ein Hindernis. Im Innern des Menschen aber lebt anlagehaft der Keim, der ein neues Menschenleben mit dem Erworbenen bilden will, wie im Innern der Pflanze der Keim für eine neue Pflanze lebt.

Dazu kommt, daß das Einleben der Seele in die vom Leibe unabhängige Geisteswelt ihr das wahrhaft Geistig-Seelische auf eine ähnliche Art ins Bewußtsein treten läßt, wie in der Erinnerung Vergangenes auftaucht. Doch zeigt sich dieses Geistig-Seelische als über das Einzelleben hinausreichend. Wie, was ich jetzt in meinem Bewußtsein trage, in sich die Ergebnisse meines früheren physischen Erlebens in sich enthält, so offenbart sich der durch die angedeuteten Übungen gegangenen Seele das ganze physische Erleben, mit der besonderen Gestaltung des Leibes, als geformt von dem geistig-seelischen Wesen, das der Leibesbildung vorangegangen ist. Und dieses der Leibesbildung vorangegangene Leben kündigt sich an als ein solches in einer rein geistigen Welt, in welcher die Seele gelebt hat, bevor sie die Keimanlagen eines vorhergehenden physischen Lebens in einem neuen physischen Leben entwickeln konnte. Man muß sich verschließen vor der doch so einleuchtenden Möglichkeit, daß die Kräfte der menschlichen Seele entwickelungsfähig sind, wenn man sich sträubt, anzuerkennen, daß eine Seele Wahrheit redet, die ihre Erfahrung dahingehend ausspricht, daß sie durch innere Arbeit wirklich dazu gelangt ist, von einer geistigen Welt innerhalb eines von dem gewöhnlichen abweichenden Bewußtseins zu wissen. Und dieses Wissen führt zum geistigen Ergreifen einer Welt, aus welcher anschaulich wird, daß das wahre Wesen der Seele hinter dem gewöhnlichen Erleben liegt; daß sich dieses wahre Wesen geistig im Tode erhält, wie der Pflanzenkeim nach dem Hinsterben der Pflanze sich physisch erhält. Es führt zur Erkenntnis, daß die Menschenseele in wiederholten Erdenleben lebt, und daß zwischen diesen Erdenleben rein geistiges Dasein liegt.

Von solchem Gesichtspunkt aus kommt Wirklichkeit in die

Annahme einer geistigen Welt. Die Menschenseelen selbst sind es, welche das in einer Kulturepoche Errungene in die späteren hinübertragen. Die Seele erscheint im physischen Leben mit einer gewissen inneren Verfassung, deren Entfaltung man wahrnimmt, wenn man nur nicht so befangen ist, daß man in dieser Entfaltung nur das Ergebnis der physischen Vererbung sehen *will.* Was in dem von Eucken und Dilthey gemeinten Kulturleben als geistige Welt sich darstellt, ist so gestaltet, daß das Folgende stets an das unmittelbar Vorangehende sich schließt. Doch stellen sich in diesen Fortgang hinein die Menschenseelen, welche das Ergebnis ihrer vorangehenden Leben mitbringen in Form der inneren Seelenstimmung, die aber, was in der physischen Kulturwelt sich entwickelt hat, während sie in einem rein geistigen Dasein waren, durch äußeres Lernen sich aneignen müssen.

In einer geschichtlichen Darstellung kann nicht die volle Auseinandersetzung gegeben werden über das hier Angedeutete. Wer eine solche sucht, den erlaube ich mir zu verweisen auf meine Schriften über die hier gemeinte Geisteswissenschaft. Wenn diese auch anstreben, in einer möglichst allgemein zugänglichen Darstellungsart die Weltanschauung zu geben, deren Gesichtspunkte und Ziele hier *skizziert* sind, so glaube ich doch, daß es möglich ist, auch in dem Gewande dieser Darstellungsart zu erkennen, wie diese Weltanschauung auf einer ernst erstrebten philosophischen Grundlage ruht, und von dieser aus hineinstrebt in die Welt, welche die Menschenseele erschauen kann, wenn sie sich die leibfreie Beobachtung durch innere Arbeit erwirbt.

Einer der Lehrmeister dieser Weltanschauung ist die Philosophiegeschichte selber. Deren Betrachtung zeigt, daß der Gang der philosophischen Arbeit hindrängt nach einer Anschauung, die nicht im gewöhnlichen Bewußtsein errungen werden kann. In den Darstellungen der repräsentativen Denkerpersönlichkeiten zeigt sich in mannigfaltigen Formen, wie die Durchforschung des selbstbewußten Ich, nach allen Seiten, mit den Mitteln des gewöhnlichen Bewußtseins versucht worden ist. Eine theoretische Auseinandersetzung, warum diese Mittel an unbefriedigenden Punkten ankommen müssen, gehört nicht in die geschichtliche Darstellung. Doch sprechen die geschichtlichen Tatsachen selbst deutlich aus, wie das gewöhnliche Bewußtsein, nach allen Seiten durchsucht, nicht dazu kommen kann, Fragen zu lösen, die es doch stellen muß. Und warum dem gewöhnlichen, auch dem gewohnten wissenschaftlichen Bewußtsein die Mittel für die Bearbeitung dieser Fragen fehlen müssen, das sollte dieses Schlußkapitel einerseits zeigen. Anderseits sollte es darlegen, wonach die charakterisierten Weltanschauungen unbewußt strebten. – Wenn von einem gewissen Gesichtspunkte aus dieses letzte Kapitel nicht mehr zur eigentlichen Philosophiegeschichte gehört, so wird es von einem anderen aus doch gerechtfertigt erscheinen, von einem solchen, dem die Ergebnisse dieses Buches einleuchtend sind. Denn diese Ergebnisse bestanden darin, daß die geisteswissenschaftliche Weltanschauung von der neueren Philosophieströmung wie gefordert erscheint, wie eine Antwort auf die von ihr hervorgetriebenen Fragen. Man muß diese Philosophieströmung an einzelnen charakteristischen Punkten betrachten, um dies gewahr zu werden. Franz Brentano spricht in seiner «Psychologie» davon, wie diese Strömung davon abgelenkt worden ist, die tieferen Rätsel des Seelischen zu behandeln (vgl. S. 167f.). Man kann in seinem Buche lesen: «Indessen, so scheinbar die Notwendigkeit der Beschränkung des Forschungsgebietes nach dieser Seite ist, so ist sie doch vielleicht nicht mehr als scheinbar. David Hume hat sich seinerzeit mit aller Entschiedenheit gegen die Metaphysiker erklärt, welche eine Substanz als Trägerin der psychischen Zustände in sich zu finden behaupteten. ‹Ich für mein Teil›, sagt er, ‹wenn ich recht tief in das, was ich *mich selbst* nenne, eingehe, stoße immer auf die eine oder die andere besondere Wahrnehmung von Hitze oder Kälte, Licht oder Schatten, Liebe oder Haß, Schmerz oder Lust. Nie, so oft ich es auch versuche, kann ich *meiner selbst* habhaft werden ohne eine Vorstellung, und nie kann ich etwas entdecken außer der Vorstellung. Sind meine Vorstellungen für irgendwelche Zeit aufgehoben, wie bei gesundem Schlafe, so kann ich ebenso lange nichts von *mir selbst* verspüren, und man könnte in Wahrheit sagen, daß ich gar nicht bestehe.›» (Brentano, Psychologie, S. 20.) – Hume weiß nur von einer Seelenbeobachtung, welche ohne innere Seelenarbeit auf die Seele lossteuert. Eine solche Beobachtung kann eben nicht bis zu dem Wesenhaften der Seele dringen. Brentano knüpft nun an Humes Sätze an und spricht aus: «Nichtsdestoweniger bemerkt derselbe Hume, daß die sämtlichen Beweise für die Unsterblichkeit bei einer Anschauung wie der seinigen noch ganz dieselbe Kraft besitzen wie bei der entgegengesetzten und hergebrachten Annahme.» Dazu muß aber gesagt werden, daß nicht Erkenntnis, sondern nur ein Glaube festhalten könnte an den Worten Humes, wenn seine Meinung richtig wäre, daß nichts in der Seele zu finden ist, als was er angibt. Denn was könnte für einen Fortbestand bürgen dessen, was Hume als Inhalt der Seele findet? Brentano fährt fort: «Denn wenn auch der, welcher die Seelensubstanz leugnet, von einer Unsterblichkeit der Seele im eigentlichen Sinne selbstverständlich nicht reden kann, so ist es doch durchaus nicht richtig, daß die Unsterblichkeitsfrage durch die Leugnung eines substantiellen Trägers der psychischen Erscheinungen allen Sinn verliert. Dies wird sofort einleuchtend, wenn man bedenkt, daß, mit oder ohne Seelensubstanz, ein gewisser Fortbestand unseres psychischen Lebens hier auf Erden jedenfalls nicht geleugnet werden kann. Verwirft einer die Seelensubstanz, so bleibt ihm nur die Annahme übrig, daß es zu einem Fortbestande wie diesem eines substantiellen Trägers nicht bedürfe. Und die Frage, ob unser psychisches Leben etwa auch nach der Zerstörung unserer leiblichen Erscheinung fortbestehen werde, wird darum für ihn ebensowenig wie für andere sinnlos sein. Es ist eigentlich eine bare Inkonsequenz, wenn Denker dieser Richtung die Frage nach der Unsterblichkeit auch in dieser ihrer wesentlichen Bedeutung, in welcher sie allerdings besser Unsterblichkeit des Lebens als Unsterblichkeit der Seele zu nennen ist, auf die angegebenen Gründe hin verwerfen.» (Brentano, Psychologie, S. 21 f.) – Diese Meinung Brentanos läßt sich doch nicht stützen, wenn man nicht auf die hier skizzierte Weltanschauung eingehen will. Denn wo sollen sich Gründe zur Annahme finden, daß die seelischen Erscheinungen nach der Auflösung des Leibes fortbestehen, wenn man bei dem gewöhnlichen Bewußtsein stehen bleiben will? *Dieses* Bewußtsein kann doch nur so lange dauern, als sein Spiegelungsapparat, der physische Leib, besteht. Was ohne diesen fortbestehen kann, darf nicht als Substanz bezeichnet werden; es muß ein *anderes* Bewußtsein sein. Dieses andere Bewußtsein kann aber nur entdeckt werden durch die innere Seelenarbeit, die sich leibfrei macht. Diese lernt erkennen, daß die Seele Bewußtsein auch ohne die leibliche Vermittelung haben kann. Durch diese Arbeit findet die Seele in *übersinnlicher Anschauung* den Zustand, in dem sie sich befindet, wenn sie den Leib abgelegt hat. Und sie findet, daß, während sie den Leib trägt, dieser selbst es ist, der jenes andere Bewußtsein verdunkelt. Mit der Einverleibung in den physischen Körper wirkt dieser so stark auf die Seele, daß sie das charakterisierte andere Bewußtsein im gewöhnlichen Leben nicht zur Entfaltung bringen kann. Das zeigt sich, wenn die in diesem Kapitel angedeuteten Seelenübungen mit Erfolg gemacht werden. Die Seele muß dann bewußt die Kräfte unterdrücken, die, vom Leibe ausgehend, das leibfreie Bewußtsein auslöschen. Dieses Auslöschen kann nach der Auflösung des Leibes nicht mehr stattfinden. Es ist also das geschilderte andere Bewußtsein dasjenige, das sich hindurcherhält durch die aufeinanderfolgenden Leben der Seele und durch die rein geistigen Leben zwischen Tod und Geburt. Und es wird von diesem Gesichtspunkte aus nicht von einer nebelhaften Seelensubstanz gesprochen, sondern mit einer den naturwissenschaftlichen Ideen ähnlichen Vorstellung gezeigt, wie die Seele deshalb fortbesteht, weil in einem Leben sich keimhaft das nächste vorbereitet, gleich dem Pflanzenkeim in der Pflanze. Es wird in dem gegenwärtigen Leben der Grund des künftigen gefunden. Es wird das Wahrhafte gezeigt, das sich fortsetzt, wenn der Tod den Leib auflöst.

Man befindet sich mit der hier gemeinten Geisteswissenschaft nirgends im Widerspruche mit der neueren naturwissenschaftlichen Vorstellungsart. Man wird nur zugeben müssen, daß über das Gebiet des Geisteslebens mit dieser Vorstellungsart selbst keine Einsichten gewonnen werden können. Erkennt man die Tatsache eines anderen Bewußtseins, als es das gewöhnliche ist, so wird man finden, daß man durch dieses Bewußtsein zu Vorstellungen über die geistige Welt geführt wird, die für diese Welt einen Gesetzeszusammenhang ergeben, ganz ähnlich dem, der sich dem naturwissenschaftlichen Forschen für die physische Welt ergibt.

Von Bedeutung wird sein, daß man von dieser Geisteswissenschaft den Glauben fernhält, als ob ihre Erkenntnisse irgendeiner älteren Religionsform entlehnt seien. Man wird zu diesem Glauben leicht verführt, weil zum Beispiel die Anschauung von den wiederholten Erdenleben ein Bestandstück gewisser Glaubensbekenntnisse ist. Für den modernen Geistesforscher kann es eine Entlehnung von solchen Glaubensbekenntnissen nicht geben. Er findet, daß die Erringung eines in die Geisteswelt reichenden Bewußtseins eine Tatsache für eine Seele werden kann, die sich gewissen – den geschilderten – Verrichtungen hingibt. Und er lernt als ein Ergebnis dieses Bewußtseins erkennen, daß die Seele in der charakterisierten Art ihren Bestand in der geistigen Welt hat. Für seine Betrachtung zeigt sich in der Philosophiegeschichte seit dem Aufleuchten des Gedankens im Griechentum der Weg, um philosophisch zu der Überzeugung zu kommen, daß man das wahre Seelenwesen findet, wenn man die gewöhnlichen Seelenerlebnisse als Oberfläche betrachtet, unter die hinabgestiegen werden muß. Der Gedanke hat sich als der Erzieher der Seele erwiesen. Er hat diese dahin gebracht, in dem selbstbewußten Ich ganz einsam zu sein. Aber indem er sie zu dieser Einsamkeit geführt hat, hat er ihre Kräfte gestählt, wodurch sie fähig werden kann, sich in sich so zu vertiefen, daß sie, in ihren Untergründen stehend, zugleich in dem tiefer Wirklichen der Welt steht. Denn vom Gesichtspunkte der hier charakterisierten geisteswissenschaftlichen Weltanschauung aus wird nicht der Versuch unternommen, mit den Mitteln des gewöhnlichen Bewußtseins durch bloßes Nachdenken (Hypothetisieren) hinter die Sinneswelt zu kommen. Es wird anerkannt, daß für dieses gewöhnliche Bewußtsein die übersinnliche Welt verschleiert sein muß, und daß die Seele sich durch ihre eigene innere Verwandlung in die übersinnliche Welt hineinstellen muß, wenn sie ein Bewußtsein von ihr erlangen will.

Auf diesem Wege wird auch erkannt, daß der Ursprung der sittlichen Impulse in derjenigen Welt liegt, welche die Seele leibfrei anschaut. Aus dieser Welt ragen in das Seelenleben herein die Antriebe, welche nicht aus der leiblichen Natur des Menschen stammen, sondern unabhängig von dieser das Handeln des Menschen bestimmen sollen.

Wenn man sich bekannt macht damit, daß das «Ich» mit seiner seelisch-geistigen Welt außerhalb des Leibes lebt, daß es also die Erlebnisse der Außenwelt selbst an diesen Leib heranbringt, so wird man auch den Weg finden zu einer wahrhaft geistgemäßen Auffassung des Schicksalsrätsels. Der Mensch ist in seinem seelischen Erleben durchaus verbunden mit dem, was er als Schicksal erlebt. Man betrachte doch den seelischen Bestand eines dreißigjährigen Menschen. Der wirkliche Inhalt seines inneren Seins wäre ein ganz anderer, wenn er in den vorhergehenden Jahren anderes erlebt hätte, als der Fall ist. Sein «Ich» ist nicht denkbar ohne diese Erlebnisse. Und wenn sie ihn auch als leidvolle Schicksalsschläge getroffen haben, er ist durch sie geworden, was er ist. Sie gehören zu den Kräften, welche in seinem «Ich» wirksam sind, nicht dieses von außen treffen. Wie der Mensch geistig-seelisch mit der Farbe lebt, und diese ihm nur durch die Spiegelung des Leibes zur Wahrnehmung gebracht wird, so lebt er als in einer Einheit mit seinem Schicksal. Mit der Farbe ist man seelisch verbunden; doch wahrnehmen kann man sie nur, wenn der Leib sie spiegelt; mit den Ursachen eines Schicksalsschlages ist der Mensch wesenhaft eins von vorangehenden Leben her, doch *erlebt* er ihn dadurch, daß sich seine Seele in ein neues Erdendasein geführt hat, in dem sie sich in Erlebnisse unbewußt stürzte, die diesen Ursachen entsprechen. Im gewöhnlichen Bewußtsein weiß er *seinen Willen* nicht mit diesem Schicksal verbunden; in dem errungenen leibfreien Bewußtsein kann er finden, daß er sich selbst nicht wollen könnte, wenn er mit demjenigen Teile seiner Seele, der wesenhaft in der Geisteswelt steht, nicht alle Einzelheiten seines Schicksals wollte. Auch das Schicksalsrätsel wird nicht so gelöst, daß man über dasselbe Hypothesen erdenkt, sondern dadurch, daß man verstehen lernt, wie man in einem über das gewöhnliche Bewußtsein hinausgehenden Erleben der Seele mit seinem Schicksal zusammenwächst. Dann erkennt man, daß in den Keimanlagen der dem gegenwärtigen vorangehenden Erdenleben auch die Ursachen liegen, warum man dieses oder jenes Schicksalsmäßige erlebt. Das Schicksal erscheint in der Art, wie es sich dem gewöhnlichen Bewußtsein darstellt, nicht in seiner wahren Gestalt. Es verläuft als Folge der vorangehenden Erdenleben, deren Anblick dem gewöhnlichen Bewußtsein nicht gegeben ist. Einsehen, daß man mit seinen Schicksalsschlägen durch die vorigen Leben verbunden ist, heißt, sich zugleich mit dem Schicksal *versöhnen.*

Auch für solche Philosophierätsel, wie dieses, muß behufs ausführlicher Darstellung auf des Verfassers angeführte Werke über Geisteswissenschaft verwiesen werden. Hier können nur wichtigere *Ergebnisse* dieser Wissenschaft besprochen, nicht aber im einzelnen die Wege angedeutet werden, die dazu führen, von ihr überzeugt zu werden.

Die Philosophie führt durch ihre eigenen Wege zu der Erkenntnis, daß sie von der Betrachtung zu einem *Erleben* schreiten müsse der Welt, die sie sucht. In der Betrachtung der Welt erlebt die Seele etwas, bei dem sie nicht stehenbleiben kann, wenn sie sich nicht unaufhörlich Rätsel sein will. Es ist mit dieser Betrachtung in der Tat so wie mit dem Samenkorn, das sich in der Pflanze entwickelt. Dasselbe kann in einer zweifachen Art seinen Weg finden, wenn es gereift ist. Es kann zur menschlichen Nahrung verwendet werden. Untersucht man es in bezug auf diese seine Verwendbarkeit, so kommen andere Gesichtspunkte in Betracht, als diejenigen sind, welche aus dem fortschreitenden Wege des Korns sich ergeben, den es macht, wenn es in den Boden versenkt, der Keim einer neuen Pflanze wird. Was der Mensch seelisch erlebt, hat in ähnlicher Art einen zweifachen Weg. Es tritt auf der einen Seite in den Dienst der Betrachtung einer äußeren Welt. Untersucht man das seelische Erleben von diesem Gesichtspunkte aus, so wird man die Weltanschauungen ausbilden, welche vor allen Dingen danach fragen: Wie dringt Erkenntnis in das Wesen der Dinge; was kann die Betrachtung der Dinge leisten? Solche Untersuchung ist zu vergleichen mit derjenigen nach dem Nahrungswert des Samenkorns. Doch kann man auch hinblicken auf das seelische Erleben, insofern dieses nicht nach außen abgelenkt wird, sondern in der Seele fortwirkend diese von Daseinsstufe zu Daseinsstufe führt. Dann erfaßt man dieses seelische Erleben in der ihm eingepflanzten treibenden Kraft. Man erkennt es als einen höheren Menschen im Menschen, der in dem einen Leben das andere vorbereitet. Man wird zu der Einsicht kommen, daß dieses der Grundimpuls des seelischen Erlebens ist. Und daß die *Erkenntnis* sich zu diesem Grundimpuls verhält wie die Verwendung des Samenkornes als Nahrung zu dem fortschreitenden Wege dieses Kornes, der es zum Keim einer neuen Pflanze macht. Wenn man dies nicht berücksichtigt, so lebt man in der Täuschung, daß man in dem Wesen des seelischen Erlebens das Wesen des Erkennens suchen kann. Man muß dadurch in einen Irrtum verfallen, dem ähnlich, der entstünde, wenn man das Samenkorn nur chemisch untersuchte auf seinen Nahrungswert hin und in dem Ergebnis dieser Untersuchung das innere Wesen des Samenkorns finden wollte. Die hier charakterisierte Geisteswissenschaft sucht diese Täuschung zu vermeiden, indem sie die selbsteigene innere Wesenheit des seelischen Erlebens offenbar machen will, das auf seinem Wege *auch* in den Dienst der Erkenntnis treten kann, ohne in dieser *betrachtenden Erkenntnis* seine ureigentliche Natur zu haben.

Nicht verwechselt darf werden das hier geschilderte «leibfreie Seelenbewußtsein» mit denjenigen Seelenzuständen, welche nicht durch die charakterisierte innere Seelen-Eigen-Arbeit errungen werden, sondern aus herabgestimmtem Geistesleben (im traumhaften Hellsehen, in der Hypnose usw.) sich ergeben. Bei diesen Seelenzuständen hat man es nicht mit einem wirklichen Erleben der Seele in einem leibfreien Bewußtsein zu tun, sondern mit einer Verbindung des Leibes und der Seele, die von der des gewöhnlichen Lebens abweicht. *Wirkliche* Geisteswissenschaft kann nur errungen werden, wenn die Seele in eigener selbst geleisteter Innenarbeit den Übergang findet von dem gewöhnlichen Bewußtsein zu einem solchen, mit dem sie in der geistigen Welt sich drinnen stehend *klar erlebt.* In einer Innenarbeit, die Steigerung, nicht Herabstimmung des gewohnten Seelenlebens ist.

Durch solche Innenarbeit kann die Menschenseele erreichen, was von der Philosophie angestrebt wird. Die Bedeutung der letztern ist deshalb wahrlich nicht gering, weil sie auf dem Wege, den ihre Bearbeiter zumeist gehen, nicht zu dem kommen kann, was sie erreichen will. Denn wesentlicher als die philosophischen Ergebnisse selbst sind die Kräfte der Seele, welche sich in der philosophischen Arbeit erringen lassen. Und diese Kräfte müssen zuletzt doch dahin führen, wo der Philosophie die Anerkennung des «leibfreien Seelenlebens» möglich ist. Dort wird sie erkennen, daß die *Welträtsel* nicht bloß wissenschaftlich *bedacht,* sondern von der Menschenseele *erlebt* sein wollen, nachdem diese sich erst in den Zustand gebracht hat, in dem solches Erleben möglich ist.

Naheliegend ist die Frage: Soll also das gewöhnliche, auch das vollwissenschaftliche Erkennen sich verleugnen und für eine Weltanschauung nur das gelten lassen, was ihr von einem Gebiete gereicht wird, das außerhalb des ihrigen liegt? Doch liegt die Sache so, daß die Erlebnisse des charakterisierten, von dem gewöhnlichen unterschiedenen Bewußtseins sogleich auch diesem gewöhnlichen Bewußtsein einleuchtend sind, insofern dieses sich nur nicht selbst Hindernisse dadurch bereitet, daß es sich in seinem eigenen Bereiche einschließen *will. Gefunden* können die übersinnlichen Wahrheiten nur werden von der Seele, die sich in das Übersinnliche stellt. Sind sie da gefunden, so können sie von dem gewöhnlichen Bewußtsein voll begriffen werden. Denn sie schließen sich an die Erkenntnisse ganz notwendig an, die für die sinnliche Welt gewonnen werden können.

Es ist nicht zu leugnen, daß im Laufe der Weltanschauungsentwickelung Gesichtspunkte wiederholt auftreten, die denen ähnlich sind, welche in diesem Schlußkapitel an die Betrachtung des Fortganges der philosophischen Bestrebungen geknüpft sind. Doch erscheinen sie in vorangehenden Zeitaltern wie *Nebenwege* des philosophischen Suchens. Dieses mußte erst alles das durchringen, was als Fortsetzung des Aufleuchtens der Gedankenerlebnisse im Griechentum gelten kann, um aus seinen eigenen Impulsen heraus, aus dem Erfühlen dessen, was es selbst erreichen und nicht erreichen kann, auf den Weg des übersinnlichen Bewußtseins hinzuweisen. In vergangenen Zeiten war der Weg eines solchen Bewußtseins gewissermaßen ohne philosophische Rechtfertigung; er wurde nicht von der Philosophie selbst gefordert. Die Philosophie der Gegenwart fordert ihn aber durch das, was sie als Fortsetzung der vorangehenden philosophischen Entwickelung *ohne ihn* durchgemacht hat. Sie hat es *ohne ihn* dazu gebracht, das geistige Forschen in Richtungen zu denken, die, naturgemäß verfolgt, in die Anerkennung des übersinnlichen Bewußtseins einmünden. Deshalb wurde im Anfang dieses Schlußkapitels nicht gezeigt, wie die Seele über das Übersinnliche spricht, wenn sie sich ohne weitere Voraussetzung auf dessen Boden stellt, sondern es wurden die Richtungen *philosophisch* zu verfolgen versucht, die aus den neueren Weltanschauungen sich ergeben. Und es wurde angedeutet, wie das Verfolgen dieser Richtungen *durch die in ihnen selbst lebende Seele* diese zur Anerkennung der übersinnlichen Wesenheit des Seelischen führt.

INHALT DES ERSTEN BANDES

NACHWEIS DER ZITATE

zu Band I und II

1. Teil: Griechische Philosophen

(Zusammengestellt von Karl-Martin Dietz)

Vorbemerkung: Alle frühgriechischen Philosophen («Vorsokratiker»), von denen keine vollständigen Texte überliefert sind, werden zitiert nach der heute noch maßgebenden Sammlung von Hermann Diels («Die Fragmente der Vorsokratiker», 1903. Jetzt: 12. Auflage 1966, herausgegeben von Walther Kranz, 2 Bände und ein Registerband). Die hierin vorgenommene Unterteilung der Berichte in «Zeugnisse» (A) und «Fragmente» (B) hat sich als ungünstig erwiesen, da zwischen beidem nur schwer zu trennen ist. Selbst die «Fragmente» können nicht ohne weiteres als wörtliche Zitate genommen werden, da die zitierenden – meist spätantiken – Autoren durch mangelndes Verständnis oder durch eigene Denk- und Redeweisen den Zugang zum Wortlaut der vorsokratischen Philosophen erschweren. Die genauen Quellenangaben und die zum Verständnis unerläßlichen Zusammenhänge der «Zitate» sind bei Diels jeweils vermerkt und werden daher hier aus Platzgründen weggelassen.

Anaxagoras von Klazomenai (ca. 500–428 v. Chr.)
(Diels Band II, Seite 5–44)

I 49	Nus	Anaxagoras B 11 bis 14 (Diels)
I 49 u. 80	Homoiomerien	Anaxagoras A 1 (8), 15, 41, 43 bis 46, 51, 104; B 1, 3, 5 (Diels)

Anaximander von Milet (1. Hälfte des 6. Jahrh. v. Chr.)
(Diels Band I, Seite 81–90)

I 44	unbestimmtes Urwesen	vgl. Anaximander B 1 bis 3 («Apeiron») u. a. vgl. auch A 14 (Diels)
I 44	die Menschen als Fische	Anaximander A 11 (6), 30 (Diels)

Anaximenes von Milet (6. Jahrh. v. Chr.) (Diels Band I, Seite 90–96)

I 43	«Wie unsere Seele ...»	Anaximenes B 2 (Diels)

Archytas von Tarent (4. Jahrh. v. Chr.) (Diels Band I, Seite 421–439)

I 40	Die Dinge als Zahlen	Archytas B 1 und 4 (Diels)
I 40	Tonverhältniszahlen	Archytas B 1 und 2 (Diels)

Aristoteles von Stageira (384–322 v. Chr.)

I 58	Hyle	vgl. Arist. Physik A 187a18 f.
I 60	Fünf Seelenglieder	z. B. Arist. «Über die Seele», Buch II, 413a1 ff., besonders 414a.
I 60	geistige Menschenseele	z. B. Arist. «Über die Seele», III, 429a10 ff.
I 60	Fortleben der Seele	vgl. Arist. «Über die Seele», III, 429a24, 429a26, 429a29. Hierzu: F. Brentano, Die Psychologie des Arist. 1867 (1967), 117–128.
I 81	Erster Beweger	Arist. Metaphysik 12, 1071b ff.

Chrysippos siehe «Stoiker»

Demokrit von Abdera (Mitte des 5. Jahrh. v. Chr.)
(Diels Band II, Seite 81–230)

I 49	D. gegen Anaxagoras	vgl. Demokrit B 5 (Diels)
I 49	Stoffteilchen (Atome)	Demokrit A 1, 37, 38, 43, 49, 50, 51, 56, 57, 59, 60, 60a, 61, 62, 80, 93a, 120, 124, 132, 165 u. a. B 7, 9, 117, 125, 168 (Diels)
I 49	Bewegung	Demokrit A 1, 38, 40, 43, 47, 50, 62, 80, 101 bis 104a (Diels)
I 49	Ananke	Demokrit A 83 (Diels)

Empedokles von Akragas (5. Jahrh. v. Chr.)
(Diels Band I , Seite 276–375)

I 47	Haß und Liebe	Empedokles B 16 bis 22, 26, 27a, 30, 35, 36, 38, 59, 109, 115 (Diels)
I 48	Elemente	Empedokles B 7 bis 9, 15, 17, 23, 35, 37, 107, 109 (Diels)
I 48	Die Sinne	Empedokles B 2, 3, 17, 71 (Diels)
I 48	«Lebt wohl . . .»	Empedokles B 112 (Diels)

Epikuros von Samos (341–270 v. Chr.) (Zitate hier nach der Zusammenstellung von P. Von der Mühll, Leipzig 1922)

I 62	Nur . . . das Seelenleben zwischen Geburt und Tod	Epikur, Aphorismus 3
I 62	Schmerz	Epikur, Hauptlehrsätze 11 u. a.
I 62	Vermeidung des Schmerzes	Epikur, Hauptlehrsätze 3, 21; Aphorismus 8 u. a.

Heraklit von Ephesos (um 500 v. Chr.) (Diels Band I, Seite 139–190)

I 43	Torheit seiner Umgebung, einsames Wesen etc.	Heraklit A 1 (Diels)
I 43	«Gut wäre es . . .»:	Heraklit B 121 (Diels)
I 43	«Toren . . .»	Heraklit B 34 (Diels)
I 43	Feuer	Heraklit A 5 (Diels)
I 43	«Alles fließt»	Heraklit A 1 (8) (Diels)
I 44	«Nicht zweimal in denselben Strom»	Heraklit B 91, vgl. B 49a, B 12 (Diels)
I 44	«Das Meer ist das reinste»	Heraklit B 61 (Diels)
I 44	«Dasselbe ist Leben und Tod . . .»	Heraklit B 88 (Diels)
I 44	«Gutes und Böses sind eins»	Heraklit B 58 (Diels)
I 44	«Der gerade Weg . . .»	Heraklit B 59 (Diels)

Kleanthes siehe «Stoiker»

Kratylos (ca. 450–380 v. Chr.) (Diels Band II, Seite 69–70)

I 44	«Auch einmal nicht in denselben Fluß»	Kratylos 4 (Diels)

Parmenides von Elea (um 500 v. Chr.) (Diels Band I, Seite 217–246)

I 45	«Äußere Natur das Unwahre»	z. B. Parmenides B 8 (Diels)
I 45	«In der Einheit . . . das Wahre»	z. B. Parmenides B 3 und B 8 (Diels)

Pherekydes von Syros (Mitte 6. Jahrh. v. Chr.) (Diels Band I, Seite 43–51) Weiterer Hinweis auf Ph.: siehe Pythagoras I 38.

I 28	geflügelte Eiche	Pherekydes B 2, vgl. A 11 (Diels)
I 28	Chronos, Zeus, Chthon	Pherekydes B 1 (Diels), vgl. A 8 und 9
I 28	Heptamychos (= «Siebenraum»)	Pherekydes A 2 (Diels). Nach anderer Überlieferung (A 8) hieß das Werk «Pentemychos» (Fünfraum) oder «Pentekosmos» (Fünfwelt).

I 29	Mensch als beseeltes Wesen	Pherekydes A 5 (Diels)
I 34	Das Gute (Ariston)	Pherekydes A 7 (Diels). Bei Aristoteles steht wörtlich: Nach Ph. und anderen sei «das erste Erzeugende das Beste».
I 36	Ophioneus	Pherekydes A 11 und B 4 (Diels)

Philolaos von Kroton (5. Jahrh. v. Chr.)
(Diels Band I, Seite 398–419)

I 40	Dinge als Zahlen	Philolaos B 4, 6, 8, 11 und 20 (Diels)
I 40	Tonverhältniszahlen	Philolaos B 6 und 11 (Diels)
I 40	Gedanke	Philolaos B 4 (Diels)

Platon (427–347 v. Chr.)
Stellenangaben nach der Stefanus-Numerierung. Weitere Hinweise auf Platon unter «Sokrates» und «Protagoras».

I 46	«Er solle von Zenon die Gedankenkunst lernen ...»	siehe Platon, «Parmenides» 135de
I 56	Ideen	zu Platons Ideenlehre siehe besonders die Dialoge «Phaidon», «Politeia», «Parmenides» und den «7. Brief».
I 56	Hyle	wörtlich = «Holz». Dieses Wort bezeichnet nach neueren Forschungen bei Pl. noch nicht «Materie», sondern höchstens «Material». Erst Aristoteles hat es im Sinne von «Materie» gebraucht. Pl. führt den Materie-Begriff im «Timaios» (48e ff.) ein, ohne schon ein Wort dafür zur Verfügung zu haben; er nennt ihn «alles Werdens Aufnahme», «worin etwas wird», «räumliches Seiendes» u. ä.
I 56	Drei Glieder der Menschenseele (Logistikon, Thymoeides, Epithymetikon)	Platon, «Politeia» 439d ff.
I 57	Unsterblichkeit der Seele	Platon, «Phaidon» (Thema des Dialogs)

I 57	Vier Kardinaltugenden	Platon, «Politeia» 427d–434c
II 43	Weltseele	Platon, «Timaios» 34b ff.

Plotin (ca. 205–270 n. Chr.)

I 64	Erleuchtung	vgl. Plotin V 3, 8
I 65	Das Übergedankliche das Vollkommenste	vgl. Plotin V 6, 2, 15; III 8, 11, 42; VI 7, 38, 22

Protagoras von Abdera (5. Jahrh. v. Chr.)
(Diels Band II, Seite 253–271)

I 50	«Der Mensch ist das Maß aller Dinge ...»	Protagoras B 1 (Diels) und vgl. Platon, «Theaetet», 151d bis 187b
I 50	Was kann es den Menschen bekümmern ... eigene Machtvollkommenheit	vgl. Platon, «Theaetet», 166a bis 167d

---

Pyrrhon (360–270 v. Chr.)

I 63	Menschliche Meinungen	vgl. Sextus Empiricus, Pyrrhonische Grundzüge I 12

Pythagoras von Samos (2. Hälfte d. 6. Jahrh.v. Chr.) (Diels Band I, Seite 96–105. Keine Einteilung in A und B, da keine Schriften überliefert)

I 37	Geheimnis	vgl. Pythagoras 7 und 13 (Diels)
I 38	Seelenwanderung	vgl. Pythagoras 1 und 8a (Diels)
I 38	Pythagoras über seine früheren Inkarnationen	vgl. Pythagoras 8 (Diels)
I 38	Pherekydes Lehrer des P.	vgl. Pherekydes A 1 und A 4 (Diels)
I 39	Weite Reisen und Begegnung mit Weisen	vgl. Pythagoras 3 und 4 (Diels)
I 39	Die Dinge als Zahlen angesehen	siehe unter Philolaos und Archytas.
I 40	Tonverhältniszahlen	siehe unter Philolaos und Archytas.
I 40	der Gedanke	vgl. Philolaos B 4 (Diels): «... alles, was man erkennen kann, hat Zahl. Denn es ist nicht

		möglich, irgend etwas mit dem Gedanken zu erfassen oder zu erkennen ohne diese.»

Sokrates (ca. 469–399 v. Chr.). Siehe auch unter «Xenophon».

I 50	S. Schüler des Prodikos	Platon, «Protagoras» 341a, vgl. «Menon» 96d
I 54	«Dämonium»	= griechisch: «Daimonion»; vgl. Platon, «Verteidigung des Sokrates», 31cd, auch «Phaidros» 242bc. – Das Daimonion sagt dem S. nur, was er *nicht* tun soll. Es hindert ihn, wenn er im Begriff ist, falsch zu handeln. Dieses einschränkende Charakteristikum des sokratischen Daimonion wurde schon in der Spätantike übersehen (vgl. Plutarch, «Über den Daimon des Sokrates»).
I 55 und II 185	«Die Tugend ist lehrbar»	vgl. etwa Platon, «Laches» 199d (Tugend ist Erkenntnis)
I 55	Sokrates' Lehrmethode	(«Maieutik» = «Hebammenkunst»), vgl. Platon, «Theaetet» 148d–151d und 210b–d

---

Stoiker (Zenon, Kleanthes, Chrysippos u. a.) (Von den älteren Stoikern sind nur Fragmente erhalten, die Johannes von Arnim in der Sammlung «Stoicorum Veterum Fragmenta», 4 Bände, Leipzig 1903, zusammengestellt hat. Darüber hinaus finden sich Nachweise in dem grundlegenden Werk von Max Pohlenz: «Die Stoa – Geschichte einer geistigen Bewegung». 2 Bände Göttingen 1948 und 1949.)

I 61	Begierden, Leidenschaften, Bedürfnisse	siehe Pohlenz Band I, Seite 141 ff. und Band II, Seite 77
I 61	«naturgemäßes Leben»	vgl. besonders den römischen Stoiker Seneca, Briefe an Lucilius 76, 8-10
I 61	Bedürfnislosigkeit	siehe Pohlenz Band II, Seite 82 f., und Band I, Seite 150 ff.
I 61	Der Weise als Ideal	siehe Stoicorum Veterum Fragmenta Band I, Fragm. 216–229, Band III, Fragm. 544–684

THALES von Milet (um 600 v. Chr.) (Diels Band I, Seite 67–81)

I 41	«Alles stammt aus dem Wasser»	Thales A 12 und B 3 (Diels) u. a.

XENOPHANES von Kolophon (ca. 570–460 v. Chr.) (Diels Band I, Seite 113–139)

I 45	Ablehnung der Volksgötter	Xenophanes B 11, 12, 14 und 15 (Diels)
I 45	Gott als Einheit	Xenophanes B 23 bis 26 (Diels)

XENOPHON (ca. 430–355 v. Chr.)

I 52	«Erinnerungen an S.»	= «Memorabilia»
I 55	«Glaubst du nun ...»	Xenophon, «Memorabilia» IV 2, 20

ZENON von Elea (5. Jahrh. v. Chr.) (Diels Band I, Seite 247–258)

I 46	Widersprüche	= «Aporien»; Zenon A 24–28 (Diels)
I 46	Achill und die Schildkröte	Zenon A 26, vgl. A 1 (Diels)

ZENON von Kition: siehe «STOIKER»

---

2. Teil: Nachgriechische Autoren

(Zusammengestellt von Brigitte Ericsson-Skopnik)

Vorbemerkung: Die Zitate wurden mit den Originaltexten verglichen, wobei sich mitunter Abweichungen herausstellten. Diese mögen auf verschieden bearbeitete Auflagen zurückzuführen sein, sowie auf Abschreiben aus dritter Hand. Geändert wurde im Text nur dort, wo es sich offensichtlich um Fehler handelte. Bei größeren Abweichungen wurde der Originaltext dem Zitaten-Nachweis beigefügt. Einige Zitate konnten bisher nicht aufgefunden werden (= ?).
Es werden die jeweils zum gleichen Werk gehörigen Zitate hintereinander aufgeführt. Dadurch stehen bei manchen Autoren die Seitenzahlen nicht in der Reihenfolge des Buches.

ASMUS Paul		
II 129		*Das Ich und das Ding an sich* (1873)
BAER Karl Ernst von		
II 51		*Studien aus dem Gebiete der Naturwissenschaft* (1876)
II 69	Die Embryonen der Säugetiere . . .	*Über die Entwickelungsgeschichte der Tiere* (1828) Königsberg 1828 I. Teil, Scholion V, § 4, S. 221
BALFOUR Arthur James		
II 125		*A defence of philosophic doubt: Being an Essay on the foundations of belief* (1879)
BAUER Bruno		
I 242	. . . dem alles verschlingenden Ich . . .	(?)
I 243	Die Kritik ist einerseits	(?)
BERGSON Henri		
II 200	Man begreift, daß . . .	*Einführung in die Metaphysik* (1903) Deutsch Jena 1909 S. 42
II 201	Philosophieren besteht . . .	S. 43
II 201	Relativ ist die symbolische Erkenntnis . . .	S. 46
II 201		*Materie und Gedächtnis* (1896) Deutsch Jena 1908
II 202	Alles geht vor sich . . .	*Schöpferische Entwickelung* (1907) Deutsch Jena 1912 Abschn. III, S. 270
BÖHME Jakob		
I 79	In solcher Betrachtung findet man . . .	*Aurora* oder: *Morgenröte im Aufgang* (1612) Amsterdam 1682 I. Kap., Vers 1, S. 1
I 175	Wenn du ansiehest die Tiefe . . .	23. Kap., Vers 9, S. 300
I 175	. . . du bist aus diesem Gott . . .	23. Kap., Vers 4, S. 299

Boutroux Emile

II 198	Die Wissenschaft zeigt uns . . .	*Über den Begriff des Naturgesetzes in der Wissenschaft und in der Philosophie der Gegenwart* Vorlesungen gehalten an der Sorbonne 1892–93 Übers. v. J. Benrubi, Jena 1907 Schlußbetrachtung, S. 130
II 199	Die Bewegung an sich . . .	desgl., S. 131
II 199	Die durch die moderne Wissenschaft . . .	

Brentano Franz

II 25	In den ersten Dezennien . . .	*Über die Gründe der Entmutigung auf philosophischem Gebiete* Vortrag gehalten beim Antritte der phil. Professur an der Hochschule zu Wien am 22. April 1874 Wien 1874. S. 4 f.
II 167 u. 207	Für die Hoffnungen . . .	*Psychologie vom empirischen Standpunkt.* Leipzig 1874 1. Band, 1. Kap. § 2, S. 20
II 179	. . . über das Fortleben . . .	
II 244	Indessen, so scheinbar . . .	
II 245	Nichtsdestoweniger bemerkt . . .	desgl., S. 21
II 245	Denn wenn auch der, . . .	

Büchner Ludwig

II 34 f.	Erstens ist der Materialismus . . .	*Sechs Vorlesungen über die Darwin'sche Theorie von der Verwandlung der Arten und die erste Entstehung der Organismenwelt* (1866–1867) Leipzig 1868 6. Vorlesung, S. 387
II 66	Muß die Umwandlungstheorie . . .	3. Vorlesung, S. 171
II 37	Die Worte, Seele, Geist, Gedanke . . .	*Kraft und Stoff oder Grundzüge der natürlichen Weltordnung* Neubearbeitete Volksausgabe Leipzip 1894 Der Gedanke, S. 187

Büchner (Fortsetzung)

II 37	In ähnlicher Weise ...	desgl., aber 3. vermehrte Aufl. Frankfurt a. M. 1856 Der Gedanke, S. 159 f.

Cabanis Pierre Jean Georges

II 139		*Verhältnis der Seele zum Körper* (1802) Zwei Bände

Carneri Bartholomäus von

II 84	Kein Geist ohne Materie	*Empfindung und Bewußtsein. Monistische Bedenken.* Bonn 1893
II 84	Die Überzeugung, daß es ...	IV. Empfindung, S. 15 u. S. 13
II 180		*Sittlichkeit und Darwinismus. Drei Bücher Ethik* (1871) 2. Auflage. Wien und Leipzig 1903
II 180	Die Verdauung beim Menschen ...	II. Das Selbstbewußtsein, S. 68
II 180	Das Leben ist ein chemischer ...	II. Das Selbstbewußtsein, S. 68
II 181	Während die Moralphilosophie ...	Einleitung, S. 1
II 180		*Grundlegung der Ethik* Wien 1881
II 181	Als Materie fassen wir den Stoff ...	I. Teil, Kap. 1: Das Leben, S. 30
II 181	Das erwachende Selbstbewußtsein ...	I. Teil, Kap. 3: Der Mensch, S. 141
II 182	Seine weitere Entwickelung ist ...	desgl., S. 143
II 182	Dem Tiere ist dieser Trieb ...	desgl., S. 147
II 182	Der Märtyrer, der hier ...	desgl., S. 146
II 180		*Der Mensch als Selbstzweck* (1877)
II 180		*Der moderne Mensch. Versuche über Lebensführung* (1890) 5. Aufl. Bonn 1901
II 182	... ist das Gute identisch	Sittlichkeit, S. 88

Cohen Hermann

II 216	Es muß daher bei der Relation . . .	*System der Philosophie* I. Teil: Logik der reinen Erkenntnis, Berlin 1902 Einleitung und Disposition (3), S. 14
II 217	Nur das Denken selbst . . .	1. Klasse: Die Urteile der Denkgesetze (1), S. 67
II 217	Das Sein ist das Sein . . .	Einleitung und Disposition (3), S. 14

Comte Auguste

II 138 u. 144		*Cours de philosophie positive* (1830–42) Sechs Bände

---

Czolbe Heinrich

II 41 f.	Zur Ausschließung des Übernatürlichen . . .	*Die Grenzen und der Ursprung der menschlichen Erkenntnis im Gegensatze zu Kant und Hegel* Jena und Leipzig 1865 1. Kap. § 4, S. 50
II 42	. . . dem Streben nach dem . . .	desgl., S. 47 f.
II 42		*Neue Darstellung des Sensualismus* (1855)
II 43		*Die Entstehung des Selbstbewußtseins.* Eine Antwort an Herrn Professor Lotze, Leipzig 1856
II 43	Sollte meine Ansicht . . .	S. 9 wörtl.: «Sollte meine Ansicht nicht eine Realisierung der schon von Plato in seinem Timäus verteidigten Weltseele und seiner Auffassung der Gestirne als unsterblicher himmlischer Wesen sein? Sollte hier nicht der Vereinigungspunkt des oben berührten Leibniz'schen Idealismus mit dem Realismus liegen?»

Darwin Charles

II 53, 71 u. 180		*Die Entstehung der Arten durch natürliche Zuchtwahl oder die Er-*

Darwin (Fortsetzung)

Stelle	Textanfang	Quelle
		haltung der bevorzugten Rassen im Kampfe ums Dasein (1859) Aus dem Englischen von David Haek. Univ.-Bibl. Leipzig o. J.
II 60 f.	Aus dem Kampfe der Natur . . .	15. Kap., S. 659
II 61	Sehr hervorragende Schriftsteller . . .	desgl., S. 658
II 65 f.	In der Zukunft sehe ich ein offenes . . .	desgl., S. 657
II 106	In einem seiner Essays . . .	Eine historische Skizze, S. 20
II 58 f.	Als ich während der Fahrt . . .	*Das Variieren der Tiere und Pflanzen im Zustande der Domestication,* zwei Bände (1867) Aus dem Englischen übersetzt von Victor Carus. Stuttgart 1878, Darwins gesammelte Werke Band 3, Einleitung S. 10 (Diesem Zitat liegt die Carussche Übersetzung mit einigen Abwandlungen zu Grunde)

Dilthey Wilhelm

Stelle	Textanfang	Quelle
II 205		*Einleitung in die Geisteswissenschaften* (1883)
II 205		*Beiträge zur Lösung der Frage vom Ursprung unseres Glaubens an die Realität der Außenwelt und seinem Recht* (1890) Diltheys gesammelte Schriften Band 5, Stuttgart 1957
II 206	Indem ein Kind . . .	Der Druck der Außenwelt, S. 105

Du Bois-Reymond Emil

Stelle	Textanfang	Quelle
II 94	. . . oder Auflösung der Naturvorgänge . . .	*Über die Grenzen des Naturerkennens* Vortr. in der 2. öffentl. Sitzung der 45. Versammlung deutscher Naturforscher und Ärzte zu Leipzig am 14. August 1872 Leipzig 1872, S. 2

Du Bois-Reymond (Fortsetzung)		
II 94	Stumm und finster ...	S. 7
II 94 f.	Es scheint zwar bei oberflächlicher ...	S. 25 f.
II 96	Mögen sie es doch mit dem ...	S. 6
II 97	Wie der Astronom ...	S. 4
II 98		Titel erw.
II 96	... etwa so viel wert ...	*Darwin versus Galiani* Rede in der öffentl. Sitzung der königl. preuß. Akademie der Wissenschaften zur Feier des Leibniz'schen Jahrestages am 6. Juli 1876. Berlin 1876. S. 15

Dühring Eugen		
II 145 u. 151		*Natürliche Dialektik* (1865)
II 145		*Kursus der Philosophie als streng wissenschaftlicher Weltanschauung und Lebensgestaltung* Leipzig 1875
II 146	... begreifen sich im Stadium ...	I. Abschn., Kap. 3, S. 44
II 146	... die künstlichen und naturwidrigen ...	desgl., Kap. 2, S. 13
II 147	Das Ganze der Dinge ...	desgl., Kap. 2, S. 11
II 148	Die Phantasie ...	desgl., Kap. 3, S. 50
II 149	Der Charakter ...	desgl., Kap. 3, S. 51
II 151	Die mechanische Kausalität ...	III. Abschn., Kap. 1, S. 147
II 146		*Die Größen der modernen Literatur.* Zwei Bände, Leipzig 1893
II 147	Das ideelle System unserer Gedanken ...	(?)
II 150	Eine solche Vorstellung	(?)
II 151	... die Erde mit allem ...	(?)

Echtermeyer Ernst Theodor		
I 226		*Hallische Jahrbücher*, ab 1841 *Deutsche Jahrbücher*

ERDMANN Johann Eduard

I 195	Das entschiedene Übergewicht . . .	*Grundriß der Geschichte der Philosophie.* Berlin 1866 2 Bd. Anhang: Die deutsche Philosophie seit Hegels Tode § 331 Einleitung, S. 619

EUCKEN Rudolf

II 210		*Der Kampf um den geistigen Lebensinhalt* (1896) *Der Wahrheitsgehalt der Religion* (1901) *Grundlinien einer neuen Lebensanschauung* (1907) *Geistige Strömungen der Gegenwart* (1878) Geschichte und Kritik der Grundbegriffe der Gegenwart *Die Lebensanschauungen der großen Denker* (1890) *Erkennen und Leben* (1912)

FECHNER Gustav Theodor

II 51		*Zend-Avesta oder über die Dinge des Himmels und des Jenseits,* 3 Bände, Leipzig 1851
II 154 u. 161		*Elemente der Psychophysik* 2 Teile, Leipzig 1860
II 154		*Vorschule der Ästhetik* 2 Teile, Leipzig 1876

- - - - - - - - - - - - - - - - - - - -

II 155	Der Mensch lebt auf der Erde . . .	*Das Büchlein vom Leben nach dem Tode* (1836) 4. Aufl., Hamburg und Leipzig 1900. 1. Kap., S. 1
II 159	Was sieht der Anatom . . .	9. Kap., S. 65
II 160	. . . das die große Kunst . . .	9. Kap., S. 69 f.

FEUERBACH Ludwig

I 227		*Vorläufige Thesen zur Reform der Philosophie* (1842)

- - - - - - - - - - - - - - - - - - - -

I 227		*Grundsätze der Philosophie der Zukunft* (1843) im 2. Band der sämtlichen Werke, Leipzig 1846 f.

FEUERBACH (Fortsetzung)

I 230	Das Wirkliche in seiner ...	§ 32, S. 321
I 231	... unmittelbar ... sich selbst ...	§ 38, S. 326
I 231	Die neue Philosophie ...	§ 54, S. 343
I 231	Wenn der Psycholog sagt ...	Erläuterungen: *Wider den Dualismus von Leib und Seele, Fleisch und Geist*, S. 352
I 227		*Theogonie, nach den Quellen des klassischen, hebräischen und christlichen Altertums* (1857)
I 227		*Das Wesen des Christentums* (1841) 2. verm. Aufl. Leipzig 1843
I 230	Das Wissen des Menschen ...	Kap. 24, S. 343
I 230	... offene Bekenntnis ...	Kap. 28, S. 401
I 245	Ist das Wesen des Menschen ...	Kap. 28, S. 402, 403 u. 407
I 227		*Das Wesen der Religion* (1845) Dreißig Vorlesungen Kröners Taschenausg. Bd. 27, Leipzig 1923
I 234	Ich wünsche nur ...	30. Vorl., S. 341
I 231	Die Philosophie zur Sache ...	*Fragmente zur Charakteristik meines philosophischen Curriculum vitae* (1843–44) im 2. Bande der sämtlichen Werke, Leipzig 1846 f., S. 413
I 239	Gott war mein erster Gedanke ...	S. 410
I 234	Mein Recht ist mein ...	*Gottheit, Freiheit und Unsterblichkeit vom Standpunkte der Anthropologie* (1866) im 10. Bande der sämtlichen Werke, Leipzig 1866 4. Prinzip der Sittenlehre, S. 66 wörtlich: Mein Recht ist mein gesetzlich anerkannter Glückseligkeitstrieb, meine Pflicht ist der

FEUERBACH (Fortsetzung)

		mich zu seiner Anerkennung bestimmende Glückseligkeitstrieb des andern.
I 236	Überhaupt werde ich mich nie . . .	*Brief an seine Gattin, Heidelberg, den 12. Febr. 1849* in: L. Feuerbachs phil. Charakterentwicklung, sein Briefwechsel und Nachlaß, dargestellt von Karl Grün, Leipzig und Heidelberg 1874, 1. Bd., S. 383
I 237	In Ermangelung einer Aussicht . . .	*Brief an Friedrich Kapp, Bruckberg, den 3. März 1850* 2. Bd., S. 7
II 33	Gott früher setzen als die Natur . . .	*Nachgelassene Aphorismen* (1. Zur theoretischen Phil.) 2. Bd., S. 306
II 45	Hegel steht auf einem . . .	*Schriften zur Ethik und nachgelassene Aphorismen* 10. Band der sämtlichen Werke herausg. v. W. Bolin und Friedr. Jodl, Stuttgart 1911 Aphorismen (3. Geschichte der Philosophie) S. 318
I 237	Die Märzrevolution . . .	(?)

FICHTE Johann Gottlieb

I 20 u. 217	Was für eine Philosophie man wähle . . .	*Erste und zweite Einleitung in die Wissenschaftslehre und Versuch einer neuen Darstellung der Wissenschaftslehre* (1797) Auswahl in 6 Bänden herausg. von Fritz Medicus F. Meiner Verlag Leipzig, o. J. 3. Bd., 1. Einleitung (5), S. 18
I 137	Aber ich glaube ebenso . . .	2. Einleitung (6), S. 62
I 138	. . . die Kritik der reinen Vernunft . . .	desgl., S. 70
I 148	Zum Philosophen muß man . . .	1. Einleitung (5), S. 18 f.

FICHTE J. G. (Fortsetzung)

I 108	Ich lebe in einer neuen Welt ...	*Fichte's Leben und literarischer Briefwechsel.* Zwei Bände, herausg. v. Immanuel Hermann Fichte. 2. Aufl. Leipzig 1862 1. Bd., 1. Buch, Kap. 4, S. 109 f. (An Weißhuhn)
I 137	... Kant die Wahrheit	2. Bd.; IX. Briefe an Niethammer Nr. 2, Zürich, den 6. Okt. 1793, S. 431
I 139	Die Liebe der Wissenschaft ...	1. Bd.; 2. Buch, Kap. 2, S. 224
I 142	Sie sagen ..., der Philosoph ...	2. Bd.; III. Briefe an und von Reinhold. Nr. 31, Berlin, den 18. Juli 1800, S. 291 f.
I 108 u. 137	Ich betrachte Sie ... als den Repräsentanten ...	*Sieben Briefe von Fichte an Goethe – Zwei Briefe von Fichte an Schiller,* mit Erläuterungen von Dr. Rudolf Steiner *Goethe Jahrbuch,* 15. Band, Frankfurt 1894. 1. Brief, Jena, 21. Juni 1894, S. 30
I 108		*Grundlage der gesamten Wissenschaftslehre* (1794)
I 137	... kein menschlicher Verstand ...	*Über den Begriff der Wissenschaftslehre oder der sogenannten Philosophie* (1794) Auswahl in 6 Bänden herausg. v. Fritz Medicus. F. Meiner Verlag Leipzig 1911 1. Bd., Vorrede zur ersten Ausgabe, S. 158
I 140	Die Idee muß selber reden ...	*Über das Wesen des Gelehrten und seine Erscheinungen im Gebiete der Freiheit* (1805) Zehn Vorlesungen Univ.-Bibl. Leipzig o. J. 10. Vorl., S. 168
I 140	Das Werk des Schriftstellers ...	desgl., S. 169

Fichte J. G. (Fortsetzung)

I 141		*Sonnenklarer Bericht an das größere Publikum über das eigentliche Wesen der neuesten Philosophie. Ein Versuch, die Leser zum Verstehen zu zwingen* (1801) Realschulbuchhdl. Berlin 1801
I 146	Nichts hat unbedingten Wert ...	Einleitung (4), S. 13
I 140	An meinem Leben ... Ich bin ein Priester ...	*Einige Vorlesungen über die Bestimmung des Gelehrten* (1794) Univ.-Bibl. Leipzig o. J. 4. Vorl., S. 48
I 141	Indes man in demjenigen Umkreise ...	Vorbericht, S. 6
I 142		Titel erw.
I 142	Alle Kultur soll sein ...	*Beiträge zur Berichtigung der Urteile des Publikums über die französische Revolution* (1793) Fichtes sämtl. Werke herausg. v. I. H. Fichte. Berlin 1845 6. Bd., 1. Buch, Kap. 1, S. 86 wörtlich: Kultur heißt Übung aller Kräfte auf den Zweck der völligen Freiheit, der völligen Unabhängigkeit von allem, was nicht wir selbst, unser reines Selbst ist.
I 147		Titel erw.
I 145	Es gibt überall kein Dauerndes ...	*Die Bestimmung des Menschen* (1800). Auswahl in 6 Bänden herausg. v. Fritz Medicus F. Meiner Verlag Leipzig o. J. 3. Bd., 2. Buch: Wissen, S. 81
I 145	Mein Wille soll ...	3. Buch: Glaube, S. 133
I 145	Jener erhabene Wille ...	desgl., S. 134
I 145	Ich verhülle vor dir ...	desgl., S. 140
II 83		Titel erw.
I 147		*Zurückforderung der Denkfreiheit von den Fürsten Europas, die sie bisher unterdrückten. Helio-*

FICHTE J. G. (Fortsetzung)

		polis im letzten Jahre der alten Finsternis 1793
I 147		*Die Grundzüge des gegenwärtigen Zeitalters, dargestellt in Vorlesungen, gehalten zu Berlin im Jahre 1804–1805*
I 147		*Die Anweisung zum seligen Leben oder auch die Religionslehre, in Vorlesungen gehalten zu Berlin im Jahre 1806*
I 147		*Reden an die deutsche Nation 1808*
I 147	Ich selbst und mein ...	*Über den Grund unsers Glaubens an eine göttliche Weltregierung* (1798) Phil. Journal Bd. VIII In: *Die philosophischen Schriften zum Atheismusstreit* herausg. v. Fritz Medicus, F. Meiner Verlag Leipzig, S. 7
I 168	... ein ganz neues inneres ...	*Einleitungsvorlesungen in die Wissenschaftslehre.* Berlin 1813 herausg. v. I. H. Fichte, Bonn 1834, S. 4

FICHTE Immanuel Hermann

I 222		*Sätze zur Vorschule der Theologie* (1826) *Beiträge zur Charakteristik der neueren Philosophie* (1829) *Zeitschrift für Philosophie und spekulative Theologie* (1837 f.)
I 223	Der höchste, wahrhaft das Weltproblem ...	*Grundzüge zum Systeme der Philosophie* (1833 f.) 3. Abtl.: *Die spekulative Theologie oder allgemeine Religionslehre,* Heidelberg 1846 I. Teil, § 62 (2), S. 180
I 223	Die Weltschöpfung ...	2. Abtl.: *Die Ontologie,* Heidelberg 1836. § 302, S. 524

FORBERG Friedrich

I 139	Sein öffentlicher Vortrag rauscht daher ...	Brief vom 7. Dezember 1794 in: *Fragmente aus meinen Papieren* Jena 1796 zitiert in: J. G. Fichte's Leben und lit. Briefwechsel, 1. Bd., 2. Aufl. Leipzig 1862, S. 221

GEGENBAUR Karl

II 77		*Grundzüge der vergleichenden Anatomie* (1859). 2. Aufl. 1870

GOETHE Johann Wolfgang von

Goethes Naturwissenschaftliche Schriften, herausg. v. Dr. Rudolf Steiner, 4 Bände (= Kürschners Deutsche National-Literatur Bd. 114–117), 1883–1897

— —

Aus dem ersten Bande (Nat. Lit. Bd. 114):

I 129	Die Kantische Philosophie ...	*Verfolg/Glückliches Ereignis*, S. 110
I 132 u. 162	Ins Innere der Natur ...	*Verfolg / Freundlicher Zuruf*, S. 170 f.
I 132	Das was er (Linné) mit Gewalt ...	*Geschichte meines botanischen Studiums*, S. 68
I 133	... ungescheut behaupten zu dürfen ...	*Vorträge über die drei ersten Kapitel des Entwurfs einer allgemeinen Einleitung in die vergleichende Anatomie, ausgehend von der Osteologie* (1796) Abschn. II, S. 332
I 134	Wenn wir ja im Sittlichen ...	*Verfolg/Anschauende Urteilskraft*, S. 116
I 202	Werdend betrachte sie nun ...	*Elegie, an Christiane Vulpius gerichtet* (1798), S. 97
I 228	... kalte, fast unfreundliche ...	*Zur Morphologie/Der Inhalt bevantwortet*, S. 12
II 48	(Goethe) sagt in seiner Einleitung zur «Metamorphose der Pflanzen,	*Zur Morphologie/Der Inhalt bevantwortet*, S. 15 wörtlich: Die damalige Zeit jedoch war dunkler, als man sich es jetzt vorstellen kann. Man behauptete zum Beispiel, es hange nur vom Menschen ab, bequem

GOETHE (Fortsetzung)

		auf allen vieren zu gehen, und Bären, wenn sie sich eine Zeit lang aufrecht hielten, könnten zu Menschen werden.
II 123	Es mag die Pflanze sprossen ...	*Die Metamorphose der Pflanzen* (115.), S. 57

Aus dem zweiten Bande (Nat. Lit. Bd. 115):

I 30	Sie hat mich hereingestellt	*Die Natur* (Aphoristisch), S. 9
I 127	Natur! Wir sind von ihr umgeben ...	S. 5
I 128 u. II 120	Kants Kritik der reinen Vernunft ...	*Einwirkung der neuern Philosophie*, S. 27
I 128	Der Eingang war es ...	S. 28
I 129	... zur Sprache kam ...	S. 27
I 129	Er predigte das Evangelium ...	S. 29
I 130	Sie hörten mich wohl ...	S. 29
I 135	... eine höchst frohe Lebensepoche ...	S. 28
I 135	Die großen Hauptgedanken ...	S. 28
I 135	Leidenschaftlich angeregt ...	S. 29
I 159	Der Psychologe Heinroth ...	*Bedeutende Fördernis durch ein einziges geistreiches Wort*, S. 31 f.
II 82	... zwei großen Triebräder ...	*Erläuterungen zu dem Aufsatz «Die Natur»*, S. 63 f.

Aus dem dritten Bande (Nat. Lit. Bd. 116):

I 214	Denn eigentlich unternehmen wir ...	*Zur Farbenlehre*, Vorwort S. 77

Aus dem vierten Bande (Nat. Lit. Bd. 117, 1. Abt.):

I 82	Baco gleicht einem Manne ...	*Materialien zur Geschichte der Farbenlehre* Baco von Verulam, S. 166 f.
I 82	Schien durch die Verulamische ...	Galileo Galilei, S. 177
I 83	Denn wie kann man mit Gelassenheit ...	Baco von Verulam, S. 166
I 161	... ein Fall für tausend ...	Galileo Galilei, S. 177

GOETHE (Fortsetzung)

Aus dem vierten Bande (Nat. Lit. Bd. 117, 2. Abt.):

I 130	...eine Manifestation...	*Sprüche in Prosa,* 11. Abt. Kunst, S. 494
I 146	Der Handelnde ist immer ...	5. Abt. Psychologische Beobachtungen, S. 450
I 159	Poesie deutet auf ...	1. Abt. Das Erkennen, S. 383
I 159	Das Höchste wäre ...	desgl., S. 376
I 160	Ich denke, Wissenschaft	11. Abt. Kunst S. 535
I 162	Kenne ich mein ...	1. Abt. Das Erkennen, S. 349
I 162 u. 214	Der Mensch an sich selbst ...	desgl., S. 351
I 163	Dafür steht ja aber der Mensch ...	desgl., S. 351
I 181	Der Mensch begreift niemals ...	desgl., S. 353
II 35	Die Theorie an und für sich ...	desgl., S. 357

I 136	... vom Ziegelstein ...	*Verschiedene Nachträge* (31.), S. 294
I 136	Alle Wirkungen ...	S. 293
I 136	Ein Ziegelstein ...	S. 294
I 161	Die Wißbegierigen ...	*Naturwissenschaftliche Nachträge / Physiologie der Pflanzen* (I.), S. 563
II 107	Es sind am Ende doch nur ...	*Naturwissenschaftliche Nachträge / Erfahrung und Wissenschaft,* S. 595

I 128	... das subjektive Erkenntnisvermögen ...	*Naturwissenschaftliche Schriften* (Sophienausgabe) 2. Abt., Bd. 11, Weimar 1893 Zur Naturwissenschaft. Anhang: Paralipomena I, S. 376 (p. 11)

I 113	Meine Kollegia besuchte ich ...	*Wahrheit und Dichtung* Vier Teile, herausg. v. H. Düntzer Dtsch. Nat. Lit. Bd. 98–101 II. Teil, 6. Buch, S. 43
I 113	Ich ergab mich dieser Lektüre ...	IV. Teil, 16. Buch, S. 9

GOETHE (Fortsetzung)

I 130 u. II 72	... ewigen, notwendigen ...	desgl., S. 11
II 35	Eine Materie sollte sein ...	III. Teil, 11. Buch, S. 57
		Briefe und Tagebücher Bd. 1, Insel-Verlag Leipzig
I 114	Gott hat Dich ...	*Brief an Jacobi, Ilmenau, den 5. Mai 1786*, S. 465
I 163	Du hältst aufs Glauben ...	
		wörtl.: Dagegen hat dich aber auch Gott mit der Metaphysik gestraft und dir einen Pfahl ins Fleisch gesetzt, mich dagegen mit der Physik gesegnet, ... Ich halte mich fest und fester an die Gottesverehrung des Atheisten (Spinoza) und überlasse euch alles, was ihr Religion heißt und heißen müßt. Wenn du sagst, man könne Gott nur *glauben*, so sage ich dir, ich halte viel aufs *Schauen.*
II 67	Ich verglich Menschen- und Tierschädel ...	*Brief an Herder, Jena, den 27. März 1784*, S. 406
		Italienische Reise Zwei Bände, herausg. v. H. Düntzer. Dtsch. Nat. Lit. Bd. 102, 1. u. 2. Abt.
I 130	Diese hohen Kunstwerke	2. Bd., *Rom, den 6. September 1787*, S. 91
I 159 u. 191	Da ist Notwendigkeit ...	
I 130	... nach den Gesetzen ...	1. Bd., *Rom, den 28. Januar 1787*, S. 221
I 133	Die vielen Pflanzen ...	desgl., *Palermo, den 17. April 1787*, S. 336
I 133	... wird das wunderlichste Geschöpf ...	2. Bd., *Neapel, den 17. Mai 1787* (an Herder), S. 3
I 133	Dasselbe Gesetz wird sich ...	
I 130	Denn indem der Mensch auf den Gipfel ...	*Winckelmann und sein Jahrhundert* Dtsch. Nat. Lit. Bd. 108 Schönheit, S. 47

Goethe (Fortsetzung)

I 162	Weltall, wenn es sich selbst ...	Antikes, S. 20
I 197	Wenn die gesunde Natur	Antikes, S. 20
I 201	Denn wozu dient alle der Aufwand ...	Antikes, S. 20

I 130 f.	Wie konnte mir das Buch ...	Aus *Tag- und Jahreshefte 1811* Dtsch. Nat. Lit. Bd. 106, S. 32 f.
I 131	Was wär' ein Gott ...	*Prooemion* Gedichte, Dtsch. Nat. Lit. Bd. 84, S. 17
I 131	Es leuchtet die Sonne ...	*Das Göttliche,* Ode Gedichte, Dtsch. Nat. Lit. Bd. 83, 3. Strophe, S. 75
I 160	Es ist offenbar, daß ...	*Einfache Nachahmung der Natur, Manier, Stil* Über Italien, Fragmente eines Reisejournals Dtsch. Nat. Lit. Bd. 102, S. 294
I 160	... tiefsten Grundfesten der Erkenntnis ...	desgl., S. 293
I 185	In unsers Busens Reine wogt ...	*Marienbader Elegie* (Trilogie der Leidenschaft) Gedichte, Dtsch. Nat. Lit. Bd. 83 14. Strophe, S. 100
I 201	... unterläßt nicht, seine gewohnte ...	*Eckermann, Gespräche mit Goethe,* 20. Februar 1831 Univ. Bibl. 2.Bd., S. 193

Gomperz Theodor

II 117	*John Stuart Mill* (1889)

Grillparzer Franz

I 198	Möglich, daß du uns lehrst ...	*Gedichte* sämtliche Werke herausg. v. Albert Zipper. Reclam Leipzig o. J. 1. Band, Epigrammatisches Hegel. S. 302

Gᴜ̈ᴛʜʟɪɴɢ Otto

I 55	Glaubst du nun, daß es eine Lehre . . .	*Übersetzung von Xenophons 'Erinnerungen an Sokrates – Memorabila'* Univ.-Bibl. Leipzig o. J. 4. Buch, Kap. 2, S. 124 f.

Hᴀᴇᴄᴋᴇʟ Ernst

I 181	. . . vergleicht die Weltschöpfung . . .	*Die Welträtsel* Gemeinverständliche Studien über monistische Philosophie (1899) Volksausgabe Bonn 1903 Kap. 1, S. 11
II 73 u. 80		Titel erw.
II 85	Ich selbst habe die Hypothese . . .	Kap. 10, S. 73
II 85	. . . innere Empfindungssphären . . .	desgl., S. 75
II 85	. . . realen Organe des Geisteslebens . . .	desgl. S. 76
II 96	Der Jubel der Spiritualisten . . .	desgl., S. 74

- -

II 70		*Jenaische Zeitschrift für Naturwissenschaft* (1897)
II 71		*Prinzipien der generellen Morphologie der Organismen* Berlin 1906
II 73		*Kunstformen der Natur* Leipzig 1904

- -

II 74	Die kurze Ontogenese . . .	*Anthropogenie oder Entwickelungsgeschichte des Menschen,* zwei Teile 1874 4. Aufl. Leipzig 1891 IV. Vortrag (1. Teil) S. 64
II 76		Titel erw.
II 81	‹Geist› und ‹Seele› des Menschen . . .	XXX. Vortrag (II. Teil), S. 853

- -

Haeckel (Fortsetzung)

II 75	Die Phylogenesis ist ...	*Biologische Studien* 2. Heft: *Studien zur Gastrea-Theorie* Jena 1877. Kap. 1, S. 7 f.
II 78		*Die heutige Entwickelungslehre im Verhältnisse zur Gesamtwissenschaft* Bonn 1878–79
II 79		*Systematische Phylogenie. Entwurf eines natürlichen Systems der Organismen auf Grund der Stammesgeschichte* Berlin 1894–96
II 79 u. 96		*Natürliche Schöpfungsgeschichte* (1868) Zwei Teile I. Teil: Allgemeine Entwickelungslehre II. Teil: Allgemeine Stammesgeschichte
II 80	... die schweren Wolken ...	*Über unsere gegenwärtige Kenntnis vom Ursprung des Menschen* Rede, gehalten am 26. August 1898 in Cambridge 3. Aufl. Bonn 1899, S. 31
II 80		*Der Monismus als Band zwischen Religion und Wissenschaft* Glaubensbekenntnis eines Naturforschers, vorgetragen am 9. Oktober 1892 in Altenburg
II 81	Jedes Atom besitzt ...	*Die Perigenesis der Plastidule oder die Wellenzeugung der Lebensteilchen.* Berlin 1876, S. 38
II 82	Jeder Naturforscher ...	*Die Weltanschauung der monistischen Wissenschaft* Vortrag, gehalten in Jena 1892 in: «Freie Bühne für den Entwickelungskampf der Zeit», Berlin, III. Jahrg., Heft 3 u. 10, S. 6

Haller Albrecht von

I 131	Ins Innere der Natur ...	Lehrgedicht «Falschheit menschlicher Tugenden» in *«Versuch schweizerischer Gedichte»* 1732
I 228	Nulla est epigenesis	*Elementa physiologiae corporis humani* (1757–66)

Hamerling Robert

II 171	Die Hauptsache ist nicht . . .	*Die Atomistik des Willens* (1891) Zwei Bände, Hamburg 1891 2. Band, 4. Buch (Optimismus und Pessimismus) S. 239 f.
II 171	Daß in der neuesten Philosophie . . .	1. Band, 2. Buch (Das Ich), S. 227 f.
II 171	In den Ichgedanken spielen . . .	desgl., (Theorie des Seins. Der Seinsbegriff), nicht wörtlich. Vincenz *Knauer* zitiert so Hamerling in «Die Hauptprobleme der Philosophie» (1892), 17. Vorlesung (II), S. 357
II 172 u. 228	Gewisse Reizungen . . .	1. Band, 1. Buch (Der Sinnenschein) S. 13
II 172 u. 228	Leuchtet dir, lieber Leser . . .	
II 172	Die ausgedehnte, räumliche . . . Wer dies festhält . . .	desgl., S. 14 u. 17
II 173	Aus dem Bewußtsein oder Gefühl . . .	1. Band, 2. Buch (Der Seinsbegriff), S. 119
II 173	. . . das Atomgefühl in uns.	desgl., (Das Ich), S. 225
II 177	Ich habe mich vor allem als Mensch . . .	1. Band, Vorwort, S. IX
II 177	Ich habe mich nicht plötzlich . . .	desgl., S. VII
II 179	. . . welcher den Menschen überhaupt . . .	desgl., S. VII
II 172		*Homunculus,* modernes Epos in zehn Gesängen (1888)

Hartmann Eduard von

II 124	Spekulative Resultate . . .	*Philosophie des Unbewußten. Versuch einer Weltanschauung* (1869). Titelblatt. Motto
II 163		Titel erw.
II 166		10. Aufl., Band III, S. 403
II 124	. . . Größe des von Mill . . .	*Geschichte der Metaphysik* Zwei Bände 1899–1900 2. Teil, Leipzig 1900. Abschn. IV John Stuart Mill, S. 479

Hartmann (Fortsetzung)

II 165	Das reale Dasein . . .	*Phänomenologie des sittlichen Bewußtseins* (1879) Berlin 1879 2. Abt. C, IV: Das Moralprinzip der Erlösung, S. 871

Hegel Georg Wilhelm Friedrich

I 185	In der neuesten Zeit . . .	*Enzyklopädie der philosophischen Wissenschaften* (1817) 2. Ausg. Heidelberg 1827 Vorrede S. XIX
I 201		§ 552
II 13	. . . Begriff der Philosophie ist . . .	§ 574, S. 533
II 14	Ein Hauptgesichtspunkt	Einleitung § 10, S. 14
I 186	Weil der Mensch denkend ist . . .	*Enzyklopädie der philosophischen Wissenschaften im Grundrisse,* I. Teil: *Die Wissenschaft der Logik* herausg. v. Dr. L. Henning, Berlin 1843 Hegels Werke, vollständige Ausgabe in 21 Bänden, 6. Bd., 2. Aufl., § 50, S. 107
I 187	Das Erheben des Denkens . . .	desgl.
II 31	Der Erfahrung ist die Entwickelung . . .	Einleitung § 12, S. 20
I 188	Das, was ist zu begreifen . . .	*Grundlinien der Philosophie des Rechts* (1821) herausg. v. Dr. E. Gans, Berlin 1854 Hegels Werke, 8. Bd., 3. Aufl. Vorrede, S. 18, 17 u. 20
I 194	Wenn der Staat . . .	§ 258, S. 306
I 194	Der Staat an und für sich . . .	Zusatz zu § 258, S. 311–313
I 192	Dies sind die großen Menschen . . .	*Vorlesungen über die Philosophie der Geschichte* herausg. v. Dr. E. Gans, Berlin 1848. 9. Bd., 3. Aufl. Einleitung, S. 38 f. (Zusammenfassung)

Hegel (Fortsetzung)

I 200	Die Weltgeschichte ...	Einleitung, S. 24
II 19	Wir haben den Fortgang ...	4. Teil, Kap. 3: Die Aufklärung der Revolution, S. 546

I 196	Das Reichste ist das ...	*Wissenschaft der Logik* (1812–16) II. Teil: Die subjektive Logik herausg. v. D. Leopold von Henning. Berlin 1841. 5. Band., 2. Aufl. 3. Abschn. Kap. 3: Die absolute Idee, S. 339
I 197	... Reich der Schatten ...	I. Teil: Die objektive Logik. 3. Band, 2. Aufl. Einleitung, S. 44
I 229	... Darstellung Gottes ...	desgl., S. 33
II 111		Titel erw.

I 199	... ausgleitet und aus dem Boden ...	*Hegels Leben* beschrieben durch Karl Rosenkranz Supplement zu Hegels Werken, Berlin 1844 Urkunden: VIII. Aphorismen, S. 540
I 236	Es müsse für ihn vornehmlich ...	Abschiedsgesuch Hegels an das Badensche Ministerium, S. 318

I 201	Im Lebendigen ...	*Vorlesungen über Naturphilosophie* herausg. v. Dr. C. L. Michelet, Berlin 1847. Bd. 7 A, 2. Aufl. Zusatz zu § 376, S. 696 f.
I 216	Die dem Begriffe angemessene ...	Zusatz zu § 320, S. 317
II 29 f.	Wird man es ...	Vorrede des Herausgebers, S.XV, XVI, XVII
II 38	Der Übergang ...	§ 261, S. 61 f.
II 49	Es ist eine ungeschickte Vorstellung ...	Einleitung, Zusatz zu § 249, S. 32 f.

I 203	Die Knospe verschwindet ...	*Phänomenologie des Geistes* (1806) herausg. v. Dr. J. Schulze, Berlin 1841. 2. Bd., 2. Aufl., Vorrede, S. 4
I 210		Titel erw.

HEGEL (Fortsetzung)

I 220	. . . austernhaft graues . . .	*Brief Hegels an Goethe:* dieser Brief wurde von Goethe gekürzt und stilistisch vereinfacht unter dem Titel «Neueste aufmunternde Teilnahme» in den Heften «Zur Naturwissenschaft» wiedergegeben. Statt des ursprünglichen Datums des 24. Februar setzt Goethe den 20. Februar 1821
I 220	. . . Darstellung Gottes . . .	
I 196	Daß der Mensch von Gott weiß . . .	*Vorlesungen über die Philosophie der Religion* nebst einer Schrift über die *Beweise vom Dasein Gottes,* zwei Bände, Berlin 1832 herausg. v. Ph. Marheinecke 2. verb. Aufl. Berlin 1840, 11. u. 12. Band der vollst. Ausgabe Anhang: 14. Vorl., S. 496
I 197	. . . die ewig wirkliche Wahrheit . . .	(?)

HEINROTH Johann Christian August

I 159		*Lehrbuch der Anthropologie* (1822)

HELMHOLTZ Hermann von

I 215	Wo es sich um Aufgaben handelt . . .	*Goethe's Vorahnung kommender naturwissenschaftlicher Ideen* Rede, gehalten in der Generalversammlung der Goethe-Gesellschaft zu Weimar 1892 in: *Vorträge und Reden* 5. Aufl., Braunschweig 1903 2. Bd., S. 361
II 90	Ich habe die Beziehung . . .	desgl., S. 357 f.
II 64 f.	Man wußte daher vor Darwin . . .	*Über das Ziel und die Fortschritte der Naturwissenschaft* Eröffnungsrede für die Naturforscherversammlung zu Innsbruck 1869 in: *Vorträge und Reden* 5. Aufl., Braunschweig 1903 1. Bd., S. 387 u. 388

Helmholtz (Fortsetzung)		
II 93	Die Frage zu stellen . . .	*Handbuch der physiologischen Optik* (1856–66) 2. umgearbeitete Aufl., Hamburg und Leipzig 1896 3. Abschn. § 26, S. 589
Henle Jakob		
II 65	Sollten die Erfahrungen . . .	*Anthropologische Vorträge* Braunschweig 1876–80 2. Heft, 3. Vortrag: Teleologie und Darwinismus, S. 67 f.
II 92	Alles, wodurch wir von einer . . .	1. Heft, 2. Vortrag: Glauben und Materialismus, S. 27
Herbart Johann Friedrich		
I 207	Das Wesen der Gottheit	(?)
Herder Johann Gottfried		
I 99		*Ideen zur Philosophie der Geschichte der Menschheit* (1784–1791), 4 Bde.
Herschel John		
II 110		*A Preliminary discourse on the Study of Natural Philosophy* (London 1831) deutsch Leipzig 1836
Hoff Karl von		
II 39		*Geschichte der durch Überlieferung nachgewiesenen natürlichen Veränderungen der Erdoberfläche* Fünf Bände (1822–1841)
Holbach Paul Heinrich Dietrich		
I 95	O Natur, Beherrscherin aller Wesen . . .	*Système de la nature* (1770) Zwei Bände 2. Band, Paris 1820, S. 434
II 35		Titel erw.
Humboldt Alexander von		
II 32 f.	Meine Zuversicht gründet sich . . .	*Kosmos, Entwurf einer physischen Weltbeschreibung* 1. Band Tübingen 1845. S. 32 f.

Humboldt Wilhelm von

I 109	Kant unternahm und vollbrachte ...	*Briefwechsel zwischen Schiller und Wilhelm von Humboldt* 3. vermehrte Ausgabe, Stuttgart 1900. Vorerinnerung. Über Schiller und den Gang seiner Geistesentwicklung, S. 21
I 110	Dreierlei bleibt, wenn man den Ruhm ...	desgl., S. 22

Hume David

I 117	Die Erscheinungen wechseln ...	(?)
I 117	Werft sie ins Feuer ...	(?)

Huxley Thomas Henry

II 66	Die kritische Vergleichung ...	*Zeugnisse für die Stellung des Menschen in der Natur* Drei Abhandlungen, aus dem Englischen übersetzt von Victor Carus, Braunschweig 1863 III. Über einige fossile menschliche Überreste, S. 117 wörtlich: Wir mögen daher ein System von Organen vornehmen, welches wir wollen, die Vergleichung ihrer Modifikationen in der Affenreihe führt uns zu einem und demselben Resultate: daß die anatomischen Verschiedenheiten, welche den Menschen vom Gorilla und Schimpansen scheiden, nicht so groß sind als die, welche den Gorilla von den niedrigeren Affen trennen.

Jacobi Friedrich Heinrich

I 101 u. 104		*Über die Lehre des Spinoza in Briefen an Moses Mendelssohn* (1785)
I 130		*Von den göttlichen Dingen* (1811)

James William

II 193	Der Wille bestimmt das Leben ...	*Der Wille zum Glauben* (The Will to believe) 1897

JAMES (Fortsetzung)

		Ins Deutsche übertragen von Th. Lorenz, mit einem Geleitwort versehen von Friedrich Paulsen, Stuttgart 1899 Das Zitat ist dem Geleitwort von Friedrich Paulsen entnommen, S. VI

KANT Immanuel

I 113	Aufklärung ist der Ausgang ... Habe Mut, dich deines ...	*Kleinere Schriften zur Logik und Metaphysik* herausg. v. J. H. von Kirchmann, Berlin 1870 Beantwortung der Frage: Was ist Aufklärung?, S. 111
I 114	Gesetzt nun, die Moral ...	*Kritik der reinen Vernunft* (1781) Text der Ausg. v. 1781 herausg. v. Karl Kehrbach Univ.-Bibl. Leipzig o. J. Vorrede zur 2. Ausg., S. 25
I 115 u. II 107	Ich mußte also das Wissen ...	desgl., S. 26
I 127, 128, II 120		Titel erw.
I 121, 125 u. 133		*Allgemeine Naturgeschichte und Theorie des Himmels* (1755) herausg. v. Karl Kehrbach Univ.-Bibl. Leipzig o. J.
I 116 u. 133	Gebt mir nur Materie ...	Vorrede, S. 14
I 125	Verfassung und den mechanischen ...	Titelblatt, S. 1
I 116		*Metaphysische Anfangsgründe der Naturwissenschaft* (1786) herausg. v. Höfler 1900
I 118 f.	Der Verstand schöpft seine ...	*Prolegomena zu jeder künftigen Metaphysik* (1783) herausg. v. Karl Rosenkranz, Leipzig 1838 II. Teil: Wie ist reine Naturwissenschaft möglich? § 37, S. 85

Kant (Fortsetzung)

I 108		*Kritik der praktischen Vernunft* (1788) Ehem. Kehrbachsche Ausg. herausg. v. Dr. R. Schmidt Univ.-Bibl. Leipzig o. J.
I 120	Pflicht! du erhabener, großer Name . . .	I. Teil, 3. Hauptstück, S. 121
I 123	Zwei Dinge erfüllen das Gemüt . . .	II. Teil, Beschluß, S. 221 u. 222 (Die Einfügung: [selbstbewußte und freie] ist V. Knauers Kant-Zitat in «Die Hauptprobleme der Philosophie» entnommen.)
	Der erstere Anblick . . .	
I 121		*Die Religion innerhalb der Grenzen der bloßen Vernunft* (1793)
I 124	. . . Organismus ist ein . . .	*Kritik der Urteilskraft* (1790) herausg. v. Karl Kehrbach Univ.-Bibl. Leipzig o. J. II. Teil, § 66, S. 257 wörtlich: Ein organisiertes Produkt der Natur ist das, in welchem alles Zweck und wechselseitig auch Mittel ist.
I 125	Es ist nämlich ganz gewiß . . .	desgl., §75, S. 286
I 132		Titel erw.
I 134	Es liegt der Vernunft . . .	desgl., § 78, S. 298
I 135		Titel erw.

Key Ellen

II 73	. . . zwischen den beiden . . .	*Essays* Autorisierte Übertragung von Francis Maro, Berlin 1899 Die Evolution der Seele: Typen, S. 141

Kinkel Walter

II 217	Nur das Denken . . .	*Idealismus und Realismus* (1911) 2. Aufl. Göttingen 1920 Einleitung S. 17

Kirchhoff Gustav Robert

II 98	... die in der Natur vor sich ...	*Lehrbuch der Mechanik* (1876) zitiert bei H. von Helmholtz in: *Goethe's Vorahnung kommender naturwissenschaftlicher Ideen* Rede zu Weimar 1892 Reden und Vorträge, Braunschweig 1903 (5. Aufl.) 2. Bd., S. 352

Kirchmann Julius Heinrich

II 151f.	Das Wissen bildet zu den zwei ...	*Die Philosophie des Wissens* (1864) 1. Band: Die Lehre vom Vorstellen, Berlin 1864 Das Vorstellen. B. Selbstwahrnehmung. Das Wissen (10), S. 37

Kraepelin Emil

II 163	... die junge Wissenschaft ...	*Psychologische Arbeiten* (1895 f.) 1. Band, 1. Heft, S. 4

Krause Karl Christian Friedrich

I 222	... Gedanke eines unendlichen ...	(?)
I 222	... das Endliche oder die Welt ...	(?)

Lamarck Jean

II 49	Im ersten Anfang ...	*Zoologische Philosophie* Aus dem Französischen übersetzt von Dr. Heinrich Schmidt (Jena) Kröners Volksausgabe, Leipzig o. J. Einleitung I. Ernst Haeckel über Lamarck, S. VI f.

La Mettrie Julien de

I 96	Wenn aber alle Eigenschaften ...	*Der Mensch eine Maschine* (L'homme machine) (1748) Übers. v. Max Brahn, Leipzig 1909 Philos. Bibl. Bd. 68, S. 46
I 96	Wenn das, was in meinem Gehirn ...	S. 51

LANGE Friedrich Albert		
II 30	Sein ganzes System bewegt sich ...	*Geschichte des Materialismus* und Kritik seiner Bedeutung in der Gegenwart 1866 herausg. v. Dr. O. A. Ellisen Univ.-Bibl. Leipzig o. J. 2. Buch, 1. Abschn. (II), S. 105
II 30	Durch Schelling und Hegel ...	desgl., S. 94
II 98		Titel erw.
II 99	Der Fisch im Teiche kann im Wasser ...	desgl., 1. Abschn. (I), S. 74
II 101	Die konsequent materialistische ...	desgl., 3. Abschn. (IV), S. 529
II 101	Die Sinne geben uns ...	desgl., 3. Abschn. (IV), S. 533
II 103	... sie erzeugt, reich und normal ...	desgl., 4. Abschn. (IV), S. 666
II 103	... das Individuum noch ganz an ...	desgl., S. 667
II 103	Man kann jene Funktionen ...	desgl., S. 668
II 104	Eins ist sicher: daß der Mensch ...	desgl., S. 672
II 107	Herbert Spencer huldigt	desgl., 3. Abschn. (III), S. 494
LAPLACE Pierre Simon		
II 97	Ein Geist, der für einen ...	*Essai philosophique sur les probabilités* Seconde Edition, Paris 1814, p. 3 zitiert bei Du Bois-Reymond in: *Über die Grenzen des Naturerkennens,* Leipzig 1872, S. 4
LASSALLE Ferdinand		
II 190		*Das System der erworbenen Rechte, eine Versöhnung des positiven Rechts und der Rechtsphilosophie* Zwei Bände 1861
LEIBNIZ Gottfried Wilhelm von		
I 228	So sollte ich meinen ...	*Theodicaea* oder Versuch und Abhandlung, wie die Güte und Gerechtigkeit Gottes, in Ansehung der menschlichen Freiheit, und des Ursprungs des Bösen, zu verteidigen. Aus dem Französischen

Leibniz (Fortsetzung)

		2. Aufl. Amsterdam 1726 1. Teil, § 91, S. 208 wörtlich: Also sollte ich glauben, daß diejenigen Seelen, die mit der Zeit menschliche Seelen sein werden, so wohl als die Seelen von anderen Arten, in dem Samen und in den Vor-Eltern bis auf Adam, enthalten gewesen, und folglich vom Anfange der Dinge in einer gewissen Art eines organischen Körpers beständig existiert haben, . . .

Lessing Gotthold Ephraim

I 38	. . . weil der menschliche Verstand . . .	*Die Erziehung des Menschengeschlechts* (1780) herausg. v. Georg Witkowski Meyers Klassiker-Ausgaben Bd. 7 Leipzig o. J. § 95, S. 450
I 98		Titel erw.
I 112	Die Ausbildung geoffenbarter . . .	§ 76, S. 446
II 18		Titel erw.

Lichtenberg Georg Christoph

I 138	Was heißt mit Kantischem Geist . . .	*Ausgewählte Schriften* herausg. v. Eugen Reichel Reclam, Leipzig o. J. Bemerkungen vermischten Inhalts: 1. Philosophische Bemerkungen, S. 76
I 138	Sollte es denn so ganz ausgemacht . . .	desgl., S. 77
I 233	Gott schuf den Menschen	desgl., S. 47
I 233	Unsere Welt wird noch so fein . . .	desgl., S. 49
I 233	Ist denn wohl unser Begriff . . .	desgl., S. 77
I 233	Die Vorstellung, die wir uns . . .	desgl., S. 55
I 233	Anstatt daß sich . . .	desgl., S. 56
I 233	Wir werden uns gewisser Vorstellungen . . .	desgl., S. 74

Lichtenberg (Fortsetzung)

I 233	Ich glaube, daß, so wie die Anhänger ...	desgl., S. 55
I 235	Ich glaube, sehr viele Menschen ...	3. Moralische Bemerkungen, S. 88
I 242	Man kann sich nichts Entsetzlicheres ...	1. Philosophische Bemerkungen, S. 62

Liebmann Otto

II 131	Der Umstand, daß Pflanzensamen ...	*Gedanken und Tatsachen* (1882) Philosophische Abhandlungen, Aphorismen und Studien Straßburg 1882 ff. 1. Heft, Idee und Entelechie, S. 120
II 135	Wenn einerseits, aus ...	2. Heft, Schluß, S. 300
II 130		*Zur Analysis der Wirklichkeit* (1876) Eine Erörterung der Grundprobleme der Philosophie 4. verb. Aufl. Straßburg 1911
II 132	Gerade deshalb, weil in der Tat ...	Idealismus und Realismus, S. 28
II 131		*Die Klimax der Theorien* (1884) Eine Untersuchung aus dem Bereich der allg. Wissenschaftslehre, Straßburg 1884
II 134	... Wahrnehmungsbruchstücke erst ...	7. Kap., S. 106 f.

Linné Karl von

I 132	... verschiedene Formen	*Genera plantarum* (1737) Editio octava Frankfurt (Main) 1789, S. XII
II 58	... Spezies im Tier- und Pflanzenreich ...	

Lotze Hermann

II 154		*Leben und Lebenskraft* in R. Wagners Handwörterbuch der Physiologie (1843) *Allgemeine Pathologie und Therapie als mechanische Naturwissenschaften* (1842)

Lotze (Fortsetzung)

II 154		*Allgemeine Physiologie des körperlichen Lebens* (1851)
II 155	. . . will beständig gegen die Vorstellungen . . .	(?)
II 156		*Mikrokosmos. Ideen zur Naturgeschichte und Geschichte der Menschheit,* drei Bände (1856–64)
II 157	Der Sehnsucht des Gemütes . . .	3. Band. 3. Aufl. Leipzig 1880 9. Buch: Der Zusammenhang der Dinge, 4. Kap., S. 563 f.
II 156		*System der Philosophie* I. Teil: *Drei Bücher Logik* (1874) II. Teil: *Drei Bücher Metaphysik* (1879)
II 158	Kein anderer Grundsatz . . .	*Drei Bücher Metaphysik,* Leipzig 1879 3. Buch, § 245, S. 487
II 156		Vorträge über Philosophie: *Grundzüge der praktischen Philosophie* (1880) *Geschichte der deutschen Philosophie seit Kant* (1879)
II 157	Ich kenne sie nicht . . .	(?)
II 158	Der Glaube an Unsterblichkeit . . .	*Grundzüge der Religionsphilosophie.* 3. Aufl. Leipzig 1894. § 78, S. 82 f.
II 214	Da wir jedes Wesen . . .	

Lucretius Carus Titus

I 62		*Über die Natur* (De rerum natura) Lehrgedicht in sechs Büchern (unvollendet)

Lyell Charles

II 39		*Principles of geology* (1830–33) Drei Bände
II 121		*Social Statics* (1850)

Mackay John Henry

I 250		*Max Stirner, sein Leben und sein Werk* (1898)

Maine de Biran
François Pierre Gauthier

II 141		*Journal intime*

Mainländer Philipp

II 169		*Die Philosophie der Erlösung* (1876) 3. Aufl. Frankfurt 1894
II 170	Die Welt ist das Mittel zum Zwecke ...	Metaphysik (5), S. 325
II 170	Jetzt haben wir das Recht ...	*Mainländer, ein neuer Messias* eine frohe Botschaft inmitten der herrschenden Geistesverwirrung von *Max Seiling,* München 1888 III. Physik, S. 38

Malthus Thomas Robert

II 58		*Über die Bedingungen und die Folgen der Volksvermehrung* (Essay on the principles of population), London 1798

Michelet Carl Ludwig

II 29 f.		siehe unter *Hegel*

Mill John Stuart

II 110	Was sich durch Denken ...	*Mill's Selbstbiographie* Aus dem Englischen übersetzt von Dr. Carl Kolb, Stuttgart 1874 1. Kap.: Kindheit und erste Erziehung
II 111		*A System of Logic* (1843) Zwei Bände
II 111	Alle Menschen sind sterblich ...	*System der deduktiven und induktiven Logik* Ins Deutsche übertragen von J. Schiel. 4. Aufl. Braunschweig 1877 1. Teil, 2. Buch, Kap. 3, § 2, S. 230
II 115	Wenn wir vom Geiste ...	(?)

MOLESCHOTT Jacob		
II 34	Hat der Mensch alle ...	*Physiologie des Stoffwechsels in Pflanzen und Tieren* (1851) Erlangen 1851. Einleitung, S. XII
II 34	Die Wahrheit aber kann nur ...	*Der Kreislauf des Lebens* (1852) Zwei Bände, 5. verm. Aufl. Giessen 1887 2. Band, 22. Kap.: Rückblick und Ergebnis, S. 582
II 37	Die Kraft ist kein stoßender Gott ...	desgl., S. 584
	Kohlensäure, Wasser- und Sauerstoff ...	desgl. S. 585
	Wechsel von Stoff und Form ...	desgl., S. 584
II 39	Die Lebenskraft, wie das Leben ...	desgl., S. 598
II 53	... daß jeder frei ist ...	19. Kap.: Der Wille, S. 500
MÜLLER Johannes		
II 50	Die organischen Körper ...	*Handbuch der Physiologie des Menschen,* Koblenz 1834 Prolegomena, II. Vom Organismus und vom Leben, S. 20
II 89 f.	Die Empfindung ist nicht ...	3. Buch, IV. Abschn., I. Kap.: Von den Sinnesnerven, S. 753
MÜLLER Fritz		
II 70		*Für Darwin* (1864)
NAVILLE Jules Ernest		
II 141		*Maine de Biran, sa vie et ses pensées* (1857) *Oeuvres inédites de Maine de Biran* Drei Bände Paris 1859
NICOLAUS CUSANUS		
I 77		*De docta ignorantia* (1440)
NIETZSCHE Friedrich		
II 185	Singend und tanzend ...	*Die Geburt der Tragödie aus dem Geiste der Musik* (1872) § 2 N.'s Werke in drei Bänden, herausg. v. Karl Schlechta München 1954 f. 1. Bd., S. 25

Nietzsche (Fortsetzung)

II 186		Titel erw.
II 186		*Unzeitgemäße Betrachtungen: D. Fr. Strauß, der Bekenner und Schriftsteller* (1873) *Vom Nutzen und Nachteil der Historie für das Leben* (1874) *Schopenhauer als Erzieher* (1875) *Richard Wagner in Bayreuth* (1876) *Menschliches, Allzumenschliches* (1878) *Morgenröte, Gedanken über die moralischen Vorurteile* (1881) *Die fröhliche Wissenschaft* (1882)
II 188	Bei allem Philosophieren ...	desgl., Vorrede, § 2 N.'s Werke (siehe oben) 2. Bd., S. 12
II 187 u. 188		*Also sprach Zarathustra* (1883–91)
II 188		*Der Wille zur Macht* (Umwertung aller Werte) (1884–88)

II 188	... Aneignung, Verletzung ...	*Jenseits von Gut und Böse* (1886) 9. Hauptstück, § 259 N.'s Werke (siehe oben) 2. Bd., S. 729
II 188	Die Falschheit eines Urteils ...	1. Hauptstück, § 4 S. 569
II 188	Das meiste bewußte Denken ...	desgl., § 3, S. 569

Novalis Friedrich von Hardenberg

I 166	Es ist recht übel ...	*Heinrich von Ofterdingen* Roman Novalis' Werke in vier Teilen herausg., v. Hermann Friedemann Deutsches Verlagshaus Leipzig etc. II. Teil, Kap. 8, S. 141
I 166	Es dünkt den Menschen ...	*Fragmente I* III. Teil, Philosophische Fragmente (Nr. 27), S. 28

Novalis (Fortsetzung)

I 167	Die Geisterwelt ist uns . . .	*Fragmente II* IV Teil, Magische Fragmente (Nr. 1762), S. 80
I 167	Einem gelang es . . .	*Paralipomena zu den «Lehrlingen zu Sais»* II. Teil, Einleitung, S. 7

Oken Lorenz

II 50	Alles Organische ist . . .	*Lehrbuch der Naturphilosophie* (1809–11), 2. Aufl., Jena 1831 Dritter Teil, Buch VIII: Organosophie, Nr. 888, 889, 891, S. 147 wörtlich: . . . Der Urschleim, aus dem alles Organische erschaffen worden, ist der Meerschleim. Der Meerschleim ist auf dieselbe Art im Verfolge der Planetenentwicklung entstanden, wie die Kalkerde mit dem Kohlenstoff und wie das Meersalz.

- -

II 68	Ich bin durch meine physiologischen . . .	*Allgemeine Naturgeschichte für alle Stände* (1833–41) Stuttgart 1833. 4. Band: Tierreich S. 468 f.
II 68	Es ist kein Zweifel . . .	desgl., S. 470

Peirce Charles

II 193		*How to make ideas clear. Popular Science Monthly* (1878)

Planck Karl Christian

II 31 f.	Zugleich die rein natürliche . . .	*Die Weltalter* (I. Teil 1850) System des reinen Realismus Tübingen 1850, Vorwort S. V
II 44	Die Dinge wahrhaft unabhängig . . .	§ 10, S. 103
II 44	Es ist nur die eine . . .	desgl., S. 101
II 46	Das ursprüngliche allgemeine . . .	§ 31, S. 387

PREL Carl du		
II 220	... daß wir überhaupt nicht ...	*Das Rätsel der Menschen* (1892) Einleitung in das Studium der Geheimwissenschaften Universal-Bibl. Leipzig o. J. S. 17 f.
II 220	Der Materialismus ...	S. 18
PREUSS Wilhelm Friedrich		
II 203	Es dürfte ... an der Zeit sein ...	*Geist und Stoff* Erläuterungen des Verhältnisses zwischen Welt und Mensch nach dem Zeugnis der Organismen (1882) 2. Aufl., Oldenburg 1899 Einleitung, S. 4 f.
II 203	Es war nicht Zufall ...	desgl., S. 20
II 204	Als seine Keime ...	desgl., S. 21
REUSCHLE Karl Gustav		
II 37		*Philosophie und Naturwissenschaft. Zur Erinnerung an David Friedrich Strauß* (1874)
RICHTER Friedrich (Jean Paul)		
I 109	Kaufen Sie sich um Himmels ...	*Briefe 1780–1793* Jean Pauls sämtl. Werke herausg. v. E. Berend, Berlin 1956 *Brief an Pfarrer Vogel, Töpen, den 13. Juli 1788* 3. Abt. Bd. I, S. 244
I 164	Das Herz des Genies ...	*Vorschule der Ästhetik I* Jean Pauls ausgewählte Werke in acht Bänden mit einer Einleitung von Rudolf Steiner, I. Bd. Stuttgart o. J. § 14, S. 81
I 164	Eigentlich glauben wir doch ...	*Jean Paul und seine Bedeutung für die Gegenwart* herausg. v. Dr. Josef Müller 2. umgearbeitete Aufl. Leipzig 1923, II, J. P. als Philosoph, S. 124 *(Brief an Jakobi, Bayreuth, den 3. Januar 1816)*

Richter (Fortsetzung)

I 164	Das Herz, die lebendige	desgl., S. 115
I 164	Ich bleibe dabei . . .	desgl., S. 123 *(Brief an Jakobi, Bayreuth, den 6. März 1806)*
I 165	Die Fenster der philosophischen . . .	desgl., S. 114 (Aus: *Das Kampaner Tal, 502. Station)*

Rolph W. H.

II 183	Erst durch die Einführung . . .	*Biologische Probleme, zugleich als Versuch zur Entwickelung einer rationellen Ethik* Zweite stark erweiterte Aufl. Leipzig 1884 V. Problem der Vervollkommnung, S. 96 f.
II 184	Während es also für . . .	desgl., S. 97
II 184	Lebensmehrung, nicht Lebenserhaltung . . .	VIII. Humane Ethik, S. 222 f.
II 187	Der bloße Erwerb . . .	ebenda

Rosenkranz Karl

II 14		*System der Wissenschaft, ein philosophisches Enchiridion* (1850) *Psychologie, oder die Wissenschaft vom subjektiven Geist* (1837) *Kritische Erläuterungen des Hegelschen Systems* (1840)
II 24 f.	Nicht ohne Wehmut trenne . . . Sehen wir Nachwuchs . . . Seltsam genug scheinen . . .	*Georg Wilhelm Friedrich Hegel's Leben* beschrieben durch Karl Rosenkranz (Supplement zu Hegel's Werken), Berlin 1844 Vorrede, S. XII u. XIII

Rosenthal Isidor

II 92 f.	Die Empfindungen, welche wir . . .	*Allgemeine Physiologie der Muskeln und Nerven,* Leipzig 1877 Internationale Bibliothek, Bd. XXVII 16. Kap. (9), S. 280

RUGE Arnold		
I 226		*Hallische Jahrbücher,* ab 1841 *Deutsche Jahrbücher*
SCHELLING Friedrich Wilhelm Joseph		
I 168	Über die Natur ...	*Erster Entwurf eines Systems der Naturphilosophie* Jena und Leipzig 1799 Grundriß des Ganzen I, S. 1 u. S. 6
I 169	... auf die Natur ...	*Ideen zu einer Philosophie der Natur als Einleitung in das Studium dieser Wissenschaft* (1797) I. Teil, 2. verb. Aufl. Landshut 1803. Einleitung, S. 63 f. wörtlich: Oder wenn ihr behauptet, daß wir eine solche Idee auf die Natur nur übertragen, so ist nie eine Ahnung von dem, was uns Natur ist und sein soll, in eure Seele gekommen. Denn wir wollen – usw. ...
I 170	Es ist sehr wahr ...	*Von der Weltseele* (1798) 3. verb. Aufl. Hamburg 1809 Vorrede zur 1. Aufl., S. XIV
I 171	Die notwendige Tendenz aller ...	*System des transzendentalen Idealismus,* Tübingen 1800 Einleitung § 1. A., S. 3
I 174	Die idealistische Welt der Kunst ...	desgl., § 3. D., S. 18
I 174	Die Seele ist also im Menschen ...	*Über das Verhältnis der bildenden Künste zur Natur* Rede gehalten am 12. Okt. 1807 in: Philosophische Schriften, Landshut 1809. 1. Band, S. 368 f.
I 175		Titel erw.
I 175		*Philosophische Untersuchungen über das Wesen der menschlichen Freiheit und die damit zusammenhängenden Gegenstände* (1809) in Philosophische Schriften, Landshut, 1809, 1. Band

SCHELLING (Fortsetzung)

I 176	Gott ist nicht ein Gott ...	desgl., S. 413 f.
I 177	... wo die Erde ...	desgl., S. 460 f.
I 178	... Leblosigkeit seines Systems ...	desgl., S. 418
I 178	Die ganze Natur sagt ...	desgl., S. 482
I 179	... ältesten Bildern der Gottheiten ...	desgl., S. 418
I 182	Denn bis z.Entdeckung ...	desgl., S. 412
I 184	So werden d.Gedanken ...	desgl., S. 414
I 212	Es gibt in der letzten ...	desgl., S. 419

I 179	Bedenken wir das Schreckliche ...	*Die Weltalter* (ein Bruchstück) aus dem handschriftl. Nachlaß herausg. v. L. Kulembeck, Univ.-Bibl. Leipzig o. J. Gesteigerter Begriff des Nichtseienden, S. 115

I 180 u. 195		*Philosophie der Offenbarung* Stuttgart und Augsburg 1858
I 182	... vorzugsweise die Philosophie ...	1. Buch, 8. Vorlesung, S. 155
I 181	Die positive Philosophie ist ...	desgl., 7. Vorlesung, S. 132

I 180		*Philosophie der Mythologie* Stuttgart und Augsburg 1858

SCHILLER Friedrich

I 108	Es erschreckt mich gar nicht ...	*Briefwechsel zwischen Schiller und Goethe* 1794–1805 in zwei Bänden Deutsche Buch-Gemeinschaft, Berlin o. J. *An Goethe, Jena, den 28. Oktober 1794.* 1. Bd., S. 55
I 108	Lange schon habe ich ...	desgl., *23. August 1794* 1. Bd., S. 33
I 153	Ich kann Ihnen nicht ausdrücken ...	desgl., *7. Januar 1795* 1. Bd., S. 74 u. 73 f.
I 154 f.	Ich kann das Gefühl ...	
I 155	Es ist wirklich der Bemerkung ...	desgl., *2. März 1798* 2. Bd., S. 65

SCHILLER Fr. (Fortsetzung)

I 157	Wären Sie als ein Grieche . . .	desgl., *23. August 1794* 1. Bd., S. 33
I 159	Ihr beobachtender Blick . . .	desgl., *23. August 1794* 1. Bd., S. 32

I 149		*Die Räuber*, Trauerspiel (1782) *Kabale und Liebe* Trauerspiel (1784)
I 150	Gern dien' ich den Freunden . . .	*Gedichte* Schiller's sämtliche Werke, Augsburg 1826 2. Bd., S. 41 (Die Philosophen)
I 150	Da ist kein anderer Rat . . .	

I 151	Durch die Schönheit . . .	*Über die ästhetische Erziehung des Menschen* (1795) Schiller's sämtliche Werke, Augsburg 1827. 17. Bd., 18. Brief, S. 70
I 151	Die hohe Gleichmütigkeit . . .	22. Brief, S. 87
I 151	Mit dem Angenehmen . . .	15. Brief, S. 60 f.
I 152	Der Mensch soll mit der Schönheit . . .	desgl., S. 61
I 152	Mitten in dem furchtbaren Reich . . .	27. Brief, S. 124
I 152	Dieses Reich erstreckt sich . . .	desgl., S. 125 f.
I 153	Dem Bedürfnis . . .	desgl., S. 127
I 165	Der Mensch spielt nur . . .	15. Brief, S. 61

I 155	Wie kommt es, daß . . .	*Über naive und sentimentalische Dichtung* (1795–96)
I 155	Daher kommt es . . .	Schiller's sämtliche Werke, Augsburg 1827. 16. Bd., S. 22
I 156	Solange der Mensch noch reine . . .	S. 30 f.
I 177		Titel erw.

SCHILLER Ferdinand Canning

II 193		*Humanism* (1903) *Studies in Humanism* (1907) Auswahl aus beiden Werken deutsch 1911

Schlegel Friedrich

I 166	... alles übersieht und sich ...	(?)
I 185		*Lucinde* (Roman) 1799

Schleiden Matthias Jakob

II 91	Das Licht außer uns in der Natur ...	*Zur Theorie des Erkennens durch den Gesichtssinn* Leipzig 1861 § 4 Natur des Lichtes, S. 14

Schleiermacher
Friedrich Daniel Ernst

I 183	Opfert mit mir ehrerbietig ...	*Über die Religion, Reden an die Gebildeten unter ihren Verächtern* (1799) Halle a. d. Saale bei Otto Hendel 2. Rede, S. 46
I 184	Es war Religion ...	desgl., S. 54 wörtlich: So war es Religion, wenn die Alten, die Beschränkung der Zeit und des Raumes vernichtend, jede eigentümliche Art des Lebens durch die ganze Welt hin als das Werk und Reich eines auf diesem Gebiete allmächtigen und allgegenwärtigen Wesens ansahen; sie hatten eine eigentümliche Handelsweise des Universums als ein bestimmtes Gefühl in sich aufgenommen und bezeichneten dieses so.
I 184	Das Ziel und der Charakter ...	desgl., S. 106
I 185	Es gibt keine gesunde Empfindung ...	desgl., S. 51
I 183	Freiheit geht daher so weit ...	(?)

Schopenhauer Arthur

I 210	Das Leben ist eine mißliche Sache ...	*A. Schopenhauers sämtliche Werke* in 12 Bänden herausg. v. Dr. Rudolf Steiner Stuttgart 1894 (Cotta) Einleitung, S. 12

Schopenhauer (Fortsetzung)

I 218 Wie fand das himmlische Samenkorn . . . — *Reflexion in Briefen* (Nr. 2) in: «Der junge Schopenhauer» – Aphorismen und Tagebuchblätter herausg. v. A. Hübscher München 1938 (Piper), S. 15

Schulze Gottlob Ernst

I 138 u. 211 — *Änesidemus, oder über die Fundamente der von Reinhold gelieferten Elementarphilosopie* (1792)

Seiling Max

II 170 — *Mainländer, ein neuer Messias. Eine frohe Botschaft inmitten der herrschenden Geistesverwirrung* (1888)

Solger Karl Wilhelm Ferdinand

I 166 Es muß der Geist des Künstlers . . . — *Erwin. Vier Gespräche über das Schöne und die Kunst* Berlin 1815 (Realschulbuchhandl.) 2. Teil, 4. Gespräch, S. 277

Spencer Herbert

II 106 — *Essays* (1852)

Principles of psychology (1855)

II 121 — *Social Statics, or conditions essential to human happiness and the first of them developed* (1850)

Spicker Gideon

II 169 Daß das Denken an sich . . . — *Lessing's Weltanschauung* Leipzig 1883. Einleitung, S. 5

Spinoza Baruch

I 90 u. 131 — *Ethica, ordine geometrico demonstrata,* deutsch 1737

Steiner Rudolf

II 230	Nicht die erste Gestalt ...	*Wahrheit und Wissenschaft* (1892) 4. Aufl. Gesamtausgabe Dornach 1958 VI. Die voraussetzungslose Erkenntnistheorie und Fichtes Wissenschaftslehre, S. 81
II 230	Nicht an den Gegenständen ...	*Die Philosophie der Freiheit* (1894) 12. Aufl. Gesamtausgabe Dornach 1962 V. Das Erkennen der Welt, S. 88
II 231	Die Wahrnehmung ist der Teil ...	Die Konsequenzen des Monismus, S. 247 f.
II 236	Man wird zu einer Vorstellung ...	*Die psychologischen Grundlagen und die erkenntnistheoretische Stellung der Geisteswissenschaft* (1911) in: Philosophie und Anthroposophie, Gesammelte Aufsätze 1904–1918. Gesamtausgabe Dornach 1965, S. 139

Stirner Max

I 244	Mit der Kraft der Verzweiflung ...	*Der Einzige und sein Eigentum* (1845) Univ.-Bibl. Leipzig o. J. Der Geist, S. 43
I 244	Das höchste Wesen ist ...	desgl., S. 44
I 245	Für den Gott des einzelnen ...	Der humane Liberalismus, S. 170
I 246	Der Kritiker fürchtet ...	desgl., (Anm.) S. 173 f. u. 175
I 247	Mensch, es spukt in deinem Kopfe ...	Der Sparren, S. 55
I 250		Titel erw.
II 46	Eigener und Schöpfer meines Rechts ...	Meine Macht, S. 239
I 247	Der Einzige ist ein Wort ...	*Max Stirners kleinere Schriften* herausg. v. John Henry Mackay Berlin 1898 *Entgegnungen*, S. 116
I 248	Ein Wissen, welches sich nicht ...	Aufsatz: *Das unwahre Prinzip unserer Erziehung oder der Humanismus und Realismus,* S. 21, 23 u. 30

Strauss David Friedrich

I 239		*Das Leben Jesu* (1835–36) Zwei Bände 3. Aufl. Tübingen 1839
I 240	In einem Individuum ...	2. Bd., § 149 Letztes Dilemma, S. 767
I 242		Titel erw.
I 241	Also lasse der Glaubende ...	*Die christliche Glaubenslehre in ihrer geschichtlichen Entwickelung und im Kampfe mit der modernen Wissenschaft* Zwei Bände, Stuttgart 1840/41 § 22 Schluß der Apolegetik, S. 356
II 62	... man sieht, dahin ...	*Der alte und der neue Glaube* (1872) 11. Aufl. Bonn 1881 III. Wie begreifen wir die Welt? (54), S. 180 f.

Taine Hippolyte

II 91		*De l'intelligence* (1870) *Der Verstand*, deutsch 1880

Treitschke Heinrich von

I 250	Max Stirner's Schrift ...	*Deutsche Geschichte im 19. Jahrhundert* Fünf Bände, Leipzig 1879–94 V. Teil, 5. Abschnitt: Realismus in Kunst und Wissenschaft, S. 424

Trendelenburg

II 31	... lehren, ohne zu lernen	(?)

Troxler Ignaz Paul Vital

II 26	Nicht erst jetzt, sondern ...	*Vorlesungen über Philosophie* Über Inhalt, Bildungsgang, Zweck und Anwendung derselben aufs Leben, 1835. Bern 1942 6. Vortrag, S. 86
II 27	Schon früher haben ...	desgl., S. 87
	Hegel hat die Spekulation ...	desgl., S. 79
II 26		*Blicke in das Wesen des Menschen* Aarau 1812

Vaihinger Hans

II 195		*Die Philosophie des Als ob. System der theoretischen, praktischen und religiösen Fiktionen der Menschheit auf Grund eines idealistischen Positivismus* (1911)

Virchow Rudolf

II 78	Auf dem Wege der Spekulation ...	*Eröffnungsrede zur 25. allgemeinen Versammlung und Stiftungsfest der Deutschen Anthropologischen Gesellschaft,* am 24. August 1894 in Innsbruck, abgedruckt in: «Korrespondenz-Blatt der Deutschen Gesellschaft für Anthropologie, Ethnologie und Urgeschichte», 25. Jahrg. 1894, Nr. 9 (Sept), S. 83
II 124	Seitdem der Glaube ...	*Die Gründung der Berliner Universität und der Übergang aus dem philosophischen in das naturwissenschaftliche Zeitalter,* Rede gehalten am 3. August 1893 in der Aula der königlichen Friedrich-Wilhelm-Universität zu Berlin, S. 26

Vischer Friedrich Theodor

II 22		*Ästhetik oder Wissenschaft des Schönen* 3 Teile, Reutlingen und Leipzig 1846–58
II 36	Daß die sogenannte Materie ...	*Altes und Neues* 3 Hefte, Stuttgart 1882 3. Heft: Voltaire, S. 97
II 63	Entwickelung ist ein ... Es wird mir zum Beispiel ...	desgl., Carl G. Reuschle, Philosophie und Naturwissenschaft. S. 218 f. und 202

Vogt Carl

II 40	Die Seele, welche gerade ...	*Bilder aus dem Tierleben* Frankfurt 1852 Kap. Tierseelen, S. 452

Vogt (Fortsetzung)

II 41	Alle historischen wie naturgeschichtlichen ...	*Köhlerglaube und Wissenschaft* (1854) 2. Aufl. Giessen 1855 II. Wissenschaftliches, S. 83
II 41	Eine solche Entwickelung ist ...	desgl., S. 117
II 41	Die Existenz der unsterblichen Seele ...	desgl. S. 119

Volkelt Johannes

II 130	... unruhigen Charakter ...	*Über die Möglichkeit der Metaphysik* Antrittsrede gehalten in Basel am 23. Oktober 1883 Hamburg und Leipzig 1884. S. 29
II 130		*Immanuel Kants Erkenntnistheorie nach ihren Grundbegriffen analysiert.* Leipzig 1879
II 132	Der erste Fundamentalsatz ...	1. Abschn. (1), S. 1
II 133	Die unmittelbare Erfahrung ...	4. Abschn. (5) S. 208 f.
II 130		*Erfahrung und Denken* Kritische Grundlegung der Erkenntnistheorie. Leipzig 1886
II 133	Fragt man, worauf die Gewißheit ...	*Die Quellen der menschlichen Gewißheit.* München 1906 2. Dualistische Grundlage der Erkenntnistheorie, S. 3

Wackernagel Wilhelm

II 167		*Über den Unterricht in der Muttersprache* (1843)

Wagner Rudolf

II 40		*Physiologische Briefe*, in der Augsburger Allgemeinen Zeitung
II 40	... daß die Seele sich ...	Zitat aus obigem in: *Köhlerglaube und Wissenschaft*, eine Streitschrift gegen Hofrat Rudolph Wagner in Göttingen von *Carl Vogt*, Giessen 1855, S. 23

WAGNER (Fortsetzung)

II 41	... mechanische auf zwei Armen ...	desgl., S. 118
II 40		*Menschenschöpfung und Seelensubstanz* (1854)
II 154		*Handwörterbuch der Physiologie* (1842–53) Vier Bände

WAHLE Richard

II 135		*Das Ganze der Philosophie und ihr Ende* Ihre Vermächtnisse an die Theologie, Ästhetik und Staatspädagogik Wien und Leipzig 1894
II 136	Was könnte der Geist ...	Abschluß, S. 538
II 136	Möge die Zeit ...	desgl., S. 539
II 136		*Geschichtlicher Überblick über die Entwickelung der Philosophie* (1894)
		Über den Mechanismus des geistigen Lebens (1906)

WEISSE Christian Hermann

I 223	... wird, mit einem Worte, ...	(?)
II 28	Wer die Hegelsche Philosopohie ... Was für einen Zweck ...	*Die philosophische Geheimlehre von der Unsterblichkeit des menschlichen Individuums* Dresden 1834. S. 24 u. 25

WHEWELL William

II 109		*Geschichte der induktiven Wissenschaften,* deutsch 1839
II 109		*Philosophie der induktiven Wissenschaften,* deutsch 1840

WOLFF Caspar Friedrich

I 228		*Theoria generationis* (1759)

WUNDT Wilhelm		
II 162	Vielleicht in keiner seiner ...	(?)
II 162	Ich werde in den nachfolgenden ...	*Vorlesungen über die Menschen- und Tierseele* Leipzig 1863 1. Band, Vorrede S. V f.
II 174	... die allgemeine Wissenschaft ...	*System der Philosophie* Leipzig 1889. Einleitung (4), S. 21
II 176	Der Hilfsbegriff der Materie ...	4. Abschn., 1. Allgemeine Bedingungen des psychologischen Problems, S. 369
ZELLER Eduard		
II 129		*Über Bedeutung und Aufgabe der Erkenntnistheorie* (1862)
ZIMMERMANN Robert		
I 208		*Ästhetik* (1858–65) Zwei Bände, Wien 1870
II 169	Solange das Kunststück ...	Zitat bei Vincenz *Knauer* in: *Die Hauptprobleme der Philosophie.* Wien und Leipzig 1892 16. Vorlesung, S. 353

NAMENREGISTER

zu Band I und II

Winckler, Johann Heinrich (1703–1770): I 113

RUDOLF STEINER – LEBEN UND WERK

Das Lebenswerk, welches Rudolf Steiner der Nachwelt hinterlassen hat, dürfte nach Gehalt und Umfang innerhalb der Kulturwelt wohl ohne Beispiel dastehen. Seine Schriften – die Werke und Aufsätze – bilden die Grundlage für das, was er im Laufe seines Lebens in Vorträgen und Kursen seinen Zuhörern als «anthroposophisch orientierte Geisteswissenschaft» von immer neuen Aspekten aus darstellte und ausführte. Der größte Teil dieser rund sechstausend Vorträge ist in Nachschriften erhalten geblieben. Daneben entfaltete er auch auf künstlerischem Gebiet eine große Tätigkeit, welche ihren Höhepunkt in der Errichtung des ersten Goetheanumbaues in Dornach fand. So liegen eine große Anzahl malerischer, plastischer und architektonischer Arbeiten, Entwürfe und Skizzen von seiner Hand vor. Die durch ihn gegebenen Anregungen für die Erneuerung zahlreicher Lebensgebiete beginnen in der gegenwärtigen Zeit vermehrte Beachtung zu finden.

Seit dem Jahre 1956 wird durch die «Rudolf Steiner-Nachlaßverwaltung» an der Herausgabe der *«Rudolf Steiner Gesamtausgabe»* gearbeitet, die einen Umfang von etwa 330 Bänden erhalten wird. In den beiden ersten Abteilungen erscheinen die *Schriften* und das *Vortragswerk,* während in einer dritten Abteilung das *künstlerische Werk* in geeigneter Form zur Wiedergabe gelangt.

Einen systematischen Überblick über das Gesamtwerk gibt die 1961 erschienene Bibliographie: *«Rudolf Steiner. Das literarische und künstlerische Werk. Eine bibliographische Übersicht»*, auf welche sich die im folgenden verwendete Bezeichnung «Bibl.-Nr.» bezieht. Über den jeweiligen Stand der erschienenen Bände orientiert der Katalog des «Rudolf Steiner Verlages».

Chronologischer Lebensabriß
(zugleich Übersicht über die geschriebenen Werke)

1861 Am 27. Februar wird Rudolf Steiner in Kraljevec (damals Österreich-Ungarn, heute Jugoslawien) als Sohn eines Beamten der österreichischen Südbahn geboren. Seine Eltern stammen aus Niederösterreich. Er verlebt seine Kindheit und Jugend an verschiedenen Orten Österreichs.

1872 Besuch der Realschule in Wiener-Neustadt bis zum Abitur 1879.

1879 Studium an der Wiener Technischen Hochschule: Mathematik und Naturwissenschaft, zugleich Literatur, Philosophie und Geschichte. Grundlegendes Goethe-Studium.

1882 Erste schriftstellerische Tätigkeit.

1882–1897 Herausgabe von Goethes Naturwissenschaftlichen Schriften in Kürschners «Deutsche National-Literatur», vier Bände. Eine selbständige Ausgabe der Einleitungen erschien 1925 unter dem Titel *Goethes Naturwissenschaftliche Schriften* (Bibl.-Nr. 1).

1884–1890 Privatlehrer bei einer Wiener Familie.

1886 Berufung zur Mitarbeit bei der Herausgabe der großen Goethe «Sophien-Ausgabe».
Grundlinien einer Erkenntnistheorie der Goetheschen Weltanschauung mit besonderer Rücksicht auf Schiller (Bibl.-Nr. 2).

1888 Herausgeber der «Deutschen Wochenschrift», Wien (Aufsätze daraus in Bibl.-Nr. 31). Vortrag im Wiener Goethe-Verein: *Goethe als Vater einer neuen Ästhetik* (in Bibl.-Nr. 30).

1890–1897 Weimar. Mitarbeit am Goethe- und Schiller-Archiv. Herausgeber von Goethes Naturwissenschaftlichen Schriften.

1891 Promotion zum Doktor der Philosophie an der Universität Rostock. 1892 erscheint die erweiterte Dissertation: *Wahrheit und Wissenschaft. Vorspiel einer Philosophie der Freiheit* (Bibl.-Nr. 3).

1894 *Die Philosophie der Freiheit. Grundzüge einer modernen Weltanschauung. Seelische Beobachtungsresultate nach naturwissenschaftlicher Methode* (Bibl.-Nr. 4).

1895 *Friedrich Nietzsche. Ein Kämpfer gegen seine Zeit* (Bibl.-Nr. 5).

1897 *Goethes Weltanschauung* (Bibl.-Nr. 6).
Übersiedlung nach Berlin. Herausgabe des «Magazin für Literatur» und der «Dramaturgischen Blätter» zusammen mit O. E. Hartleben. (Aufsätze daraus in Bibl.-Nrn. 29–32.) Wirksamkeit in der «Freien literarischen Gesellschaft», der «Freien dramatischen Gesellschaft», im «Giordano Bruno-Bund», im Kreis der «Kommenden» u. a.

1899–1904 Lehrtätigkeit an der von W. Liebknecht gegründeten Berliner «Arbeiter-Bildungsschule».

1900/01 *Welt- und Lebensanschauungen im 19. Jahrhundert,* 1914 erweitert zu: *Die Rätsel der Philosophie* (Bibl.-Nr. 18). Beginn der anthroposophischen Vortragstätigkeit auf Einladung der Theosophischen Gesellschaft in Berlin. *Die Mystik im Aufgange des neuzeitlichen Geisteslebens* (Bibl.-Nr. 7).

1902–1912 Aufbau der Anthroposophie. Regelmäßige öffentliche Vortragstätigkeit in Berlin und ausgedehnte Vortragsreisen in ganz Europa. Marie von Sivers (ab 1914 Marie Steiner) wird seine ständige Mitarbeiterin.

1902 *Das Christentum als mystische Tatsache und die Mysterien des Altertums* (Bibl.-Nr. 8).

1903 Begründung und Herausgabe der Zeitschrift «Luzifer», später *«Lucifer-Gnosis»* (Aufsätze in Bibl.-Nr. 34).

1904 *Theosophie. Einführung in übersinnliche Welterkenntnis und Menschenbestimmung* (Bibl.-Nr. 9).

1904/05 *Wie erlangt man Erkenntnisse der höheren Welten?* (Bibl.-Nr. 10). *Aus der Akasha-Chronik* (Bibl.-Nr. 11). *Die Stufen der höheren Erkenntnis* (Bibl.-Nr. 12).

1910 *Die Geheimwissenschaft im Umriß* (Bibl.-Nr. 13).

1910–1913 In München werden die *Vier Mysteriendramen* (Bibl.-Nr. 14) uraufgeführt.

1911 *Die geistige Führung des Menschen und der Menschheit* (Bibl.-Nr. 15).

1912 *Anthroposophischer Seelenkalender. Wochensprüche* (in Bibl.-Nr. 40, und selbständige Ausgaben). *Ein Weg zur Selbsterkenntnis des Menschen* (Bibl.-Nr. 16).

1913 Trennung von der Theosophischen und Begründung der Anthroposophischen Gesellschaft.
Die Schwelle der geistigen Welt (Bibl.-Nr. 17).

1913–1923 Errichtung des in Holz als Doppelkuppelbau gestalteten ersten Goetheanum in Dornach/Schweiz.

1914–1923 Dornach und Berlin. In Vorträgen und Kursen in ganz Europa gibt Rudolf Steiner Anregungen für eine Erneuerung auf vielen Lebensgebieten: Kunst, Pädagogik, Naturwissenschaften, soziales Leben, Medizin, Theologie. Weiterbildung der 1912 inaugurierten neuen Bewegungskunst «Eurythmie».

1914	*Die Rätsel der Philosophie in ihrer Geschichte als Umriß dargestellt* (Bibl.-Nr. 18).
1916–1918	*Vom Menschenrätsel* (Bibl.-Nr. 20). *Von Seelenrätseln* (Bibl.-Nr. 21). *Goethes Geistesart in ihrer Offenbarung durch seinen «Faust» und durch das Märchen «Von der Schlange und der Lilie»* (Bibl.-Nr. 22).
1919	Rudolf Steiner vertritt den Gedanken einer «Dreigliederung des sozialen Organismus» in Aufsätzen und Vorträgen, vor allem im süddeutschen Raum. *Die Kernpunkte der sozialen Frage in den Lebensnotwendigkeiten der Gegenwart und Zukunft* (Bibl.-Nr. 23). *Aufsätze über die Dreigliederung des sozialen Organismus* (Bibl.-Nr. 24). Im Herbst wird in Stuttgart die «Freie Waldorfschule» begründet, die Rudolf Steiner bis zu seinem Tode leitet.
1920	Beginnend mit dem Ersten anthroposophischen Hochschulkurs finden im noch nicht vollendeten Goetheanum fortan regelmäßig künstlerische und Vortragsveranstaltungen statt.
1921	Begründung der Wochenschrift «Das Goetheanum» mit regelmäßigen Aufsätzen und Beiträgen Rudolf Steiners (in Bibl.-Nr. 36).
1922	*Kosmologie, Religion und Philosophie* (Bibl.-Nr. 25). In der Silvesternacht 1922/23 wird der Goetheanumbau durch Brand vernichtet. Für einen neuen in Beton konzipierten Bau kann Rudolf Steiner in der Folge nur noch ein erstes Außenmodell schaffen.
1923	Unausgesetzte Vortragstätigkeit, verbunden mit Reisen. Zu Weihnachten 1923 Neubegründung der «Anthroposophischen Gesellschaft» als «Allgemeine Anthroposophische Gesellschaft» unter der Leitung Rudolf Steiners.
1923–1925	Rudolf Steiner schreibt in wöchentlichen Folgen seine unvollendet gebliebene Selbstbiographie *Mein Lebensgang* (Bibl.-Nr. 28) sowie *Anthroposophische Leitsätze* (Bibl.-Nr. 26), und arbeitet mit Dr. Ita Wegman an dem Buch *Grundlegendes für eine Erweiterung der Heilkunst nach geisteswissenschaftlichen Erkenntnissen* (Bibl.-Nr. 27).
1924	Steigerung der Vortragstätigkeit. Daneben zahlreiche Fachkurse. Letzte Vortragsreisen in Europa. Am 28. September letzte Ansprache zu den Mitgliedern. Beginn des Krankenlagers.
1925	Am 30. März stirbt Rudolf Steiner in Dornach.

RUDOLF STEINER GESAMTAUSGABE

Überblick über das literarische und künstlerische Werk

Erste Abteilung: Die Schriften

I. *Werke*

Goethes Naturwissenschaftliche Schriften (Bibl.-Nr. 1)
Grundlinien einer Erkenntnistheorie der Goetheschen Weltanschauung (Bibl.-Nr. 2)
Wahrheit und Wissenschaft. Vorspiel einer Philosophie der Freiheit (Bibl.-Nr. 3)
Die Philosophie der Freiheit (Bibl.-Nr. 4)
Friedrich Nietzsche, ein Kämpfer gegen seine Zeit (Bibl.-Nr. 5)
Goethes Weltanschauung (Bibl.-Nr. 6)
Die Mystik im Aufgange des neuzeitlichen Geisteslebens und ihr Verhältnis zur modernen Weltanschauung (Bibl.-Nr. 7)
Das Christentum als mystische Tatsache und die Mysterien des Altertums (Bibl.-Nr. 8)
Theosophie. Einführung in übersinnliche Welterkenntnis und Menschenbestimmung (Bibl.-Nr. 9)
Wie erlangt man Erkenntnisse der höheren Welten? (Bibl.-Nr. 10)
Aus der Akasha-Chronik (Bibl.-Nr. 11)
Die Stufen der höheren Erkenntnis (Bibl.-Nr. 12)
Die Geheimwissenschaft im Umriß (Bibl.-Nr. 13)
Vier Mysteriendramen: Die Pforte der Einweihung – Die Prüfung der Seele – Der Hüter der Schwelle – Der Seelen Erwachen (Bibl.-Nr. 14)
Die geistige Führung des Menschen und der Menschheit (Bibl.-Nr. 15)
Anthroposophischer Seelenkalender (in Bibl.- Nr. 40)
Ein Weg zur Selbsterkenntnis des Menschen (Bibl.-Nr. 16)
Die Schwelle der geistigen Welt (Bibl.-Nr. 17)
Die Rätsel der Philosophie in ihrer Geschichte als Umriß dargestellt (Bibl.-Nr. 18)
Vom Menschenrätsel (Bibl.-Nr. 20)
Von Seelenrätseln (Bibl.-Nr. 21)
Goethes Geistesart in ihrer Offenbarung durch seinen «Faust» und durch das «Märchen von der Schlange und der Lilie» (Bibl.-Nr. 22)
Die Kernpunkte der sozialen Frage in den Lebensnotwendigkeiten der Gegenwart und Zukunft (Bibl.-Nr. 23)
Aufsätze über die Dreigliederung des sozialen Organismus und zur Zeitlage 1915–1921 (Bibl.-Nr. 24)
Kosmologie, Religion und Philosophie (Bibl.-Nr. 25)

Anthroposophische Leitsätze (Bibl.-Nr. 26)

Grundlegendes für eine Erweiterung der Heilkunst nach geisteswissenschaftlichen Erkenntnissen. Von Dr. Rudolf Steiner und Dr. Ita Wegman (Bibl.-Nr. 27)

Mein Lebensgang (Bibl.-Nr. 28)

II. *Gesammelte Aufsätze*

Gesammelte Aufsätze zur Dramaturgie 1889–1900 (Bibl.-Nr. 29)

Methodische Grundlagen der Anthroposophie. Gesammelte Aufsätze zur Philosophie, Naturwissenschaft, Ästhetik und Seelenkunde 1884–1901 (Bibl.-Nr. 30)

Gesammelte Aufsätze zur Kultur- und Zeitgeschichte 1887–1901 (Bibl.-Nr. 31)

Gesammelte Aufsätze zur Literatur 1886–1902 (Bibl.-Nr. 32)

Biographien und biographische Skizzen 1894–1905 (Bibl.-Nr. 33)

Luzifer-Gnosis. Grundlegende Aufsätze zur Anthroposophie und Berichte aus der Zeitschrift «Lucifer» und «Luzifer-Gnosis» 1903–1908 (Bibl.-Nr. 34)

Philosophie und Anthroposophie. Gesammelte Aufsätze 1904–1918 (Bibl.-Nr. 35)

Der Goetheanumgedanke inmitten der Kulturkrisis der Gegenwart. Gesammelte Aufsätze aus der Wochenschrift «Das Goetheanum» 1921–1925 (Bibl.-Nr. 36)

III. *Veröffentlichungen aus dem Nachlaß*

Briefe – Wahrspruchworte – Bühnenbearbeitungen – Entwürfe zu den Vier Mysteriendramen 1910–1913 – Anthroposophie. Ein Fragment aus dem Jahre 1910 – Gesammelte Skizzen und Fragmente – Aus Notizbüchern und -blättern (Bibl.-Nrn. 38–47)

Zweite Abteilung: Das Vortragswerk

I. *Öffentliche Vorträge*

Die Berliner öffentlichen Vortragsreihen («Architektenhaus-Vorträge») 1903/04–1917/18 (Bibl.-Nrn. 51–67)

Öffentliche Vorträge, Vortragsreihen und Hochschulkurse an anderen Orten Europas 1906–1924 (Bibl.-Nrn. 68–84)

II. *Vorträge vor Mitgliedern der Anthroposophischen Gesellschaft*

Vorträge und Vortragszyklen allgemein-anthroposophischen Inhalts – Evangelien-Betrachtungen – Christologie – Geisteswissenschaftliche Menschenkunde – Kosmische und menschliche Geschichte – Die geistigen Hintergründe der sozialen Frage – Der Mensch in seinem Zusammenhang mit dem Kosmos – Karma-Betrachtungen (Bibl.-Nrn. 91–244)

Vorträge und Schriften zur Geschichte der anthroposophischen Bewegung und der Anthroposophischen Gesellschaft (Bibl.-Nrn. 251–263)

III. *Vorträge und Kurse zu einzelnen Lebensgebieten*

Vorträge über Kunst: Allgemein-Künstlerisches – Eurythmie – Sprachgestaltung und Dramatische Kunst – Musik – Bildende Künste – Kunstgeschichte (Bibl.-Nrn. 271–292)

Vorträge über Erziehung (Bibl.-Nrn. 293–311)

Vorträge über Medizin (Bibl.-Nrn. 312–319)

Vorträge über Naturwissenschaft (Bibl.-Nrn. 320–327)

Vorträge über das soziale Leben und die Dreigliederung des sozialen Organismus (Bibl.-Nrn. 328–341)

Vorträge für die Arbeiter am Goetheanumbau (Bibl.-Nrn. 347–354)

Dritte Abteilung: Das künstlerische Werk

Reproduktionen und Veröffentlichungen aus dem künstlerischen Nachlaß

Originalgetreue Wiedergaben von malerischen und graphischen Entwürfen und Skizzen in Kunstmappen oder als Einzelblätter

---

Die Bände der Rudolf Steiner Gesamtausgabe sind innerhalb einzelner Gruppen einheitlich ausgestattet. Jeder Band ist einzeln erhältlich.